劳动合同法

刘萍萍　王丹丹　李　霞■主　编

清华大学出版社

北　京

内 容 简 介

本书秉承理论联系实际、内容深入浅出、易学易懂、便于实践应用的理念,力争做到知识学习的多场景、多维度。本书共分为九章,包括《劳动合同法》概述、劳动合同基础理论、劳动合同的订立、劳动合同的履行和变更、劳动合同的解除和终止、集体合同、特殊用工形式、劳动争议处理和劳动监察制度,系统清晰地介绍了有关劳动合同法的理论知识体系、相关法律法规的主要内容及其运用。本书为重要知识点配备了微课讲解,以二维码的形式添加了许多文书范本,方便学习。

本书可作为高等职业院校相关课程的教材,也可供对劳动合同法有兴趣的读者阅读、参考。

图书在版编目(CIP)数据

劳动合同法/刘萍萍,王丹丹,李霞主编. —北京:清华大学出版社,2024.1
ISBN 978-7-302-65078-2

Ⅰ. ①劳… Ⅱ. ①刘… ②王… ③李… Ⅲ. ①劳动合同法-中国 Ⅳ. ①D922.52

中国国家版本馆 CIP 数据核字(2023)第 251642 号

责任编辑:强　溦
封面设计:曹　来
责任校对:刘　静
责任印制:刘海龙

出版发行:清华大学出版社
　　　网　　　址:https://www.tup.com.cn,https://www.wqxuetang.com
　　　地　　　址:北京清华大学学研大厦 A 座　　　　　邮　　编:100084
　　　社 总 机:010-83470000　　　　　　　　　　邮　　购:010-62786544
　　　投稿与读者服务:010-62776969,c-service@tup.tsinghua.edu.cn
　　　质量反馈:010-62772015,zhiliang@tup.tsinghua.edu.cn
　　　课件下载:https://www.tup.com.cn,010-83470410
印 装 者:北京嘉实印刷有限公司
经　　销:全国新华书店
开　　本:185mm×260mm　　　印　　张:15.5　　　字　　数:373 千字
版　　次:2024 年 1 月第 1 版　　　　　　　印　　次:2024 年 1 月第 1 次印刷
定　　价:49.00 元

产品编号:104754-01

前 言 >>>

"劳动合同法"作为高等院校开设的一门专业基础课,是应用性强、适用范围广的课程,它与各专业的毕业生求职、创业都有密切联系,对劳动用工具有重要的规范作用,具有极强的普法和实践指导意义。

改革开放以来,我国已建立起中国特色劳动法律制度,在调整劳动关系双方当事人权利义务、保护劳动者合法权益、构建和谐劳动关系等方面发挥了重要作用。随着经济社会的发展,我国劳动关系领域出现了许多新情况和新变化,劳动法律制度也面临许多新的挑战。

党的二十大报告指出,"健全劳动法律法规,完善劳动关系协商协调机制,完善劳动者权益保障制度,加强灵活就业和新就业形态劳动者权益保障",对构建新时代中国特色和谐劳动关系提出了新要求。以党的二十大精神为指引,为了帮助学习者理解、掌握劳动用工的基础法律知识,树立自我保护、维权意识,让法律知识惠及更多的用人单位和劳动者,构建和谐劳动关系,促进用工市场的法律信息更加透明、规范,我们组织编写了本书。

本书结合编者多年教学经验和学习者的学习习惯,在教材结构上做了新颖独特的设计,以"学习者为第一视角"设计内容结构,每章以"内容提要"展开知识点,以"知识目标"和"素质目标"清晰界定学习重难点,以"引导案例"提出疑问,以"典型案例"加强理解,以"引导案例分析"答疑解惑,以"本章小结"温故强化,以"课后练习"检验学习效果,力争做到知识学习的多场景、多维度。结合"深化产教融合"的理念,本书诚邀王丹丹、李霞两位资深律师独具匠心地为每章的重难点增加了多个真实的司法案例诠释,以及多个微课视频讲解,辅助学习者理解法律知识在实践中的应用,充分体现"应用型课程"的设计初衷。另外,本书还添加了许多文书范本,真实还原实际中遇到的场景化素材,让课程内容具有很强的延展性和关联性,可扫描下方的二维码进行下载。全书的内容编写始终秉承理论联系实际、内容深入浅出、易学易懂、便于实践应用的理念。

本书由刘萍萍、王丹丹、李霞担任主编,具体分工如下:刘萍萍、王丹丹负责编写第一章至第五章;刘萍萍、李霞负责编写第六章至第九章;王丹丹、李霞负责录制微课视频;刘萍萍负责拟定写作提纲和写作要求,并统一修改定稿。

由于编者水平有限,书中难免存在不足与疏漏之处,敬请广大读者批评、指正,以便修订完善。

文书范本

编 者
2023 年 10 月

目　录 >>>

《劳动合同法》概述

【内容提要】

2007 年 6 月 29 日,第十届全国人民代表大会常务委员会第二十八次会议审议通过了《中华人民共和国劳动合同法》(以下简称《劳动合同法》),自 2008 年 1 月 1 日起施行。该法的颁布实施,对于促进劳动力资源的市场配置、规范劳动关系、完善劳动合同制度、明确劳动合同双方当事人的权利义务、保护劳动者的合法权益发挥了重要作用。

本章主要介绍了《劳动合同法》设立的背景、立法宗旨、调整对象、基本原则,以及劳动法律关系的主要内容和认定标准。

【知识目标】

1. 了解《劳动合同法》的立法背景和立法宗旨。
2. 熟悉《劳动合同法》的基本原则和适用范围。
3. 掌握劳动关系的概念、特征、内容及认定标准。

【素质目标】

1. 了解我国劳动法律体系的建设路径,增强使命感和责任感。
2. 培养劳动合同法律意识,充分认识构建和谐劳动关系的重大意义。

【引导案例】

王某诉 A 印刷厂确认劳动关系案

A 印刷厂系经庄河市市场监督管理局登记注册的全民所有制企业,经营范围为其他印刷品印刷(须经批准的项目,经相关部门批准后方可开展经营活动),成立时间为 2005 年 2 月 28 日。王某于 2005 年 2 月 28 日到 A 印刷厂从事报纸印刷工作。双方未签订书面劳动合同。王某自 2005 年 2 月 28 日至 2018 年 12 月工资由 A 印刷厂的法定代表人陈某某代领代发,自 2019 年 1 月至 2020 年 4 月 30 日期间,其工资由其主管部门庄河市文化与传媒中心发放,自 2020 年 5 月 1 日至 2022 年 6 月 22 日期间,其工资由其主管部门庄河市融媒体中心发放。A 印刷厂的法定代表人陈某某 2022 年 9 月 26 日出具的情况说明中载明:"本人陈某某系 A 印刷厂法定代表人。我单位职工王某,男,1973 年 11 月 28 日出生,身份证号码:21022519××××××××××,于 2001 年 12 月在我厂工作至今。该职工从 2005 年至

2018 年 12 月工资由我代领代发,情况属实。"王某在 A 印刷厂工作期间受该单位法定代表人管理。后王某向劳动人事争议仲裁委员会申请仲裁,请求确认其与 A 印刷厂之间从 2001 年 12 月 1 日至 2022 年 6 月 22 日期间存在劳动关系。

资料来源:大连市中级人民法院(2023)辽 02 民终 4962 号案件。

思考:

王某与 A 印刷厂之间从 2001 年 12 月 1 日至 2022 年 6 月 22 日期间是否存在劳动关系?

第一节 《劳动合同法》的立法背景和立法宗旨

一、《劳动合同法》的立法背景

1949—1986 年,我国没有专门的劳动合同立法。1986 年 7 月 12 日,国务院发布《国营企业实行劳动合同制暂行规定》,开始了劳动合同制的新探索。1995 年 1 月 1 日起施行的《中华人民共和国劳动法》(以下简称《劳动法》)对劳动合同和集体合同作了规定,由此确定了我国现行的劳动合同制度,构建了社会主义市场经济体制下劳动法律制度的基本框架。《劳动法》是在我国计划经济向市场经济转轨的过程中出台的,其目标是"建立和维护适应社会主义市场经济的劳动制度",签订劳动合同目的是打破"大锅饭""铁饭碗",提高劳动效率。

随着改革开放的不断深入,经济社会飞速发展,劳动用工领域逐渐出现了许多新情况、新问题。《劳动法》关于劳动合同的规定只有 17 条,远远不能适用市场经济条件下对纷繁复杂的劳动关系进行法律调整的需要。现实的劳动关系状况,特别是劳动合同制度实施过程中出现的问题,便成为《劳动合同法》制定的现实依据。

2005 年 11 月,国务院常务会议审议了《中华人民共和国劳动合同法(草案)》并提请全国人民代表大会常务委员会审议。为广泛征求意见,2006 年 3 月 20 日,全国人大常委会委员长会议根据常委会组成人员一审意见,将法律草案全文向社会公布并征求意见。在短短一个月的时间里,全国人大常委会有关方面共收到公众对这部法律草案的意见 191 849 件。这一数字创下了全国人大立法史上的纪录。收集的意见中,来自劳动者的意见和建议占 65% 左右,中国欧盟商会,北京、上海美国商会,以及广州的外商投资商会也提出了自己的意见。《中华人民共和国劳动合同法(草案)》公布以后引起的巨大社会反响说明,《劳动合同法》不仅事关劳动者与用人单位的利益,更对社会整体发展具有重要作用。最终,2007 年 6 月 29 日第十届全国人大常委会第二十八次会议正式通过了《劳动合同法》,这是我国法治建设的重大成果。

二、《劳动合同法》的立法宗旨

立法宗旨集中体现一部法律的基本价值判断准则,它的确立关乎我们对法律性质的基本认识。《劳动合同法》第一条规定:"为了完善劳动合同制度,明确劳动合同双方当事人的权利和义务,保护劳动者的合法权益,构建和发展和谐稳定的劳动关系,制定本法。"该条在对劳动者和用人单位双方合法利益保护的基础上,对劳动者给予一定程度的倾斜保护。具体来说,包括以下内容。

（一）完善劳动合同制度

我国从法律意义上确立现代的劳动合同制度，是在建立外商投资企业以后。1980年《中华人民共和国中外合资经营企业劳动管理规定》第二条第一款规定："合营企业职工的雇佣、解雇和辞职，生产和工作任务，工资和奖惩，工作时间和假期，劳动保险和生活福利，劳动保护，劳动纪律等事项，通过订立劳动合同加以规定。"这是最早规定现代意义的劳动合同的行政法规。1980年以后我国开始在一些部门和行业推广实行劳动合同工制度。例如，1982年8月城乡建设环境保护部的《国营建筑企业实行合同工制度的试行办法》、1983年2月劳动人事部发布的《劳动人事部关于积极试行劳动合同制的通知》等，均明确了实行劳动合同制的目的、要求和步骤。1986年7月，国务院发布《国营企业实行劳动合同制暂行规定》《国营企业招用工人暂行规定》，标志着全国范围内劳动制度重大改革的开始。至此，我国逐步形成了市场经济条件下的劳动合同制度，建立起越来越完善的劳动合同制度。

1994年7月5日通过的《劳动法》，对劳动合同做了专章规定，为我国实行劳动合同制度奠定了坚实的法律基础。此后，在全国各地全面推行劳动合同制，各地方、各部门也相应地制定了许多围绕劳动合同制度的相关地方或部门立法。在国有企业实行了全员劳动合同制，在其他非公企业和个体工商组织中也全面实行了劳动合同制。

1994年制定《劳动法》时，我国刚刚开始建立社会主义市场经济体制，对劳动力市场和劳动关系的认识还有一定的局限性。如没有规定应该何时与劳动者签订劳动合同、没有关于试用期的规定、没有关于劳务派遣的规定等。制定《劳动合同法》的目的之一就是完善劳动合同制度，对一些原来没有规定的以及随着社会的发展新出现的问题进行完善。与1994年的《劳动法》相比，《劳动合同法》坚持了《劳动法》确立的劳动合同制度的基本框架，并进一步完善了劳动合同制度，弥补了原有制度的欠缺，在兼顾企业利益的基础上促进劳动者就业稳定。

（二）明确劳动权利义务关系

劳动合同制度最重要的内容是要明确劳动合同双方当事人在订立、履行、变更、解除或者终止劳动合同过程中的权利义务关系。用人单位和劳动者是劳动合同的双方当事人，《劳动合同法》确立了订立劳动合同应当遵循合法、公平、平等自愿、协商一致、诚实信用的原则，并在具体制度中明确双方当事人的特定权利义务关系，这是保证劳动合同制度在实践中能够切实贯彻实施的关键。

虽然双方当事人在法律地位上是平等的，但相对劳动者而言，用人单位处于强势的地位。而一些用人单位也会利用这种强势地位，侵犯劳动者的合法权益，比如不签订劳动合同、不为劳动者缴纳社会保险费，甚至还会要求劳动者交押金、抵押身份证等。因此《劳动合同法》也针对实践中存在的问题，作出针对某一方当事人的特别规定。一旦订立劳动合同，对双方的权利义务予以明确，按照劳动合同约定享有各自的权利及履行各自的义务，才能保障劳动合同制度在实施过程中真正实现构建和谐稳定的劳动关系的目的。

（三）保护劳动者的合法权益

《劳动法》是劳动者的法，是劳动者权益的保护法，这种表述真实地体现了《劳动法》在调整劳动社会关系中的特殊作用。而从一般意义上说，合同关系是平等主体之间的权利和义务关系，合同法充分体现平等互利、自愿公平的法意，那么为什么不说《劳动合同法》是保护劳动合同当事人合法权益的法律呢？这在立法中是有一个认识过程的。[①]

在《劳动合同法》征求意见稿中，就曾将立法目的表述为："为了规范劳动合同制度，保护劳动者及用人单位的合法权益，调整劳动关系，促进经济社会协调发展，制定本法。"二审稿中调整为："为了规范用人单位与劳动者订立、履行、变更、解除和终止劳动合同的行为，构建和发展和谐稳定的劳动关系，保护劳动者的合法权益，根据《劳动法》，制定本法。"在三审稿修订时修改为："为了完善劳动合同制度，构建和发展和谐稳定的劳动关系，保护劳动者的合法权益，制定本法。"最后通过稿确定为："为了完善劳动合同制度，明确劳动合同双方当事人的权利义务，保护劳动者的合法权益，构建和发展和谐稳定的劳动关系，制定本法。"

出现以上变化的原因在于，在公开征求意见和审议中，曾存在两种观点的激烈交锋。一种观点认为，《劳动合同法》应当体现"双保护"，既要保护劳动者的合法权益，也要保护用人单位的合法权益。因为劳动合同也是一种合同，是在平等自愿、协商一致的基础上达成的，理应平等保护合同双方当事人的权利。只保护劳动者的合法权益，偏袒了劳动者，加大了用人单位的责任，束缚了用人单位的用人自主权，加重了用人单位的经济负担，损害了用人单位的利益，将会使劳动关系失去平衡，最后也必然损害劳动者的利益。如果《劳动合同法》过分保护劳动者，不顾及用人单位的利益，将会误导境内外投资者认为中国的法律不保护投资者的合法利益，这样会伤害投资者的感情，不利于我国吸引外资。

但是另一种多数人的观点认为，应当旗帜鲜明地保护劳动者的合法权益。因为我国目前的现实状况是劳动力相对过剩，资本处于强势，劳动者处于弱势，劳动者与用人单位力量对比严重不平衡，实践中侵害劳动者合法权益的现象比较普遍。《劳动合同法》作为一部规范劳动关系的法律，其立法价值在于追求劳资双方关系的平衡。实践中由于用人单位太强势，而劳动者过于弱势，如果对用人单位和劳动者进行同等保护，必然导致劳资双方关系不平衡，背离《劳动合同法》应有的价值取向。规定平等自愿订立劳动合同的原则并不能改变劳动关系实际上不平等的状况，要使劳动合同制度真正在保障我国劳动关系在和谐稳定方面发挥更积极的作用，就要向劳动者倾斜。

考虑到《劳动合同法》是一部社会法，劳动合同立法应着眼于解决现实劳动关系中用人单位不签订劳动合同、拖欠工资、劳动合同短期化等诸多侵害劳动者利益的问题。所以，从构建和谐稳定的劳动关系的目标出发，《劳动合同法》采取了对劳动者权益进行倾斜保护的价值取向，在尊重当事人意思的前提下，彰显了国家调整劳动关系的强制力。[②]

典型案例

劳动者与用人单位订立放弃加班费协议，能否主张加班费案

案情简介

张某于2020年6月入职某科技公司，月工资20 000元。某科技公司在与张某订立劳动合同时，要求其订立一份协议作为合同附件，协议内容包括"我自愿申请加入公司奋斗者计

① 王建平，苏文蔚．劳动争议处理的法律理论与律师实务[M]．北京：法律出版社，2013．

② 谭泓．《劳动合同法》的争鸣、探索与推动[J]．中国劳动关系学院学报，2022，36(1)．

划,放弃加班费"。半年后,张某因个人原因提出解除劳动合同,并要求支付加班费。某科技公司认可张某加班事实,但以其自愿订立放弃加班费协议为由拒绝支付加班费。张某向劳动人事争议仲裁委员会申请仲裁,请求裁决某科技公司支付2020年6月至12月加班费24 000元。

处理结果

仲裁委员会裁决某科技公司支付张某2020年6月至12月加班费24 000元。

案例评析

本案的争议焦点是张某订立放弃加班费协议后,还能否主张加班费。《劳动合同法》第二十六条规定:"下列劳动合同无效或者部分无效:……(二)用人单位免除自己的法定责任、排除劳动者权利的。"《最高人民法院关于审理劳动争议案件适用法律问题的解释(一)》(法释〔2020〕26号)第三十五条规定:"劳动者与用人单位就解除或者终止劳动合同办理相关手续、支付工资报酬、加班费、经济补偿或者赔偿金等达成的协议,不违反法律、行政法规的强制性规定,且不存在欺诈、胁迫或者乘人之危情形的,应当认定有效。前款协议存在重大误解或者显失公平情形,当事人请求撤销的,人民法院应予支持。"加班费是劳动者延长工作时间的工资报酬,《劳动法》第四十四条、《劳动合同法》第三十一条明确规定了用人单位支付劳动者加班费的责任。约定放弃加班费的协议免除了用人单位的法定责任、排除了劳动者权利,显失公平,应认定无效。本案中,某科技公司利用在订立劳动合同时的主导地位,要求张某在其单方制定的格式条款上签字放弃加班费,既违反法律规定,也违背公平原则,侵害了张某工资报酬权益。故仲裁委员会依法裁决某科技公司支付张某加班费。

资料来源:中华人民共和国最高人民法院2021年8月26日发布的典型案例。

(四) 构建和发展和谐稳定的劳动关系

改革开放以来,我国的劳动关系经历了从计划经济体制到市场经济体制的转变,这个历史性转变是成功的,解放了生产力,激发了经济发展的活力;同时,由于企业形式的多元化和市场竞争的尖锐化,劳动关系也出现了一些不容忽视的问题。依法解决这些问题,对构建与发展和谐稳定的劳动关系至关重要。这里的劳动关系,既包括作为劳动者代表的工会与用人单位或者用人单位代表组织之间的集体劳动关系,也包括劳动者个人与用人单位之间的个别劳动关系,但《劳动合同法》调整的对象主要是个别劳动关系。个别劳动关系是指用人单位招用劳动者为其成员,劳动者在用人单位的监督、管理、指挥下从事有报酬的劳动所形成的权利义务关系。[①]

和谐稳定的劳动关系是指劳动者与用人单位之间的劳动关系是和谐的、长期的。法律是社会关系和社会利益的调整器,任何立法都是对权利义务的分配和社会利益的配置,立法必须在多元利益主体之间寻找结合点,努力寻求各种利益主体之间特别是同一矛盾体中相对方之间的利益平衡。因此,劳动合同立法要在公民的劳动权和用人单位的企业责任之间找到适当的平衡点,确保劳动关系和谐。

[①] 中华人民共和国劳动合同法起草小组.《中华人民共和国劳动合同法》理解与适用[M]. 北京:法律出版社,2013.

第二节 《劳动合同法》的适用范围

《劳动合同法》的适用范围,是指《劳动合同法》对哪些主体在什么范围内有效,主要是指《劳动合同法》的主体范围和地域范围。《劳动合同法》的适用范围决定着劳动合同主体受到法律保护与规范的程度,与劳动者的利益直接相关,因而是《劳动合同法》首先要解决的问题。

一、《劳动合同法》的主体适用范围

无主体则无法律关系,建立劳动关系需双方主体适格。在《劳动法》和后来的《劳动合同法》的起草过程中,曾经有三种方案:第一种方案适用于所有用人单位和全体劳动者;第二种方案原则上适用于所有用人单位和与之形成劳动关系的劳动者,但对国家公务员和参照公务员法管理的工作人员不适用;第三种方案是只适用于企业及其职工。在这三种方案中,虽然第一种方案符合市场经济的要求,但其调整范围太宽,不能反映劳动关系的特殊性。第三种方案调整的范围过窄,不仅不符合市场经济建立统一的劳动力市场及其规则的要求,而且也与国际惯例差异较大。第二种方案适用范围基本上覆盖了所有的劳动合同关系,同时也对特殊情况作了灵活机动的处理。

因此,我国《劳动合同法》基本上采用了第二种方案。《劳动合同法》第二条规定:"中华人民共和国境内的企业、个体经济组织、民办非企业单位等组织(以下称用人单位)与劳动者建立劳动关系,订立、履行、变更、解除或者终止劳动合同,适用本法。国家机关、事业单位、社会团体和与其建立劳动关系的劳动者,订立、履行、变更、解除或者终止劳动合同,依照本法执行。"

(一)用人单位

用人单位是指在劳动关系中依法使用和管理劳动者并付给其劳动报酬的组织。根据《劳动合同法》第二条的规定,用人单位包括在我国境内的企业、个体经济组织、民办非企业单位等组织,以及国家机关、事业单位、社会团体等。《中华人民共和国民法典》(以下简称《民法典》)实施后,将社会组织进行了较为明确的分类:法人和非法人组织,其中法人包括营利法人、非营利法人和特别法人。根据这两部法律对组织类型的规定,再结合社会中常见的组织形式,逐一进行分析。

1. 企业

企业是劳动法中最常见的用人单位类型,其中公司是典型的营利法人,也是目前劳动争议案件中涉案数量排名第一的组织类型。这里的企业主体是以该企业在我国境内为界限的,这与企业的出资人国别或者企业的所有制性质无关。企业包括法人企业和非法人企业、国有企业和非国有企业、内资企业和外资企业等。另外,根据《中华人民共和国劳动合同法实施条例》(以下简称《劳动合同法实施条例》)第三条规定:"依法成立的会计师事务所、律师事务所等合伙组织和基金会,属于劳动合同法规定的用人单位。"

2. 个体经济组织

个体经济组织即通常所说的个体工商户,是自然人从事经济活动最常见的经营形式。

即便是作为经营者的老板招用了一名员工为其从事劳动工作,两个人之间发生劳动争议时也适用劳动法律法规,所以个体工商户同样具有用工风险。

3. 民办非企业单位

民办非企业单位系非营利法人的一种,包括红十字会、各种行业的协会、学会、基金会、民办学校、民办科研机构、民办医疗机构等,涉及的行业种类非常多,范围非常广。民办非企业单位可以简单概括为利用非国家财力成立的非营利性组织,这类组织与其建立劳动关系的劳动者之间适用劳动法律法规,存在劳动用工风险问题。

4. 国家机关

国家机关是《民法典》中规定的特别法人的一种。国家机关有可能成为劳动合同的用人单位一方,原因是国家机关的工作人员中并非全部都是公务员,还存在从外部招用的合同制工作人员,但是现在这类人员与国家机关直接建立劳动关系的情况越来越少,多以劳务派遣的方式在机关单位中工作。需要注意的是,这里所说的合同制工作人员并非聘用制公务员,虽然聘用制公务员与机关单位发生劳动纠纷时可以申请劳动仲裁、提起诉讼,但是其与机关单位之间的关系不适用劳动法律法规,双方之间的关系属于人事关系。另外,公务员针对机关单位对其工作职位的升降、工资的增减以及处罚、辞退等决定不服时,不能申请劳动仲裁,只能申请复核、申诉。所以,国家机关在劳动用工方面的风险相对较低。

5. 事业单位

事业单位是由国家举办的、利用国有资产组建的非营利性组织,还有一些是具备行政管理职能的单位。这类组织的工作人员基本与国家机关的工作人员类似,也存在三类工作人员,即参照公务员管理的工作人员(类似于公务员,但为事业编制)、聘用制工作人员(类似于聘用制公务员)和外招合同制人员。与国家机关相同,也是只有外招的合同制人员与单位之间的关系适用劳动法律法规。

6. 社会团体

社会团体属于非营利法人的一种,即社会团体法人。其与民办非企业单位两者之间称呼不同,基本性质相同,因《民法典》将组织类型重新划分,之前与其不一致的法律法规仍在陆续修订中,故两者称呼有别。

7. 村委会、居委会、农村承包经营户

《中华人民共和国民法总则》实施前,通常不认为村委会、居委会具有用人主体资格,但在《中华人民共和国民法总则》以及《民法典》颁布实施后,该观点发生变化,多数法院及机构认为村委会、居委会具有用人主体资格,出现很多的判例将村委会、居委会作为用人单位。而农村承包经营户与其雇工之间不存在劳动关系,这是《最高人民法院关于审理劳动争议案件适用法律问题的解释(一)》第二条的规定,所以不存在争议。

典型案例

桂某与某业主委员会劳动合同纠纷案

案情简介

自 2012 年 3 月 8 日起,某业主委员会聘用桂某担任专职秘书,某业主委员会一直未为桂某缴纳住房公积金。2020 年 3 月 12 日,桂某得知自身该项权益受损,随即要求某业主委

员会为其补缴相应的住房公积金,遭某业主委员会拒绝。桂某于2020年4月2日提出离职。嗣后,桂某向劳动人事争议仲裁委员会申请仲裁,要求某业主委员会支付其解除劳动合同的经济补偿。仲裁委于同年4月20日作出闵劳人仲(2020)通字第25号不予受理通知,以桂某不具有主体资格为由,决定不予受理。桂某对此不服,遂诉至法院。

处理结果

一审法院驳回了桂某的起诉,后桂某不服,提起上诉。二审法院判决:驳回上诉、维持原裁定。

案例评析

我国用人单位界定有其特定的历史渊源,其原型主要是计划经济时代的国有企业。现有劳动立法中,关于用人单位采用了列举的形式,明确用人单位的范围。随着社会的发展,出现了一些新的用工主体、用工形式,《劳动合同法》在《劳动法》的基础上扩大了适用范围,增加了民办非企业单位作为用人单位;明确了事业单位实行聘用制工作人员订立的是劳动合同;重申了国家机关、事业单位、社会团体和与其建立劳动关系的劳动者之间订立劳动合同。《劳动合同法》实施条例延续了《劳动合同法》的立法思路,规定了依法成立的会计师事务所、律师事务所等合伙组织和基金会属于用人单位。

由于《劳动合同法》及其实施条例在列举用人单位的范围时使用了"等组织"的表述,所以有观点认为,只要属于依法成立的组织,均有可能成为用人单位。但是,从《劳动法》到《劳动合同法》再到《劳动合同法实施条例》,可以看出"等组织"是由其后的法律法规明文规定的,不能任意扩大。从以上规定可以认定:企业、个体经济组织、民办非企业单位、国家机关、事业单位、社会团体以及会计师事务所、律师事务所等合伙组织和基金会属于劳动关系中用人单位的范围。

那么,业主委员会属于民办非企业单位吗?《民办非企业单位登记管理暂行条例》第二条规定:"本条例所称民办非企业单位,是指企业事业单位、社会团体和其他社会力量以及公民个人利用非国有资产举办的,从事非营利性社会服务活动的社会组织。"从上述规定结合前文分析可见,业主委员会只是业主大会的执行机构,其权力源于业主的授权,其没有自己的财产,也不能独立承担民事责任,不属于民办非企业单位的范畴。

综上,业主委员会是业主依据法律规定成立且经过行政主管部门备案的、行使共同管理权的常设机构,其不符合法定用工主体资格,所以业主委员会不属于劳动法意义上的用人单位,桂某与某业主委员会之间的纠纷不属于《劳动法》《劳动合同法》的适用范围,桂某的主张不应得到支持。

资料来源:上海市第一中级人民法院(2020)沪01民终8837号案件。

(二)劳动者

在校大学生是否属于劳动者

劳动者是在劳动关系中为用人单位提供劳动服务并获取劳动报酬的自然人。一般来说,要成为合法的劳动者,只需要满足两个条件,一是达到法定年龄,即年满16周岁;二是具有劳动行为能力,即具备能以自己的行为行使劳动权利和履行劳动义务的资格。

1.年龄条件

《劳动法》规定,公民的最低就业年龄是16周岁,不满16周岁不能就业,不能与用人单位发生劳动法律关系。我国法律禁止用人单位招用未满16周岁的公民就业，否则将承担相应的法律责任。对有可能危害未成年人健康、安全或道德的职业或工作，《劳动法》规定劳动者的年龄不应低于18周岁。如《劳动法》禁止用人单位雇佣不满18周岁的劳动者从事过重、有毒、有害的劳动或者危险作业。但在某些特殊的行业则不受此限制，该类特殊行业国家有明文规定。例如，《劳动法》第十五条第二款规定："文艺、体育和特种工艺单位招用未满十六周岁的未成年人，必须遵守国家有关规定，并保障其接受义务教育的权利。"也就是说，对于此种情况，则可以例外地允许其成为劳动者，同时应该满足国家的特别法律规定。

2. 劳动能力条件

由于劳动者进行劳动只能由劳动者亲自进行，因此要求劳动者必须具有劳动能力。而且，对于一些特定的行业，劳动者的劳动能力还必须满足该行业的特殊要求，如患有传染病的人不能从事餐饮业。在更广泛的意义上，劳动者的劳动能力还应当包括劳动者必须具备的行为自由。因为有劳动能力的公民只有行为自由了，才能以自己的行为去参加劳动。所以，被依法剥夺人身自由的公民，如被劳动教养、被判处有期徒刑的人，不能与用人单位建立劳动关系。

另外，根据《劳动部关于贯彻执行〈中华人民共和国劳动法〉若干问题的意见》第四条和《劳动部关于〈中华人民共和国劳动法〉若干条文的说明》第二条，公务员和比照公务员制度的事业组织和社会团体的工作人员，以及农村劳动者（乡镇企业职工和进城务工、经商的农民除外）、现役军人和家庭保姆等不适用《劳动法》，上述人员的相关权益受其他法律法规的调整和保护。

典型案例

超过法定退休年龄人员确认劳动关系争议案

案情简介

时年56岁的王某（女）于2021年4月入职某养老院从事护理工作。同年5月21日下午3时许，王某在工作岗位上突发疾病被送医救治。后王某因医疗费与养老院产生纠纷，养老院以王某入职时已超过法定退休年龄为由否认双方之间存在劳动关系。王某遂向劳动人事争议仲裁委员会申请劳动仲裁，请求确认与养老院存在劳动关系。

处理结果

仲裁委驳回了王某关于确认与养老院劳动关系的仲裁请求。王某不服裁决结果，诉至人民法院。法院一审判决王某与某养老院不存在劳动关系，二审法院维持一审判决。

案例评析

《劳动合同法》第四十四条关于劳动合同终止的情形第六项作了准用性规定，明确指出可以援引其他法律及行政规定的情形。根据《劳动合同法实施条例》第二十一条规定可知，劳动者达到法定退休年龄，劳动合同终止。本案中，王某入职养老院时其年龄已经56岁，超过女职工最高法定退休年龄55岁，已不具备建立劳动关系的主体资格。关于王某提出的要求确认劳动关系的请求，仲裁委及人民法院均不予支持。

《劳动合同法实施条例》第二十一条是对《劳动合同法》中关于劳动合同终止条件的补充。劳动者达到法定退休年龄的，用人单位即应与劳动者终止劳动合同。劳动者在超过法定退休年龄入职用人单位的,劳动者已经不具备建立劳动关系的主体条件,其与用人单位不能成立劳动合同关系。因此,劳动者达到法定退休年龄后被用人单位录用的,该行为在法律上不应当认定为存在劳动关系。

资料来源:劳动法行天下公众号。

二、《劳动合同法》的空间适用范围

《劳动合同法》在空间上的适用范围,是指《劳动合同法》在什么样的地域范围内有效的问题。根据《劳动合同法》第二条的规定,明确了适用的地域范围,即中华人民共和国境内。但是,这一规定并不限制该法对外籍劳动者的适用,在我国合法就业的外籍人士同样可以适用《劳动合同法》。

中华人民共和国境内是指中国国境内的全部空间区域,包括以下五部分。①领陆,即国境线以内的陆地及其地下层,这是国家领土最基本、最重要的部分。②领水,即属于国家领土的水域,主要包括内水、领海及其地下层。内水包括内河、内湖、内海以及同外国之间界水的一部分,通常以河流中心线或主航道中心线为界。领海包括某些海湾、海峡等。③领空,即领陆、领水的上空。④中国的船舶、飞机或者其他航空器。⑤我国驻外使领馆。

而对具体劳动争议的管辖问题,《劳动合同法》没有直接规定。《最高人民法院关于审理劳动争议案件适用法律问题的解释(一)》第三条规定的原则是,用人单位所在地和劳动合同履行地的基层人民法院均有管辖权。《中华人民共和国劳动争议调解仲裁法》(以下简称《劳动争议调解仲裁法》)第二十一条的规定明确了劳动争议仲裁委员会同样适用这一原则。在地方规定中,进一步对级别管辖作了规定,如北京市规定,注册资金在1 000万美元以上的国企、外资企业等的劳动争议由市劳动争议仲裁委员会受理。上海市则补充规定了发生劳动合同履行地与用人单位所在地的仲裁委都受理了仲裁申请时,由劳动合同履行地的仲裁委管辖。

管辖及抢管辖

此外,《最高人民法院关于审理劳动争议案件适用法律问题的解释(一)》第五条补充了法院对劳动仲裁委以无管辖权不予受理的案件的处理原则,应区分该劳动仲裁委是否有管辖权后分别处理,经审查认为该劳动争议仲裁机构有管辖权的,应当告知当事人申请仲裁,并将审查意见书面通知该劳动争议仲裁机构,否则应当告知当事人向有管辖权的劳动争议仲裁机构申请仲裁。

三、《劳动合同法》的时间适用范围

《劳动合同法》在时间上的适用范围,是指《劳动合同法》的生效时间和失效时间,以及《劳动合同法》对于其生效之前发生的劳动法律关系有无溯及力。

《劳动合同法》施行后的劳动法律关系应当适用本法无疑,这里着重讲《劳动合同法》的溯及力问题。溯及力是指《劳动合同法》生效以后,对于生效以前成立的劳动合同是否可以适用的问题。在我国,法律法规一般是不具有溯及力的,如果有溯及力,则应当在法律法规的条文中对此作出明文规定。依据这一基本法理,《劳动合同法》并未作出有关溯及力问题的规定。

按照《劳动合同法》第九十七条规定:"本法施行前已依法订立且在本法施行之日存续的

劳动合同,继续履行;本法第十四条第二款第三项规定连续订立固定期限劳动合同的次数,自本法施行后续订固定期限劳动合同时开始计算。本法施行前已建立劳动关系,尚未订立书面劳动合同的,应当自本法施行之日起一个月内订立。本法施行之日存续的劳动合同在本法施行后解除或者终止,依照本法第四十六条规定应当支付经济补偿的,经济补偿年限自本法施行之日起计算;本法施行前按照当时有关规定,用人单位应当向劳动者支付经济补偿的,按照当时有关规定执行。"首先,对于在《劳动合同法》实施以前已经订立的劳动合同,需要双方继续履行该已经订立的劳动合同,而不需要重新按照《劳动合同法》的规定再订立。但是对于两次以上订立固定期限劳动合同的,计算订立合同的次数则采取的是阻断方式,也即,通过适应新法的规定,从新法实施时起来计算订立合同的次数。其次,对于新法实施之前已经建立劳动关系,但是没有订立书面劳动合同的,则应该依照新法在新法实施之日起的一个月内订立书面劳动合同。最后,关于经济补偿金的支付年限问题,对于在新法实施之前已经存在的劳动合同关系的年限能否计算到经济补偿金的年限内,《劳动合同法》采取了阻断计算的方法,即施行之日已存续的劳动合同在本法施行后解除或者终止的,依照本法第四十六条规定应当支付经济补偿的,经济补偿年限按劳动者自本法施行之日起在本单位工作之年限计算。作为补充,该条还规定,如本法施行前按照当时有关规定,用人单位应当向劳动者支付经济补偿的,则按照当时的有关规定执行。

第三节 《劳动合同法》的调整对象

一、劳动关系的概念

劳动关系概念是构筑劳动法大厦的基石,明晰劳动关系概念是构建和谐劳动关系的基础和前提。究竟何谓劳动关系,我国劳动法律体系并没有给出明确的答案,学者给出的定义不一。中国劳动法学研究会编辑的《劳动法词典》认为劳动关系概念包含了两个方面的内容:一是指社会劳动关系,指人们在社会劳动过程中相互发生的关系。社会劳动关系同生产关系的性质一样,是由生产资料所有制的形式决定的;二是指劳动者同劳动者的录用者之间在劳动过程中所发生的关系。它是劳动法调整的对象。劳动和社会保障部组织编写的《劳动关系》一书开宗明义,认为劳动关系是一个有两种含义的概念。一是指广义的社会劳动关系,即人们在社会劳动过程中发生的一切关系,包括劳动力的使用关系、劳动管理关系、劳动服务关系等。二是指劳动力所有者(劳动者)与劳动力使用者(用人单位)之间,以实现劳动为实质而发生的劳动力与生产资料相结合的社会关系。可见,劳动关系分为广义的劳动关系和狭义的劳动关系。

劳动关系在广义上指劳动者在从事劳动过程中形成的社会关系。作为一种社会关系,劳动关系在受到劳动法调整后即成为劳动法律关系,但并非所有的劳动关系都受到劳动法律的调整,受到劳动法律调整的那部分劳动关系,即狭义的劳动关系,就成为劳动法律关系。可见,广义上的劳动关系是劳动法律关系的上位概念;狭义而言,劳动关系与劳动法律关系同义。因此,狭义上的劳动关系具有双重含义:一是劳动法律的调整对象;二是劳动法律调整的后果。为方便论述,本书在论述过程中除特别说明外,对劳动关系采用狭义概念。

我国现行以《劳动法》与《劳动合同法》为核心的劳动立法体系中,对劳动关系的概念采用外延式定义,即通过划定用人单位和劳动者的范围来确定劳动关系,建立劳动关系的双方均有建立长期、稳定劳动关系的主观愿望。此外,劳动者给用人单位提供劳动、用人单位向劳动者支付劳动报酬的同时,劳动者必须服从用人单位安排、接受用人单位管理、遵守用人单位规章制度,双方之间存在管理与被管理、指挥与被指挥的隶属关系。由此,可以得出劳动关系的概念,即劳动关系是指劳动者和用工主体之间因发生从属劳动而形成的社会关系。

二、劳动关系的特征

(一)主体恒定性

根据《劳动法》和《劳动合同法》的规定,劳动关系中的用人单位主要是指企业、个体经济组织、民办非企业单位等组织,以及与劳动者建立劳动关系的国家机关、事业单位、社会团体。除此之外,其他主体不能成为劳动关系的用工主体。

将劳动关系主体描述为劳动者与用人单位,其意义在于以下几个方面。其一,概念相对明确,符合表述习惯,与现有立法表述相衔接。《劳动合同法》与《劳动法》一脉相承,仍沿用"劳动者"与"用人单位"的概念立法。将劳动关系的主体界定为劳动者与用人单位,与当代中国现行劳动法律规范相衔接,相贯通,便于理解和使用。其二,构筑比较稳定的劳动法律体系。法律是社会关系的调整器,是为人们的行为提供模式、标准、样式和方向的社会规范,从而强制或引导社会主体各行其是,进而构建社会秩序。劳动法之所以能够从民事法律中脱胎而出并独立于一般民事法律,在于其具有特定的调整对象和特定的调整领域。所以,劳动法律关系主体的确立是构筑劳动法律体系的前提和基础。

(二)从属性

马克思最早提出市场条件下工人与资本的关系是从属关系,如"劳动力是一种特殊的商品,劳动力的价值和劳动力的使用价值是两个不等的量。在流通领域,劳动力的买者和卖者缔结契约时,双方是自由平等的。但是资本家在交易中支付的只是劳动力的价值,劳动者出卖一定时间的劳动力以后,这个劳动力就属于资本家;在劳动力的消费中,两者的地位却完全不同了"。从马克思的论述中不难看出,从属劳动构成了劳动关系与其他社会关系相区别的根本特征。

但市场经济下劳动关系呈复杂化、多元化、模糊化、劳务化趋势,因此,仅凭单一的标准对劳动关系作出认定,变得日益困难。在单个劳动领域的不同的事实和经济情况会形成僵化的判断。因此,为确定一个雇员的身份,既不必要求他不受限制地符合所有特征,也不必要求所有特征始终存在。① 具体来说,从属劳动通常主要从人格从属性、经济从属性和组织从属性三个方面予以判断。

(三)人身关系和财产关系的双重性

由于劳动力的存在和支出与劳动者人身须臾不可分离,劳动者向用人单位提供劳动力,实际上就是劳动者将其人身在一定限度内交给用人单位,因而劳动关系就其本质意义上说是一种人身关系。这种关系一旦建立,劳动力就作为一种生产要素被纳入生产过程,因此,

---

① 杜茨. 劳动法[M]. 北京:法律出版社,2005.

在劳动关系中,由用人单位提供劳动场所、对象、工具等基本劳动条件,由劳动者来完成用人单位指令的业务工作。

但是,由于劳动者是以让渡劳动力使用权来换取生活资料的,用人单位要向劳动者提供工资等物质待遇。就此意义而言,劳动关系同时又是一种以劳动力交易为内容的财产关系。

(四)国家干预性

为了保护和谐稳定的劳动关系,国家通过大量法律法规对劳动关系予以规制,例如劳动合同的内容必须具备法定的必备条款、劳动合同的解除必须满足法定条件等。

由于强制性地规定了一些在市场经济国家中通常由劳资双方谈判确定的内容,2008 年《劳动合同法》实施时,被批评"政府干涉劳动力市场的合约自由,过度保护劳动者"。事实上,劳动关系是一种特殊的民事关系,自由谈判的劳动市场合约并不能充分保护劳动者的权利,也不是调整劳资关系的唯一途径,各国不同的经济模式下的劳动者权利保护模式是不同的,政府的干预程度和方式也有所不同,而《劳动合同法》无疑是我国现阶段基于路径依赖的现实选择,国家干预性也是劳动关系的显著特征。

三、劳动关系的内容

(一)劳动者的权利和义务

1. 劳动者享有的权利

《劳动法》第三条规定:"劳动者享有平等就业和选择职业的权利、取得劳动报酬的权利、休息休假的权利、获得劳动安全卫生保护的权利、接受职业技能培训的权利、享受社会保险和福利的权利、提请劳动争议处理的权利以及法律规定的其他劳动权利。"具体如下。

1)劳动者有平等就业的权利

劳动权,也称劳动就业权,是指具有劳动能力的公民有获得就业的权利。劳动是人们生活的第一基本条件,是一切物质财富、精神财富的源泉,它是有劳动能力的公民获得参加社会劳动和切实保证按劳动取酬的权利。公民的劳动就业权是公民享有的各项权利的基础,如果公民的劳动就业权不能实现,其他一切权利也就失去了基础和意义。

2)劳动者有选择职业的权利

劳动者拥有自由选择职业的权利,这有利于劳动者充分发挥个人的特长,促进社会生产力的发展。在劳动力市场上,劳动者作为就业主体,具有支配自身劳动力的权利,可根据自身素质、意愿和市场价格信号,选择用人单位。选择职业的权利是劳动者劳动权利的体现,是社会进步的体现。

3)劳动者有取得劳动报酬的权利

取得劳动报酬的权利是公民的一项重要劳动权利。《中华人民共和国宪法》(以下简称《宪法》)不仅规定公民有劳动的权利,而且给予劳动者的劳动权利以现实的物质的和法律的保障。《宪法》明确规定的各尽所能、按劳分配的原则,是我国的经济制度的重要组成部分,同时《宪法》还规定,实行男女同工同酬,国家在发展生产的基础上,提高劳动报酬和福利待遇。

4)劳动者享有休息休假的权利

我国《宪法》规定,劳动者有休息的权利,国家发展劳动者休息和休养的设施,规定职工的工作时间和休假制度。我国《劳动法》规定的休息时间包括工作间歇、两个工作日之间的休息时间、公休日、法定节假日以及年休假、探亲假、婚丧假、事假、生育假、病假等。休息休假的法律规定既是实现劳动者休息权的重要保障，又是对劳动者进行劳动保护的一个方面。《劳动法》规定，用人单位不得任意延长劳动时间。

5）劳动者有获得劳动安全卫生保护的权利

劳动安全卫生保护，是保护劳动者的生命安全和身体健康，是对享受劳动权利的主体切身利益最直接的保护。由于劳动总是在各种不同环境、条件下进行的，在生产中存在着各种不安全、不卫生的因素，如不采取防护措施，就会造成工伤事故或引起职业病，危害劳动者的安全和健康。

6）接受职业技能培训的权利

职业技能培训是指对准备就业的人员和已经就业的职工，以培养其基本的职业技能或提高其职业技能为目的而进行的技术业务知识和实际操作技能的教育和训练。我国《宪法》规定，公民有受教育的权利和义务。

7）享受社会保险和福利的权利

社会保险是国家和用人单位依照法律规定或合同的约定，对具有劳动关系的劳动者在暂时或永久丧失劳动能力以及暂时失业时，为保证其基本生活需要，给予物质帮助的一种社会保障制度。疾病、年老等是每一个劳动者都不可避免的，社会保险是劳动力再生产的一种客观需要。我国的社会保险制度自建立以来，随着生产建设的发展，不断地得到补充和完善，对保护职工身体健康，解除职工的后顾之忧，调动职工的生产积极性，发挥了重要的作用。我国的劳动保险包括生育、养老、疾病、伤残、死亡及供养直系亲属等，1986年又增加了待业保险。但目前我国社会保险还存在一些问题，如社会保险基金制度不健全，保险基金筹集渠道单一，国家负担过重，企业负担畸重畸轻，社会保险的实施范围不广泛，发展不平衡，社会化程度低，影响劳动力的合理流动等。

8）提请劳动争议处理的权利

劳动争议指劳动关系当事人因执行劳动法律法规或履行集体合同和劳动合同的规定引起的争议。劳动关系当事人作为劳动关系的主体，各自存在着不同的利益，双方不可避免地会产生分歧。用人单位与劳动者发生劳动争议，劳动者可以依法申请调解、仲裁，提起诉讼。

2. 劳动者应承担的义务

劳动者所享有的权利与需要履行的义务是相统一的，在享有权利的同时履行相应的义务，具体如下。

1）未满16周岁的未成年人不能就业

《禁止使用童工规定》第二条规定："国家机关、社会团体、企业事业单位、民办非企业单位或者个体工商户（以下统称用人单位）均不得招用不满16周岁的未成年人（招用不满16周岁的未成年人，以下统称使用童工）。禁止任何单位或者个人为不满16周岁的未成年人介绍就业。禁止不满16周岁的未成年人开业从事个体经营活动。"任何单位或个人使用童工或为未满16周岁的人介绍就业的，将依法对其进行处罚，触犯刑法的，依法追究刑事责任。

2）如实告知义务

根据《劳动合同法》规定，用人单位招用劳动者时有权了解劳动者与劳动合同直接相关的基本情况,应当向劳动者如实说明。

3)劳动者应当遵守企业规章制度和劳动纪律,完成劳动任务

根据《劳动合同法》规定,劳动者应当遵守用人单位的各项规章制度和劳动纪律,完成劳动任务。劳动者违反规章制度给用人单位造成损失的应当承担相应赔偿责任。严重违反企业规章制度,用人单位可以依法解除劳动合同。

4)劳动者在劳动合同期内不能不告而别

根据《劳动合同法》的规定,劳动者提前30日以书面形式通知用人单位,或在试用期内提前3日通知用人单位,可以解除劳动合同。

5)发生劳动侵权案件后,劳动者应当依法理性维权

当合法劳动权益受到侵害时,需要及时收集相关证据向当地劳动保障监察机构投诉。劳动者向劳动保障监察机构投诉,应当依法、理性、实事求是,遵守相关法律、法规,积极配合劳动保障监察机构工作人员对案件的处理工作。劳动者不能借讨薪名义,围堵政府机关或公共场所,甚至恶意讨薪。如果引起社会治安事件,应当承担相应法律责任。

典型案例

柯某诉某科技发展公司劳动争议案

案情简介

某科技发展公司发布招聘大客户经理职位信息,要求大专学历。柯某应聘时在简历表上填写学历为"大专",并承诺"以上个人信息符合本人真实情况,如公司发现某些信息不符合填表人真实情况,有权予以解聘或做相应的处罚!"后双方签订劳动合同书,约定劳动合同期限为2020年12月3日至2022年12月2日,试用期自2020年12月3日至2020年12月30日,岗位为销售客服,试用期内若被证明提供伪造学历证书等足以影响公司选聘判断的应聘材料,视为不符合录用条件,公司可以解除劳动合同。后柯某无法向公司提交其大专学历证书。柯某的微信昵称为"某某(大客户经理)"。2021年8月,柯某与公司因岗位调整产生纠纷,8月16日公司以学历造假为由与柯某解除劳动合同。柯某请求公司支付违法解除劳动合同赔偿金。

处理结果

某科技发展公司发布招聘大客户经理的职位信息,明确要求大专学历。柯某入职前投递的简历及面试时填写的简历表均虚假陈述其学历为大专。柯某主张公司安排的是没有学历要求的销售客服,但从柯某的微信昵称变化来看,柯某的职位已从试用期的销售客服转变为大客户经理。柯某违反诚信原则,提供虚假学历信息的行为使公司陷入错误认识从而与其签订劳动合同,柯某的行为构成欺诈。公司知道柯某没有大专学历不能胜任大客户经理的职位后,与其协商调整岗位合理合法,公司在柯某拒绝调整岗位后与其解除劳动合同,未违反法律规定和合同约定,无须支付违法解除劳动合同赔偿金。

案例评析

《劳动合同法》第三条规定:"订立劳动合同,应当遵循合法、公平、平等自愿、协商一致、诚实信用的原则。"该法第八条进一步规定:"用人单位招用劳动者时……用人单位有权了解劳动者与劳动合同直接相关的基本情况,劳动者应当如实说明。"上述规定是诚实信用原则在劳动法领域的具体体现。诚实信用原则作为用人单位和劳动者行使权利、履行义

务的基本准则,贯穿劳动关系始终。劳动者应当遵守诚实的信用原则,依法履行如实说明义务。

资料来源:福建省高级人民法院于2023年5月发布的全省法院劳动争议十大典型示范案例。

(二)用人单位的权利和义务

1. 用人单位的权利

作为劳动合同的当事人之一,用人单位也享有与其相应的权利。由于劳动合同中的权利和义务具有相互对应的关系,即一方的权利通常为另一方的义务,或者与另一方的某项义务相互对应。也就是说,劳动者负担的义务,从一定程度上说是用人单位享有的权利,具体来说,用人单位享有以下权利。

1)依法约定试用期的权利

试用期对用人单位和劳动者相互了解、选择具有重要的应用价值。用人单位可以利用试用期考察劳动者是否适合工作岗位,为每个工作岗位找到合适的劳动者,避免了聘用不符合岗位需求的劳动者,但又不能依法解除劳动合同的风险,降低用人单位不必要的损失,维护了用人单位的利益。

2)约定服务期的权利

服务期是用人单位对劳动者提供专项培训费用进行技术培训的对价。劳动者因享受了培训带来的利益,也就必须履行服务期内为用人单位提供劳动的义务,用人单位也因此有权要求劳动者履行服务期的约定。因用人单位对劳动者有投入并导致劳动者获得利益,为了保障用人单位的合法权利,用人单位可以与该劳动者约定服务期。

3)依法约定竞业限制的权利

规定竞业限制的目的是要保护用人单位的知识产权和商业秘密,是有条件地限制劳动者的自由择业权,而非对劳动者的择业权的剥夺。竞业限制是商业秘密保护的一种手段,不能单独运用。竞业限制的实施必须以正当利益的存在为前提,用人单位与劳动者可以在劳动合同中约定保守用人单位的商业秘密和与知识产权相关的保密事项,因此约定竞业限制必须是为了保护合法权益。

4)依法解除劳动合同的权利

《劳动合同法》采用列举的形式赋予用人单位对劳动合同的解除权,保障用人单位的用工自主权,以实现优胜劣汰的灵活管理,提高人力资源的优化配置,提升企业的市场竞争力。但为了防止用人单位滥用解除权,立法上严格限定企业与劳动者解除劳动合同的条件,以达到平衡双方利益的目的。赋予用人单位依法解除劳动合同的权利,具有极强的现实意义,也是对用人单位的一种保护措施。

2. 用人单位的义务

1)告知义务

《劳动合同法》第八条规定:"用人单位招用劳动者时,应当如实告知劳动者工作内容、工作条件、工作地点、职业危害、安全生产状况、劳动报酬,以及劳动者要求了解的其他情况;用人单位有权了解劳动者与劳动合同直接相关的基本情况,劳动者应当如实说明。"用人单位的告知义务保护了劳动者对工作的知情权和选择权。告知义务实现劳动合同双方信息对等交流,可以避免或减少不必要的劳动纠纷的发生,使劳动关系和谐稳定,确保劳动者在公平、平等、自愿的基础上与用人单位订立劳动合同。

2）执行国家劳动标准，提供相应的劳动条件和劳动保护

劳动条件是指劳动者完成劳动任务的必要条件，如必要的劳动工具、工作场所、劳动经费、技术资料等必不可少的物质技术条件和其他工作条件。劳动保护是指用工单位为了保障劳动者在劳动过程中的身体健康与生命安全，预防伤亡事故和职业病的发生，而采取的有效措施。在生产劳动过程中，存在着各种不安全、不卫生的因素，国家为了保障劳动者的身体健康和生命安全，通过制定相应的法律和行政法规、规章，规定劳动保护规则，以保护劳动者的健康和安全。在劳动保护方面，凡是国家有标准规定的，用工单位必须按照国家标准执行，合同约定只能高于国家标准；国家没有标准的，合同约定的标准以不使劳动者的生命安全受到威胁、身体健康受到侵害为前提条件。

3）支付加班费、绩效奖金，提供与工作岗位相关的福利待遇

在生产经营中，用工单位应当均衡地组织生产和科学地安排工作。国家一般不鼓励加班，但由于在生产经营过程中，可能会出现意外事故、特殊事件或突击性的劳动任务，为保证生产经营的连续性、稳定性，不可避免地会出现加班情况。可见，加班往往是突发性的，因此其往往不能在三方已有协议中得到体现。绩效奖金是指依照劳动者劳动绩效而计算、发放的奖金。职工福利，又称职业福利、集体福利，是企事业单位和机关团体在工资、社会保险之外免费为全体职工举办的集体生活福利、文化福利等设施以及给予职工各项补贴制度的总称。提供与工作岗位相关的福利待遇属于职工福利范畴。应当强调指出，现在很多用工单位不支付被派遣劳动者的福利待遇，以此降低用工成本。这样的做法是违法的。而作为加班工资报酬的加班费、绩效奖金、与工作岗位相关的福利待遇等都是在具体劳动中的报酬内容，可以由用工单位向被派遣劳动者支付。[①]

4）在招用劳动者时不得扣押劳动者的证件和收取财物

用人单位招用劳动者，不得扣押劳动者的居民身份证和其他证件，不得要求劳动者提供担保或者以其他名义向劳动者收取财物。该义务规定体现了立法对弱势群体的关爱和呵护，保障了弱势群体的权益，对企业以往的防范措施做出了限制，迫使用人单位通过加强内部管理，严格入职审查和购买商业保险等方式来防止劳动者在工作中给用人单位造成损失不赔偿就不辞而别的情况，而非利用其强势地位对劳动者进行人身限制和经济惩罚。

四、劳动关系的认定标准和认定凭证

在司法实践中，法院认定用人单位与劳动者之间存在劳动关系时，一般从以下三个方面予以审查：第一，用人单位和劳动者符合法律法规规定的主体资格；第二，劳动关系的主要内容是劳动给付而非劳动成果；第三，劳动者对用人单位具有从属性。从司法实践上看，一般以原劳动和社会保障部《关于确立劳动关系有关事项的通知》（劳社发〔2005〕12 号）作为认定劳动关系的主要依据。该通知规定："一、用人单位招用劳动者未订立书面劳动合同，但同时具备下列情形的，劳动关系成立。（一）用人单位和劳动者符合法律、法

未签劳动合同能否认定劳动关系

---

① 程延园.《劳动合同法》：构建与发展和谐稳定的劳动关系[J]. 中国人民大学学报，2007(5)：104-110.

规规定的主体资格;(二)用人单位依法制定的各项劳动规章制度适用于劳动者,劳动者受用人单位的劳动管理,从事用人单位安排的有报酬的劳动;(三)劳动者提供的劳动是用人单位业务的组成部分。"

(一)主体要素

主体要素即劳动关系主体适格,是指满足上文所述劳动者和用人单位条件的劳动关系主体。需要注意的是,劳动者主体还存在健康状况、职业资格等影响性条件。严格来讲,健康状况、职业资格等不能构成劳动者是否适格的条件,只能构成可能导致劳动合同无效的事由。将健康状况、职业资格等列为劳动者适格的影响性条件而非决定性条件的根本原因在于,将这些条件设定为成立劳动关系的条件,系基于用人单位意思表示所为,并非法律强制性设定。即使法律法规对于某些岗位规定了健康状况或者职业资格的限制,也没有否认这类健康状况或者职业资格存在瑕疵的劳动者有成立劳动关系的权利能力。

(二)意思表示要素

虽然受到国家意志影响较大,但劳动关系本质上仍然是一种合同关系。用人单位与劳动者通过书面形式、口头形式或者以实际行为表明双方意欲成立劳动关系而非承揽劳务或者其他法律关系,是判断双方是否成立劳动关系的重要因素。如果双方通过某种典型的书面形式(劳动合同、社保缴费记录等)突出了双方所欲建立的法律关系的性质,那么实践中会减少很多认定劳动关系的困难;但是如果双方缺乏典型的书面形式要素,只是以行为方式来建立关系,则该行为方式一旦无法唯一指向劳动关系,则会给实践中认定劳动关系带来困难。

(三)客观要素

客观要素即从属性,包括经济上的从属性和组织上的从属性。经济上的从属性是指劳动者使用用人单位生产资料,按照用人单位的组织体系、管理指令、劳动标准提供劳动。劳动者的劳动成果不具有独立性且归属于用人单位。用人单位向劳动者发放工资福利、为其缴纳社会保险等,劳动者因此对用人单位产生经济上的依赖关系。组织上的从属性是指劳动者加入用人单位成为其成员,遵守用人单位制定的规章制度,服从用人单位依照劳动合同、规章制度和法律法规进行的管理监督,接受用人单位依法依规做出的奖惩决定。

关于劳动关系认定的实务审查,劳动者起诉要求确认与用人单位存在劳动关系的,应当遵循"谁主张、谁举证"的一般举证原则,由劳动者就其主张存在劳动关系承担初步举证责任。同时,考虑到劳动者受客观条件所限,其举证能力相对有限,有些证据往往难以获得。因此《劳动争议调解仲裁法》第六条规定:"发生劳动争议,当事人对自己提出的主张,有责任提供证据。与争议事项有关的证据属于用人单位掌握管理的,用人单位应当提供;用人单位不提供的,应当承担不利后果。"实践中,对于用人单位与劳动者未签订书面劳动合同,双方对于是否存在劳动关系有争议的情况下,下列证据可以作为主张存在劳动关系的参照凭证:应聘登记表、入职登记表、录用通知书、聘书等书面材料;用人单位提供的工作服、出入证、厂牌、工作证、技术认定证书、专业证书年检记录等能够表明劳动者职务身份的证件;工资支付情况、工资收入证明、社会保险缴纳记录、企业年金单、住房公积金单、公司出具的报销凭证等材料;考勤记录、请假休假审批单据等;其他劳动者的证言;用人单位关于劳动者履职或工作情况的公开报道或宣传资料等;劳动者代表用人单位对外签订的业务授权委托书、采购销售合同、客户业务确认记录等;用人单位出具的岗位职责说明书、薪资确认书、调岗通知书、解除通知、荣誉证书、惩罚通知单等;工作过程中的来往邮件、QQ 聊天记录、微信聊天记录、工作安排记录,关于工作情况及沟通情况的影像资料等。

典型案例

快递员劳动争议案

案情简介

某餐饮管理有限公司承包了某外卖平台的餐饮配送业务。2021 年 4 月包某到某餐饮管理有限公司从事外卖递送工作,该餐饮管理有限公司要求包括包某在内的所有外卖快递员通过一个微信小程序注册为某市个体工商户。包某按照该餐饮管理公司的要求拍摄了一段视频,视频中包某手持本人身份证作出如下陈述:"我是包××,我自愿注册个体工商户。"但实际情况是包某通过信息网络系统注册的行为并非其自愿。包某担任外卖快递员期间,该餐饮管理公司为其划定了配送区域,对其每日接单量定了最低标准,并要求包某每天上下班要在指定的外卖骑手软件平台上打卡签到。餐饮管理有限公司于每月 20 日根据包某月度接单量计算并支付包某报酬。2022 年 2 月 26 日包某在配送外卖途中遭遇交通事故受伤,随后双方就是否存在劳动关系发生争议,包某遂向劳动人事争议仲裁委员会申请劳动仲裁,要求确认其与该餐饮管理有限公司存在劳动关系,且劳动关系仍然存续。

处理结果

确认包某与某餐饮管理有限公司自 2021 年 4 月起建立劳动关系,至仲裁裁决时双方劳动关系仍然存续。双方当事人均未向人民法院提起诉讼,裁决书依法发生法律效力。

案例评析

外卖快递行业虽然是新兴行业,但其劳动合同和劳动权益的保护应当遵守我国劳动法律法规的规定。针对外卖快递员的劳动关系认定问题,应在审查双方约定及实际履行的基础上,结合传统劳动关系的要素来判断和确定,即用人单位和劳动者符合法律法规规定的主体资格;用人单位依法制定的各项劳动规章制度适用于劳动者,劳动者受用人单位的管理与支配,从事用人单位安排的有报酬的劳动;劳动者提供的劳动是用人单位业务的组成部分。本案中,包某应餐饮管理有限公司的要求在某信息网络平台注册个体工商户,该行为并非包某自愿,依法应不予认可。包某从事的外卖快递工作是该餐饮管理有限公司的业务组成部分,其配送区域、工作任务、最低任务标准、报酬支付等事项均由该餐饮管理有限公司指定或核定。在完成工作任务的同时,包某还需遵守该餐饮管理有限公司的各项与工作有关的规章制度,实际上包某与该餐饮管理有限公司存在财产依附、人身从属关系,故应当认定包某与该餐饮管理有限公司已经建立劳动关系,且双方无解除终止劳动关系的法定事实,劳动关系仍然存续。

快递员劳动关系的确认问题,并未脱离劳动法律法规调整的范畴。虽然劳动者与用人单位之间履行劳动义务、享有劳动权利的场所、形式等发生了变化,但其劳动法律关系的本质没有变化。外卖快递员劳动关系的认定问题,仍应当通过劳动关系的相应要素来确定。本案中用人单位虽欲将与劳动者之间的劳动法律关系掩饰为商业合作关系,但双方之间权利义务清晰、劳动法律关系特征突出,故无论用工形态如何发展变化,关于劳动关系的确定问题仍应从劳动关系的核心法律特征综合分析。

资料来源:陕西省人力资源和社会保障厅、陕西省高级人民法院关于联合发布第一批劳动人事争议典型案例的通知(陕人社发〔2022〕32号)。

第四节 《劳动合同法》的基本原则

一、就业平等原则

劳动者就业,不因民族、种族、性别、宗教信仰不同而受歧视。国家保障妇女享有与男子平等的劳动权利。用人单位招用人员,除国家规定的不适合妇女的工种或者岗位外,不得以性别为由拒绝录用妇女或者提高对妇女的录用标准。用人单位录用女职工,不得在劳动合同中规定限制女职工结婚、生育的内容。

二、劳动自由原则

劳动自由原则是劳动法的首要原则,是现代劳动法存在和发展的基础。劳动自由包括两个方面,即劳动者的劳动自由和用人单位的用工自由。前者属于真正意义上的劳动自由;后者虽与前者密切相关,但归根结底是使用劳动的自由,属于企业经营权的范畴。若把这两个方面的自由作为一个整体来分析,其最本质的要求就是维护劳动关系作为一定社会关系领域的独立存在,要使这种关系成为充分反映主体意志的平等、自由的社会关系。

三、多方协调原则

劳动协调既是劳动法追求的目标,也是劳动法调整的手段,多方协调原则既是目的性原则,也是手段性原则。作为目的性原则要求,实现劳动权利义务的统一、劳动关系的契约化、劳动法主体利益的平衡、劳动法上各种力量有机组合等。作为手段性原则要求,劳动法调整机制中,注重运用和平谈判、协商、调解、仲裁这些调整手段。

典型案例

203名农民工追索劳动报酬纠纷调解案

案情简介

N市某房地产项目在建设过程中拖欠203名农民工工资款共计385万元。2022年11月,农民工代表诉至N市C区人民法院追索被拖欠工资款。

处理结果

案件受理后,C区人民法院迅速启动农民工维权讨薪案件"绿色通道",实行优先受理、优先审查、优先处理,充分运用多元解纷机制,协调法院诉非联动中心的特邀调解员参与调解工作,法官主动靠前指导,力求在审前以调解方式快速化解矛盾纠纷。在调解过程中,深入了解案情,积极与人社、住建及信访等多部门进行沟通协调,并与项目所在地某经济技术开发区管理委员会多次联合召集开发商、建筑承包方、劳务分包方及农民工代表等多方主体,对欠薪情况、协调方案、款项给付等焦点问题协商,指导当事人按照法定赔偿项目逐项计算赔偿数额。经过两个月的努力,促成203名农民工均达成调解协议,并在春节前领回被欠工资款。

案例评析

C区人民法院在审理该起农民工欠薪群体性纠纷案件中,秉持"司法为民"理念,充分运用矛盾纠纷多元化解机制,汇聚多部门解纷力量,推动矛盾化解从终端裁决向前端防控延伸;启动农民工维权讨薪案件"绿色通道",当日受理、当日审批,实现立案流程当日一次性办结;坚持调解优先、加强诉调联动,既维护了农民工的合法权益,又帮助企业纾难解困,做到案结事了。

资料来源:福建省高级人民法院于2023年5月发布的全省法院劳动争议十大典型示范案例。

四、倾斜保护原则

倾斜保护顾名思义就是保护弱者,当所有人都在追求社会利益时,社会将站在有利于弱者的角度分配社会利益从而实现实质公平。倾斜保护原则是为弥补劳动法其他原则的不足而产生的,是为了纠正某些不公正的特定事实和关系而存在的。《劳动合同法》中的倾斜保护原则,就是以保护劳动者,维护其合法权益为主,并以此作为《劳动合同法》立法依据,有重点地对劳动者进行保护,维持劳动者以及用人单位之间的平衡关系,并在保护劳动者过程中,对用人单位的合法权益进行保护。

【引导案例分析】

根据劳社部发(2005)12号《关于确立劳动关系有关事项的通知》第一条规定:"用人单位招用劳动者未订立书面劳动合同,但同时具备下列情形的,劳动关系成立。(一)用人单位和劳动者符合法律、法规规定的主体资格;(二)用人单位依法制定的各项劳动规章制度适用于劳动者,劳动者受用人单位的劳动管理,从事用人单位安排的有报酬的劳动;(三)劳动者提供的劳动是用人单位业务的组成部分。"根据该规定,劳动关系的认定,应根据劳动者是否实际接受用人单位管理、监督,劳动者提供的劳动是否是用人单位业务组成部分,用人单位是否向劳动者支付劳动报酬等因素综合考虑。第一,某印刷厂和王某均符合法律、法规规定的主体资格。第二,王某从事印刷工作系某印刷厂的业务组成部分。王某工资由某印刷厂和其主管部门庄河市文化与传媒中心、庄河市融媒体中心支付,并接受某印刷厂法定代表人管理。某印刷厂与王某之间有建立劳动关系的合意,存在人身依附、管理和被管理的关系。第三,王某从何时在某印刷厂处工作的认定,某印刷厂的法定代表人陈某某2022年9月26日出具的情况说明中已载明:"……我单位职工王某,男,1973年11月28日出生,身份证号码:21022519××××××××××,于2001年12月在我厂工作至今。该职工从2005年至2018年12月工资由我代领代发,情况属实。"而某印刷厂于2005年2月28日成立,故某印刷厂与王某自2005年2月28日至2022年6月22日期间存在劳动关系。

【本章小结】

本章主要介绍了《劳动合同法》的立法背景、立法宗旨、适用范围、基本原则以及劳动关系的内容与认定标准。

《劳动合同法》出台于2007年,立法宗旨是完善劳动合同制度,明确劳动合同双方当事人的权利和义务,保护劳动者的合法权益,构建和发展和谐稳定的劳动关系。依据《劳动合同法》建立的劳动关系是劳动者与用人单位之间形成的相对稳定的具有劳动内容的法律关系,双方各自负有相应的权利和义务,但其认定需要遵循特定的规则和举证义务。《劳动合同法》的基本原则:就业平等原则、劳动自由原则、三方协调原则、倾斜保护原则。

本章的重点是《劳动合同法》的主体、基本原则和劳动关系的内容及认定标准。

【课后练习】

一、单项选择题

1.《劳动合同法》的调整对象是(　　)。

  A. 劳动经济关系　　　　　　　　B. 劳动关系

  C. 劳动合作关系　　　　　　　　D. 社会保障关系

2. 劳动合同关系的双方为(　　)。

  A. 劳动者和用人单位　　　　　　B. 工会与企业

  C. 劳动者与劳动行政部门　　　　D. 工会与劳动行政部门

3. 根据劳动法律相关规定,下列纠纷属于劳动争议的是(　　)。

  A. 职工王某作为公司股东,因股息分配与该公司发生的争议

  B. 李某因身高不足1.7米未达到某公司录用要求而被拒绝聘用引起的纠纷

  C. 某出租汽车公司因不服某社保局对于其公司出租车司机朱某作出的工伤认定而产生的纠纷

  D. 进城务工农民孙某与个体餐馆业主赵某因支付劳动报酬而发生的纠纷

4. 下列属于《劳动合同法》基本原则的是(　　)。

  A. 绿色原则　　　　　　　　　　B. 保险利益原则

  C. 倾斜保护原则　　　　　　　　D. 诚实信用原则

5. 用人单位承担违反《劳动合同法》的责任形式以(　　)为主。

  A. 刑事责任、民事责任、行政责任　　B. 刑事责任

  C. 行政责任　　　　　　　　　　D. 民事责任

二、多项选择题

1. 以下社会关系属于《劳动合同法》调整的是(　　)。

  A. 个体户与其家庭成员共同劳动形成的关系

  B. 互联网公司与该公司某程序设计员之间因劳动争议发生的关系

  C. 工会与企业之间的关系

  D. 有关国家机关因执行劳动法对企业进行监督而发生的关系

2. 根据最低就业年龄的规定,下列说法正确的有(　　)。

  A. 禁止招用未满16周岁的未成年人

  B. 禁止招用未满18周岁的外国人

  C. 招用已满20周岁的外国人

  D. 文艺单位经批准可招用未满16周岁未成年人

3. 劳动关系中用人单位的义务包括(　　)。

  A. 告知义务

  B. 执行国家劳动标准,提供相应的劳动条件和劳动保护

C. 支付加班费、绩效奖金,提供与工作岗位相关的福利待遇

D. 在招用劳动者时不得扣押劳动者的证件和收取财物

4. 下列属于劳动者所享有权利的是(　　　)。

A. 平等就业权　　　　　　　　　　B. 获取报酬权

C. 职业培训权　　　　　　　　　　D. 享受社会保险和福利权

5. 根据《劳动合同法》的规定,用人单位有下列(　　　)情形的,劳动者可以解除劳动合同。

A. 未及时足额支付劳动报酬的

B. 未按照劳动合同约定提供劳动保护或者劳动条件的

C. 未依法为劳动者缴纳社会保险费的

D. 用人单位的规章制度违反法律、法规的规定,损害劳动者权益的

三、名词解释

劳动者　用人单位　劳动关系　劳动自由原则　就业平等原则

四、简答题

1. 简述《劳动合同法》的空间适用范围。

2. 简述劳动关系的认定标准。

3. 简述《劳动合同法》倾斜保护原则的主要内容。

五、论述题

1. 论述《劳动合同法》的立法宗旨。

2. 论述劳动关系与劳务关系的区别。

劳动合同基础理论

【内容提要】 ----------------------------------

　　劳动合同是劳动者与用人单位之间确立劳动关系、明确双方权利和义务的协议。劳动合同是劳动合同法律制度的基础,也是用人单位和劳动者关于权利义务约定的载体。本章主要介绍了劳动合同的概念、特征和分类;梳理了劳动合同与其他民事合同在法律上的区别和联系;从法定条款以及约定条款分别详细论述了劳动合同的具体内容。

　　学习本章后,读者可通过劳动合同更深刻地理解劳动关系,从劳动合同的内容掌握劳动者的权益。

【知识目标】 ----------------------------------

　　1. 掌握劳动合同的概念、特征,以及劳动合同和其他民事合同在法律上的区别和联系。

　　2. 掌握劳动合同的基本条款,理解劳动合同的内容。

【素质目标】 ----------------------------------

　　1. 通过劳动合同与其他民事合同的对比,理解劳动法律规范所保护的法益。

　　2. 通过对劳动合同内容的理解,增强个人法律保护观念。

　　3. 了解劳动合同所规定的商业秘密及竞业限制条款,培养爱岗敬业、规范用工的劳动意识。

【引导案例】 ----------------------------------

网约配送员劳动关系认定纠纷一案

　　某货运代理公司承包经营某外卖平台配送站点,负责该站点网约配送业务。2019年5月27日,某货运代理公司与某劳务公司订立配送业务承包协议,约定由某劳务公司负责站点的配送员招募和管理工作。何某于2019年7月28日进入某外卖平台站点工作,并与某劳务公司订立了为期1年的外卖配送服务协议,约定:何某同意在某外卖平台注册为网约配送员,并进入某货运代理公司承包的配送站点从事配送业务;何某须遵守某货运代理公司制定的站点工作制度,每周经提前申请可休息1天,每天至少在线接单8小时;何某与某劳务公司之间为劳务合作关系,某劳务公司根据订单完成量向何某按月结算劳务报酬。从事配送工作期间,何某按照某货运代理公司制定的配送员管理规则,每天8:30到站点参加早会,每周工作6至7天,每天在线接单时长为8至11小时不等。何某请假时,均须通过站长向某货运代理公司提出申请。某货运代理公司按照何某订单完成量向何某按月支付服务费,出现高峰时段不服从平台调配、无故拒接平台派单、超时配送、客户差评等情形时,某货运代理公司均按一定比例扣减服务费,而某劳务公司未对包含何某在内的站点配送员进行管理。2019年11月3日,何某在执行配送任务途中摔倒受伤,其要求某货运代理公司、某劳务公司按照工伤保险待遇标准向其赔偿各项治疗费用,某货运代理公司以未与何某订立任何协议为由拒绝承担责任,某劳务公司以与何某之间系劳务合作关系为由拒绝支付工伤保险待遇。2019年12月19日,何某以某货运代理公司、某劳务公司为共同被申请人向仲裁委员会申请仲裁。申请人请求确认何某与某货运代理公司、某劳务公司于2019年7月28日至2019年12月19日期间存在劳动关系。

资料来源:人力资源社会保障部、最高人民法院《关于联合发布第三批劳动人事争议典型案例的通知》(人社部函〔2023〕36号)。

思考:

何某与货运代理公司、劳务公司两家公司是否存在劳动关系?

第一节　劳动合同的概念与特征

一、劳动合同的概念

《民法典》第四百六十四条规定:"合同是民事主体之间设立、变更、终止民事法律关系的协议。"那么,劳动合同的概念与普通的民事合同有何区别呢?《劳动法》第十六条规定:"劳动合同是劳动者与用人单位确立劳动关系、明确双方权利和义务的协议。建立劳动关系应当订立劳动合同。"通过前述规定,可以对劳动合同有相对清晰的认识,即劳动合同应当建立在劳动者和用人单位之间,其中用人单位包括企业、个体工商户、民办非企业单位、其他经济组织,以及国家机关、事业单位、社会团体等,双方主体为确立劳动关系,明确各自的权利和义务应当签订书面协议。根据我国法律规定,签订劳动合同是用人单位和劳动者的强制性义务。一方面,劳动者按照劳动合同的约定,进入用人单位,并根据单位的安排进入相应的工作岗位,承担单位所指派的工作和任务,遵守单位内部的工作纪律和规章制度。另一方面,用人单位亦应当按照劳动者的工作内容向劳动者支付相应的薪资报酬,提供有利于劳动者工作的劳动保护条件,不得无故剥夺属于劳动者应当享受的各种福利待遇。

二、劳动合同的特征

自然人与自然人之间就提供劳务签订的合同,属于劳务合同,但是自然人与公司就提供劳务签订的合同,很大可能属于劳动合同。这种由雇佣契约到劳动契约的变化,乃是一种社会化的进程。[①] 基于劳动合同所要调整的社会关系来看,相较于普通的民事合同,劳动合同的性质更为特殊,除具有一般民事合同的基本特征外,还有其自身独特的法律特征。

---

① 黄越钦. 劳动法新论[M]. 北京:中国政法大学出版社,2003.

（一）劳动合同主体的特定性

一般民事合同对缔结主体没有特殊的要求。但对于劳动合同的缔结主体，法律有明确的要求，即一方必须是符合法律规定的劳动者，另一方必须为符合法律规定的用人单位。劳动合同的这一特征使劳动法意义上的劳动与生活广义上的劳动区别开来，是厘清劳动关系和其他民事法律关系的重要依据。对此，从劳动合同主体方面分别阐述。

我国对于"劳动者"的概念没有明确的定义。从《宪法》来看，因为我国是以工农联盟为基础的社会主义人民民主专政国家，社会主义体系下的劳动者应当是全体工人、农民、军人、知识分子等。我国《宪法》第四十二条规定："中华人民共和国公民有劳动的权利和义务。国家通过各种途径，创造劳动就业条件，加强劳动保护，改善劳动条件，并在发展生产的基础上，提高劳动报酬和福利待遇。劳动是一切有劳动能力的公民的光荣职责。国有企业和城乡集体经济组织的劳动者都应当以国家主人翁的态度对待自己的劳动。国家提倡社会主义劳动竞赛，奖励劳动模范和先进工作者。国家提倡公民从事义务劳动。国家对就业前的公民进行必要的劳动就业训练。"从民法上来看，由于我国民法主要是调整平等主体的自然人、法人和非法人组织之间的人身关系和财产关系的法律规范，由于劳动者的特殊身份属性，《民法典》第十八条规定："十六周岁以上的未成年人，以自己的劳动收入为主要生活来源的，视为完全民事行为能力人。"将自然人的民事行为能力和劳动能力结合在一起，从侧面体现了劳动者的权利能力和行为能力的标准。但民法中所涉及的劳动，是广义上涵盖一切为他人提供的有偿劳动，如家庭教师、农户雇用的收割工人等赋予了劳动行为的法律内容。从劳动法律来看，《劳动法》和《劳动合同法》是调整劳动者和用人单位合同关系的基本法律，但是目前也未对劳动者的概念予以明确，仅能根据《劳动合同法》第二条的规定，将劳动者视为用人单位的相对方，属于拥有劳动能力并能实际提供劳动服务的人员。同时，《关于贯彻执行〈中华人民共和国劳动法〉若干问题的意见》中对劳动法的适用范围作出进一步的解释，排除了公务员、农村劳动者、现役军人以及家庭保姆等特殊职业群体。所以，我国劳动法对于劳动者的概念是以用人单位为参照的。从学理上来看，劳动者是指达到法定年龄，具备劳动主体资格，拥有劳动能力，并能够通过提供劳动获得收入报酬的人员。

我国对于"用人单位"的定义有相对具体的规定。《劳动合同法》第二条规定："中华人民共和国境内的企业、个体经济组织、民办非企业单位等组织（以下称用人单位）与劳动者建立劳动关系，订立、履行、变更、解除或者终止劳动合同，适用本法。国家机关、事业单位、社会团体和与其建立劳动关系的劳动者，订立、履行、变更、解除或者终止劳动合同，依照本法执行。"《关于贯彻执行〈中华人民共和国劳动法〉若干问题的意见》第五条规定："中国境内的企业、个体经济组织在劳动法中被称为用人单位。国家机关、事业组织、社会团体和与之建立劳动合同关系的劳动者依照劳动法执行。根据劳动法的这一规定，国家机关、事业组织、社会团体应当视为用人单位。"由此可见，企业和个体经济组织是劳动法中较为标准的用人单位，而国家机关、事业单位、社会团体等是为调整劳动关系而被视为劳动法的用人单位。具体到司法实践当中，常见的早餐店、图文打印店等规模较小、人员数量较少的个体工商户，是否属于劳动法中的用人单位？是否应当与店内雇用的劳动者签订劳动合同？答案是肯定的。按照上述规定，具有营业执照的个体工商户，即属于劳动法中的个体经济组织，其与雇用的服务员、收银员，应当订立书面劳动合同，双方建立劳动关系，并受到劳动法律规范的调整。

（二）劳动合同内容的法定性

民事合同由于内容的广泛性，更注重双方当事人的意思表示一致，以及合同内容不违反法律法规的强制性规定。劳动合同因其所调整的法律关系的特殊性，以及对劳动者的社会保障的属性，相较于传统民事合同的内容，劳动合同的内容偏向更强的法定性。这种法定性特征主要体现在以下几个方面。

一是劳动合同的部分内容由法律明文规定，双方当事人任何一方均无权变更。例如用人单位应当与劳动者订立书面劳动合同、为劳动者缴纳社会保险、提供劳动保护与劳动条件等法定义务。对于前述内容，劳动法上有明确的规定，无论用人单位还是劳动者个人均必须遵守，凡是双方所约定的内容与法律规定相抵触的，不发生法律效力。

二是劳动合同的内容只能在法律规定的标准内进行选择，不能突破法定标准限度。例如劳动者的最长工作时间、最长试用期限、劳动者加班加点的时间限度、劳动者的最低工资标准、劳动者应当享受的休息休假时间等，劳动法对此均规定了相应的标准和限度，用人单位不得突破法律规定减少己方义务，或者降低劳动者权益，否则，应当承担劳动法律上的责任。

三是法律责任承担的法定性。由于劳动者和用人单位无论在社会地位、人身隶属性、经济能力、商业风险等方面均有本质的差别，所以对于劳动合同履行过程中的部分责任，法律规定了明确的责任承担主体和承担方式。最常见的就是劳动合同履行中发生的工伤事故责任。根据现行法律规定，工伤事故是无过错赔偿责任，即无论劳动者在提供劳动过程中是否存在过错，除法律规定的例外情形，用人单位对工伤事故均应承担无过错的工伤赔偿责任。

（三）劳动合同标的的特殊性

合同的标的，即合同的法律关系的客体，也就是合同双方当事人权利和义务共同指向的对象。劳动合同签订之后，一方面，劳动者通过加入用人单位的生产和工作中，成为用人单位的职工，向用人单位提供劳动，享有单位职工的权利，承担单位职工的义务。另一方面，用人单位有权根据劳动合同的约定，就劳动者的劳动行为进行组织管理，并向劳动者支付相应的劳动报酬，承担用人单位应负有的其他义务和责任。因此，劳动合同双方当事人权利和义务所共同指向的，其实是劳动者的劳动行为。劳动合同的标的，是指劳动者的劳动行为。劳动合同必须由确定的劳动者个人实际履行，而且劳动者向用人单位提供劳动行为的时间具有持续性，反映在劳动合同内容上，包括劳动合同期限的长短以及工作时长和工时种类的选择。

（四）劳动合同双方当事人身份关系的隶属性

劳动关系区别于其他民事法律关系的最主要特征是双方当事人身份关系的隶属性，在司法实践当中，也是用于判断劳动者与用人单位是否存在事实劳动关系的主要依据之一。劳动合同中身份关系的隶属性质，主要表现在，劳动者接受用人单位的管理，从事用人单位安排的有报酬的工作，用人单位根据劳动者的工作表现按月发放工资，双方存在较为紧密的管理和服从关系。目前我国劳动法对劳动关系成立与认定并未规定明确的标准，实践中以《关于确立劳动关系有关事项的通知》（劳社部发〔2005〕12号）作为判断劳动关系的认定依据，也是通过该规定，判断双方主体是否具备人身隶属性。从劳动合同的履行来看，人身隶属性主要是从用人单位的角度来分析的，具体表现在以下几个方面。

1. 用人单位对劳动者工作内容的指挥权

用人单位的指挥权是在从属性劳动关系中最根本的权利,是人格隶属性最重要的特征。包括由单位决定劳动者工作岗位、工作方式、工作时间、工作地点等。当用人单位规模较大时,单位的命令和指示则更多地通过管理体系和规章制度,以整体的分工来决定劳动者的劳动行为。《关于确立劳动关系有关事项的通知》第一条中规定,"用人单位依法制定的各项劳动规章制度适用于劳动者,劳动者受用人单位的劳动管理,从事用人单位安排的有报酬的劳动",即为隶属性中关于用人单位指挥和命令的权力体现。

2. 用人单位对劳动者履行职务的监督权

监督权意味着劳动者的劳动行为受到用人单位的监督,且劳动者应当接受用人单位的考核与检查,以确保劳动者按照用人单位的工作要求、规章制度等完成工作内容,审查劳动者是否合格地履行了劳动合同。用人单位的监督权不仅包括对劳动成果的监督,更多的是对于持续性的劳动行为的监督和控制。不仅包括对工作地点、工作时间的决定,也包括对工作过程的控制。

3. 用人单位对劳动者的奖惩权利

用人单位对劳动者的奖惩权利是指用人单位在对劳动者的工作管理过程中,有权根据劳动者的工作表现采取相应的奖励或者惩罚措施,尤其是惩罚措施,主要体现在:劳动者在违反劳动合同或用人单位的规章制度时,用人单位有权通过扣减工资、记过、解除劳动关系等方式对劳动者予以管理,而劳动者对于符合法律规定和劳动合同约定的措施应当遵守,从而保证用人单位的用工秩序能够持续运转。也有学者认为,用人单位对劳动者的奖惩不仅体现在外部的劳动行为,对劳动者的归属感、荣辱感等内心活动也均能实现一定程度的干涉与控制,这也是人身隶属性最强的体现。虽然人身隶属性是劳动关系中较为突出的特性,但是这种隶属性更多地表现在劳动者的工作内容和职责上。对于双方主体的法律地位,用人单位和劳动者仍然是平等的法律主体,劳动者仍有权决定是否签订劳动合同,是否进入该用人单位工作,是否离职等。

(五)劳动合同的目的侧重于劳动行为而非劳动成果

劳动行为是一种长期复杂并兼具劳动者体能与智能的行为。部分劳动行为可以直接创造价值,部分劳动行为间接地实现价值,部分劳动行为当时就能产生成果,部分劳动行为需要长久的时间才能产生结果。[①] 所以,用人单位与劳动者就劳动合同的履行,是以劳动者提供劳动行为,用人单位支付劳动报酬为基础的,也即用人单位所支付给劳动者的,不是劳动者因此完成的成果,而是只要劳动者提供了劳动行为,用人单位就应当支付劳动报酬。此为劳动合同的又一特征,即劳动合同的目的侧重于劳动行为而非劳动成果。这一特征在劳动法关于劳动报酬的规定中有直接体现。《劳动法》第五十条规定:"工资应当以货币形式按月支付给劳动者本人。不得克扣或者无故拖欠劳动者的工资。"劳动部 1994 年 12 月《工资支付暂行规定》第七条规定:"工资必须在用人单位与劳动者约定的日期支付。如遇节假日或休息日,则应提前在最近的工作日支付。工资至少每月支付一次,实行周、日、小时工资制的可按周、日、小时支付工资。"《劳动合同法》第三十条规定:"用人单位应当按照劳动合同约定

---

① 黄松有. 劳动合同签订与风险控制[M]. 北京:人民法院出版社,2007.

和国家规定,向劳动者及时足额支付劳动报酬。"

(六)劳动合同权利义务的延续性

劳动合同权利义务的延续性主要表现在两个方面。首先,是在劳动合同的有效期限内,即使劳动者存在未向用人单位提供劳动的行为,在一定条件下仍享有向用人单位请求支付劳动报酬的权利,这种情形下,劳动合同的权利义务从劳动者提供劳动的期限时间延续到了劳动者未能提供劳动的期限。最典型的情况,比如劳动者享有法定的休息休假的权利,女职工在法定的孕期、产期、哺乳期均享有相应的劳动保护权利。其次,是在劳动合同终止或解除后,用人单位应当对劳动者承担的相应责任延续到劳动合同解除或终止后。比较常见的情形是,用人单位在解除劳动合同时应当向劳动者支付经济补偿金或经济赔偿金,在竞业限制期内负有向劳动者支付竞业限制经济补偿的责任。由此可见,劳动合同权利义务的延续性也与其履行标的的特殊性相关。

劳动合同由于其所调整的法律关系的特殊性,与传统民商事领域的合同有较大区别。除上述基本特征外,不少学者、法律工作者将属于劳动合同独有的一些内容也认为是劳动合同的特征,比如劳动合同关于试用期间的约定等。

典型案例

网络主播劳动关系认定纠纷一案

案情简介

李某于 2018 年 11 月 29 日与某文化传播公司订立为期 2 年的艺人独家合作协议,约定:李某聘请某文化传播公司为其经纪人,某文化传播公司为李某提供网络主播培训及推广宣传,将其培养成为知名的网络主播;在合同期内,某文化传播公司为李某提供整套直播设备和直播室,负责安排李某的全部直播工作及直播之外的商业或非商业公众活动,全权代理李某涉及直播、出版、演出、广告、录音、录像等与演艺有关的商业或非商业公众活动,可在征得李某同意后作为其委托代理人签署有关合同;李某有权参与某文化传播公司安排的商业活动的策划过程、了解直播收支情况,并对个人形象定位等事项提出建议,但一经双方协商一致,李某必须严格遵守相关约定;李某直播内容和时间均由其自行确定,其每月获得各直播平台后台礼物累计价值 5 000 元,可得基本收入 2 600 元,超过 5 000 元部分由公司和李某进行四六分成,超过 9 000 元部分进行三七分成,超过 12 000 元部分进行二八分成。从事直播活动后,李某按照某文化传播公司要求入驻 2 家直播平台,双方均严格履行协议约定的权利义务。李某每天直播时长、每月直播天数均不固定,月收入均未超过 3 500 元。2019 年3 月 31 日,李某因直播收入较低,单方解除艺人独家合作协议,并以公司未缴纳社会保险费为由要求某文化传播公司向其支付解除劳动合同经济补偿。某文化传播公司以双方之间不存在劳动关系为由拒绝支付。李某向仲裁委员会申请仲裁,仲裁委员会裁决双方之间不存在劳动关系。李某不服仲裁裁决,诉至人民法院。

处理结果

一审法院判决:李某与某文化传播公司之间不存在劳动关系,李某不服一审判决,提起上诉。二审法院判决:驳回上诉,维持原判。

案例评析

在传统演艺领域,企业以经纪人身份与艺人订立的合同通常兼具委托合同、中介合同、行纪合同等性质,并因合同约定产生企业对艺人的"管理"行为,但此类管理与劳动管理存在明显差异:从"管理"的主要目的看,企业除安排艺人从事演艺活动为其创造经济收益之外,还要对艺人进行培训、包装、宣传、推广等,使之获得相对独立的公众知名度和市场价值;而在劳动关系中,企业通过劳动管理组织劳动者进行生产经营活动,并不以提升劳动者独立的公众知名度和市场价值为目的。从"管理"事项的确定看,企业对艺人的管理内容和程度通常由双方自主协商约定,艺人还可以就自身形象设计、发展规划和收益分红等事项与企业进行协商;而在订立劳动合同时单个劳动者与企业之间进行个性化协商的空间一般比较有限,劳动纪律、报酬标准、奖惩办法等规章制度通常由企业统一制定并普遍适用于企业内部的劳动者。此外,从劳动成果分配方式看,企业作为经纪人,一般以约定的分成方式获取艺人创造的经济收益;而在劳动关系中,企业直接占有劳动者的劳动成果,按照统一标准向劳动者支付报酬及福利,不以约定分成作为主要分配方式。综上,企业作为经纪人与艺人之间的法律关系体现出平等协商的特点,而存在劳动关系的用人单位与劳动者之间则体现出较强的从属性特征,可据此对两种法律关系予以区分。

本案中,通过艺人独家合作协议内容及履行情况可以看出,某文化传播公司作为李某的经纪人,虽然也安排李某从事为其创造直接经济收益的直播活动,但其主要目的是通过培训、包装、宣传、推广等手段使李某成为知名的网络主播;李某的直播时间及内容由其自主决定,其他相关活动要求等由双方协商确定,李某对其个人包装、活动参与等事项有协商权,对其创造的经济收益有知情权;双方以李某创造的经济收益为衡量标准,约定了"阶梯式"的收益分成方式。因此,双方之间的法律关系体现出平等协商的特点,并未体现出《关于确立劳动关系有关事项的通知》(劳社部发〔2005〕12号)规定的劳动管理及从属性特征,应当认定为民事关系。李某提出确认劳动关系并支付解除劳动合同经济补偿的诉求,与事实不符,不予支持。

资料来源:人力资源社会保障部、最高人民法院《关于联合发布第三批劳动人事争议典型案例的通知》(人社部函〔2023〕36号)。

第二节　劳动合同与劳务合同的区别

我国《民法典》中并没有专门规定劳务合同,劳务合同并不是法律上的专业术语。因为很多合同中都会存在提供劳务的行为,如雇佣合同、承揽合同、承包合同均有提供劳务的行为。但是目前司法实践中为了和劳动合同相区别,所说的劳务合同主要是雇佣关系中的劳务合同。具体区别如下。

一、合同主体不同

劳动合同法律关系的主体恒定一方是用人单位,另外一方是劳动者。其中用人单位和劳动者的范畴在前述劳动合同的特征部分已论述。也就是说,劳动合同不能在单位和单位之间、也不能在两个自然人之间成立。而劳务合同的主体较为广泛且没有明确规定,双方当事人可以均为自然人,比如家庭聘用的保姆;也可以均为法人,比如建设施工领域的劳务承包合同。

二、合同当事人的地位不同

劳动合同的主要特征在于劳动者和用人单位的身份隶属性,双方具有密切的管理和被管理关系。但是劳务合同中,双方当事人无论主体资格是何种形式,都不存在隶属关系,双方无论在法律上,还是在合同履行中都是相互独立的平等主体。

三、合同内容不同

劳动合同的主要内容由法律明文规定,双方当事人能够自主协商的范围较小,且自行约定的内容与法律规定相抵触的,属于无效约定。而劳务合同的内容奉行民事合同领域内"法无禁止即自由"的基本原则,合同的主要内容可由双方当事人协商确定,体现了较强的自主性。

四、合同的法律性质不同

劳动合同关系属于劳动法的范畴,受到劳动法律规范的调整,在法律条文的设计上,更多地突出了对劳动者的保护。劳务合同关系建立在民事法律关系的框架下,属于私法领域,双方当事人的权利在民事法律规定下受到平等的保护。

五、报酬的支付原则和支付方式不同

在劳动合同关系中,用人单位根据劳动者提供劳动行为的数量和质量,支付相应的劳动报酬,这里的劳动行为,侧重于劳动者的劳动过程,而不是劳动者创造的结果。例如,无责底薪的销售员,只要提供了销售的业务劳动,即应当领取劳动报酬,而不以劳动者是否必须完成销售目标为依据。劳务合同关系中的劳务报酬由双方主体自愿协商,以等价有偿的原则支付。双方也可以约定如果提供劳务的一方履行劳务不符合约定或者因此给对方造成损失的,接受劳务的一方有权拒绝支付报酬或者主张赔偿损失。

六、争议解决方式不同

法律关系的不同决定了发生纠纷时的争议解决方式也有所区别。劳动合同履行中出现纠纷时,若协商未果,必须先到劳动合同履行地或者用人单位所在地的劳动人事争议仲裁委员会申请仲裁,经过劳动仲裁前置程序后,对仲裁裁决不服的,可按照法律规定提起民事诉讼。劳务合同履行出现纠纷的,双方当事人可自愿协商或直接向有管辖权的人民法院提起诉讼。

典型案例

王某与某咨询公司劳务合同纠纷案

案情简介

王某,男,1957年5月5日出生。2019年3月26日,王某与某咨询公司(甲方)签订劳动合同书,双方约定:合同期限为2019年3月26日至2020年3月25日,试用期为2个月。

甲方每月20日前以货币形式支付乙方工资,月工资不低于北京市最低工资标准,试用期内发放80％工资。试用期内甲乙双方提出解聘、辞职必须提前两天告知对方,并结清试用期内应发的工资。双方另行签订员工录用确认单载明,王某试用期工资为每月8 000元,转正后工资为每月10 000元。2020年1月16日,王某与咨询公司签订解除劳动关系协议。现王某认为,其与咨询公司之间属于劳务合同关系,不适用试用期,因此咨询公司应按照每月10 000的标准向其支付2019年3月26日至2019年5月26日期间工资,对该份员工录用确认单不予认可。故向法院提起诉讼,要求咨询公司向其支付拖欠的工资4 000元。

处理结果

该案件经一审、二审诉讼,均判决驳回王某全部诉讼请求。

案例评析

根据《劳动合同法》第四十四条规定:"有下列情形之一的,劳动合同终止:(一)劳动合同期满的;(二)劳动者开始依法享受基本养老保险待遇的;(三)劳动者死亡,或者被人民法院宣告死亡或者宣告失踪的;(四)用人单位被依法宣告破产的;(五)用人单位被吊销营业执照、责令关闭、撤销或者用人单位决定提前解散的;(六)法律、行政法规规定的其他情形。"《劳动合同法实施条例》第二十一条规定:"劳动者达到法定退休年龄的,劳动合同终止。"本案中,王某于1957年5月5日出生,自2019年3月26日起在该咨询公司工作时已经超过法定退休年龄,故双方之间的法律关系并非受劳动法律调整的劳动关系,而属于劳务合同关系。

根据《民法典》第五百零九条规定,当事人应当按照约定全面履行自己的义务。本案的劳动合同书系王某与咨询公司的真实意思表示。尽管该份劳动合同书中关于试用期的约定不发生劳动法上的效力,但该部分约定并未违反法律、行政法规的强制性规定,不应认定为无效。因此,在咨询公司已经依约足额向王某支付该部分报酬的情况下,王某的诉讼请求缺乏事实和法律依据。

资料来源:北京市第一中级人民法院(2023)京01民终1813号案件。

第三节　劳动合同的分类

一、按照用工形式划分

劳动合同的
分类

按照用工形式的不同,劳动合同可以分为全日制劳动合同和非全日制劳动合同。

(一)全日制劳动合同

全日制劳动合同是最典型的劳动合同,系基于全日制用工方式而设立的劳动合同。我国劳动法没有对全日制用工进行明确的定义,但是劳动法的一般规定都是以全日制劳动合同为调整对象。其中《国务院关于职工工作时间的规定》第三条规定:"职工每日工作8小时,每周工作40小时。"该规定下的工时制度可理解为全日制用工形式。

(二)非全日制劳动合同

非全日制用工是与全日制用工相对的用工形式,也是劳动者灵活就业的重要方式之一。

我国《劳动合同法》第六十八条对非全日制用工的概念作了规定："非全日制用工,是指以小时计酬为主,劳动者在同一用人单位一般平均每日工作时间不超过四小时,每周工作时间累计不超过二十四小时的用工形式。"非全日制劳动用工是在我国经济体制发展过程中,为了适应我国企业用工形式和劳动力市场的变化应运而生的。非全日制用工能够有力地降低劳动者就业压力,提升社会就业率。在社会劳动力数量整体供给关系不平衡的情况下,通过非全日制用工的形式分配就业岗位,增加就业空间,可以有效地解决我国当下就业困难的问题。同时,非全日制用工也能够极大地增强企业用工的自主性和灵活性,使得企业能够根据自身生产经营的具体情况,对企业用工做出规划调整。

二、按照劳动合同期限划分

劳动合同的期限,是指劳动合同的有效时间,是劳动合同关系双方当事人行使权利和履行义务的期间,一般始于合同的生效之日,终于合同的终止之时。劳动合同签订后,当事人双方之间对各自的权利义务的行使存在一定的期限,据此对劳动合同予以划分。《劳动合同法》第十二条规定:"劳动合同分为固定期限劳动合同、无固定期限劳动合同和以完成一定工作任务为期限的劳动合同。"

(一)固定期限劳动合同

固定期限劳动合同,也叫作定期劳动合同。《劳动合同法》第十三条规定:"固定期限劳动合同,是指用人单位与劳动者约定合同终止时间的劳动合同。用人单位与劳动者协商一致,可以订立固定期限劳动合同。"劳动合同期限届满,劳动关系即告终止。经当事人双方协商同意,可以续订劳动合同。固定期限劳动合同的具体期限可由当事人双方按照岗位需求和双方的工作情况确定。固定期限劳动合同适用范围广泛,是当下较为普遍的劳动合同类型。固定期限劳动合同一方面能够确保一定期间内劳动关系的稳定,另一方面不对劳动者的工作期限和生活动态进行严格的约束,能够使双方的劳动关系在不断变化中寻求稳定,又能在固定的模式下促进流动。

(二)无固定期限劳动合同

无固定期限劳动合同,又称为不定期劳动合同。《劳动合同法》第十四条规定:"无固定期限劳动合同,是指用人单位与劳动者约定无确定终止时间的劳动合同。"劳动合同只约定合同成立和生效日期,未明确约定合同的终止日期,是否签订无固定期限劳动合同,需要双方协商一致,除法律、法规规定外,当事人双方应当约定变更和解除劳动合同的条件。无固定期限劳动合同一般适合于工作岗位特殊、技术复杂、工作内容机密、人员需要保持长期稳定的岗位。《劳动合同法》第十四条规定:"用人单位与劳动者协商一致,可以订立无固定期限劳动合同。有下列情形之一,劳动者提出或者同意续订、订立劳动合同的,除劳动者提出订立固定期限劳动合同外,应当订立无固定期限劳动合同:(一)劳动者在该用人单位连续工作满十年的;(二)用人单位初次实行劳动合同制度或者国有企业改制重新订立劳动合同时,劳动者在该用人单位连续工作满十年且距法定退休年龄不足十年的;(三)连续订立二次固定期限劳动合同,且劳动者没有本法第三十九条和第四十条第一项、第二项规定的情形,续订劳动合同的。用人单位自用工之日起满一年不与劳动者订立书面劳动合同的,视为用人单位与劳动者已订立无固定期限劳动合同。"无固定期限劳动合同的解除条件更为严格,劳动合同约定的变更和解除劳动合同的条件没有发生时,用人单位不得随意变更和解除劳动合同。与固定期限劳动合同相比,无固定期限劳动合同对劳动者更加有利,若用人单位不当解除无固定期限劳动合同,劳动者有权要求用人单位继续履行合同,或向用人单位主张支付经济补偿金或者经济赔偿金。

(三)以完成一定工作任务为期限的劳动合同

《劳动合同法》第十五条规定:"以完成一定工作任务为期限的劳动合同,是指用人单位与劳动者约定以某项工作的完成为合同期限的劳动合同。用人单位与劳动者协商一致,可以订立以完成一定工作任务为期限的劳动合同。"这种劳动合同类似于特殊的固定期限劳动合同,但表现形式有所区别。普通的固定期限劳动合同以时间的长短予以区分,而完成一定工作任务的劳动合同是以一项工作或项目的起始与完成作为时间节点的,比较常见的是建筑施工领域的劳动合同关系。这种劳动合同双方当事人之间的依附性没有固定期限的劳动合同稳定,劳动关系随用人单位的发展规划而变化或者受外界环境的影响较大。

第四节　劳动合同的内容

劳动合同的内容主要体现劳动法律关系当事人双方的合意。劳动合同条款是劳动合同内容的客观表现,其作为劳动合同体系的组成部分,在整个劳动合同体系中占有重要地位。劳动合同条款具体规定了劳动合同双方当事人的权利义务。劳动合同条款在形式上看应有书面文字或口头语言两种形式。我国《劳动合同法》第十条规定:"建立劳动关系,应当订立书面劳动合同。"从性质上看,劳动合同条款由法定条款和约定条款构成。前者是依据法律规定劳动合同必须具备的条款,后者是依据当事人一方或双方的要求而须具备的条款。

一、劳动合同法定条款

劳动合同法定条款是指法律规定劳资双方当事人订立劳动合同必须具备的条款,其产生的依据是劳动立法的规定。出于维护劳动生产安全、保护劳动者合法权益的目的,法律强制规定某些条款为劳动合同必不可少的内容,即法定条款。法定条款是双方当事人就劳动合同主要内容达成的合意,其为每一个劳动合同必须具备的内容,具有法律上的强制性。

《劳动合同法》第十七条规定:"劳动合同应当具备以下条款:(一)用人单位的名称、住所和法定代表人或者主要负责人;(二)劳动者的姓名、住址和居民身份证或者其他有效身份证件号码;(三)劳动合同期限;(四)工作内容和工作地点;(五)工作时间和休息休假;(六)劳动报酬;(七)社会保险;(八)劳动保护、劳动条件和职业危害防护;(九)法律、法规规定应当纳入劳动合同的其他事项。"

(一)用人单位的名称、住所和法定代表人或主要负责人

用人单位的名称、住所和法定代表人或主要负责人等用人单位基本信息与劳动者的姓名、住址和居民身份证或其他有效证件号码等劳动者基本信息,实际在明确权利义务主体问题,即是谁的权利、谁的义务。这与一般民事合同一样明确双方当事人身份。在实践中经常遇到劳动合同文本出现公司名称打印错误或是套用合同模板时忘记更改名称,甚至用人单

位信息空白、合同打印公司名称与尾部盖章公司名称不一致的情况。此种情况下,用人单位最终通过在劳动合同上加盖公章的主体予以确定。当然,实践中也会出现用人单位与劳动者签订劳动合同后,用人单位名称发生变更以及发生合并、分立的情形,根据《劳动合同法》第三十三条规定:"用人单位变更名称、法定代表人、主要负责人或者投资人等事项,不影响劳动合同的履行。"《劳动合同法》第三十四条规定:"用人单位发生合并或者分立等情况,原劳动合同继续有效,劳动合同由承继其权利和义务的用人单位继续履行。"故企业名称变更、企业主体合并、分立不影响合同履行。但从实操角度看,公司合并、分立后可能涉及主体变更,最好向员工公示告知,以书面形式表明原劳动合同继续有效。

典型案例

陈某某与北京某酒店劳动争议一案

案情简介

陈某某于2019年9月23日入职北京某酒店任前台接线员,月工资3 546元,入职时公司人力资源部门给了陈某某一份未加盖公司公章的劳动合同,陈某某签字。2020年8月28日,陈某某前往牛街居住证办理点办理北京市居住证,被民警告知劳动合同中没有公司的公章,也没有人力资源总监、企业负责人的签字,不具备法律效力,不予办理。陈某某联系人力资源部门完善合同,2020年9月8日,酒店与陈某某补签2019年9月23日至2022年12月31日的劳动合同。2020年9月21日,双方解除劳动合同。陈某某认为入职时未盖章确认的劳动合同对双方不具有法律约束力,属于未生效的合同,补签劳动合同不合法。遂主张自用工之日起满一个月的次日至补签书面劳动合同的前一日期间的双倍工资,即要求酒店支付2019年10月24日至2020年9月8日期间未签订劳动合同二倍工资差额37 114.8元。

处理结果

法院驳回了原告陈某某的诉讼请求。

案例评析

《劳动合同法》第十六条规定:"劳动合同由用人单位与劳动者协商一致,并经用人单位与劳动者在劳动合同文本上签字或者盖章生效。劳动合同文本由用人单位和劳动者各执一份。"仅以劳动合同未盖章为由认定劳动合同不生效是不够充分的。如果劳动者跟单位约定在合同上签字生效,那盖不盖章也就不会影响到劳动合同的效力问题。另外,劳动合同的不生效不代表劳动合同必然无效。根据我国《劳动合同法》第二十六条:"下列劳动合同无效或者部分无效:(一)以欺诈、胁迫的手段或者乘人之危,使对方在违背真实意思的情况下订立或者变更劳动合同的;(二)用人单位免除自己的法定责任、排除劳动者权利的;(三)违反法律、行政法规强制性规定的。对劳动合同的无效或者部分无效有争议的,由劳动争议仲裁机构或者人民法院确认。"

关于劳动合同签订日期问题,用人单位在法定期限内未与劳动者签订劳动合同,但在劳动者提供劳动一段时间后又与劳动者签订了合同,把合同期限往前移,但签订日期为实际补签合同的时间,则构成"补签劳动合同";签订日期补签至实际用工之日的,就是通常所称的"倒签劳动合同"。司法实践中,涉及倒签举证问题,如果倒签行为是在平等自愿、协商一致的基础上达成的共识,只要不违反法律法规的规定,符合当事人意思自治的原则,且能覆盖已经实际履行的劳动合同期间,就是有效的,不需付双倍工资。

本案中酒店也提供了陈某某签订的入职材料,并将劳动合同交予其签字,法院认为可以证明酒店有与陈某某签订劳动合同的意思表示。2020年9月8日酒店与陈某某签订自2019年9月23日起至2022年12月31日止的劳动合同行为,属于双方就存在劳动合同关系再度达成合意并确认,故陈某某请求支付2019年10月24日至2020年9月8日期间未签订劳动合同二倍工资差额,缺乏依据,不予支持。在现实生活中,为了减少不必要的纠纷,建议用人单位签订劳动合同时,既要签字又要加盖公章。

资料来源:北京市西城区人民法院(2021)京0102民初7387号案件。

用人单位是否有权了解员工是否受过刑事处罚

(二)劳动者的姓名、住址和居民身份证或其他有效证件号码

《劳动合同法》第八条规定:"用人单位有权了解劳动者与劳动合同直接相关的基本情况,劳动者应当如实说明。"该条是对用人单位知情权的保障,即用人单位在招聘员工时,有权了解劳动者的姓名、年龄、学历、工作经验、身体状况等与工作相关的信息,劳动者也应当履行如实告知的义务。劳动合同中劳动者的基本信息涉及劳动履行主体问题,也涉及用人单位招聘录用条件问题,劳动合同需由劳动者本人亲自履行,且不得提供虚假身份信息,否则会面临劳动合同无效的情况。

用人单位在招聘和录用任何一个劳动者时,都会让劳动者提供身份证,身份证上的年龄是一个不得不注意的问题,必须看一下劳动者的年龄是否已经满16周岁。如果劳动者是外国人,则必须年满18周岁。

童工是指未满16周岁,与单位或个人发生从事有经济收入的劳动或从事个体劳动的少年、儿童,除了学校或者文艺、体育和特种工艺单位外。对招用童工,《劳动法》第九十四条规定:"用人单位非法招用未满十六周岁的未成年人的,由劳动行政部门责令改正,处以罚款;情节严重的,由市场监督管理部门吊销营业执照。"

对于年满16周岁未满18周岁的劳动者,用人单位如果拟聘用的话,必须遵守如下规定:不得安排未成年人从事矿山井下、有毒有害、国家规定的第四级体力劳动强度的劳动和其他禁忌从事的劳动。用人单位对未成年员工应定期进行健康检查。[①]

退休年龄的问题

对于已达法定退休年龄的人员,目前,国家法定的企业职工退休年龄男年满60周岁,女工人年满50周岁,女干部年满55周岁。从事井下、高温、高空、特别繁重体力劳动或其他有害身体健康工作的,退休年龄为男年满55周岁,女年满45周岁。因病或非因工致残,由医院证明并经劳动鉴定委员会确认完全丧失劳动能力的,退休年龄为男年满50周岁,女年满45周岁。关于已经达到退休年龄的人是否可作为《劳动法》项下适格的劳动者,《劳动法》并未明确规定,《劳动合同法》并未以退休年龄作为劳动合同终止的标志,而是将享受基本的养老待遇作为劳动合同终止的结点。《最高人民法院关于审理劳动争议案件适用法律问题的解释(一)》第三十二条规定:"用人单位与其招用的已经依法享受养老保险待遇或者领取退休金的人员发生用工争议而提起诉讼的,人民法院应当按劳务关系处理。"以上司法解释也

---

① 蒲春平,唐正彬.劳动法与社会保障法[M].北京:航空工业出版社,2013.

未将退休年龄作为劳动合同终止的结点。但《劳动合同法实施条例》明确将劳动者退休年龄作为劳动合同终止的标志。实践中,到底已经达到退休年龄的人是否属于劳动法意义上的适格劳动者,各地司法实践差异很大。2015年《安徽省高级人民法院关于审理劳动争议案件若干问题的指导意见》第一条规定:"已过法定退休年龄的劳动者,初次到用人单位提供劳动的,其与用人单位之间的用工关系按劳务关系处理。"

典型案例

江苏三建公司与郭某劳动争议申诉案件

案情简介

再审申请人江苏三建公司因与被申请人郭某劳动争议纠纷一案,不服江苏省南通市中级人民法院(2019)苏06民终4941号民事判决,向江苏省高院申请再审。三建公司申请再审称,一审、二审法院认定事实错误。三建公司与郭某就劳动合同达成一致,双方签订了书面劳动合同。①二级建造师资质注册的前提是双方必须签订书面劳动合同,否则三建公司无法办理郭某二级建造师资质转入手续。②郭某的工作地点不在三建公司办公经营地,三建公司要求郭某签订书面劳动合同,办理郭某资质证书转入、社保等手续时,郭某称在苏州不方便回公司签订劳动合同,遂委托三建公司代签,以便尽快办理手续。③郭某对劳动合同书内容完全知晓,事实上双方已经签订了书面劳动合同,三建公司无须支付郭某未签订书面劳动合同的双倍工资差额,请求再审本案。

处理结果

法院驳回了三建公司的再审申请,三建公司应当支付郭某未签订书面劳动合同双倍工资差额。

案例评析

劳动合同的订立和履行,应当遵循诚实信用原则。劳动者已经实际为用人单位工作,用人单位超过一个月未与劳动者订立书面合同的,是否需要双倍支付劳动者的工资,应当考虑用人单位是否履行诚实磋商的义务以及是否存在劳动者拒绝订立等情况。如用人单位已尽到诚信义务,而因不可抗力、意外情况或者劳动者拒绝签订等用人单位以外的原因,造成未订立书面劳动合同的,不属于《劳动合同法实施条例》第六条所称的用人单位"未与劳动者订立书面劳动合同"的情况,也就不需要承担支付二倍工资的责任。司法实践中,用人单位需要举证证明已向劳动者本人告知签订劳动合同或代签劳动合同得到劳动者许可或代签后及时与劳动者就劳动合同签订进行再次确认的相关证据,如此代签的劳动合同的真实性才能予以确认。

本案中江苏省高院经审查认为,三建公司主张郭某委托其代签劳动合同,应当提供证据予以证明。从三建公司提供的微信聊天记录内容看,郭某只是表示办理资质证书转入注册手续,要回来把合同签了才能上传,同意三建公司可以先做,并未明确表示授权三建公司代签劳动合同。故三建公司提供的证据不能证明存在郭某委托其代签劳动合同的情形。且三建公司提供的劳动合同中约定的工资标准远低于实际发给郭某的月工资,不合常理。郭某在2018年3月11日的聊天记录中亦提到未签劳动合同,故三建公司称郭某完全知晓劳动合同书内容也不能成立。至于三建公司为办理郭某二级建造师资质转入手续提交的劳动合同,并非郭某签字,不能依此推断出三建公司已经与郭某签订书面劳动合同。

资料来源:江苏省高级人民法院(2020)苏民申3857号案件。

（三）劳动合同期限

劳动合同分为固定期限劳动合同、无固定期限劳动合同和以完成一定工作任务为期限的劳动合同三种类型。无固定期限劳动合同，没有固定的终止期限。以完成一定工作任务为期限的劳动合同以工作进行期为相对有效期，工作任务完成，合同即终止，没有约定期限的必要。三种类型的劳动合同中，固定期限劳动合同在我国更为常见。从劳动者的角度来看，无固定期限劳动合同可以防止用人单位在劳动者年老、体弱等情况下将劳动者解雇，对于保障劳动者的基本生活具有相当积极的意义。从企业的角度来看，无固定期限劳动合同可以让劳动者没有后顾之忧地全心全意为用人单位提供劳动，更容易让劳动者对用人单位产生认同。

《劳动合同法》第十四条规定："用人单位与劳动者协商一致，可以订立无固定期限劳动合同。有下列情形之一，劳动者提出或者同意续订、订立劳动合同的，除劳动者提出订立固定期限劳动合同外，应当订立无固定期限劳动合同：(一)劳动者在该用人单位连续工作满十年的；(二)用人单位初次实行劳动合同制度或者国有企业改制重新订立劳动合同时，劳动者在该用人单位连续工作满十年且距法定退休年龄不足十年的；(三)连续订立二次固定期限劳动合同，且劳动者没有本法第三十九条和第四十条第一项、第二项规定的情形，续订劳动合同的。用人单位自用工之日起满一年不与劳动者订立书面劳动合同的，视为用人单位与劳动者已订立无固定期限劳动合同。"

用人单位考虑劳动合同的期限长短时，一定要结合不同的工作岗位需求，不同劳动者的年龄、工作经验、专业技术等因素来确定。对于高级管理人员、高级技术人员这类保密性强、技术要求高的劳动者，可以选择签订期限较长的劳动合同或无固定期限劳动合同，以避免核心岗位人员流失或变动给用人单位造成损失，保障用人单位的长期稳定发展。①

典型案例

视为订立无固定期限劳动合同劳动争议案

案情简介

2016年8月1日，万某入职某食品公司，从事检验工作，双方口头约定万某月工资为3 000元。万某入职时，公司负责人告知其3个月试用期后签订书面劳动合同，但是双方一直未签订书面劳动合同。2018年7月31日，万某与食品公司解除劳动关系。万某要求食品公司支付2017年8月至2018年7月期间未与其签订无固定期限劳动合同的两倍工资36 000元，该公司拒绝支付。万某遂向劳动人事争议仲裁委员会（以下简称仲裁委员会）申请仲裁。

处理结果

仲裁委员会裁决驳回万某的仲裁请求。

案例评析

《劳动合同法》第八十二条规定："用人单位自用工之日起超过一个月不满一年未与劳动

---

① 王桦宇．劳动合同法实务操作与案例精解[M]．7版．北京：中国法制出版社，2017.

者订立书面劳动合同的,应当向劳动者每月支付二倍的工资。用人单位违反本法规定不与劳动者订立无固定期限劳动合同的,自应当订立无固定期限劳动合同之日起向劳动者每月支付二倍的工资。"

本案的争议焦点是2017年8月至2018年7月期间,万某与食品公司之间未签订书面劳动合同的情形是否属于《劳动合同法》第八十二条规定情形。从上述条款可知,用人单位支付未依法签订劳动合同第二倍工资的情形包括两种:一种是用人单位自用工之日起超过一个月不满一年未与劳动者订立书面劳动合同的;第二种是用人单位应当与劳动者订立无固定期限劳动合同,但违反本法规定不与劳动者订立无固定期限劳动合同的。第二种情形中的"本法规定",是指《劳动合同法》第十四条规定的"除劳动者提出订立固定期限劳动合同外,应当订立无固定期限劳动合同"的三种情形,即"(一)劳动者在该用人单位连续工作满十年的;(二)用人单位初次实行劳动合同制度或者国有企业改制重新订立劳动合同时,劳动者在该用人单位连续工作满十年且距法定退休年龄不足十年的;(三)连续订立二次固定期限劳动合同,且劳动者没有本法第三十九条和第四十条第一项、第二项规定的情形,续订劳动合同的"。而《劳动合同法》第十四条第三款规定的"用人单位自用工之日起满一年不与劳动者订立书面劳动合同的,视为用人单位与劳动者已订立无固定期限劳动合同"是对用人单位不签订书面劳动合同满一年的法律后果的拟制规定,并非有关应当订立无固定期限劳动合同的情形规定。《劳动合同法实施条例》第七条对于此种情形的法律后果也作了相同的分类规定。

本案中,万某于2016年8月1日入职,食品公司一直未与其签订书面劳动合同,自2017年8月1日起,根据上述法律法规的规定,双方之间视为已订立了无固定期限劳动合同,而非《劳动合同法》第八十二条规定的用人单位违反本法规定不与劳动者订立无固定期限劳动合同的情形。因此,食品公司无须向万某支付未依法签订无固定期限劳动合同的第二倍工资,故依法驳回万某的仲裁请求。

无固定期限劳动合同是指用人单位与劳动者约定无确定终止时间的劳动合同。为了保障劳动关系稳定性,《劳动合同法》"视为签订无固定期限劳动合同"的规定,主要目的是解决一些用人单位不愿与劳动者签订劳动合同,造成劳动者合法权益无法得到保障的问题。未依法签订劳动合同所应承担的第二倍工资责任在法律性质上是惩罚性赔偿,该责任设定与拟制无固定期限劳动合同的签订相结合,既保障了劳动者合法权益又限制了用人单位赔偿责任的无限扩大,有效地平衡了各方利益。

资料来源:2021人社部、最高院典型案例——劳动合同类。

(四)工作内容和工作地点

在实际工作中,劳动合同工作内容和工作地点的约定存在很多"雷区",因调岗及工作地点的变更引发的劳动争议频频发生。

1. 工作内容

工作内容是指劳动者为用人单位提供劳动以获取劳动报酬,用人单位通过安排劳动者工作或岗位以满足企业需要。故约定的工作内容和岗位应当是具体明确的,可以使劳动者理解岗位对应的工作职责。一般情况下,劳动合同的工作内容应包括岗位、职务、职责、任务、标准等,明确员工要干什么以及需要达到什么标准,双方可直接在劳动合同中约定或通过岗位职责说明书予以明确。

2. 工作地点

工作地点是劳动合同的履行地,与劳动者的工作、生活密切相关,对于劳动者个体而言,工作地点直接关系着劳动者的就业选择。因此,用人单位在与劳动者签订劳动合同时,应当明确约定工作地点。实践中,关于劳动合同地点签订的条款有精确到几号楼几单元几层的;也有笼统约定某个区某个市或者全国的;甚至有约定全球的。对于工作地点约定过于精细或者过于宽泛均不可取,约定过于精细对于企业限制过多,约定过于宽泛容易被认定对工作地点约定不明。工作地点的约定应当考虑到公司的实际经营情况,如单位的注册地、主要经营地或其他业务领域。对于涉及多个不明确地点的销售、市场人员或其他流动性人员,可对用人单位经营模式、劳动者工作岗位特性等作出特别提示,给予劳动者一个心理预期。若涉及企业场所搬迁等情况,企业应考虑是否因此增加了员工履行劳动合同的难度或负担、对劳动者的生活是否造成影响、企业是否采取了合理的弥补措施等,若用人单位不区分情况一概以劳动者拒绝到新岗位、新地点为由予以辞退,则恐涉嫌违法解除劳动关系,面临支付经济赔偿风险。

典型案例

吴某诉南京某公司工作地点变更纠纷案

案情简介

吴某原系南京某公司员工。双方于 2017 年 5 月 8 日签订无固定期限劳动合同,约定自 2017 年 5 月 1 日起建立无固定期限劳动合同关系,工作地点在将军大道 159 号南京某公司。

2019 年 3 月,南京某公司因经营需要决定由原办公地点将军大道 159 号整体搬迁至将军大道 529 号。包括吴某在内的员工得知后,以距离太远为由拒绝到新厂址上班。2019 年 3 月 9 日,南京某公司组织人员拆除生产线时,包括吴某在内的员工大面积停工,自此每日到原厂址打卡后,不再提供劳动。2019 年 3 月 11 日,该公司发布关于厂区搬迁的通知,声明自 2019 年 4 月 1 日起,厂区将从将军大道 159 号(14 000 平方米)整体搬迁至 529 号(17 000 平方米),生产车间提供中央空调,食宿更加便利,公司将安排车辆携全员前往新厂区参观,给予每人 500 元搬迁奖励,交通补贴在每月 100 元基础上增加 50 元,要求员工通过合理渠道沟通,必须于 2019 年 3 月 12 日 8:30 回岗正常劳动。员工拒绝返岗。2019 年 3 月 13 日,公司再次发布公告,重申员工的岗位、工作内容和福利待遇不变,增发 50 元交通补助。员工仍然拒绝返岗。2019 年 3 月 15 日,公司向吴某发出督促回岗通知,告知其行为已严重违反规章制度,扰乱破坏生产秩序,要求其于 2019 年 3 月 18 日 8:30 到生产主管处报到,逾期未报到将解除劳动合同。吴某未按要求报到。2019 年 3 月 18 日,公司在通知工会后,以严重违反规章制度为由决定与吴某解除劳动合同。吴某主张违法辞退赔偿金。2019 年 5 月 6 日,仲裁委员会作出裁决,吴某随后向法院起诉、上诉。

处理结果

仲裁委员会驳回了吴某的仲裁请求,一审、二审法院都未支持吴某诉求。

案例评析

因用人单位整体搬迁导致劳动者工作地点变更、通勤时间延长的,是否属于《劳动合同法》第四十条规定的"劳动合同订立时所依据的客观情况发生重大变化,致使劳动合同无法履行"的情形,需要考量搬迁距离远近、通勤便利程度,结合用人单位是否提供交通工具、是否调整出勤时间、是否增加交通补贴等因素,综合评判工作地点的变更是否给劳动者的工作和生活带来严重不便并足以影响劳动合同的履行。如果用人单位已经采取适当措施降低搬迁对劳动者的不利影响,搬迁行为不足以导致劳动合同无法履行的,劳动者不得以此为由拒绝提供劳动。上述问题实际是劳动合同要件之一的工作地点产生变更,用人单位是否能够单方行使管理权而无须与劳动者协商一致。用人单位管理权、劳动者被管理权的边界应根据工作地点变更是否足以影响劳动者正常履行劳动合同来确定。还需要考量用人单位管理者在进行工作地点变动、行使用人单位管理权的过程中,影响的大小以及变动的合理性。

资料来源:《最高人民法院公报》2020 年第 9 期(总第 287 期)典型案例。

(五)工作时间

工作时间又称劳动时间,是指劳动者根据法律的规定和劳动合同的约定,在用人单位提供正常劳动的时间。我国主要存在三种工时制度:标准工时制、综合计算工时制和不定时工时制。在签订劳动合同时,一般要约定执行的是哪一种工时制。不定时工时工作制与综合计算工时制均需要经过劳动行政部门审批通过,且申请具有时效限制,通常为一年,时效届满后,需要重新申请审批。

三种工时制度

1. 标准工时制

标准工时制是用人单位与一般职工普遍实行的基本工时制度,是其他特殊工时制度的计算依据与参照标准。《劳动法》(1995 年 1 月 1 日施行)第三十六条规定:"国家实行劳动者每日工作时间不超过八小时、平均每周工作时间不超过四十四小时的工时制度。"国务院《关于职工工作时间的规定》(1995 年 5 月 1 日施行)第三条规定:"职工每日工作 8 小时、每周工作 40 小时。"目前实务中结合上述两项规定,标准工时制内涵为用人单位需保证劳动者每日工作时间不超过 8 小时、平均每周工作时间不超过 40 小时,且每周至少休息 1 天。

根据劳动和社会保障部《关于职工全年月平均工作时间和工资折算问题的通知》(劳社部发〔2008〕3 号)确定,职工全年月平均制度工作天数和工资折算如下:

年工作日＝365 天－104 天(休息日)－11 天(法定节假日)＝250 天

季工作日＝250 天÷4 季＝62.5 天/季

月工作日＝250 天÷12 月＝20.83 天/月

每个周期内法定工作小时数＝月、季、年的工作日×8 小时,因此,法定工作小时数计算如下:一年为 250 天×8 小时＝2 000 小时;一季度为 20.83 天×8 小时/天×3 个月≈500 小时;月为 20.83 天×8 小时/天＝166.64 小时,每周不超过 40 小时,每天不超过 8 小时。

工时与工资的折算

关于日工资、小时工资的折算,法定节假日用人单位应当依法支付工资,即折算日工资、小时工资时不剔除国家规定的 11 天法定节假日,法定节假日虽然不是工作日,但是算作计薪天数。据此,日工资、小时工资的折算为

月计薪天数＝(365 天－104 天)÷12 月＝21.75 天

日工资＝月工资收入÷月计薪天数 21.75 天

小时工资＝月工资收入÷(月计薪天数 21.75 天×8 小时)

2. 综合计算工时制

综合计算工时制是指用人单位因生产特点无法执行标准工时制度,计算工作时间的周期不再是以日为单位,而是以周、月、季、年等为计算周期,即在综合计算周期内,某一具体日(周)的事假工作时间可以超过法定标准工作时间,即 8 小时(或 40 小时),但其平均日工作时间和平均周工作时间应与法定标准工作时间基本相同。[①]

《劳动部关于企业实行不定时工作制和综合计算工时工作制的审批办法》(自 1995 年1 月 1 日起施行)第五条规定:"企业对符合下列条件之一的职工,可实行综合计算工时工作制,即分别以周、月、季、年等为周期,综合计算工作时间,但其平均日工作时间和平均周工作时间应与法定标准工作时间基本相同。(一)交通、铁路、邮电、水运、航空、渔业等行业中因工作性质特殊,需连续作业的职工;(二)地质及资源勘探、建筑、制盐、制糖、旅游等受季节和自然条件限制的行业的部分职工;(三)其他适合实行综合计算工时工作制的职工。"

《安徽省企业工作时间管理暂行办法》第七条亦作出了类似规定:"企业对符合下列条件之一的劳动者,可以实行综合计算工时工作制。(一)交通、铁路、邮电、水运、航空、渔业等行业中因工作性质特殊,需连续作业的劳动者;(二)地质及资源勘探、矿山建设及开采、建筑、制盐、制糖、旅游、养殖、农场果园等受季节和自然条件限制的行业的部分劳动者;(三)烟草、食品饮料生产、农副产品收购加工等受季节和技术条件限制的部分劳动者;(四)其他因工作特殊需连续作业,或受自然条件和技术条件限制的季节性、突击性工作的劳动者。"

3. 不定时工时制

不定时工时制是指因工作性质或职责范围等工作特殊需要限制,劳动者工作时间无法按标准工作时间衡量或是需要机动作业的,劳动者每一个工作日没有固定的上下班时间限制的工时制度。

劳动部《关于企业实行不定时工作制和综合计算工时工作制的审批办法》(自 1995 年1 月1 日起施行)第四条规定:"企业对符合下列条件之一的职工,可以实行不定时工作制。(一)企业中的高级管理人员、外勤人员、推销人员、部分值班人员和其他因工作无法按标准工作时间衡量的职工;(二)企业中的长途运输人员、出租汽车司机和铁路、港口、仓库的部分装卸人员以及因工作性质特殊,需机动作业的职工;(三)其他因生产特点、工作特殊需要或职责范围的关系,适合实行不定时工作制的职工。"

《安徽省企业工作时间管理暂行办法》第六条也作出了类似规定:"企业对符合下列条件之一的劳动者,可以实行不定时工作制。(一)企业中的高级管理人员、外勤人员、推销人员、非生产性值班人员和其他因工作无法按标准工作时间衡量的劳动者;(二)企业中的长途运输人员、出租汽车司机和铁路、港口、仓库的部分装卸人员以及因工作性质特殊,需机动作业的劳动者;(三)其他因生产经营特点、工作特殊需要或职责范围的关系,适合实行不定时工作制的劳动者。"

4. 加班加点

加班加点即《劳动法》规定的"延长工作时间",是指劳动者超出法定标准工作时间或企业规定工作时间进行工作所延长的时间。加班一般是指根据单位要求,在休息日、法定节假日进行工作,以天数为计算单位。加点则是在法定日标准工作时间以外进行工作,以小时为

---

① 周丽霞.HR 全程法律顾问:企业人力资源管理高效工作指南[M].6 版.北京:中国法制出版社,2022.

计算单位。①

1）标准工时制下加点加班

标准工时制下加点，即在工作日超出 8 小时以外的工作时间。用人单位在特殊情形下可以安排员工加点工作，但有所限制。《劳动法》第四十一条规定："用人单位由于生产经营需要，经与工会和劳动者协商后可以延长工作时间，一般每日不得超过一小时；因特殊原因需要延长工作时间的，在保障劳动者身体健康的条件下延长工作时间每日不得超过三小时，但是每月不得超过三十六小时。"值得注意的是，《劳动法》第四十二条规定："有下列情形之一的，延长工作时间不受本法第四十一条的限制：（一）发生自然灾害、事故或者因其他原因，威胁劳动者生命健康和财产安全，需要紧急处理的；（二）生产设备、交通运输线路、公共设施发生故障，影响生产和公众利益，必须及时抢修的；（三）法律、行政法规规定的其他情形。"除上述法定情形外，如果用人单位安排劳动者工作时间超出标准工作时间每日 8 小时，就要支付不低于工资的 150% 的加班报酬。

标准工时制下加班主要分为休息日加班与法定节假日加班。休息日加班，是用人单位应保证劳动者每周至少休息一天，该休息日并不必然是周六或周日，对于超市、观光景点等场所反而是周六或周日最为繁忙，所以休息日具体定在哪几天由用人单位自主决定。当用人单位休息日安排劳动者工作又不能安排补休的，就需要支付不低于工资 200% 的加班报酬。至于法定节假日加班，即用人单位安排劳动者在法定节假日（元旦 1 天、春节 3 天、清明节 1 天、劳动节 1 天、端午节 1 天、中秋节 1 天和国庆节 3 天，总共 11 天）内工作，就需要支付不低于工资 300% 的加班报酬。

2）综合计算工时制下加班

经劳动行政部门批准实行综合计算工时工作制的，在综合计算周期内，如果劳动者的实际工作时间总数，超过该周期的法定标准工作时间总数，超过部分应视为延长工作时间，单位要按规定支付加班费。综合计算工时制允许具体的某日（或某周）工作时间可以超过法定标准工作时间，但是其基础仍然是标准工时制，仍然要坚持一定周期内总的工作时间及平均工作时间都不能违反法定的标准，即每周工作时间不超过 40 小时，每月工作时间20.83 天/月×8 小时/天＝166.64 小时；每季度工作时间 250 天/年÷4 季/年×8 小时/天＝500 小时/季；每年度工作时间 250 天/年÷4 季/年×8 小时/天×4 个月＝2 000 小时/年。《关于贯彻执行〈中华人民共和国劳动法〉若干问题的意见》（劳部发〔1995〕309 号）第六十二条规定："实行综合计算工时工作制的企业职工，工作日正好是周休息日的，属于正常工作；工作日正好是法定节假日时，要依照劳动法第四十四条第（三）项的规定支付职工的工资报酬。"也就是说，在综合计算工时周期内，不存在"周休息日"，将"周休息日"当正常工作时间对待。而判断综合计算工时周期内是否存在加班时，将工作日、"周休息日"的工作时间全部折算为小时数，然后看该小时数是否超过法定的小时数标准，超过的，则按"150%"计算加班费。但是综合计算工时制仍保障劳动者享有法定节假日权利，如适逢法定节假日工作，视为法定节假日加班，享受不低于工资 300% 的加班待遇。

加班时间的限制及例外

---

① 周丽霞. HR 全程法律顾问：企业人力资源管理高效工作指南［M］. 6 版. 北京：中国法制出版社，2022.

典型案例

综合计算工时制下加班的劳动争议案件

案情简介

2016年1月1日,孙某与东方公司签订劳动合同书,约定:合同期限为2016年1月1日至2017年12月31日;工作岗位为邮政投递;执行综合计算工时制。该劳动合同到期后,双方又续订了两次劳动合同,续订期限分别为2018年1月1日至2019年12月31日以及2020年1月1日至2021年12月31日。2021年12月12日,孙某向东方公司邮寄解除劳动合同信函,其中部分内容为"……本人超时工作周六日你公司不给加班费,本人无法接受你公司做法……"后孙某经仲裁前置程序后起诉至法院,称其在职期间有52天未倒休,东方公司并未支付加班工资。孙某并提交工作群组微信聊天记录及2021年11月考勤统计表佐证,东方公司认可上述证据的真实性,称应是52天,但是不认可孙某的计算方式,理由是孙某执行综合计算工时制度,不应记为双休日加班,多上班的52天,计件费用已支付。东方公司并提交《劳动部关于对邮电企业部分工作岗位实行不定时工作制和综合计算工时工作制的批复》佐证。

处理结果

本案一审、二审法院未支持孙某主张的52天双休日加班工资,判决按照孙某的工资标准核算,支持孙某这52天的延时加班工资。

案例评析

关于加班工资。在双方对劳动者多上班的时间无异议的前提下,因双方签订的劳动合同中明确约定孙某执行综合计算工时制,故孙某主张双休日加班工资,法院无法支持。因孙某确实存在52天未倒休,故对于该52天,东方公司应支付孙某延时加班工资,具体数额,应当根据孙某的工资构成,予以核算。

资料来源:北京市第三中级人民法院(2022)京03民终15333号案件。

3) 不定时工时制下加班

不定时工时制下,员工工作时间不受限制,可以自行安排,所以也就不存在加班问题。至于不定时工时制下员工能否享受节假日加班待遇,各地规定不一。

安徽、北京、广东、浙江等地不支持不定时工时制法定节假日加班待遇。如《安徽省工资支付规定》第二十条、《北京市工资支付规定》第十四条和《广东省工资支付条例》第二十三条均有经批准实行不定时工作制的,不执行加班工资待遇的类似规定。此外,《浙江省劳动和社会保障厅关于实行不定时工作制职工在法定节假日上班是否需支付加班工资的批复》(浙劳社厅字〔2008〕43号)批复:"经批准实行不定时工作制的劳动者,因工作时间不确定,无法实行加班加点制度。根据劳动部《工资支付暂行办法》(劳部发〔1994〕489号)第十三条规定,实行不定时工作制的劳动者不执行加班加点工资制度,其工资由用人单位按照本单位的工资制度,根据劳动者的劳动时间和完成劳动定额情况计发。"

而上海、厦门、深圳、湖南等地则支持不定时工时制法定节假日加班待遇。如《上海市企业工资支付办法》第十三条规定:"经人力资源社会保障行政部门批准实行不定时工时制的劳动者,在法定休假节日由企业安排工作的,按本条第(三)项的规定支付加班工资。"《厦门市企业工资支付条例》第十九条规定："经劳动和社会保障行政部门批准实行不定时工作制的劳动者,用人单位安排其在法定休假日工作的,应当按照本条例第十五条第(三)项规定支付工资报酬。"《深圳市员工工资支付条例》第二十条规定："用人单位安排实行不定时工作制的员工在法定休假节日工作的,按照不低于员工本人正常工作时间工资的百分之三百支付员工加班工资。"《湖南省工资支付监督管理办法》第十八条规定："经人力资源社会保障部门批准实行不定时工时制的用人单位,可不执行本办法第十五条第(一)、(二)项工资支付规定,但在法定休假日安排劳动者工作的,按本办法第十五条第(三)项的规定支付工资。"

典型案例

不定时工时制下是否应当支付加班费的劳动争议案件

案情简介

2015 年 7 月 21 日,安某入职某商务车公司。当日,双方签订劳动合同书,约定安某担任出租汽车驾驶员岗位,商务车公司安排安某执行不定时工作制度。2020 年 6 月 30 日,安某和商务车公司劳动合同到期终止。后双方发生纠纷,经过仲裁后,安某向一审法院起诉请求:商务车公司支付安某 2015 年 7 月 21 日至 2019 年 3 月 31 日休息日加班工资 117 827.18 元,并提交相关证据,证明商务车公司对其实行排班工作制。商务车公司认为公司不对安某排班,支付工资不考虑出勤情况,并提交了《北京市东城区人力资源和社会保障局企业实行综合计算工时工作制和不定时工作制行政许可决定书》及相应审批表,显示 2015 至 2019 年度商务车公司出租车司机岗位实行不定时工作制,均获北京市人力资源和社会保障局审批同意。商务车公司据此证明对安某适用不定时工作制。

处理结果

一审、二审法院均驳回安某的诉讼请求。

案例评析

因安某诉请期间在商务车公司处担任出租汽车司机职务,知悉其岗位适用不定时工作制度。商务车公司能证实安某所在岗位实行不定时工作制已经有关行政机关审批同意。安某作为出租汽车司机,依其工作性质可自行安排休息休假,因此,安某再主张加班工资于法无据。

资料来源:北京市第三中级人民法院(2023)京 03 民终 2100 号案件。

(六)休息休假

劳动者享有休息休假权利,《中华人民共和国宪法》第四十三条规定:"中华人民共和国劳动者有休息的权利。国家发展劳动者休息和休养的设施,规定职工的工作时间和休假制度。"故休息休假是宪法权利,是职工的基本权利之一,《劳动法》对此也有明确规定。现阶段,普遍加班的现象存在于一些行业,严重侵犯了职工的休息休假权,影响劳动关系和谐,导致劳动争议产生。故当下需要企业规范休息休假管理,提高用工合法合规意识,既要保障企业生产经营高效运转,同时又要兼顾职工享受充分的休息休假权利,构建和谐劳动关系。

1. 休息时间

1) 工作日内的间歇休息时间

一般而言,劳动者应在工作四小时后有一次间歇休息时间,间歇休息时间的具体长度由企业根据生产经营特点而定,但最短不得少于半小时。

2)工作日之间的休息时间

每个工作日之间的休息时间即前一个工作日结束至下一个工作日开始,法律并无规定,由劳动者自由支配的休息时间。也有学者根据每天工作 8 小时推论,每个工作日之间不得少于 16 小时,即使是轮班制也不得使劳动者连续工作两个工作日。如职工从晚上 11 点到早上 7 点上夜班,继续从早上 7 点到下午 3 点上早班,如此连续用工,会对职工生命健康带来威胁,也不利于企业长久生产。

3)工作周之间的休息日

国家机关事业单位统一的工作时间,周休息日集中安排在星期六和星期日。企业和不能实行统一工作时间的单位,可根据实际情况灵活安排周休息日。用人单位应当保证劳动者每周至少休息一日。休息日安排员工加班,应安排补休或无法安排补休,支付 200% 加班工资。至于加班之后多久安排补休,目前法律并无规定。若单位长时间不安排补休,一旦发生员工辞职情况,单位需要支付 200% 加班费,甚至员工可以以单位拖欠加班费为由提出离职,主张经济补偿金。所以若遇到员工离职,用人单位最好安排员工在最后一段时期内将所有补休休完,将离职日期往后推[①],若双方协商一致签订离职协议,以加班费结算也可以。

4)法定节假日休息时间

部分公民放假的节日上班是否有加班费

法定节假日是指法律规定除休息日之外的假期,分为全体公民享有的假期与部分公民享有的假期,该假期无须工作,用人单位仍需要按照工作时间予以支付工资。《全国年节及纪念日放假办法》第二条规定:"全体公民放假的节日:(一)新年,放假 1 天(1 月 1 日);(二)春节,放假 3 天(农历正月初一、初二、初三);(三)清明节,放假 1 天(农历清明当日);(四)劳动节,放假 1 天(5 月 1 日);(五)端午节,放假 1 天(农历端午当日);(六)中秋节,放假 1 天(农历中秋当日);(七)国庆节,放假 3 天(10 月 1 日、2 日、3 日)。"第三条规定:"部分公民放假的节日与纪念日:(一)妇女节(3 月 8 日),妇女放假半天;(二)青年节(5 月 4 日),14 周岁以上的青年放假半天;(三)儿童节(6 月 1 日),不满 14 周岁的少年儿童放假 1 天;(四)中国人民解放军建军纪念日(8 月 1 日),现役军人放假半天。"第六条规定:"全体公民放假的假日,如果适逢星期六、星期日,应当在工作日补假。部分公民放假的假日,如果适逢星期六、星期日,则不补假。"

在全体公民享有的法定节假日加班,无论是否安排补休,都需要支付 300% 加班费。而对于部分公民享有的节假日,根据《劳动和社会保障部办公厅关于部分公民放假有关工资问题的复函》,若适逢工作日正常上班的,单位只需要支付工作日正常工资即可,无须支付加班工资;若适逢周六周日等休息日,则按照休息日加班支付加班费。

2.休假时间

1)婚假

婚假是劳动者达到法定婚龄依法结婚时享受的假期,按法定结婚年龄:女 20 周岁,男 22 周岁,结婚的,可享受 3 天婚假,再婚的男女可享受法定婚假。具体天数由地方人口与计划生育条例确定。2015 年修正的《人口与计划生育法》删除了晚婚假的相关规定,各地地方

---

① 陈元,何力.民法典背景下劳动人事法律操作指引[M].北京:法律出版社,2021.

法规亦对应予以修改,故员工关于晚婚假的申请通常得不到支持。各地为了响应国家鼓励生育的政策,陆续出台各项规定延长婚假。例如《安徽省人口与计划生育条例》(2022 年 1 月 1 日施行)第三十一条规定:"符合法律规定结婚的职工,在享受国家规定婚假的基础上,延长婚假十天。婚假期间,其享有的工资、奖金、福利待遇不变。"结婚时男女双方不在一地工作的,一方需要去对方所在地点结婚的,可视路程远近,另给予路程假。

婚假的规定

2)丧假

丧假是指职工的直系亲属死亡,依法享有 1 至 3 天假期。原国家劳动总局、财政部《关于国营企业职工请婚丧假和路程假问题的通知》规定:"一、职工本人结婚或职工的直系亲属(父母、配偶和子女)死亡时,可以根据具体情况,由本单位行政领导批准,酌情给予一至三天的婚丧假。二、职工结婚时双方不在一地工作的;职工在外地的直系亲属死亡时需要职工本人去外地料理丧事的,都可以根据路程远近,另给予路程假。三、在批准的婚丧假和路程假期间,职工的工资照发,途中的车船费等,全部由职工自理。"至于直系亲属的范围,一些省市将范围扩大,如江苏省、四川省相关规定将此范围进一步扩展至岳父母或公婆。但是民法上的直系亲属其实还包括了祖父母、外祖父母、孙子女以及外孙子女。如果是职工的祖父母、外祖父母、孙子女或外孙子女或其他亲朋去世,单位可以根据自身情况看是否予以批准丧假,若不按照丧假对待,出于基本人情关怀,建议用人单位根据实际情况批准职工请事假或使用带薪年休假冲抵。

3)产假

产假是指女职工因为生育享受的假期。《女职工劳动保护特别规定》第七条规定:"女职工生育享受 98 天产假,其中产前可以休假 15 天;难产的,增加产假 15 天;生育多胞胎的,每多生育 1 个婴儿,增加产假 15 天。女职工怀孕未满 4 个月流产的,享受 15 天产假;怀孕满 4 个月流产的,享受 42 天产假。"第八条规定:"女职工产假期间的生育津贴,对已经参加生育保险的,按照用人单位上年度职工月平均工资的标准由生育保险基金支付;对未参加生育保险的,按照女职工产假前工资的标准由用人单位支付。女职工生育或者流产的医疗费用,按照生育保险规定的项目和标准,对已经参加生育保险的,由生育保险基金支付;对未参加生育保险的,由用人单位支付。"

产假的规定

个别省市在国家法定产假 98 天的基础上,同时规定了延长产假。如安徽省女职工享受 158 天产假。《安徽省人口与计划生育条例》第三十二条规定:"对符合本条例规定生育子女的夫妻,国家机关、社会团体、企业事业单位应当给予以下奖励:(一)女方在享受国家规定产假基础上,延长产假六十天。"

哺乳假及注意事项

随之衍生出来的,还有哺乳假、护理假(陪产假)、育儿假。各省亦出台相关规定。《女职工劳动保护特别规定》第九条规定:"用人单位应当在每天的劳动时间内为哺乳期女职工安排 1 小时哺乳时间;女职工生育多胞胎的,每多哺乳 1 个婴儿每天增加 1 小时哺乳时间。"至于陪产假与育儿假,例如安徽省规定男方享受三十天护理假,在子女六周岁以前,每年给予夫妻各十天育儿假。

育儿假、男职工护理假

典型案例

韩某产假期间被辞退劳动争议一案

案情简介

2017年8月,韩某入职某设计公司,双方签订劳动合同书、劳动合同补充协议,合同期限自2017年8月15日至2020年8月14日。在劳动合同履行期间,韩某怀孕,孕期请假产检。2019年1月起,韩某通过微信、QQ等方式向某设计公司相关人员请产假并填写员工请假单,此后韩某未到岗工作。2019年3月,韩某生育一女。2019年5月,某设计公司向韩某发出解除劳动合同通知书,以其自2019年2月1日起未上班且未办理任何请假手续,按无故缺勤旷工处理为由,解除双方劳动合同。韩某向天津市河东区劳动人事争议仲裁委员会申请仲裁,要求某设计公司支付违法解除劳动合同赔偿金等。

处理结果

仲裁委部分支持了韩某的仲裁申请,一审、二审法院均认为公司解除行为违法,应支付经济赔偿金。

案例评析

《中华人民共和国妇女权益保障法》《劳动法》等法律法规规定,女职工在孕期、产期、哺乳期内享受特殊劳动保护。《劳动合同法》第四十二条明确规定,女职工在孕期、产期、哺乳期,禁止用人单位无正当理由随意解除劳动关系。

针对本案,天津市河东区人民法院认为,关于某设计公司与韩某解除劳动合同是否合法问题。韩某作为女职工,依法享受产假。韩某在职期间,其怀孕并多次向公司请假进行产检,某设计公司应当对其怀孕知情并合理预估到韩某必然面临分娩、休产假的情况。某设计公司以旷工为由与韩某解除劳动合同,并抗辩此前韩某的请假方式不符合公司规定的流程,但即便如此,某设计公司亦应及时敦促韩某按流程履行请假手续,而不是放任此种状态直至三个月后径行与劳动者解除劳动合同。法院认为某设计公司与韩某解除劳动合同为违法解除,应当支付违法解除劳动合同赔偿金。某设计公司提出上诉后,天津市第二中级人民法院判决:驳回上诉,维持原判。

人民法院通过司法裁判,保护了女职工的合法权益,判令用人单位依法承担了违反女职工权益保护强制性规定的法律责任。

资料来源:天津省高级人民法院2022年6月27日发布的典型案例。

带薪年休假的天数、休假条件、不可休的条件

4)带薪年休假

带薪年休假是符合条件的职工,每年都可以享受的保留工作和工资待遇的法定休假福利。

(1)职工享受年休假的条件。职工连续工作满12个月以上的,享受带薪年休假。连续工作满12个月包括在前一单位的工作时间(但必须是连续的),何谓连续工作,一般认为如果中间中断不超过1个月,社会保险一直处于连续缴费状态,则可视为连续工作。[①] 企业也可以在规章制度中对于连续

---

① 陈元,何力.民法典背景下劳动人事法律操作指引[M].北京:法律出版社,2021.

工作作进一步定义,如"连续工作是指一日接一日不可中断"。

（2）不享受带薪年休假的情形。《职工带薪年休假条例》第四条规定:"职工有下列情形之一的,不享受当年的年休假:(一)职工依法享受寒暑假,其休假天数多于年休假天数的;(二)职工请事假累计 20 天以上且单位按照规定不扣工资的;(三)累计工作满 1 年不满 10 年的职工,请病假累计 2 个月以上的;(四)累计工作满 10 年不满 20 年的职工,请病假累计 3 个月以上的;(五)累计工作满 20 年以上的职工,请病假累计 4 个月以上的。"另外,职工已享受当年的年休假,年度内又出现上述列举的第(二)、(三)、(四)、(五)项规定情形之一的,不享受下一年度的年休假。

（3）年休假天数计算。《职工带薪年休假条例》第三条规定:"职工累计工作已满 1 年不满 10 年的,年休假 5 天;已满 10 年不满 20 年的,年休假 10 天;已满 20 年的,年休假 15 天。国家法定休假日、休息日不计入年休假的假期。"《企业职工带薪年休假实施办法》第四条规定:"年休假天数根据职工累计工作时间确定。职工在同一或者不同用人单位工作期间,以及依照法律、行政法规或者国务院规定视同工作期间,应当计为累计工作时间。"故年休假天数根据职工累计工龄计算。对于年度内在本单位工作不足全年的新进员工与离职员工,当符合年休假条件时,年休假天数按比例折算,折算后不足 1 整天的部分不享受年休假。新进职工当年度年休假按照在本单位剩余日历天数折算确定,年休假天数＝(当年度在本单位剩余日历天数÷365 天)×(职工全年应享受的年休假天数)。特别要注意的是,新进职工首先要满足"连续工作满 12 个月"条件,若入职时尚不满足,则不是以入职时间起算在本单位剩余日历年数,而是根据符合"连续工作满 12 个月"的时间点起算在本单位剩余日历天数。[①]对于离职员工,当年度年休假天数按照在本单位当年已工作时间折算确定,年休假天数＝当年度在本单位已过日历天数÷365 天×职工全年应享受的年休假天数。

（4）年休假工资计算。《职工带薪年休假条例》第五条规定:"年休假在 1 个年度内可以集中安排,也可以分段安排,一般不跨年度安排。单位因生产、工作特点确有必要跨年度安排职工年休假的,可以跨 1 个年度安排。单位确因工作需要不能安排职工休年休假的,经职工本人同意,可以不安排职工休年休假。对职工应休未休的年休假天数,单位应当按照该职工日工资收入的 300％支付年休假工资报酬。"年休假工资的计算基数,按照职工在本单位前 12 个月剔除加班工资后的月平均工资计算,不足 12 个月的,按照实际月份计算。日平均工资标准按照月均工资÷21.75 天计算。因为用人单位已经支付过职工正常工作期间的工资报酬,故未休年休假工资只需额外支付日工资 200％的报酬即可。计算公式为:应休未休年休假工资＝月平均工资标准÷21.75 天×当年度应休未休假天数×200％。

（5）年休假安排。年休假在 1 个年度内可以集中安排,也可以分段安排,一般不跨年度安排。单位因生产、工作特点确有必要跨年度安排职工年休假的,可以跨 1 个年度安排。故用人单位掌握年休假安排的主动权,单位可以自主决定何时休年休假,是分段休还是一次休。若单位已安排员工休年假,员工因本人原因且书面提出不休年休假,用人单位可以支付其正常工作期间的工资收入,但用人单位需要保留员工拒绝或放弃年休假安排的书面证据。另外,年休假实务操作中,单位可以用年休假冲抵其他非法定假期,若员工离职尚有未休年休假,可在离职之前集中安排休完再办理离职手续,若分段休年假,建议及时与员工确认剩余天数。

---

① 周丽霞．HR 全程法律顾问:企业人力资源管理高效工作指南[M]．6 版．北京:中国法制出版社,2022.

典型案例

李先生年休假工资劳动争议一案

案情简介

李先生所在公司自 2020 年 2 月起未足额向其支付工资。2020 年 7 月 3 日,李先生以长期拖欠工资为由,向公司提出解除劳动合同。并于次日申请劳动仲裁,要求公司支付 2017 年至 2020 年未休年休假工资共计 4 万余元。公司则称,同意支付 2018 年至 2020 年的未休年假工资,但 2017 未休年假工资已经超过仲裁时效,不同意支付。

处理结果

法院经审理认为,李先生主张的 2017 年未休年休假工资已超过仲裁时效,故仅支持了李先生 2018 年至 2020 年未休年假工资。

案例评析

《劳动争议调解仲裁法》第二十七条第一款规定,劳动争议申请仲裁的时效期间为一年,仲裁时效期间从当事人知道或者应当知道其权利被侵害之日起计算。同时,该条第四款规定"劳动关系存续期间因拖欠劳动报酬发生争议的,劳动者申请仲裁不受本条第一款规定的仲裁时效期间的限制,但是,劳动关系终止的,应当自劳动关系终止之日起一年内提出"。

因带薪年休假工资不属于劳动报酬,故劳动者要求用人单位支付其未休带薪年休假工资补偿的仲裁时效期间应适用上述第一款规定。考虑到年休假可以集中、分段和跨年安排的特点,本案中李先生 2017 年的年休假最迟可以在 2018 年 12 月 31 日享受,如其未休,应最迟于 2019 年 12 月 31 日主张未休年休假工资,其于 2020 年 7 月提起仲裁已经超过一年时效,故法院对其要求 2017 年度未休年休假工资的诉讼请求未予支持。

资料来源:北京市西城区法院 2021 年 9 月 16 日发布的涉劳动者带薪年休假纠纷典型案例。

5)病假

病假是指劳动者患病或非因工负伤,停止工作治疗疾病或休息的假期。医疗期,即用人单位职工病假期间停止工作治病休息,用人单位不能因此与职工解除劳动合同的时限。

(1)医疗期期限。根据劳动者工作年限的不同,法定医疗期间也存在差异。按照《企业职工患病或非因工负伤医疗期规定》的规定,医疗期的计算标准如表 2-1 所示。

表 2-1 医疗期的计算标准

实际工作年限	本单位工作年限	医疗期	计算周期
10 年以下	5 年以下	3 个月	6 个月
	5 年以上	6 个月	12 个月
10 年以上	5 年以下	6 个月	12 个月
	5 年以上 10 年以下	9 个月	15 个月
	10 年以上 15 年以下	12 个月	18 个月
	15 年以上 20 年以下	18 个月	24 个月
	20 年以上	24 个月	30 个月

上述医疗期计算应从病休第一天开始，累计计算。病休期间，公休、假日和法定节日包括在内。公司对于员工请病假只有形式上的审核权，患病员工提供医院出具的生病证明，履行请假审批手续，单位不能不批准。

（2）特殊疾病医疗期。根据《企业职工患病或非因工负伤医疗期规定》（劳部发〔1994〕479 号），医疗期最长为 24 个月。原劳动部于 1995 年 5 月 23 日发布了《劳动部关于贯彻〈企业职工患病或非因工负伤医疗期规定〉的通知》（劳部发〔1995〕236 号），该文件第二条规定："根据目前的实际情况，对某些患特殊疾病（如癌症、精神病、瘫痪等）的职工，在 24 个月内尚不能痊愈的，经企业和劳动主管部门批准，可以适当延长医疗期。"

（3）病假工资。《关于贯彻执行〈中华人民共和国劳动法〉若干问题的意见》第五十九条规定："职工患病或非因工负伤治疗期间，在规定的医疗期间内由企业按有关规定支付其病假工资或疾病救济费，病假工资或疾病救济费可以低于当地最低工资标准支付，但不能低于最低工资标准的 80％。"

（4）医疗期内医疗终结。企业职工非因工负伤致残和经医生或医疗机构认定患有难以治疗的疾病，在医疗期内医疗终结，不能从事原工作，也不能从事用人单位另行安排的工作的，应当由劳动鉴定委员会参照工伤与职业病致残程度鉴定标准进行劳动能力的鉴定。被鉴定为一至四级的，应当退出劳动岗位，终止劳动关系，办理退休、退职手续，享受退休、退职待遇；被鉴定为五至十级的，医疗期内不得解除劳动合同。

（5）医疗期已满医疗终结。企业职工非因工致残和经医生或医疗机构认定患有难以治疗的疾病，医疗期满，应当由劳动鉴定委员会参照工伤与职业病致残程度鉴定标准进行劳动能力的鉴定。被鉴定为一至四级的，应当退出劳动岗位，解除劳动关系，并办理退休、退职手续，享受退休、退职待遇。

（6）医疗期已满医疗尚未终结。《劳动合同法》第四十条规定："有下列情形之一的，用人单位提前三十日以书面形式通知劳动者本人或者额外支付劳动者一个月工资后，可以解除劳动合同：（一）劳动者患病或者非因工负伤，在规定的医疗期满后不能从事原工作，也不能从事由用人单位另行安排的工作的"。换言之，医疗期满后，用人单位可以行使单方调岗权，不需要与病休员工协商一致。劳动合同期满，用人单位可依法终止与病休员工劳动合同。

（7）病休员工管理。为防止病休员工长期恶意"泡病假"，用人单位需要完善病假管理制度，将病假流程与所需材料写入公司规章制度中，经过民主程序向员工告知，由员工签字确认。具体而言，首先，应该规定履行病假手续时应该提交病假单、疾病诊断书、医药费发票等医院出具的证明，病假单备注员工声明，由员工承诺病假申请真实，如有虚假或故意夸大，构成严重违纪，自愿接受公司相应处罚乃至解除劳动合同。如果病假手续齐全，企业有权利去医院核实病假证明是否真实。其次，需要规范病假申请流程，经批准并移交工作后方可离开工作岗位，未按程序请假或请假未获批准离岗，病假到期未经续假批准的，可按照旷工处理。若遇紧急等特殊情况，应要求其说明情况并及时补办书面请假手续。用人单位作出处理意见之前，建议先向员工了解情况，书面告知催促到岗。若员工无故未到岗，则按照公司规定予以处理。

典型案例

梅某病假工资劳动争议一案

案情简介

2020 年 4 月,梅某至某物业公司工作,双方签订了至当年年底的劳动合同。2020 年 10 月,梅某突发疾病而入院治疗,被诊断为"脑干梗死恢复期""四肢瘫",处于植物人状态。2021 年 1 月,物业公司认为梅某在国家规定的 3 个月医疗期满后未能从事原工作及其他工作,于当月为梅某办理停保手续。梅某因此无法向医疗保险基金申请停保期间的医疗费。梅某通过法定代理人请求物业公司支付未报销的医疗费及病假工资。

处理结果

仲裁委裁决:物业公司向梅某支付医保未予报销的医疗费及病假工资。

案例评析

企业职工因患病或非因工负伤,需要停止工作而医疗的,根据工作年限,给予 3 个月到 24 个月的医疗期。对某些患特殊疾病(如癌症、精神病、瘫痪等)的职工,在 24 个月内尚不能痊愈的,经企业和劳动主管部门批准,可以适当延长。

该案经劳动仲裁审理认为,根据医疗机构诊断意见,梅某所患病情属于特殊疾病,依法应享受不少于 24 个月的医疗期。物业公司在未核查清楚梅某病情的情况下,按照普通疾病确定梅某的医疗期,停止其社会保险,缺乏事实和法律依据。

对医疗期的确定应当持审慎态度。未确定职工的具体病情,用人单位不宜直接按普通疾病确定职工的医疗期。应当在职工病情明确的前提下,依照规定延迟患有特殊疾病职工的医疗期。本案的依法处理,保护了患病劳动者医疗期内的合法权益。

资料来源:南通市中级人民法院于 2022 年 2 月 23 日发布的劳动争议十大典型案例。

6)事假

事假是指职工因私事或其他个人原因向用人单位申请并批准的假期,事假期间,用人单位可以不支付工资。批准事假属于用人单位的自主管理范围,目前我国法律法规对事假没有强制性的规定,故事假的管理依据一般是以劳资双方的劳动合同和企业规章制度为准。只要用人单位完善自身的规章制度,明确员工请事假的流程及批准权限,结合员工休假理由及所在岗位工作的需要,不批准员工的事假申请,也是符合法律规定的。但用人单位在不批准事假申请时,审批理由一定要合理。根据《关于职工全年月平均工作时间和工资折算问题的通知》(劳社部发〔2008〕3 号)的规定,请事假应按月平均计薪天数 21.75 天来折算扣除工资。

用人单位应当规范事假管理。为了员工少请事假,单位可以将职工工资进行拆分,在基本工资的基础上设定全勤奖,请事假除了扣除当天工资,还可以减少发放全勤奖,对于奖勤罚懒、控制员工请事假可以起到积极作用。员工当月请事假天数较多,用人单位也可以根据其实际出勤的天数进行计薪。另外,在事假到期处理上,若员工在请事假到期后尚未返岗工作的,不要盲目地按照旷工进行处理,应当根据其留存地址和联系电话了解情况,先要求其返岗工作,然后再按照规章制度的规定进行处理,并保留相应的书面证据。

(七)劳动报酬

劳动报酬是劳动者付出体力或脑力劳动所得的对价,是单位在一定时期内直接支付给本单位全部职工的劳动报酬总额。但劳动者和用人单位之间存在天然的矛盾,劳动者想获取更多的报酬,用人单位想以较低的成本获得较高的收益。于是在这样的天然矛盾之下,就需要对劳动报酬进行明确约定,才能减少不必要的纠纷和争议。

1. 工资范围

明确工资具体由哪些项目构成,对于用人单位计算各项补偿金、申报税费、缴纳社保具有重要意义。

国家统计局《关于工资总额组成的规定》第四条规定:"工资总额由下列六个部分组成:(一)计时工资;(二)计件工资;(三)奖金;(四)津贴和补贴;(五)加班加点工资;(六)特殊情况下支付的工资。"第十一条规定:"下列各项不列入工资总额的范围:(一)根据国务院发布的有关规定颁发的发明创造奖、自然科学奖、科学技术进步奖和支付的合理化建议和技术改进奖以及支付给运动员、教练员的奖金;(二)有关劳动保险和职工福利方面的各项费用;(三)有关离休、退休、退职人员待遇的各项支出;(四)劳动保护的各项支出;(五)稿费、讲课费及其他专门工作报酬;(六)出差伙食补助费、误餐补助、调动工作的旅费和安家费;(七)对自带工具、牲畜来企业工作职工所支付的工具、牲畜等的补偿费用;(八)实行租赁经营单位的承租人的风险性补偿收入;(九)对购买本企业股票和债券的职工所支付的股息(包括股金分红)和利息;(十)劳动合同制职工解除劳动合同时由企业支付的医疗补助费、生活补助费等;(十一)因录用临时工而在工资以外向提供劳动力单位支付的手续费或管理费;(十二)支付给家庭工人的加工费和按加工订货办法支付给承包单位的发包费用;(十三)支付给参加企业劳动的在校学生的补贴;(十四)计划生育独生子女补贴。"2009年11月12日,财政部《关于企业加强职工福利费财务管理的通知》(财企〔2009〕242号)第二条规定:"企业为职工提供的交通、住房、通讯待遇,已经实行货币化改革的,按月按标准发放或支付的住房补贴、交通补贴或者车改补贴、通讯补贴,应当纳入职工工资总额,不再纳入职工福利费管理。"上述规定明确了工资具体由哪些项目构成以及哪些项目不属于工资。

典型案例

吴女士与某医疗设备公司工资差额争议一案

案情简介

吴女士于2013年入职某医疗设备公司,月薪2万元。产假期间,公司仅支付了24 741.8元的生育津贴。对此,公司辩解说,吴女士2万元的月薪包括:基本工资、职务工资、岗位工资、绩效工资、交通补助、话费补助、全勤奖、工龄工资。因此,在算产假工资时,只应计算2 500元的基本工资。多次沟通无果后,吴女士提起劳动仲裁,主张生育津贴与产假期间内的工资差额,并同意由工会调解员先行调解。

处理结果

双方经调解达成一致,用人单位支付吴女士生育津贴与实际工资差额4万元。

案例评析

当前,企业人力资源管理不断精细化,职工的工资构成也更加复杂,在给职工发放产假工资时,企业极易产生误区。根据《关于工资总额组成的规定》,工资总额由六个部分组成,即计时工资、计件工资、奖金、津贴和补贴、加班工资、特殊情况下支付的工资;计时工资包括实行结构工资制的单位支付给职工的基础工资和职务(岗位)工资。司法实践中,用人单位支付的各类绩效工资、奖金等收入,通常也会计入职工的工资收入。由此可见,本案中医疗设备公司所列出的薪酬构成,均应认定为吴女士的工资收入。根据《中华人民共和国妇女权益保障法》,医疗设备公司不能因吴女士休产假而降低工资。所谓产假期间只发基本工资,本质上仍是降低"三期"女职工工资的行为,公司应该予以补齐。

资料来源:2022年北京工会维护女职工权益十大案例。

2. 工资标准

1)最低工资标准

最低工资标准是指劳动者在法定工作时间或依法签订的劳动合同约定的工作时间内提供了正常劳动的前提下,用人单位依法应支付的最低劳动报酬。劳动者依法享受带薪年休假、探亲假、婚丧假、生育(产)假、节育手术假等国家规定的假日期间,以及法定工作时间内依法参加社会活动期间,均视为提供了正常劳动。最低工资标准一般采取月最低工资标准和小时最低工资标准的形式。月最低工资标准适用于全日制就业劳动者,小时最低工资标准适用于非全日制就业劳动者。

最低工资标准

最低工资标准应当剔除下列项目:延长工作时间的工资,如中班、夜班、高温、低温、井下、有毒有害等特殊工作环境、条件下的津贴;法律、法规和国家规定的劳动者福利待遇等。各省、自治区、直辖市制定地区性最低工资标准,一般每两年调整一次,各地最低工资标准数额不同,最低工资组成亦不尽相同,故用人单位在确定以及支付工资时,应当参照当地的规定执行。以安徽省为例,《安徽省人民政府关于修改部分省政府规章的决定》(省政府令第307号),对《安徽省最低工资规定》(省政府令第272号)作了修改,安徽省最低工资标准变为"包含劳动者个人缴纳的社会保险费和住房公积金",自2023年3月1日施行新的月最低工资标准共有四档,分别为:2 060元、1 930元、1 870元、1 780元。非全日制小时最低工资标准共有四档,分别为:21元、20元、19元、18元。不同行政区域可以有不同的最低工资标准,省内各地区可根据当地经济情况选择相应档次执行,例如合肥市作为安徽省省会,经济发达,适用第一档标准,即目前合肥市最低工资标准为2 060元/月,21元/时。

试用期的工资及限制

《劳动合同法》第二十条规定:"劳动者在试用期的工资不得低于本单位相同岗位最低档工资或者劳动合同约定工资的百分之八十,并不得低于用人单位所在地的最低工资标准。"用人单位违反最低工资规定,由劳动保障行政部门责令其限期改正;限期补发所欠劳动者工资,并可责令其按所欠工资的1至5倍支付劳动者赔偿金。劳动行政部门亦可依据各地规定对其进行罚款,劳动者可以拖欠工资为由随时解除劳动关系,并要求支付经济补偿金。若签订了培训服务期协议,因用人单位拖欠劳动报酬等违法情形,劳动者依据《劳动合同法》第三十八条提前解除劳动合同,不属于违反培训服务期的约定,用人单位不得要求劳动者支付违约金,服务期约定亦因此失效。[①]

2)停工停产期间工资标准

《工资支付暂行规定》(劳部发〔1994〕489号)第十二条规定:"非因劳动者原因造成单位停工、停产在一个工资支付周期内的,用人单位应按劳动合同规定的标准支付劳动者工资。超过一个工资支付周期的,若劳动者提供了正常劳动,则支付给劳动者的劳动报酬不得低于

---

① 陈元,何力.民法典背景下劳动人事法律操作指引[M].北京:法律出版社,2021.

当地的最低工资标准;若劳动者没有提供正常劳动,应按国家有关规定办理。"基于上述规定,对于停工停产期间未安排劳动者工作的,各地陆续出台补充规定。

《北京市工资支付规定》第二十七条规定:"非因劳动者本人原因造成用人单位停工、停业的,在一个工资支付周期内,用人单位应当按照提供正常劳动支付劳动者工资;超过一个工资支付周期的,可以根据劳动者提供的劳动,按照双方新约定的标准支付工资,但不得低于本市最低工资标准;用人单位没有安排劳动者工作的,应当按照不低于本市最低工资标准的70%支付劳动者基本生活费。国家或者本市另有规定的从其规定。"

《深圳市员工工资支付条例》第二十八条规定:"非因员工原因造成用人单位停工、停产,自用人单位停工、停产之日起计算,未超过一个工资支付周期(最长三十日)的,用人单位应当按照正常工作时间支付工资。超过一个工资支付周期(最长三十日)的,可以根据员工提供的劳动,按照双方新约定的标准支付工资;用人单位没有安排员工工作的,应当按照不低于本市最低工资标准的百分之八十支付劳动者生活费,生活费发放至企业复工、复产或者解除劳动关系为止。"

《安徽省工资支付规定》第二十七条规定:"非劳动者原因用人单位停工、停产在1个工资支付周期内的,用人单位应当视同劳动者提供正常劳动并支付工资。超过1个工资支付周期的,用人单位可以根据劳动者在停工停产期间提供的有关劳动重新约定其工资标准,并按约定支付工资;用人单位没有安排劳动者工作的,应当按不低于当地最低工资标准的70%支付劳动者生活费。国家另有规定的,从其规定。"

关于"单位停工、停产在一个工资支付周期"规定中的"一个工资支付周期"究竟该如何理解?例如,某企业每月15日发上个自然月度的薪资,该企业因被行政部门责令停业整顿于2月10日通知全体员工停工,那么"一个工资支付周期"自2月10日起计算一个月至3月9日,3月15日发2月薪资时足额发放,4月15日发3月薪资时,3月1日至3月9日按照工作日正常发薪,3月10日后按"超过一个工资支付周期"发放生活费。

典型案例

朱某某与广州某设计院公司停工停产相关劳动争议纠纷一案

案情简介

朱某某是某设计院公司室内设计师,在职期间共签订三份书面合同,最后一份劳动合同中约定朱某某工作时间工资为16 500元/月。设计院公司2022年4月至6月有为朱某某缴纳社保及公积金。2022年4月11日设计院公司向朱某某发出通知,公司通知朱某某个人(同岗位40人)所在岗位2022年4月12日起停工停产,停工停产期间,设计院公司将不安排实际工作内容,生活费按相关法律规定支付。公司后期亦通知该部门其他2名员工停工待岗。朱某某于2022年6月19日出具解除劳动关系通知函,邮件封面备注手写内容"解除劳动关系通知函 设计院人事部收",公司第二日拒收。另外,设计院公司在2022年7月1日发放朱某某2022年4月工资16 500元及2022年5月工资1 840元,在2022年8月1日发放2022年5月1日至10日的工资差额4 729.03元及2022年6月工资1 840元。

2022年6月23日,朱某某作为申请人,以设计院公司为被申请人,提起劳动仲裁,其中请求,"裁决被申请人支付申请人2022年4月工资22 014元、2022年5月工资22 014元、2022年6月工资13 008元;裁决被申请人支付违法解除劳动合同赔偿金507 397元",该案经仲裁,裁决支持申请人的 2022 年 4 月至 6 月的工资差额 15 664.04 元;驳回申请人经济赔偿金仲裁请求。设计院公司、朱某某均不服该仲裁结果遂诉至一审法院、二审法院。

处理结果

一审、二审法院均判令设计公司补发朱某某 2022 年 4 月至 6 月工资差额、经济补偿金。

案例评析

关于 2022 年 4 月至 6 月工资差额,一审法院认为,目前未有证据证明设计院公司经营困难以致停工停产的必要性以及实际存在停工停产的情况,二审法院认为设计院公司虽向朱某某发出停工停产通知,但该停工停产当时仅为针对朱某某一人作出的工作安排,现有证据不足以证实该行为的合理必要性,也不足以证实设计院公司客观上存在停工停产的必要或实际存在停工停产的事实。不符合《广东省工资支付条例》第三十九条所述情况,因此设计院公司主张应当向朱某某支付按照生活费标准支付工资的行为,损害了朱某某作为劳动者的合法权益,应当予以纠正,故设计院公司应按照劳动合同的约定以 16 500 元/月的标准支付朱某某 2022 年 4 月至 2022 年 6 月 20 日期间的工资,故设计院公司应支付朱某某 2022 年 4 月至 6 月的工资差额。

关于朱某某主张的违法解除劳动关系赔偿金,一审法院认为鉴于提出解除劳动合同的一方为朱某某而非设计院公司,不符合《中华人民共和国劳动合同法》第八十七条规定的情形,因此朱某某该主张一审法院不予支持。但鉴于上述分析,设计院公司损害朱某某劳动者的合法权益,未按照劳动合同约定提供劳动保护或者劳动条件、未及时足额支付劳动报酬,符合《中华人民共和国劳动合同法》第三十八条规定的劳动者可以解除劳动合同情形,因此朱某某有权依据《中华人民共和国劳动合同法》第四十六条之规定向设计院公司主张经济补偿金,为避免诉累,一审法院在本案中予以一并处理。二审法院认为设计院公司对朱某某作出停工停产的安排,未能依约提供劳动条件,依据《中华人民共和国劳动合同法》第三十八条、第四十六条关于未按照劳动合同约定提供劳动保护或者劳动条件的,劳动者可以解除劳动合同,用人单位应当向劳动者支付经济补偿的规定,一审法院依据朱某某前十二个月平均工资核算出设计院公司应支付经济补偿金 197 158.5 元,合理有据,并无不当。根据朱某某的收入纳税明细及 2022 年 4 月、5 月应发工资计算,朱某某离职前十二个月平均工资取整后为 18 777 元。由于朱某某与设计院公司于 2012 年 4 月 1 日至 2022 年 6 月 20 日期间存在劳动关系,经济补偿金计算年限为 10.5 年,设计院公司应当向朱某某支付经济补偿金 197 158.5 元(10.5 个月×18 777 元/月)。

停工停产期间工资支付特别规定,有利于企业困难时期工资待遇支付标准的贯彻执行,在保障劳动者困难期间基本权益的同时,也有利于促使用人单位承担起必要的社会责任,实现劳动关系双方共担风险、共渡难关。但是企业停工停产需要满足必要性与合理性事由并实际履行的情况,而非沦为企业变相损害劳动者权益的工具。

资料来源:广州市中级人民法院(2023)粤 01 民终 14022 号、14023 号民事判决书。

3. 克扣工资

《对〈工资支付暂行规定〉有关问题的补充规定》中规定:"三、《规定》第十五条中所称'克扣'系指用人单位无正当理由扣减劳动者应得工资(即在劳动者已提供正常劳动的前提下用人单位按劳动合同规定的标准应当支付给劳动者的全部劳动报酬)。不包括以下减发工资的情况:(1)国家的法律、法规中有明确规定的;(2)依法签订的劳动合同中有明确规定的;

（3）用人单位依法制定并经职代会批准的厂规、厂纪中有明确规定的；（4）企业工资总额与经济效益相联系，经济效益下浮时，工资必须下浮的（但支付给劳动者工资不得低于当地的最低工资标准）；（5）因劳动者请事假等相应减发工资等。"

关于上述（2）、（3）情形，企业能否在劳动合同或规章制度中约定对员工进行罚款，实践中争议比较大。如实践中经常有企业制定规章制度，对员工违纪行为予以罚款或从员工工资扣取服装费、工具费等，被认为是一种变相的克扣工资行为。罚款，常见于有关政府机关行政执法过程中，对企业、公民会涉及行政处罚，这种处罚必须有法律的依据，处罚过程中程序要求严格，如调查、发告知书、听取陈述和申辩意见、组织听证会，处罚后还要面临行政复议、行政诉讼等救济程序。而企业对员工的罚款，如果动辄可以扣罚，且数额上没有限制，则员工正当的劳动报酬可能转瞬即化为乌有，甚至出现上一天班，还要倒贴给公司钱的情况，显属荒谬之极。还有的用人单位约定旷工1天扣3天工资，是随意克扣工资的违法行为，旷工1天扣发当天工资才是合法行为。因此，在面对员工违反规章制度，用人单位应当设定（如与劳动者在劳动合同中约定）合理的工资结构，比如设置一定数额的绩效奖金，对于旷工、迟到早退等违纪行为，予以扣罚绩效。

克扣工资区别于代扣工资，有下列情况之一的，用人单位可以代扣劳动者工资：用人单位代扣代缴的个人所得税；用人单位代扣代缴的应由劳动者个人负担的各项社会保险费用；法院判决、裁定中要求代扣的抚养费、赡养费；法律、法规规定可以从劳动者工资中扣除的其他费用。

用人单位可以从劳动者工资中代扣赔偿金。因劳动者本人原因给用人单位造成经济损失的，用人单位可按照劳动合同的约定要求其赔偿经济损失。经济损失的赔偿，可从劳动者本人的工资中扣除。但每月扣除的部分不得超过劳动者当月工资的20%。若扣除后的剩余工资部分低于当地月最低工资标准，则按最低工资标准支付。

典型案例

张某投诉物业公司克扣工资一案

案情简介

2020年7月21日，西湖区人力社保局工作人员在夜间值班期间，接到张某投诉电话，反映其在××物业公司从事保安工作，未签订劳动合同，在职时间为6月19日至7月13日，后因个人原因离职，现公司在其离职后不发放工资。次日区劳动监察大队立即进行了调查处理。经联系该物业公司项目经理许某某，其表示工资将在核实后发放。7月29日，该公司发放了张某工资2 071元。在询问工资发放的数额如何得来时，公司声称：双方约定工资为4 500元/月（未约定工资结构），张某6月出勤10天、7月出勤9天，工资分别按照4 500元除以30天、31天计，乘以出勤天数，再扣除罚款200元（因张某在岗期间被发现玩手机1次）、服装费65元、水电费35元（张某住在公司提供的宿舍内，双方口头约定在工资中扣除水电费），另因旷工1天扣3天工资，最后计算得出工资数额为2 071元。

处理结果

区人力社保局当场向××物业公司发出劳动保障监察限期改正指令书，限令于3个工作日内支付张某工资（未付足部分）1 825.03元（4 500元/月÷21.75天/月×19天−35元−2 071元＝1 825.03元）。

案例评析

经过对公司的调查笔录问询，以及该公司提交的员工离队审批表、队员离职装备交接单等材料的接收，确认了公司工资计算有误，存在克扣工资的事实，具体如下。

日工资标准计算有误。根据原劳动部《关于职工全年月平均工作时间和工资折算问题的通知》(劳社部发〔2008〕3 号)规定，日工资为月工资收入÷月计薪天数，月计薪天数＝(365 天－104 天)÷12 月＝21.75 天(注：104 天为全年的周六、周日休息日天数；法定节假日、年休假均为带薪天数)。个别企业理解为日工资标准是月工资收入除以每月实际天数，实质上是变相剥夺了劳动者休息的权利，迫使劳动者在每天上班 8 小时、全月无休的情况下才能拿到双方约定的月工资收入，这显然是严重违反劳动法律法规的行为，与《劳动法》《劳动合同法》的立法精神严重相悖。如果员工全月每天上班，则工资计发就应当有加班工资，不应该只限于发放双方约定的月工资。

企业对员工处以罚款是违法行为。《劳动法》第五十条规定："工资应当以货币形式按月支付给劳动者本人。不得克扣或者无故拖欠劳动者的工资。"本案中××物业公司对张某处以罚款 200 元，是一种变相的克扣工资行为，其实质就是违反了上述法条规定。众所周知，有关政府机关行政执法过程中，对企业、公民会涉及行政处罚，这种处罚必须有法律的依据，处罚过程中程序要求严格，如调查、发告知书、听取陈述和申辩意见、组织听证会，处罚后还要面临行政复议、行政诉讼等救济程序。而企业对员工的罚款，如果动辄可以扣罚，且数额上没有限制，则员工正当的劳动报酬可能转瞬即化为乌有。这种行为既违反了《劳动法》第五十条，又与理不合。本案中张某只因为在岗期间被发现玩手机 1 次且没有对单位造成任何损失，即扣罚 200 元，按××物业公司的计算方法，张某一天的工资为 150 元，只因为如此一个明显较小的过失，上一天班还要倒贴给公司 50 元，显属荒谬之极。

企业从员工工资中扣服装费违法。《劳动合同法》第九条规定："用人单位招用劳动者，不得扣押劳动者的居民身份证和其他证件，不得要求劳动者提供担保或者以其他名义向劳动者收取财物。"《浙江省企业工资支付管理办法》第二十二条规定："除下列情形外，企业不得以任何理由克扣劳动者工资：(一)法律、法规、规章规定应当由企业代扣代缴的；(二)企业与劳动者书面约定从工资中扣减的；(三)其他依法可以扣减的情形。"本案中××物业公司扣除张某服装费的行为，显然违反上述法律规定。

旷工 1 天扣 3 天工资违法。如上述一系列法条规定，工资不能随意克扣。旷工 1 天扣发当天工资是正常的做法，才是合法行为。企业应当设定(如与劳动者在劳动合同中约定)合理的工资结构，比如设置一定数额的绩效奖金，对于旷工、在岗期间玩手机等违纪行为，予以绩效扣罚，则不违反劳动法律法规，是可行的。但从劳动者已经付出正常劳动而获得的报酬中扣罚则不符合法律规定。

《劳动法》《劳动合同法》均已施行多年，但个别企业遵守劳动保障法律法规的意识还很淡薄。在执法实践中，用人单位收取服装费、滥用罚款手段等克扣工资行为还是不断发生。对于此类行为，人力社保部门一经发现，均严肃处理。

资料来源：杭州市人力资源与社会保障局 2020 年 9 月 16 日普法宣传案例。

4. 拖欠工资

无故拖欠工资系指用人单位无正当理由超过规定付薪时间未支付劳动者工资。不包括：用人单位遇到非人力所能抗拒的自然灾害、战争等原因、无法按时支付工资；用人单位确因生产经营困难、资金周转受到影响,在征得本单位工会同意后,可暂时延期支付劳动者工资,延期时间的最长限制可由各省、自治区、直辖市劳动行政部门根据各地情况确定。其他情况下拖欠工资均属无故拖欠。

实践中争议比较大的是拖欠提成工资、年终奖。提成工资、年终奖是企业为鼓励业务员付出更多劳动的奖励工资,是用人单位支付劳动者基本工资的重要补充,基本工资是固定的,奖励工资则是浮动的,与公司经营利润、个人业绩挂钩。因此对提成工资的给付条件用人单位往往掌握很大的主动权,劳动者在核算提成工资时面临较大困难。在提成工资的支付上,通常是与项目收入的实际取得联系在一起,但项目的实际取得可能因项目完成实际进度或者第三人支付能力及收款情况不同有所变化。有观点认为对于劳动者而言,收款是用人单位的事情,只要达成项目,便应获得相应提成。也有观点认为,提成工资、年终奖是否发放需视实际回款情况,应看双方约定。如果约定一旦项目达成劳动者便可获得提成,应尊重双方约定。[①]

典型案例

房某诉某大都会保险有限公司年终奖纠纷案

案情简介

房某于 2011 年 1 月至某大都会人寿保险有限公司(以下简称大都会公司)工作,双方之间签订的最后一份劳动合同履行日期为 2015 年 7 月 1 日至 2017 年 6 月 30 日,约定房某担任战略部高级经理一职。2017 年 10 月,大都会公司对其组织架构进行调整,决定撤销战略部,房某所任职的岗位因此被取消。双方就变更劳动合同等事宜展开了近两个月的协商,未果。12 月 29 日,大都会公司以客观情况发生重大变化、双方未能就变更劳动合同协商达成一致,向房某发出解除劳动合同通知书。房某对解除决定不服,经劳动仲裁程序后起诉要求恢复与大都会公司之间的劳动关系并诉求 2017 年 8 月至 12 月未签劳动合同二倍工资差额、2017 年度奖金等。大都会公司的员工手册规定:年终奖金根据公司政策,按公司业绩、员工表现计发,前提是该员工在当年度 10 月 1 日前已入职,若员工在奖金发放月或之前离职,则不能享有。据查,大都会公司每年度年终奖会在次年 3 月份左右发放。

处理结果

一审法院驳回房某年终奖诉请,二审法院改判大都会公司于判决生效之日起七日内支付上诉人房某 2017 年度年终奖税前人民币 138 600 元。

案例评析

法院生效裁判认为:本案的争议焦点系用人单位以客观情况发生重大变化为依据解除劳动合同,导致劳动者不符合员工手册规定的年终奖发放条件时,劳动者是否可以获得相应的年终奖。对此,一审法院认为,大都会公司的员工手册明确规定了奖金发放情形,房某在大都会公司发放 2017 年度奖金之前已经离职,不符合奖金发放情形,故对房某要求 2017 年度奖金之请求不予支持。二审法院经过审理后认为,现行法律法规并没有强制规定年终奖应如何发放,用人单位有权根据本单位的经营状况、员工的业绩表现等,自主确定奖金发放

---

① 王林清. 劳动纠纷裁判思路与规范释解[M]. 北京:法律出版社,2016.

与否、发放条件及发放标准,但是用人单位制定的发放规则仍应遵循公平合理原则,对于在年终奖发放之前已经离职的劳动者可否获得年终奖,应当结合劳动者离职的原因、时间、工作表现和对单位的贡献程度等多方面因素综合考量。本案中,大都会公司对其组织架构进行调整,双方未能就劳动合同的变更达成一致,导致劳动合同被解除。房某在大都会公司工作至 2017 年 12 月 29 日,此后两日系双休日,表明房某在 2017 年度已在大都会公司工作满一年;在大都会公司未举证房某的 2017 年度工作业绩、表现等方面不符合规定的情况下,可以认定房某在该年度为大都会公司付出了一整年的劳动且正常履行了职责,为大都会公司做出了应有的贡献。基于上述理由,大都会公司关于房某在年终奖发放月之前已离职而不能享有该笔奖金的主张缺乏合理性。故对房某诉求大都会公司支付 2017 年度年终奖,应予支持。

虽然该条规则与前述规则都可能存在"口头承诺""行业惯例"或者"潜规则"的情况,但该条规则将劳动者是否符合年终奖发放标准的举证责任归于用人单位,对劳动者与用人单位的权利义务进行平衡。劳动者在工作过程中需要适当留存相关证据,避免在自己需要维权时失去证明法律事实的依据。

资料来源:最高人民法院 2022 年发布第 32 批指导性案例 183 号案例。

5. 工资支付程序要求

1)工资支付记录

《工资支付暂行规定》第六条第三款规定:"用人单位必须书面记录支付劳动者工资的数额、时间、领取者的姓名以及签字,并保存两年以上备查。用人单位在支付工资时应向劳动者提供一份其个人的工资清单。"《劳动争议调解仲裁法》第六条规定:"发生劳动争议,当事人对自己提出的主张,有责任提供证据。与争议事项有关的证据属于用人单位掌握管理的,用人单位应当提供;用人单位不提供的,应当承担不利后果。"因用人单位减少劳动报酬等发生劳动争议时,用人单位也需对劳动者工资数额、计算方式、发放周期、实际发放等情况负有举证责任。当双方产生劳动争议时,用人单位很难证明员工的工资已足额发放,或工资调整征得了员工的同意,进而存在被认定为"未及时足额发放"的法律风险。因此,在劳动争议处理中,用人单位需要保存员工确认的工资支付清单等证据证明劳动者的工资水平,否则就要承担举证不能的不利后果。

2)工资支付形式

工资应当以法定货币支付。不得以实物及有价证券替代货币支付。实务中部分企业以本企业生产的商品或提供的服务代替工资发放给员工,"以物代薪",并不能免除用人单位的工资支付义务。

3)工资支付方式

用人单位可以通过银行转账的方式发放工资,以便随时可就发放时间和金额进行查询。在建筑、餐饮、家政行业等以现金形式支付工资的,员工领取工资时应经其本人签字确认,对于未签、漏签的,工资发放人员应及时找员工本人补签,劳动者本人因故不能领取工资时,可由其亲属或委托他人代领,但尽量避免未授权的代签,避免因举证不能给用人单位造成未支付工资的法律风险。

4)工资支付周期与时间

工资必须在用人单位与劳动者约定的日期支付,至少每月支付一次,实行周、日、小时工资制的可按周、日、小时支付工资。如遇节假日或休息日,则应提前在最近的工作日支付而不能延后支付。即使是采取年薪制的员工,用人单位也不能按年支付工资,工资支付最长周期是月。对完成一次性临时劳动或某项具体工作的劳动者,用人单位应按有关协议或合同规定在其完成劳动任务后即支付工资。劳动关系双方依法解除或终止劳动合同时,用人单位应在解除或终止劳动合同时一次付清劳动者工资。

5）未依法支付工资的民事法律责任

（1）补发工资。用人单位不及时足额支付工资的,劳动者可以向劳动行政部门投诉,由其责令用人单位限期支付工资,或者劳动者也可以申请劳动仲裁要求用人单位补发工资。若欠薪属实,则需要依法足额支付劳动者工资（差额）。

（2）加付赔偿金。劳动者投诉后,劳动行政部门会责令用人单位限期支付工资或经济补偿,如果逾期不支付的,劳动行政部门可责令用人单位按应付金额百分之五十以上百分之一百以下的标准向劳动者加付赔偿金。

（3）支付经济补偿金。如果用人单位未及时足额支付工资,劳动者可以据此提出解除劳动合同,要求用人单位补足工资的同时,支付解除劳动合同经济补偿金。值得注意的是,劳动者提出解除劳动合同的理由必须是用人单位未及时足额支付工资,如果在已经向用人单位表达了因个人原因辞职的意思表示,后在劳动仲裁环节又以未及时足额发放工资为由,要求支付经济补偿,则经济补偿金的请求很难被支持。

（4）培训服务期约定失效。因用人单位未及时足额支付劳动报酬,属于用人单位过错,劳动者据此提前解除劳动关系的,即使双方签订的培训服务期未满,劳动者依然可以提前解除,无须承担违约责任。

6）未依法支付工资的行政法律责任

（1）罚款。劳动者就用人单位不及时足额支付工资的行为向劳动行政部门投诉后,经查证属实,劳动行政部门要求用人单位限期支付工资,用人单位逾期未支付;劳动行政部门可依法责令改正或者作出相应的行政处理决定;经劳动行政部门责令改正拒不改正,或者拒不履行劳动行政部门的行政处理决定的,可以对用人单位处 2 000 元以上 2 万元以下的罚款。

（2）治安管理处罚。《劳动保障监察条例》第三十条规定:"有下列行为之一的,由劳动保障行政部门责令改正;对有第（一）项、第（二）项或者第（三）项规定的行为的,处 2 000 元以上 2 万元以下的罚款:（一）无理抗拒、阻挠劳动保障行政部门依照本条例的规定实施劳动保障监察的;（二）不按照劳动保障行政部门的要求报送书面材料,隐瞒事实真相,出具伪证或者隐匿、毁灭证据的;（三）经劳动保障行政部门责令改正拒不改正,或者拒不履行劳动保障行政部门的行政处理决定的;（四）打击报复举报人、投诉人的。违反前款规定,构成违反治安管理行为的,由公安机关依法给予治安管理处罚;构成犯罪的,依法追究刑事责任。"

《中华人民共和国治安管理处罚法》第五十条规定:"有下列行为之一的,处警告或者二百元以下罚款;情节严重的,处五日以上十日以下拘留,可以并处五百元以下罚款:（一）拒不执行人民政府在紧急状态情况下依法发布的决定、命令的;（二）阻碍国家机关工作人员依法执行职务的;（三）阻碍执行紧急任务的消防车、救护车、工程抢险车、警车等车辆通行的;（四）强行冲闯公安机关设置的警戒带、警戒区的。阻碍人民警察依法执行职务的,从重处罚。"

（3）列入失信联合惩戒名单。《保障农民工工资支付条例》第四十八条规定:"用人单位拖欠农民工工资,情节严重或者造成严重不良社会影响的,有关部门应当将该用人单位及其法定代表人或者主要负责人、直接负责的主管人员和其他直接责任人员列入拖欠农民工工资失信联合惩戒对象名单,在政府资金支持、政府采购、招投标、融资贷款、市场准入、税收优惠、评优评先、交通出行等方面依法依规予以限制。"

《拖欠农民工工资失信联合惩戒对象名单管理暂行办法》第五条规定:"用人单位拖欠农民工工资,具有下列情形之一,经人力资源社会保障行政部门依法责令限期支付工资,逾期未支付的,人力资源社会保障行政部门应当作出列入决定,将该用人单位及其法定代表人或者主要负责人、直接负责的主管人员和其他直接责任人员(以下简称当事人)列入失信联合惩戒名单:(一)克扣、无故拖欠农民工工资达到认定拒不支付劳动报酬罪数额标准的;(二)因拖欠农民工工资违法行为引发群体性事件、极端事件造成严重不良社会影响的。"

7)未依法支付工资刑事法律责任

《中华人民共和国刑法》(2020年修正)(以下简称《刑法》)第二百七十六条之一规定:"以转移财产、逃匿等方法逃避支付劳动者的劳动报酬或者有能力支付而不支付劳动者的劳动报酬,数额较大,经政府有关部门责令支付仍不支付的,处三年以下有期徒刑或者拘役,并处或者单处罚金;造成严重后果的,处三年以上七年以下有期徒刑,并处罚金。单位犯前款罪的,对单位判处罚金,并对其直接负责的主管人员和其他直接责任人员,依照前款的规定处罚。有前两款行为,尚未造成严重后果,在提起公诉前支付劳动者的劳动报酬,并依法承担相应赔偿责任的,可以减轻或者免除处罚。"

(1)以转移财产、逃匿等方法逃避支付劳动者的劳动报酬。《最高人民法院关于审理拒不支付劳动报酬刑事案件适用法律若干问题的解释》第二条规定:"以逃避支付劳动者的劳动报酬为目的,具有下列情形之一的,应当认定为刑法第二百七十六条之一第一款规定的'以转移财产、逃匿等方法逃避支付劳动者的劳动报酬':(一)隐匿财产、恶意清偿、虚构债务、虚假破产、虚假倒闭或者以其他方法转移、处分财产的;(二)逃跑、藏匿的;(三)隐匿、销毁或者篡改账目、职工名册、工资支付记录、考勤记录等与劳动报酬相关的材料的;(四)以其他方法逃避支付劳动报酬的。"

《关于加强涉嫌拒不支付劳动报酬犯罪案件查处衔接工作的通知》第一条第二项规定:"行为人拖欠劳动者劳动报酬后,人力资源社会保障部门通过书面、电话、短信等能够确认其收悉的方式,通知其在指定的时间内到指定的地点配合解决问题,但其在指定的时间内未到指定的地点配合解决问题或明确表示拒不支付劳动报酬的,视为刑法第二百七十六条之一第一款规定的'以逃匿方法逃避支付劳动者的劳动报酬'。但是,行为人有证据证明因自然灾害、突发重大疾病等非人力所能抗拒的原因造成其无法在指定的时间内到指定的地点配合解决问题的除外。"

(2)劳动报酬内容。《中华人民共和国刑法》第二百七十六条之一第一款规定的"劳动者的劳动报酬",具体包括工资、奖金、津贴、补贴、加班费及特殊情况下支付的工资等薪酬。

(3)有能力支付而不支付劳动者的劳动报酬。有能力支付而不支付就是通常所说的无故拖欠或者恶意欠薪,主要看用人单位的主观意图和客观经济能力。从主观方面讲,用人单位是恶意不支付;从客观方面讲,用人单位其实有经济能力支付劳动者的工资报酬。确实因经营困难而无法及时足额支付劳动者工资的用人单位,并非刑法打击的欠薪对象。

(4)欠薪"数额较大"。欠薪入刑,还需要欠薪的"数额较大",从欠薪人数、欠薪时间及欠薪金额三方面,具有以下情形之一的,构成数额较大:(一)拒不支付一名劳动者三个月以上的劳动报酬且数额在五千元至二万元以上的;(二)拒不支付十名以上劳动者的劳动报酬且数额累计在三万元至十万元以上的。

由于各地经济水平差异,各省、自治区、直辖市高级人民法院可以根据本地区经济社会发展状况,在前款规定的数额幅度内,研究确定本地区执行的具体数额标准,报最高人民法院备案。

(5)行政部门先行处理。《最高人民法院关于审理拒不支付劳动报酬刑事案件适用法律若干问题的解释》第四条规定:"经人力资源社会保障部门或者政府其他有关部门依法以限期整改指令书、行政处理决定书等文书责令支付劳动者的劳动报酬后,在指定的期限内仍不支付的,应当认定为刑法第二百七十六条之一第一款规定的'经政府有关部门责令支付仍不支付',但有证据证明行为人有正当理由未知悉责令支付或者未及时支付劳动报酬的除外。行为人逃匿,无法将责令支付文书送交其本人、同住成年家属或者所在单位负责收件人的,如果有关部门已通过在行为人的住所地、生产经营场所等地张贴责令支付文书等方式责令支付,并采用拍照、录像等方式记录的,应当视为'经政府有关部门责令支付'。"

典型案例

刘某某拒不支付劳动报酬抗诉案

案情简介

2018年下半年至2019年5月,刘某某以四川省攀枝花市某装饰工程有限责任公司名义承接房屋修建工程,在收到100余万元工程款后只支付了部分农民工工资,后采取变更电话号码、前往外地等方式逃避支付剩余农民工工资。2020年6月17日,攀枝花市仁和区人力资源和社会保障局向其下达责令改正决定书,刘某某仍未支付。截至2020年7月,刘某某拖欠30名农民工工资15.4万元。

2019年8月至2020年5月,刘某某承接四川省盐边县电力公司某变电站修建工程,在收到工程款16万余元后未足额支付30名农民工工资,共计拖欠工资11.8万余元。2020年10月21日,盐边县人力资源和社会保障局向其下达劳动保障监察限期改正指令书(下称指令书),但其始终未支付。

因刘某某以逃匿方式逃避支付劳动者报酬,数额较大,经政府有关部门责令支付仍不支付,其行为已构成拒不支付劳动报酬罪,2021年5月11日,四川省攀枝花市仁和区人民检察院对刘某某依法提起公诉。同年6月24日,攀枝花市仁和区人民法院认定刘某某在攀枝花市承接工程过程中拒不支付劳动报酬15.4万元,以刘某某犯拒不支付劳动报酬罪,判处其有期徒刑一年七个月,并处罚金人民币5万元。本案一审判决未认定刘某某在盐边县工程中欠薪11.8万元的行为构成犯罪,理由是认为盐边县人社局送达的指令书中在"周某某民工工资"前遗漏了"支付"二字,属于缺乏"经政府有关部门责令支付"法定入罪前置要件。仁和区人民检察院认为,一审判决未认定刘某某在盐边县电力公司某变电站修建工程中拖欠农民工工资11.8万余元的犯罪事实确有错误,向攀枝花市中级人民法院提出抗诉。

处理结果

二审期间,检察院通过补充侦查,并结合出示的证人证言、送达回证、复勘视频及照片等新证据,指令书下达前,盐边县人社局已向刘某某告知其欠薪行为已被立案调查,并组织其与被欠薪员工进行调解,且在指令书中载明了其拖欠员工工资的客观事实,故尽管盐边县人社局移送给公安机关的指令书中遗漏了"支付"二字,但实质上应当认定政府有关部门已履行完责令支付职责。攀枝花市中级人民法院作出二审判决,采纳了检察机关抗诉意见,依法认定了刘某某拒不支付农民工工资11.8万余元的行为构成拒不支付劳动报酬罪,改判其有期徒刑一年十个月,并处罚金5万元。

案例评析

涉及拒不支付劳动报酬罪时,全面审查行政机关责令支付行为,依法履行法律监督职能。检察机关在办理拒不支付劳动报酬案件过程中,应当全面审查涉案材料,对相关部门的责令支付决定进行合法性、合理性审查,不局限于责令认定的金额,发现问题及时纠正。对影响犯罪嫌疑人罪行轻重、主观恶性、悔罪表现的相关材料,检察机关应当建议行政机关予以移送并综合审查认定。

劳动法律规定充分协调了用人单位与劳动者关系。劳动者就业终究需要岗位,需要用人单位提供就业机会。企业繁荣,就业机会就多,企业凋敝,劳动者就会随之失去就业岗位。用人单位和劳动者是共生关系。企业活下去,对用人单位和劳动者来说是双赢局面。这才是拒不支付劳动报酬罪设置行政处理前置的底层逻辑。发生了拒不支付劳动者劳动报酬事情以后,行政机关责令企业支付劳动者劳动报酬,企业履行了相应的行政指令以后,劳动者的问题解决了,企业继续良性运转,员工的就业机会也没有受到影响。这才是法律追求的和谐和繁荣局面。

资料来源:最高人民检察院2022年1月6日发布的检察机关依法惩治拒不支付劳动报酬犯罪典型案例。

(6)定罪处罚。对用人单位的实际控制人、直接负责的主管人员和其他直接责任人员定罪处罚,处三年以下有期徒刑或者拘役,并处或者单处罚金;造成严重后果的,处三年以上七年以下有期徒刑,并处罚金。用人单位拒不支付劳动报酬,构成犯罪的,除了对直接负责的主管人员和其他直接责任人员定罪处罚外,对单位判处罚金。

(7)减轻或免除刑事处罚。对于在提起公诉前支付劳动者的工资,并依法承担相应赔偿责任的用人单位,可以减轻或者免除刑事处罚,但对于免除刑事处罚的,可以根据案件的不同情况,予以训诫、责令具结悔过或者赔礼道歉。

(8)情节显著轻微,不认为是刑事犯罪。用人单位拒不支付劳动者的劳动报酬,尚未造成严重后果,在刑事立案前支付,并依法承担相应赔偿责任的,可以认定为情节显著轻微危害不大,不认为是犯罪。

6. 工资调整常见问题

1) 薪随岗变约定

劳动合同约定薪随岗变条款,其有效性取决于调岗的有效性。若调岗有效,一般随之调整薪水有效,例如在劳动者不胜任工作时的调岗。正常升职性的调整工作岗位一般带来的是升薪,员工基本不会提出异议,所以一般都是用人单位单方面调整就可以,此时薪随岗变属正常现象。但用人单位基于经营需要等情况对员工进行调岗,在论证调岗合理性时,薪酬待遇有无降低也是判断因素之一。相近或者相同岗位的合理性调整属于用人单位的用工自主权范围,一般情况是薪随岗变,但是既然是相同或者相近的岗位,薪资标准通常也相近。如果两者薪资标准相差甚远,薪资降低的,则劳动者通常会有异议,因此属于变更劳动合同履行条件,应当进行协商,没有经过双方协商一致,用人单位不得私自调整。

2）工资调整有书面协议

调整工资须经协商一致并有书面协议，或协商一致后实际履行超过一个月。《劳动合同法》第三十五条规定："用人单位与劳动者协商一致，可以变更劳动合同约定的内容。变更劳动合同，应当采用书面形式。"《最高人民法院关于审理劳动争议案件适用法律问题的解释（一）》第四十三条规定："用人单位与劳动者协商一致变更劳动合同，虽未采用书面形式，但已经实际履行了口头变更的劳动合同超过一个月，变更后的劳动合同内容不违反法律、行政法规且不违背公序良俗，当事人以未采用书面形式为由主张劳动合同变更无效的，人民法院不予支持。"由此可见，无论是否采用书面形式，工资调整（主要是降薪）应与劳动者协商一致，采用书面形式或与劳动者就降薪事宜进行书面确认，减轻用人单位用工风险，避免争议。

典型案例

用人单位调岗降薪劳动争议案

案情简介

杨某在安徽某进出口公司承担业务助手岗位工作，在公司年度员工业绩考核中，杨某考核总分较低，安徽某进出口公司认为杨某不能胜任工作，将其调岗降薪，杨某数次表示不接受考核结果，亦不同意调岗降薪，并因此向公司邮寄了被迫解除劳动合同通知书且不再到公司上班。杨某离职后申请了劳动仲裁，仲裁裁决安徽某进出口公司需向杨某支付经济补偿金。安徽某进出口公司不服仲裁裁决，诉至法院。

处理结果

法院经审理认为，因安徽某进出口公司对杨某进行调岗降薪的证据不足，故需支付杨某经济补偿金。

案例评析

《最高人民法院关于审理劳动争议案件适用法律问题的解释（一）》第四十四条规定："因用人单位作出的开除、除名、辞退、解除劳动合同、减少劳动报酬、计算劳动者工作年限等决定而发生的劳动争议，用人单位负举证责任。"

用人单位变动劳动者工作岗位降低其工资水平，应当符合用人单位依法制定的规章制度，且不违背诚信原则，用人单位不能滥用管理权，对劳动者的岗位作出不合理的变动。实践中，用人单位因劳动者绩效考核不合格而调岗降薪，甚至解除劳动合同的情形较为常见。变更工作岗位、减低薪资待遇等重大事项，需要用人单位与劳动者协商一致，若劳动者不能胜任工作岗位，确需调岗降薪的，用人单位需提交充分证据证明。法院经审理认为，工作岗位及薪资待遇是劳动合同的重要组成部分，在双方劳动关系存续期间，如用人单位需调整劳动者工作岗位、降低其薪资待遇，属于变更劳动合同的重大事项，需有充分证据证明劳动者不能胜任工作岗位。因安徽某进出口公司对杨某进行调岗降薪的证据不足，故需支付杨某经济补偿金。

资料来源：合肥市庐阳区人民法院 2021—2022 年度劳动争议典型案例。

7. 合规建议

1）工资约定灵活明确

在工资结构上，建议用人单位具体列明基本工资、岗位工资、补贴、奖金等数额，以便通过固定工资与浮动工资之间的平衡和调节,充分实现对员工的绩效管理,从而获得更大的用工自主权。[①]

2)约定加班加点工资的计算基数

加班工资计算基数应当按照下列原则确定:用人单位与劳动者双方有约定的,从其约定;双方没有约定的,或者双方的约定标准低于集体合同或者本单位工资支付制度标准的(一般不得低于最低工资标准),按照集体合同或者本单位工资支付制度执行;前两项无法确定工资标准的,按照劳动者前十二个月平均工资计算,其中劳动者实际工作时间不满十二个月的按照实际月平均工资计算。

3)建立工资台账

工资台账,应详细列明应发工资、实发工资、扣减项目,员工签字确认,并至少保存两年备查。同时可以在规章制度中规定或明确告知员工对工资发放如有异议,可以及时与人力资源部门进行沟通,人力资源相关人员针对员工的具体问题进行核实排查,如果确实存在工资发放不足额的情况,应及时为员工补发差额,或者书面告知员工在下一个发薪周期为其补足工资差额。

4)保留降薪协商一致书面记录

若因相关因素影响导致经营困难,用人单位可以考虑通过职工代表大会、工会与员工协商全员降薪或者缓发工资,充分听取员工及工会的意见,最终向全体员工发布降薪或缓发工资的文件,同时注意留存相应的书面证据。

5)积极配合行政与刑事调查

若员工向劳动行政部门投诉用人单位存在不及时足额发放工资的情况,用人单位应积极配合劳动行政部门的调查等,如确实存在经营困难、资金有限,无法及时足额补发工资,也应积极向劳动行政部门说明和举证,避免消极不利后果。若因工资发放问题涉嫌刑事犯罪,应积极补发劳动者工资,并主动承担相应的赔偿责任,争取从轻、减轻或免于刑事处罚等宽大处理。

(八)社会保险

社会保险是一种缴费性的社会保障,资金主要是用人单位和劳动者本人缴纳。但是劳动者只有履行了法定的缴费义务,并在符合法定条件的情况下,才能享受相应的社会保险待遇。依法参加社会保险,是用人单位和劳动者应尽的义务。

自愿放弃缴纳社保能否反悔要求单位支付经济补偿金

典型案例

杨某社会保险纠纷一案

案情简介

杨某 2020 年 9 月入职 J 公司,从事纺机挡车工工作,J 公司未为杨某办理工伤保险。2021 年 3 月 1 日,杨某签订一份承诺书,承诺自愿放弃参加公司统一组织的社会保险,因本人原因不参加社会保险而导致公司有关法律责任及经济损失,将全部由本人负责。2021 年

---

① 周丽霞.HR全程法律顾问:企业人力资源管理高效工作指南[M].6版.北京:中国法制出版社,2022.

6月26日,杨某在上夜班时,被纺车绞伤。杨某被认定为工伤,经鉴定为劳动功能障碍程度八级。2022年8月11日,杨某申请劳动仲裁,仲裁委员会对杨某关于工伤待遇等请求予以支持。J公司不服,诉至法院。

处理结果

法院判决J公司向杨某支付工伤保险待遇20余万元。

案例评析

法院经审理认为,杨某签署的承诺书系J公司提供,有关自愿放弃参加社会保险的内容系格式条款。同时,该承诺书免除了用人单位法定责任、排除劳动者权利,应属无效。J公司基于承诺书,主张无须向杨某承担工伤保险责任,无法律依据。因J公司未为杨某办理工伤保险,杨某在工作期间发生工伤产生的工伤待遇应由J公司予以赔偿。

社会保险具有社会统筹性质,用人单位和劳动者必须依法参加社会保险,缴纳社会保险费。缴纳社会保险费不仅是用人单位的法定义务,也是劳动者的法定义务,关乎职工、用人单位和社会利益,不得通过用人单位和劳动者的约定进行变更或放弃。依据《工伤保险条例》第六十二条的规定,用人单位未依法参加工伤保险的,职工在被认定工伤后可以依法请求用人单位承担相应的工伤保险待遇。企业应当积极履行缴纳社会保险费的法定义务,依法保护职工的合法权益。

资料来源:安徽省高级人民法院于2023年4月29日发布的劳动权益保护典型案例。

1. 养老保险

《中华人民共和国社会保险法》第十条规定:"职工应当参加基本养老保险,由用人单位和职工共同缴纳基本养老保险费。无雇工的个体工商户、未在用人单位参加基本养老保险的非全日制从业人员以及其他灵活就业人员可以参加基本养老保险,由个人缴纳基本养老保险费。公务员和参照公务员法管理的工作人员养老保险的办法由国务院规定。"我国基本养老保险基金主要由用人单位和个人缴费组成,此外,在基本养老保险基金出现支付不足时,国家和统筹地区政府也给予一定的补贴。用人单位应当按照国家规定的本单位职工工资总额的比例缴纳基本养老保险费。我国享受基本养老保险待遇必须满足以下两个条件:达到法定退休年龄;累计最低缴费满十五年。职工达到法定退休年龄,依法办理退休手续后,享受基本养老保险金待遇,具体金额由社保经办机构核准,按月发放。个人退休后享受基本养老保险待遇与个人缴费年限直接相关,缴费年限越长,缴费基数越大,退休后领取的养老金就越多。

2. 医疗保险

职工医疗保险是指劳动者由于患病或非因工负伤后,依法获得医疗救治方面物质帮助的一种社会保障制度。职工基本医疗保险费由用人单位和职工双方共同负担,没有国家资金投入。用人单位缴费比例控制在职工工资总额的6%左右,职工缴费比例一般为本人工资收入的2%。随着经济的发展,缴费率可作相应调整。职工个人缴纳的基本医疗保险费全部计入个人账户;用人单位缴纳的基本医疗保险费分为两部分,一部分用于建立统筹基金,一部分划入个人账户。个人账户的本金和利息归个人所有,可以使用和继承。①

---

① 刘俊.劳动与社会保障法学[M].2版.北京:高等教育出版社,2017.

3. 生育保险

生育保险是国家通过立法对怀孕、分娩女职工给予生活保障和物质帮助的一项社会政策。所有用人单位的职工都要参加生育保险,生育保险费用由用人单位按照国家规定缴纳,职工个人不缴纳。企业按照其工资总额的一定比例向社保经办机构缴纳生育保险费,建立生育保险基金。生育保险费的提取比例由当地政府根据计划内生育人数和生育津贴、生育医疗费等确定,并可根据费用支出情况适时调整,但最高不得超过工资总额的1%。我国法律规定同时满足以下两个条件的女职工,可以享受生育保险待遇:用人单位已经缴纳生育保险费;符合婚姻法和计划生育政策的规定,即达到法定结婚年龄的已婚职工且符合国家计划生育政策,不符合法定年龄的女职工生育和非计划生育者,一般不得享受生育保险待遇。生育保险基金的给付内容包括生育医疗费用和生育津贴。生育医疗费用包括女职工因怀孕、生育发生的检查费、接生费、手术费、住院费、药费和计划生育手术费。支付期限一般与产假期限相一致。

典型案例

林某生育保险相关待遇纠纷一案

案情简介

林某于2013年4月27日入职A公司任职客服,于2019年5月20日开始休产假,公司有为其缴纳社会保险。林某于2019年12月12日向公司提交辞职信,以公司克扣拖欠产假及工资等问题,与公司解除劳动关系,其产假前平均工资为6 392.53元。公司认为已为林某购买生育保险,故林某的生育津贴由生育保险基金支付,且林某的工资组成为基本工资1 800元+绩效工资,绩效工资根据林某工作中的实际业务提成进行计算,并非必须发放,林某休产假期间不存在绩效工资。其后林某申请劳动仲裁,提出解除劳动合同经济补偿金、产假工资差额、哺乳期工资等仲裁请求。

处理结果

该仲裁委员会作出裁决如下:公司支付解除劳动合同经济补偿42 819元、2019年5月20日至2019年12月13日产假工资差额部分20 782.44元、2019年12月14日至2020年4月7日期间哺乳期工资7 941.38元;驳回其他仲裁请求。公司不服该裁决结果,一审法院亦支持林某关于经济补偿与产假工资差额的主张,驳回公司诉请。

案例评析

一审法院认为:产假工资为劳动者产假前的平均工资,绩效工资也是劳动者工资收入的一部分,公司主张计算产假工资不应包括绩效工资没有依据。故本院认定公司应支付林某2019年5月20日至2019年12月13日产假工资差额部分20 782.44元。产假工资应视为正常工作时间的工资报酬。在公司没有提交证据证明关于产假工资的支付与员工存在特殊约定的情况下,结合林某休产假前公司均按月支付工资报酬,公司应当按月支付林某产假工资。此外,《广东省职工生育保险规定》第十七条规定,职工按照规定享受产假或者计划生育手术休假期间,其生育津贴由用人单位按照职工原工资标准逐月垫付,再由社会保险经办机构按照规定拨付给用人单位。职工已享受生育津贴的,视同用人单位已经支付相应数额的工资。生育津贴高于职工原工资标准的,用人单位应当将生育津贴余额支付给职工;生育津贴低于职工原工资标准的,差额部分由用人单位补足。这也与前述《广东省工资支付条例》规定的按确定的工资支付周期支付产假工资的规定相吻合。本案中,林某离职前十二个月的平均工资为 6 392.53 元,公司在林某休产假期间没有按照原工资标准每月垫付生育津贴,即支付林某产假工资,显然违反上述规定。林某以公司未及时足额支付产假工资为由与公司解除劳动关系并主张经济补偿金理由成立。

根据上述判决结果可知,即使公司为员工购买了生育保险,可从生育保险基金处申领生育津贴,但在员工产假期间,公司仍需按月足额发放员工产假工资,依法先行垫付,再由社会保险经办机构按照规定拨付给公司,如有差额,由公司予以补足。另,产假工资的支付标准为员工产假前的平均工资,应包含绩效工资、岗位津贴等工资收入的其他部分在内,故此,若公司不按月发放工资,或只按照基本工资作为标准进行发放的,与产前月平均工资不符的,均构成拖欠或克扣工资,员工以此为由主张被迫解除劳动关系,其基于此所主张的哺乳假工资、解除劳动关系经济补偿金的诉求,一般都会得到支持。

资料来源:广州市白云区法院(2020)粤 0111 民初 31373 号案件。

4. 工伤保险

工伤保险是社会保险制度中的重要组成部分,是指国家和社会对在生产、工作中遭受事故伤害和患职业性疾病的劳动者及亲属提供医疗救治、生活保障、经济补偿、医疗和职业康复等物质帮助的一种社会保障制度。

1) 工伤认定

(1) 应当认定为工伤的情形。《工伤保险条例》第十四条规定:"职工有下列情形之一的,应当认定为工伤:(一)在工作时间和工作场所内,因工作原因受到事故伤害的;(二)工作时间前后在工作场所内,从事与工作有关的预备性或者收尾性工作受到事故伤害的;(三)在工作时间和工作场所内,因履行工作职责受到暴力等意外伤害的;(四)患职业病的;(五)因工外出期间,由于工作原因受到伤害或者发生事故下落不明的;(六)在上下班途中,受到非本人主要责任的交通事故或者城市轨道交通、客运轮渡、火车事故伤害的;(七)法律、行政法规规定应当认定为工伤的其他情形。"

工伤认定的
情形

(2) 视同工伤的情形。《工伤保险条例》第十五条规定:"职工有下列情形之一的,视同工伤:(一)在工作时间和工作岗位,突发疾病死亡或者在 48 小时之内经抢救无效死亡的;(二)在抢险救灾等维护国家利益、公共利益活动中受到伤害的;(三)职工原在军队服役,因战、因公负伤致残,已取得革命伤残军人证,到用人单位后旧伤复发的。职工有前款第(一)项、第(二)项情形的,按照本条例的有关规定享受工伤保险待遇;职工有前款第(三)项情形的,按照本条例的有关规定享受除一次性伤残补助金以外的工伤保险待遇。"

视同工伤的
情形

(3) 不得认定工伤的情形。《工伤保险条例》第十六条规定:"职工符合本条例第十四条、第十五条的规定,但是有下列情形之一的,不得认定为工伤或者视同工伤:(一)故意犯罪的;(二)醉酒或者吸毒的;(三)自残或者自杀的。"

不得认定为工
伤的情形

（4）申请时效。职工本人及其近亲属应当自工伤事故发生之日起一年内提出工伤认定申请。

2）劳动能力鉴定

劳动能力鉴定是指劳动功能障碍程度和生活自理障碍程度的等级鉴定。劳动功能障碍分为十个伤残等级，最重的为一级，最轻的为十级。一至四级伤残为完全丧失劳动能力，五至六级伤残为大部分丧失劳动能力，七至十级伤残为部分丧失劳动能力。生活自理障碍分为三个等级：生活完全不能自理、生活大部分不能自理和生活部分不能自理。设区的市级劳动能力鉴定委员会受理劳动能力鉴定申请，申请鉴定的单位或者个人对设区的市级劳动能力鉴定委员会作出的鉴定结论不服的，可以在收到该鉴定结论之日起 15 日内向省、自治区、直辖市劳动能力鉴定委员会提出再次鉴定申请。自劳动能力鉴定结论作出之日起一年后，工伤职工或者其近亲属、所在单位或者经办机构认为伤残情况发生变化的，可以申请劳动能力复查鉴定。

3）工亡赔付待遇

依据《工伤保险条例》等法律法规，工亡赔偿项目及标准如下。

（1）丧葬补助金。丧葬补助金为 6 个月的统筹地区上年度职工月平均工资。

（2）供养亲属抚恤金。供养亲属抚恤金按照职工本人工资的一定比例发给由因工死亡职工生前提供主要生活来源、无劳动能力的亲属。标准为：配偶每月 40%，其他亲属每人每月 30%，孤寡老人或者孤儿每人每月在上述标准的基础上增加 10%。核定的各供养亲属的抚恤金之和不应高于因工死亡职工生前的工资。

（3）一次性工亡补助金。标准为上一年度全国城镇居民人均可支配收入的 20 倍。

4）工伤赔付待遇

（1）一次性伤残补助金。从工伤保险基金按伤残等级支付一次性伤残补助金，标准为：一级伤残为 27 个月的本人工资，二级伤残为 25 个月的本人工资，三级伤残为 23 个月的本人工资，四级伤残为 21 个月的本人工资，五级伤残为 18 个月的本人工资，六级伤残为 16 个月的本人工资，七级伤残为 13 个月的本人工资，八级伤残为 11 个月的本人工资，九级伤残为 9 个月的本人工资，十级伤残 7 个月的本人工资。

（2）伤残津贴。职工因工致残被鉴定为一级至四级伤残的，保留劳动关系，退出工作岗位，从工伤保险基金按月支付伤残津贴，标准为：一级伤残为本人工资的 90%，二级伤残为本人工资的 85%，三级伤残为本人工资的 80%，四级伤残为本人工资的 75%。伤残津贴实际金额低于当地最低工资标准的，由工伤保险基金补足差额。

职工因工致残被鉴定为五级、六级伤残的，可选择保留与用人单位的劳动关系，由用人单位安排适当工作。难以安排工作的，由用人单位按月发给伤残津贴，标准为：五级伤残为本人工资的 70%，六级伤残为本人工资的 60%，并由用人单位按照规定为其缴纳应缴纳的各项社会保险费。伤残津贴实际金额低于当地最低工资标准的，由用人单位补足差额。

（3）一次性工伤医疗补助金。职工因工致残被鉴定为五级、六级伤残的，经工伤职工本人提出，该职工可以与用人单位解除或者终止劳动关系，由工伤保险基金支付一次性工伤医疗补助金，也可保留与用人单位的劳动关系，由用人单位安排适当工作。难以安排工作的，由用人单位按月发给伤残津贴。即职工因工致残被鉴定为五级、六级伤残的，不能同时享受一次性工伤医疗补助金和伤残津贴。

职工因工致残被鉴定为七级至十级伤残的,劳动、聘用合同期满终止,或者职工本人提出解除劳动、聘用合同的,由工伤保险基金支付一次性工伤医疗补助金。

一次性工伤医疗补助金的具体标准由省、自治区、直辖市人民政府规定。以安徽省为例,一次性工伤医疗补助金以统筹地区上年度职工月平均工资为基数,五级伤残为 24 个月,六级伤残为 18 个月,七级伤残为 10 个月,八级伤残为 8 个月,九级伤残为 6 个月,十级伤残为 4 个月。

(4)生活护理费。《工伤保险条例》第三十四条规定:"工伤职工已经评定伤残等级并经劳动能力鉴定委员会确认需要生活护理的,从工伤保险基金按月支付生活护理费。生活护理费按照生活完全不能自理、生活大部分不能自理或者生活部分不能自理 3 个不同等级支付,其标准分别为统筹地区上年度职工月平均工资的 50%、40% 或者 30%。"

(5)停工留薪期工资福利待遇与护理费。停工留薪期内,用人单位按月支付其原工资福利待遇;停工留薪期一般不超过 12 个月。伤情严重或者情况特殊,经设区的市级劳动能力鉴定委员会确认,可以适当延长,但延长不得超过 12 个月。

生活不能自理的工伤职工在停工留薪期需要护理的,由所在单位负责。以安徽省为例,《安徽省实施〈工伤保险条例〉办法》第二十九条规定:"工伤职工在停工留薪期或者工伤复发治疗期需要护理的,凭医疗机构证明,由用人单位负责护理或者按月支付护理费。护理费标准为统筹地区上年度职工月平均工资的 80%。其中,已享受生活护理费的,由用人单位支付工伤复发治疗期间护理费与生活护理费的差额部分。"

(6)一次性伤残就业补助金。职工因工致残被鉴定为五级、六级伤残的,经工伤职工本人提出,该职工可以与用人单位解除或者终止劳动关系,由用人单位支付一次性伤残就业补助金。

职工因工致残被鉴定为七级至十级伤残的,劳动、聘用合同期满终止,或者职工本人提出解除劳动、聘用合同的,由用人单位支付一次性伤残就业补助金。

一次性伤残就业补助金的具体标准由省、自治区、直辖市人民政府规定。以安徽省为例,以统筹地区上年度职工月平均工资为基数,五级伤残为 40 个月,六级伤残为 34 个月,七级伤残为 20 个月,八级伤残为 15 个月,九级伤残为 10 个月,十级伤残为 5 个月。享受一次性伤残就业补助金待遇的职工,距法定退休年龄不足五年的,一次性伤残就业补助金按照下列标准执行:不足一年的,按照全额的 30% 支付;不足两年的,按照全额的 60% 支付;不足三年的,按照全额的 70% 支付;不足四年的,按照全额的 80% 支付;不足五年的,按照全额的 90% 支付。

(7)医疗费。职工因工作遭受事故伤害或者患职业病进行治疗,享受工伤医疗待遇。由工伤保险基金支付符合工伤保险诊疗项目目录、工伤保险药品目录、工伤保险住院服务标准的医疗费。

(8)住院伙食补助费和交通食宿费。《工伤保险条例》第三十条第四款规定:"职工住院治疗工伤的伙食补助费,以及经医疗机构出具证明,报经办机构同意,工伤职工到统筹地区以外就医所需的交通、食宿费用从工伤保险基金支付,基金支付的具体标准由统筹地区人民政府规定。"

(9)伤残辅助器具费。《工伤保险条例》第三十二条规定:"工伤职工因日常生活或者就业需要,经劳动能力鉴定委员会确认,可以安装假肢、矫形器、假眼、假牙和配置轮椅等辅助器具,所需费用按照国家规定的标准从工伤保险基金支付。"

(10)康复费。《工伤保险条例》第三十条第六款规定:"工伤职工到签订服务协议的医疗机构进行工伤康复的费用,符合规定的,从工伤保险基金支付。"

(11)劳动能力鉴定费。职工发生工伤,经治疗伤情相对稳定后存在残疾、影响劳动能力的,应当进行劳动能力鉴定,会产生相应的劳动能力鉴定费。

5)特别说明

工伤保险基金支付内容:工伤医疗费、康复费;住院伙食补助费;伤残辅助器具费;到统筹地区以外就医的交通食宿费;生活不能自理的,经劳动能力鉴定委员会确认的生活护理费;一次性伤残补助金和一级至四级伤残职工的伤残津贴;一次性工伤医疗补助金;一次性工亡补助金;丧葬补助金;供养亲属抚恤金;法律、法规、规章规定的其他费用,如《安徽省实施〈工伤保险条例〉办法》中规定,劳动能力鉴定费也由工伤保险基金支付。

用人单位支付部分:停工留薪期护理费;停工留薪期工资福利待遇;五级、六级伤残职工的伤残津贴;一次性伤残就业补助金。此外,《安徽省实施〈工伤保险条例〉办法》中规定,工伤复发治疗期间的护理费与生活护理费的差额部分也由用人单位支付。

上述所称本人工资,是指职工因工作遭受事故伤害或者患职业病前12个月平均月缴费工资。本人工资高于统筹地区职工平均工资300%的,按照统筹地区职工平均工资的300%计算;本人工资低于统筹地区职工平均工资60%的,按照统筹地区职工平均工资的60%计算。

典型案例

孙某工伤认定纠纷一案

案情简介

孙某为某公司职工,从事品检工作。2021年3月25日,孙某上晚班。当晚11时,因孙某与同事在单位食堂吃完夜宵后久未返岗,同事在单位各处寻找后发现孙某倒在某过道中。120送往医院抢救,孙某被诊断为脑干出血破入脑室。28日13时,孙某经抢救无效死亡。孙某家属主张孙某系因摔倒继而头部受伤导致脑出血,提出工伤认定申请。

处理结果

孙某死亡不符合《工伤保险条例》第十四条、第十五条认定工伤或视同工伤的情形,不予认定或者视同工伤。

案例评析

《工伤保险条例》第十四条第(一)项规定"在工作时间和工作场所内,因工作原因受到事故伤害的,应当认定为工伤"。本案中,孙某家属主张孙某系因摔倒继而头部受伤导致脑干出血。显然,家属认为孙某是先摔倒,后脑干出血,再导致死亡,前后有因果关系,应当对照《工伤保险条例》第十四条第(一)项来认定。但是,孙某家属不能提供明确的证据以证明孙某脑干出血系摔倒造成。同时,孙某在过道倒地时也无目击证人和监控视频。据此,工伤认定机构根据案件调查需要,委托医疗鉴定专家小组进行了因果关系鉴定。经鉴定,确认医院诊断中所述的脑干出血系孙某自身疾病导致,不符合《工伤保险条例》第十四条第(一)项规定的情形,同时也不符合视同工伤情形。

工伤认定程序中,通过因果关系鉴定,对事故伤害与自身疾病进行甄别区分是调查核实的需要,也是准确适用法律的要求。从职工个体来讲,需要对自身健康和疾病预防更加重视;对用人单位来讲,则应当注重职工入职前后的体检程序、入职后的工伤预防以及劳动健康教育,严格对照相关劳动法律法规合理安排职工工作时间、持续完善劳动保护措施,充分保障职工身心安全。

资料来源:绵阳市人力资源与社会保障局2022年工伤经典案例。

(九)劳动保护、劳动条件和职业危害防护

随着社会的发展,劳动者在工作中面临的危害越来越多,如生产过程中的粉尘、烟雾、噪声、强光、电磁辐射等都会损害劳动者的身体健康。《劳动法》第五十二条规定:"用人单位必须建立、健全劳动安全卫生制度,严格执行国家劳动安全卫生规程和标准,对劳动者进行劳动安全卫生教育,防止劳动过程中的事故,减少职业危害。"劳动保护主要是为了确保劳动者在劳动中能够获得安全的工作环境,保护劳动者的身体健康。用人单位对本单位的劳动者承担法定的劳动保护义务,应当向劳动者提供符合安全标准的劳动条件,并将劳动过程中有可能遇到的风险和伤害如实告知劳动者。

(十)法律、法规规定应当纳入劳动合同的其他事项

其他事项作为劳动合同法定条款的兜底条款,若其他法律、法规对于劳动合同内容有其他特殊要求,可适用此规定,避免法律条文之间相互冲突,预留一定的空间。

二、劳动合同约定条款

(一)试用期

对于刚参加工作的劳动者,用人单位在确定劳动合同期限时,应当充分考虑试用期问题。《劳动合同法》第十九条规定:"劳动合同期限三个月以上不满一年的,试用期不得超过一个月;劳动合同期限一年以上不满三年的,试用期不得超过二个月;三年以上固定期限和无固定期限的劳动合同,试用期不得超过六个月。同一用人单位与同一劳动者只能约定一次试用期。以完

试用期的期限

成一定工作任务为期限的劳动合同或者劳动合同期限不满三个月的,不得约定试用期。试用期包含在劳动合同期限内。劳动合同仅约定试用期的,试用期不成立,该期限为劳动合同期限。"劳动者试用期如果不符合录用条件,用人单位可以单方解除劳动合同。同时违法约定试用期面临支付赔偿金的法律后果。《劳动合同法》第八十三条规定:"用人单位违反本法规定与劳动者约定试用期的,由劳动行政部门责令改正;违法约定的试用期已经履行的,由用人单位以劳动者试用期满月工资为标准,按已经履行的超过法定试用期的期间向劳动者支付赔偿金。"

典型案例

陈某诉甲公司擅自延长试用期纠纷案

案情简介

2018年6月7日,陈某入职甲公司,担任拓展经理,双方签订有期限分别为2018年6月7日至2021年6月6日、2018年12月7日至2021年12月6日、2019年6月4日至2022年

6月3日、2019年12月4日至2022年12月3日、2020年6月4日至2023年6月3日的五份劳动合同,约定试用期分别为3个月、3个月、6个月、3个月、3个月,月工资均约定税前8 000元,试用期工资5 000元。甲公司分别于2018年9月4日、2019年3月5日、2020年3月2日、2020年9月3日向陈某发送试用期延长通知书,提出延长试用期3个月。2020年12月28日,甲公司以陈某不能胜任岗位为由,向陈某发出试用期辞退通知书。陈某不服,提起了劳动仲裁,双方随后又经过了一审、二审程序。

处理结果

一审、二审法院均认定甲公司延长试用期违法,应予以支付违法延长试用期赔偿金。

案例评析

《劳动合同法》第十九条第二款规定:"同一用人单位与同一劳动者只能约定一次试用期。"该条款旨在通过对试用期次数的严格限定防止用人单位反复"试用"劳动者,损害劳动者的合法权益。劳动法具有社会法的属性,注重保障公民的社会权利,尤其是保护弱势群体的利益,具有一定的强制性。作为用人单位,应当严格遵守法律对于试用期次数的限制规定。法律系从主体的角度强调对试用期次数的限制,重新签订劳动合同、劳动者主动申请延长试用期、与劳动者协商一致延长适用期等均不属于突破试用期次数的合法事由。

本案中,陈某于2018年6月7日入职甲公司,持续工作至2020年12月28日。本案双方签订了五份期限均在三年以上的劳动合同,并先后五次约定了试用期并四次延长了试用期,最终直至陈某解约时,甲公司仍然向陈某发出试用期辞退通知书。甲公司的做法严重违反了劳动合同法中试用期的规定,应当承担相应的法律责任。甲公司所主张的陈某反复恳求公司延长试用期及多次签订劳动合同导致多次约定试用期的理由既缺乏事实依据,也并非可以突破试用期次数的合法抗辩理由,均不予采纳。

资料来源:北京市第三中级人民法院(2022)京03民终7672号案件。

(二)保密事项

商业秘密是指不为公众所知悉、能为权利人带来经济利益,具有实用性并经权利人采取保密措施的技术信息和经营信息。《劳动合同法》第二十三条规定:"用人单位与劳动者可以在劳动合同中约定保守用人单位的商业秘密和与知识产权相关的保密事项。"用人单位与劳动者也可以另行签订保密协议。

违反保密事项可约定违约金。违约金一般与用人单位实际损失挂钩,该损失一般是指因为侵权行为或者违约行为给企业造成的直接经济损失,要求侵权行为、违约行为与直接经济损失之间有因果关系。一般来说,有三种计算方法,即权利人的所失、侵权人的所得和以不低于商业秘密使用许可的合理使用费作为损失,主要考虑商业秘密的开发成本、现实的优势和未来的优势等因素。另外,对于商业秘密,要判断所获取的技术信息和经营信息是否被企业采取了保密措施,比如规定密级、专人保管、知悉范围等,是否能给企业带来经济利益,在公众领域能否获取。

(三)服务期

服务期是指法律规定的因用人单位为劳动者提供专项技术培训,双方约定的劳动者为用人单位必须服务的期间。在劳动关系中,用人单位为了持续生存、发展的需要,若出资给予劳动者专项培训,根据公平原则,用人单位付出了一定的成本,也应当享有一定的回报,所以法律允许用人单位与劳动者约定服务期协议,约定在服务期内劳动者不得"跳槽",否则劳动者应当按照培训服务期协议约定支付违约金。劳动者违反服务期约定的,应当按照约定向用人单位支付违约金。违约金的数额不得超过用人单位提供的培训费用。用人单位要求劳动者支付的违约金不得超过服务期尚未履行部分所应分摊的培训费用。用人单位与劳动者约定服务期的,不影响按照正常的工资调整机制提高劳动者在服务期期间的劳动报酬。

专项培训及服务期

1. 专项技术培训

专项技术培训包括专业知识和职业技能培训,主要是知识或者技能方面的提升性培训,用人单位对劳动者所进行的入职或岗前培训、日常业务培训和安全生产教育等培训都不能认定为专项培训。

2. 专项培训费用

专项培训费用包括用人单位为了对劳动者进行专项技术培训而支付的有凭证的培训费用、培训期间的差旅费用以及因培训产生的用于该劳动者的其他费用。

3. 劳动合同期限续延

劳动合同期满,但是用人单位与劳动者约定的服务期尚未到期的,劳动合同应当续延至服务期满;双方另有约定的,从其约定。

典型案例

徐某与汽车厂服务期违约一案

案情简介

徐某在某汽车厂任供应商质量工程师。双方签订员工国际派遣合同,主要内容如下:公司因业务需要决定派遣徐某到某海外国际大公司接受项目培训,包括流程、工艺、文件和技术培训以及其他工作安排等,并约定服务期及违约金。国际派遣结束后不久,徐某即以个人发展为原因向某汽车厂提出辞职,双方就违约金问题发生争议。某汽车厂申请劳动仲裁后诉至法院,要求徐某支付违约金13万余元,徐某则抗辩并非接受专业技术培训,而是被派遣至海外国际公司工作,具体体现在其仅完成了20小时的面授课程,其余为参加专家会议、讨论质量问题及解决方案、与供应商交流工艺、拜访客户、了解相关生产工艺等,故合同约定的服务期及违约金条款无效。

处理结果

法院认为,在海外国际大公司的培训属于专业技术培训,服务期约定有效,徐某应支付违约金。

案例评析

《劳动合同法》第二十二条规定:"用人单位为劳动者提供专项培训费用,对其进行专业技术培训的,可以与劳动者订立协议,约定服务期。劳动者违反服务期约定的,应当按照约定向用人单位支付违约金。"本案中,徐某与汽车厂签订的员工国际派遣协议是双方当事人的真实意思表示,不违反法律规定,徐某应知晓协议的内容并承担相应的法律后果。专业技术培训,并不局限于课堂教学,还包括现场教学、实地考察观摩、参加专家研讨会,以及与上下游供应商的工艺交流等。徐某在服务期随意离职的行为,不仅违反了双方协议的约定,更违反了诚信原则,应支付违约金。故用人单位与劳动者约定"服务期"应同时满足两个必要要件,一是用人单位提供的培训应为"专业技术培训",而非一般的"职业技能培训",尽管现行法律尚未对"专业技术培训"作出明确规定,但从司法实践和经验的角度出发,法院一般会从培训内容、培训对象、培训方式及培训周期等几个方面进行判断;二是用人单位应证明其为劳动者提供"专业技术培训"进行了专门的金钱支出即"培训费用"。

资料来源:2022年度无锡劳动争议裁审典型案例。

(四)竞业限制

竞业限制

竞业限制是指用人单位和知悉本单位商业秘密或者其他对本单位经营有重大影响的劳动者在终止或解除劳动合同后的,一定期限内不得在生产同类产品、经营同类业务或有其他竞争关系的用人单位任职,也不得自己生产与原单位有竞争关系的同类产品或经营同类业务。限制时间由当事人事先约定,但不得超过二年。

竞业限制人员限于用人单位的高级管理人员、高级技术人员和其他负有保密义务的人员。用人单位和劳动者可以在劳动合同或者保密协议中约定竞业限制条款,也可以另行签订竞业限制协议,并约定在解除或者终止劳动合同后,在竞业限制期限内按月给予劳动者经济补偿。劳动者违反竞业限制约定的,应当按照约定向用人单位支付违约金。如果用人单位未约定解除或者终止劳动合同后给予劳动者经济补偿,劳动者履行了竞业限制义务,可以要求用人单位按照劳动者在劳动合同解除或者终止前十二个月平均工资的30%按月支付经济补偿。如月平均工资的30%低于劳动合同履行地最低工资标准的,按照劳动合同履行地最低工资标准支付。劳动合同解除或者终止后,因用人单位的原因导致三个月未支付经济补偿,劳动者可以请求解除竞业限制约定。

劳动者违反服务期约定或者劳动者违反竞业限制约定的,用人单位可以与劳动者约定由劳动者承担违约金。除上述两种情形外,用人单位不得与劳动者约定由劳动者承担违约金。

典型案例

赵某诉A公司竞业限制纠纷案

案情简介

2014年4月21日,赵某与A公司签订劳动合同,约定合同期限为2014年4月21日至2017年4月21日,赵某在技术岗位从事设计工作。2014年8月12日,赵某与A公司签订员工保密协议书,该协议对员工保密责任和竞业限制义务作出了约定。2019年5月8日,赵某向A公司提出辞职申请,2019年5月20日,A公司为赵某出具解除劳动合同证明书。赵某离职后于2019年6月入职湖北某公司,在该公司事业部工作。员工保密协议书并未约定工程公司向赵某支付竞业限制经济补偿金。工程公司亦未实际向赵某支付竞业限制经济补偿金。2019年12月30日,A公司提出仲裁申请,请求赵某支付竞业限制违约金等。赵某答辩称A公司未支付竞业限制补偿金,竞业期限也超过法律规定的两年时间,对赵某不具有约束力。双方历经法院一审、二审。

处理结果

一审法院驳回公司诉请,二审法院改判酌情支持公司的诉讼请求。

案例评析

二审法院认为,虽然 A 公司与赵某签订的员工保密协议书中未约定竞业限制补偿金,在双方劳动合同解除后,A 公司亦未实际向赵某支付竞业限制补偿金,但双方既已约定签署竞业限制约定,劳动者就应当遵守。在赵某未依法行使解除权解除竞业限制条款的情况下,双方的竞业限制条款仍然有效,没有明确约定经济补偿金数额不能作为违约的理由。因为双方约定的竞业限制违约金高达 20 万元,约定的权利义务不对等,不合理地加重了赵某的义务,故违约金的认定应综合竞业限制行为的影响大小、造成的实际损失情况等多种因素考量。

本案主要涉及竞业限制制度保护问题,竞业限制制度不仅是为了保护企业的商业秘密,还在一定程度上防止了企业间的不正当竞争,防止互挖墙脚,同时也在一定程度上保护了劳动者的利益。而用人单位与劳动者签订的竞业限制的合同中,为了体现公平原则,《劳动合同法》规定用人单位应当支付相应的费用,这是实行同业竞业限制的一项重要的内容。《劳动合同法》第二十三条对经济补偿的支付方式作了规定,但对于经济补偿金在司法解释中规定,如果劳动合同解除或终止后,因用人单位原因导致三个月未支付经济补偿金,劳动者可以要求解除竞业限制协议。

本案中 A 公司不支付经济补偿金尚未超过三个月,在劳动者没有依法行使竞业限制协议解除权时,竞业限制有效,劳动者仍需要履行竞业限制义务,没有明确约定经济补偿金数额不能作为违约的理由。劳动者离职后,用人单位按月支付经济补偿金,是用人单位基于竞业限制协议所应履行的法定义务。

资料来源:大连市中级人民法院(2022)辽 02 民终 2055 号案件。

(五)可以适当添加其他约定条款

相对于用人单位而言,劳动合同中可以增加规章制度确认条款、劳动纪律条款、保密条款、相关文书送达地址确认条款,方便后期进行管理。相对于劳动者而言,劳动合同中还可以增加用人单位承诺的特殊待遇条款。

【引导案例分析】━━━━━━━━━━━━━━━━━━■

本案中,从某货运代理公司与某劳务公司订立的配送业务承包协议内容看,某货运代理公司将配送员招募和管理工作外包给某劳务公司,应当由某劳务公司负责具体的用工组织和管理工作。但从本案用工事实看,某劳务公司并未对何某等站点配送员进行管理,其与某货运代理公司之间的配送业务承包协议并未实际履行;某货运代理公司虽然未与何某订立书面协议,却对其进行了劳动管理。因此,应当根据某货运代理公司对何某的劳动管理程度,认定双方之间是否存在劳动关系。何某须遵守某货运代理公司制定的配送员管理规则,按时到站点参加早会;某货运代理公司对何某执行配送任务的情况进行监督,通过扣减服务费等方式对何某的工作时间、接单行为、服务质量等进行管理,双方之间存在较强的人格从属性。某货运代理公司根据单方制定的服务费结算办法向何某按月结算服务费,双方之间存在明显的经济从属性。何某虽以平台名义从事配送任务,但某货运代理公司将其纳入站点的配送组织体系进行管理,双方之间存在较强的组织从属性。综上,某货运代理公司对何某进行了较强程度的劳动管理,应当认定双方之间存在劳动关系。

《关于维护新就业形态劳动者劳动保障权益的指导意见》(人社部发〔2021〕56 号)对平台企业采取合作用工方式组织劳动者完成平台工作的情形作出了规定。在新就业形态劳动争议处理中,一些平台用工合作企业也以外包或劳务派遣等灵活方式组织用工。部分配送站点承包经营企业形式上将配送员的招募和管理工作外包给其他企业,但实际上仍直接对配送员进行劳动管理,在劳动者主张相关权益时通常否认与劳动者之间存在劳动关系,将"外包"当成了规避相应法律责任的"挡风板""防火墙",增加了劳动者的维权难度。在仲裁和司法实践中,应当谨慎区分劳动关系与各类民事关系,对于此类"隐蔽劳动关系",不能简单适用"外观主义"审查,应当根据劳动管理事实和从属性特征明确劳动关系主体,依法确定各方权利义务。

【本章小结】

本章主要介绍了劳动合同的概念与特征、与劳务合同的区别、劳动合同分类以及劳动合同主要内容。在劳动争议案件处理中,对劳动关系的判断是案件处理方向的根基。若劳动合同概念基础把握错误,紧随其后的各项请求均丧失法律依据,轻易就会被对方击垮。尤其是劳动合同与劳务合同的区分更是常见问题,需要全面掌握。

在正确定位劳动关系后,就需要对劳动合同内容进行明确约定,劳动合同是双方均应严格遵守的契约,任何一方违反,尤其是用人单位违反时将面临经济补偿金、经济赔偿金风险,同时劳动合同条款也给予了用人单位一定的用工自主权,可与劳动者在法律限制内设计灵活变动条款。劳动合同内容是用人单位除规章制度之外的重要管理手段。一个规范的契合用人单位管理需要的劳动合同文本,可以使劳资各方的权利责任关系得到充分确定,规范劳动合同执行中全部要素,有利于建立和谐的劳动关系。

【课后练习】

一、单项选择题

1. 吴某受甲公司委派去德国参加技术培训,公司为此支付培训费用10万元。培训前双方签订协议,约定吴某自培训结束后5年内不得辞职,否则应支付违约金10万元。吴某培训完毕后在甲公司连续工作满2年时辞职。甲公司依法要求吴某支付的违约金数额最高为(　　)万元。

    A. 0 　　　　　 B. 10 　　　　　 C. 6 　　　　　 D. 4

2. 我国劳动法有关工作时间的规定,下列说法错误的是(　　)。

    A. 劳动者每日工作时间不超过8个小时

    B. 用人单位应当保证劳动者每周至少休息1日

    C. 用人单位应当依法安排劳动者休假的节日是元旦、春节、劳动节、国庆节

    D. 用人单位因生产经营需要而延长工作时间的,应当与劳动者协商,而且一般每日不得超过1小时

3. 《劳动法》规定,国家(　　)用人单位根据实际需要,为劳动者建立补充保险。

    A. 要求 　　　 B. 强制 　　　 C. 鼓励 　　　 D. 希望

4. 国家实行劳动者每日工作时间不超过8小时、平均每周工作时间不超过(　　)小时的工时制度。

    A. 40 　　　　　 B. 41 　　　　　 C. 44 　　　　　 D. 46

5. 根据劳动合同法律制度的规定,对负有保密义务的劳动者,用人单位可以在劳动合同或者保密协议中与劳动者约定竞业限制条款,但竞业限制不得超过一定年限。该期限为(　　)年。

    A. 1 　　　　　 B. 2 　　　　　 C. 3 　　　　　 D. 5

6. 依据《劳动法》规定,劳动合同可以约定试用期。试用期最长不超过( )个月。

    A. 12   B. 10   C. 6   D. 3

7. 能够认定劳动合同无效的机构是( )。

    A. 各级人民政府   B. 工商行政管理部门

    C. 各级劳动行政部门   D. 劳动争议仲裁委员会

8. 我国劳动法律规定的最低就业年龄是( )周岁。

    A. 18   B. 17   C. 16   D. 15

9. 根据有关规定,( )支出不应列入企业工资总额范围。

    A. 计时工资   B. 计件工资

    C. 加班工资   D. 职工福利费用

10. 安徽省依法生育的女职工的产假为( )天。

    A. 120   B. 158   C. 60   D. 98

二、多项选择题

1. 根据劳动合同法律制度的规定,下列选项中,属于劳动合同必备条款的有( )。

    A. 社会保险   B. 试用期   C. 劳动报酬   D. 合同期限

2. 根据劳动合同法律制度的规定,下列各项中,除劳动者提出订立固定期限劳动合同外,用人单位与劳动者应当订立无固定期限劳动合同的情形有( )。

    A. 劳动者在该用人单位连续工作满10年的

    B. 连续订立2次固定期限劳动合同,且劳动者不具备法定解除情形,继续订立的

    C. 国有企业改制重新订立劳动合同,劳动者在该用人单位连续工作满5年且距法定退休年龄不足15年的

    D. 用人单位初次实行劳动合同制度,劳动者在该用人单位连续工作满10年且距法定退休年龄不足10年的

3. 根据劳动合同法律制度的规定,关于劳动报酬支付的下列表述中,正确的有( )。

    A. 用人单位可以采用多种形式支付工资,如货币、有价证券、实物等

    B. 工资至少每月支付一次,实行周、日、小时工资制的可按周、日、小时支付工资

    C. 对完成一次性临时劳动的劳动者,用人单位应按协议在其完成劳动任务后即支付工资

    D. 约定支付工资的日期遇节假日或者休息日的,应提前在最近的工作日支付

4. 用人单位与劳动者对试用期所作的下列约定中,符合法律规定的有( )。

    A. 乙公司与赵某订立1年期劳动合同,约定其试用期2个月

    B. 丁公司聘请李某从事非全日制用工,约定其试用期半个月

    C. 丙公司与白某订立无固定期限劳动合同,约定其试用期4个月

    D. 甲公司与陆某订立以完成一定工作任务为期限的劳动合同,约定其试用期1个月

5. 关于劳动合同的特征和原则的说法中,下列选项中正确的有( )。

    A. 劳动合同的主体一方是劳动者,另一方是用人单位

    B. 对于劳动合同,法律规定了较多的强制性规范

    C. 劳动者与用人单位在签订劳动合同时,应遵循平等、自愿、协商一致的原则

    D. 在履行劳动合同的过程中,双方的地位是平等的

6. 目前我国法律规定的工资形式有（　　）。

    A. 计件工资　　　　B. 计时工资　　　　C. 补贴　　　　D. 抚恤金

7. 在最低工资的计算过程中，不得作为职工的最低工资进行计算的收入有（　　）。

    A. 职工按照工作数量或劳动进度获得的工资

    B. 职工的奖金

    C. 加班加点工资

    D. 特殊工作环境、条件下的津贴

8. 根据劳动部《企业实行不定时工作制和综合计算工时工作制审批办法》的规定，可以实行不定时工作制的劳动者有（　　）。

    A. 实行计件工作的人员　　　　　　B. 出租汽车司机

    C. 企业高级管理人员　　　　　　　D. 外勤人员

9. 以下社会保险中，职工个人需要缴纳保险费的包括（　　）。

    A. 养老保险　　　　B. 工伤保险　　　　C. 医疗保险　　　　D. 失业保险

10. 劳动合同的必备条款有（　　）。

    A. 劳动合同期限　　　　　　　　　B. 工作内容和工作地点

    C. 工作时间和休息休假　　　　　　D. 试用期

三、名词解释

劳动合同　集体合同　竞业限制　商业秘密　工伤　医疗期　服务期　停工留薪期
女职工"三期"　综合计算工时制

四、简答题

1. 简述用人单位可以与劳动者约定违约金的情形。

2. 《劳动合同法》的适用范围是什么？

3. 劳动合同中未约定劳动报酬怎么办？

4. 试用期是否包含在劳动合同期限内？

5. 简述我国法定节假日中全体公民放假的节日种类及时间。

6. 劳动合同的期限包括哪些类型？

7. 工会在签订劳动合同中能起到什么作用？

8. 简述我国劳动者的法定退休年龄类型。

9. 简述女职工产假的时间规定。

五、论述题

1. 论述竞业限制的适用范围与期限。

2. 论述"小时工"与用工单位之间的关系。

3. 劳动合同必须具备的条款有哪些？

4. 用人单位签订了集体合同能否不再签订劳动合同？

5. 单位对职工进行职业培训可以约定服务期吗？

6. 用人单位可以使用补休代替支付加班费吗？

7. 哪些情形应当被认定为工伤？

8. 用人单位未依法支付工资的，劳动者可以向用人单位主张哪些民事法律责任？

9. 论述不同工时制度下支付加班工资的情形。

第三章

劳动合同的订立

【内容提要】

劳动合同的订立是劳动者和用人单位经过相互选择和平等协商,就劳动合同条款达成一致协议,从而确立劳动关系和明确相互权利义务的法律行为。劳动合同的订立是劳动合同成立的前提,是劳动关系成立的基础,更是规范用人单位与劳动者合同关系的首要问题。劳动合同的订立对双方权利义务的明确更是发挥了举足轻重的作用。在实践中,往往都是由用人单位预先拟定劳动合同,而劳动者为了进入用人单位只能被动接受,这都使得劳动者的合法权益极易受到损害。鉴于此,本章拟通过对劳动合同订立过程中的若干法律问题的研究,对实践工作有一定的帮助。

【知识目标】

1. 了解劳动合同订立的概念,熟悉劳动合同订立的时间和形式。
2. 熟悉劳动合同无效的法定情形,掌握用人单位招用劳动者的禁止性规定。
3. 掌握劳动合同订立的具体程序,掌握劳动合同无效的确认机构和程序。

【素质目标】

1. 学习劳动合同订立的形式,认识到订立劳动合同可以有效保障劳动者享有劳动权利和履行劳动义务。
2. 掌握劳动合同订立的告知义务,增强法律意识,避免个人权益遭受损害。
3. 掌握用人单位招用劳动者的禁止性规定,积极维护自身的合法权益。

【引导案例】

王某某与A公司确认劳动关系案

2022年3月4日,身为北京某学校的在校生王某某(乙方)与A公司(甲方)签订劳务实习合同,约定本合同自2022年3月7日至2023年1月20日止,甲方派遣乙方到用人单位任客服工作,派遣期限自2022年3月7日开始,试用期为2022年3月7日至2022年6月7日,并在下方手写备注(注:实习、试用期间不缴纳社保、取得毕业证转正后缴社保);用人单位安排乙方执行标准工时制度,乙方在正常出勤并付出正常劳动后有权获得相应劳动报酬,甲方于每月末前以人民币形式支付乙方上月工资;工资单载明王某某试用期基本工资

2 500 元,绩效 1 500 元,餐补 300 元,全勤奖 200 元,综合薪资 4 500 元;转正后基本工资 2 600 元,绩效 1 500 元,住房补助 500 元,餐补 400 元,交通补助 150 元,全勤奖 200 元,综合薪资 5 350 元。2022 年 3 月 7 日起,王某某被派遣到 B 公司工作。A 公司未为王某某缴纳社保。

2022 年 4 月 1 日、5 月 5 日、5 月 31 日、6 月 30 日,A 公司分别向王某某发放工资 2 250 元、4 500 元、4 500 元、2 490 元。2022 年 7 月 31 日 A 公司按照综合薪资 4 500 元、王某某 7 月出勤记录(2022 年 6 月 21 日至 2022 年 7 月 20 日)、绩效等向其发放工资 1 131.82 元。

2022 年 7 月 1 日,王某某通过顺丰速运向 A 公司、B 公司分别发出通知书,内容均为:"由于你单位自我入职以来未给我缴纳任何社保,并存在拖欠工资等违法行为,根据法律规定自即日起与你单位解除劳动合同关系。"

另查明王某某 2019 年 9 月至 2022 年 7 月就读于北京某学校机电工程学院,户口性质为本市农业。2022 年 7 月 28 日,王某某就本案诉求向北京市房山区劳动人事争议仲裁委员会(以下简称房山劳裁委)申请仲裁,房山劳裁委申请人为在校大学生主体不适格为由作出京房劳人仲不字(2022)第 390 号不予受理通知书。王某某于法定期限内向北京市房山区人民法院提起诉讼。

资料来源:北京市房山区人民法院(2022)京 0111 民初 12713 号案件。

思考:

王某某与 A 公司之间是否存在劳动关系?

第一节 劳动合同订立的概念和原则

一、劳动合同订立的概念

劳动合同的订立是劳动者和用人单位经过相互选择和平等协商,就劳动合同的条款达成一致协议,从而确立劳动关系和明确双方权利义务的法律行为。从该定义可以看出,劳动合同的订立包含订立过程和订立结果两个方面,其订立过程从本质上来说即为一方发出订立劳动合同的要约,另一方接受该要约并发出承诺,对方接受该承诺达成合意的过程;订立结果即双方就协商一致的合同内容承载于特定的文本上。理论上的劳动合同包括"订立书面劳动合同"和"订立口头劳动合同",用人单位和劳动者建立劳动关系的同时都应该签订书面的劳动合同,同时我国法律并没有排除仅以口头形式约定的劳动合同,《劳动合同法》第六十九条规定:"非全日制用工双方当事人可以订立口头协议。从事非全日制用工的劳动者可以与一个或者一个以上用人单位订立劳动合同;但是,后订立的劳动合同不得影响先订立的劳动合同的履行。"故非全日制用工可以仅订立口头协议,而不签订书面的劳动合同。

二、劳动合同订立的原则

"原则"一词来源于拉丁文,有开始、起源、基础、原理、要素等含义。法律原则是法律上规定的用以进行法律推理的准则[①],包括立法、司法、执法和守法在内的整个法治活动的总的

---

① 沈宗灵.法理学[M].2 版.北京:北京大学出版社,2001.

指导思想和根本法律准则。法律原则既没有规定确定的事实状态,也没有规定具体的法律后果,但在法律的创制、理解和适用中,是必不可少的。法律原则不仅可以指导人们如何正确地适用规则,而且在没有相应法律规则时可以代替规则来作出裁决,即较有把握地应付没有现成规则可适用的新情况。①

《劳动合同法》第三条规定:"订立劳动合同,应当遵循合法、公平、平等自愿、协商一致、诚实信用的原则。"依据上述条款可知,订立劳动合同有以下基本原则。

(一)合法原则

合法原则是指依照法律的规定订立劳动合同,这就使得双方主体在订立劳动合同时不得违反法律、行政法规的强制性规定。例如当事人双方必须具备合法的资格,用人单位应是依法成立的企业、个体经济组织、民办非企业单位等组织,以及特殊情况下的国家机关、事业单位、社会团体;劳动者应年满16周岁、具有劳动权利能力和劳动行为能力。概括来说,即劳动合同的内容和形式需要符合法律的规定。

1. 形式合法

劳动合同的形式需要合法。除了前述提到的非全日制用工外,用人单位和劳动者之间订立劳动合同均需要采用书面形式,我国法律之所以规定订立劳动合同需要采用书面形式,是因为口头形式没有可以保存的文字依据,口头形式订立的劳动合同随意性大,容易发生纠纷,且难以举证,不利于保护当事人的合法权益。对用人单位来说,不订立书面的劳动合同将很可能会承担不利的法律后果,《劳动合同法》第八十二条规定:"用人单位自用工之日起超过一个月不满一年未与劳动者订立书面劳动合同的,应当向劳动者每月支付二倍的工资。"对劳动者来说,书面的劳动合同中会对劳动报酬、工作时间、违约责任等基本事项进行约定,一旦在发生争议时便于查清事实,分清是非。

2. 内容合法

《劳动合同法》第十七条中也规定了订立劳动合同的必备条款。此外,我国在相关法律中也规定了关于劳动合同的期限,订立固定期限劳动合同的情形,应当订立无固定期限劳动合同的具体情形。《劳动合同法》对劳动者的工作时间也有严格规定,对劳动报酬规定了最低限额,还有劳动保护,不得低于国家规定的劳动保护标准等。

典型案例

张某某与某信息咨询公司劳动争议案

案情简介

张某某于2020年6月15日入职某信息咨询公司,任助理规划师一职,双方签有为期三年的劳动合同,合同第八条第六项规定"乙方未按规定向甲方提出辞职或有其他擅自离职情形的,甲方将在乙方办理交接工作后支付乙方的未发工资(根据北京市最低工资标准按比例核算)和办理相关离职手续,由此给甲方造成经济损失的,乙方应承担相应的赔偿责任。乙方在自己参与或负责的项目未完成前,不得提出离职。如果执意离职,离职前所有未发工资根据北京市最低工资标准按比例核算后发放"。后张某某在其参与的项目未完成的情况下

---

① 王兴全．劳动法[M]．北京:法律出版社,1997．

离职,该信息咨询公司根据签订的合同内容(根据北京市最低工资标准按比例核算)发放工资,张某某不服仲裁,要求补足工资差额部分。仲裁裁决支持其请求,某信息咨询公司起诉至一审法院,一审法院对仲裁数额予以确认,某信息咨询公司上诉至二审法院。

处理结果

二审判决驳回上诉,维持原判。

案例评析

《劳动合同法》第二十六条规定:"下列劳动合同无效或者部分无效:(一)以欺诈、胁迫的手段或者乘人之危,使对方在违背真实意思的情况下订立或者变更劳动合同的;(二)用人单位免除自己的法定责任、排除劳动者权利的;(三)违反法律、行政法规强制性规定的。"本案中,双方劳动合同约定:乙方在自己参与或负责的项目未完成前,不得提出离职。如果执意离职,离职前所有未发工资根据北京市最低工资标准按比例核算后发放。现公司主张因张某某在项目未结束时提出离职,故根据上述劳动合同条款要求对张某某的工资按照北京市最低工资标准发放,对此,《劳动法》第五十条规定:"工资应当以货币形式按月支付给劳动者本人。不得克扣或者无故拖欠劳动者的工资。"本案中,作为用人单位,如公司认为劳动者离职给其造成了损失,可以向劳动者以合法方式主张权利,但无权溯及劳动者的工资待遇标准,公司的上述劳动合同条款免除了自己足额支付劳动报酬的义务,以限制离职的方式排除了劳动者获得公平合理劳动报酬的权利,也变相限制了劳动者享有的劳动合同解除权,故该部分劳动合同条款无效,公司仍然应当按照正常工资发放标准支付工资。

资料来源:北京市第三中级人民法院(2023)京03民终2133号案件。

(二)公平原则

公平原则是指双方当事人签订的劳动合同内容应当公平合理。也就是劳动合同的双方当事人在符合法律规定的前提下公正、合理地确定双方的权利和义务。公平原则是针对劳动合同的内容而提出的,要求双方当事人之间在利害关系上大体平衡。[①] 例如,因企业的经济效益不同,用人单位同工种岗位劳动者工资收入与社会其他用人单位同工种岗位劳动者工资收入难以保持完全一致,达到绝对公平。但就用人单位内部来说,同工种岗位劳动者的工资收入却可以做到同工同酬、相对公平,可体现用人单位与每位劳动者权益的相对公平。再例如如果用人单位以较低的培训费用培训劳动者,但是却要求劳动者提供较长的服务期,而且在服务期内不提高劳动者的工资或者不按照正常工资调整机制提高工资,那么此劳动合同的内容就是不合理、不公平的。公平原则是社会公德的体现,将公平原则作为劳动合同订立的原则,不仅有利于平衡劳动合同双方当事人的利益,更有利于构建和谐稳定的劳动关系。

(三)平等自愿原则

1. 平等原则

平等原则是指劳动合同的双方当事人在签订合同时处于平等的法律地位,合同的双方当事人没有高低、从属之分,也不存在管理和被管理的关系。因为只有双方在订立合同时的地位平等,合同双方才能表达真实的意思。当然在订立劳动合同后,劳动者成为用人单位的

---

① 梁慧星.民法总论[M].北京:法律出版社,2007.

一员,受用人单位的管理,处于被管理者的地位,此时用人单位和劳动者的地位是不平等的。这里讲的平等,是法律上的平等,形式上的平等,平等的法律地位指订立劳动合同的双方当事人都是平等的民事主体,双方平等地享有民事权利和承担民事义务,主要体现为以下几点:劳动合同的主体不存在行政法上的隶属关系;双方在订立劳动合同时对劳动合同的内容是经过反复磋商、协商一致订立的;在责任承担方面,任何一方违反劳动合同约定的义务都应承担相应的法律责任。

2. 自愿原则

自愿原则是指只要双方当事人签订的劳动合同不存在法律规定的合同无效事由,双方当事人就可以依据自己的内心意愿决定合同的相对方、内容、解除事由等事项。

(1)双方当事人有权根据自己的意愿决定订立或者不订立劳动合同,任何人不得进行非法干预。劳动合同的当事人可以依自己的意志在法定范围内获得自己的权利,任何人都无权对其进行任何限制。

(2)双方当事人有权决定合同的相对方。用人单位可以根据自己的需求选择合适的劳动者,劳动者也可以根据自己的喜好选择中意的用人单位,双方对此互不干预,这同时也是自愿原则最基本的含义。

(3)双方当事人有权在法定的范围内决定劳动合同的内容。这同时也表示劳动合同的内容在不存在无效事由的前提下如果劳动者表示接受,那么该条款可以约束双方当事人,即使该条款对一方当事人不利。

(4)双方当事人有权在法定的范围内自主变更或解除劳动合同。对于变更或解除劳动合同,有两种方式:一种是双方可以通过协商一致的方式变更或解除劳动合同;另一种是根据法律赋予的单方解除权解除劳动合同。

平等原则与自愿原则二者是相辅相成、不可分割的,平等是自愿的前提条件,自愿是平等的具体表现方式。只有劳动合同的双方当事人法律地位平等,双方才有可能去自愿订立劳动合同。同时双方当事人在自主决定劳动合同的事宜时,其法律地位才可以谈得上平等。

典型案例

黄某与某化工公司平等就业权争议案

案情简介

黄某通过某化工公司的面试后,某化工公司向黄某发送了入职通知书,记载黄某于2020年6月1日上午8:30入职,试用期三至六个月,工作表现特别突出可以申请提前转正。同时黄某依某化工公司要求进行健康体检,黄某的体检结果肝功能正常,两对半结果为小三阳。之后,某化工公司以黄某体检结果为小三阳为由,告知黄某不用过去上班。后黄某诉讼至法院,要求某化工公司公开赔礼道歉。

处理结果

法院支持了黄某的诉请请求。

案例评析

平等就业权是劳动者生存和发展的重要基础,依法受到法律保护。《劳动法》第三条规定:"劳动者享有平等就业和选择职业的权利、取得劳动报酬的权利、休息休假的权利、获得劳动安全卫生保护的权利、接受职业技能培训的权利、享受社会保险和福利的权利、提请劳动争议处理的权利以及法律规定的其他劳动权利。"《中华人民共和国就业促进法》第三条规定:"劳动者依法享有平等就业和自主择业的权利。劳动者就业,不因民族、种族、性别、宗教信仰等不同而受歧视。"因此,用人单位应当向劳动者提供平等的就业机会和公平的就业条件,不得实施就业歧视。所谓就业歧视,是指没有法律上的合法目的和原因而基于某些与工作岗位、个人工作能力或工作表现无关的因素采取区别对待、排斥或者给予优惠等违反平等权措施的行为。就业歧视的本质特征是不合理的差别对待。本案中某化工公司以黄某肝功能异常为由拒绝其入职的行为,已经严重侵犯了劳动者的平等就业权。

资料来源:武汉市东西湖区人民法院(2021)鄂0112民初4816号案件。

(四)协商一致原则

协商一致是指劳动合同的双方当事人就劳动合同的各项条款充分表达自己的意见和看法,对合同的内容在法律允许的范围内达成合意进而签订的劳动合同。任何一方都不得凌驾于另一方之上,在订立劳动合同时双方充分沟通协商确定劳动合同的内容,只有充分的协商沟通,订立的合同才能体现双方的真实意思。

同时协商一致原则也是平等、自愿原则的必然要求,双方当事人法律地位的平等、充分发挥意思自治的作用,双方订立的劳动合同才有可能体现协商一致的过程。此原则在实践中可以体现为:用人单位提供格式文本合同,劳动者在仔细阅读条款的过程中对有异议的条款提出修改,当然对于某些条款对劳动者不利的,用人单位也有必要向劳动者进行解释说明,若双方对格式条款的理解不一致时,参照《民法典》的有关规定进行处理。这不仅符合我国劳动法的立法原则,更会节约司法资源进而减少司法诉累。

典型案例

丁某与某商贸公司劳动争议案

案情简介

2019年丁某与某商贸公司签订劳动合同,同时约定丁某从事销售业务,地点在山东。2012年8月1日商贸公司制定员工手册,主要内容包括考勤管理、加班管理、绩效管理等,丁某在员工手册签名卡处签字。2021年7月14日商贸公司在绩效管理制度基础上确定了绩效考核管理办法、降薪标准,丁某于2021年8月2日签字确认其知悉并接受上述补充规定的内容。2021年10月,因丁某销售达成率不达标,符合绩效管理制度补充规定的降薪标准,每月被降薪400元,连续降薪4个月至2021年2月。后丁某以违法降薪等提出仲裁,要求解除劳动合同,补齐工资差额等。

处理结果

仲裁、一审、二审均支持其要求补齐工资差额等请求。

案例评析

关于工资差额问题。《劳动法》第十七条规定:"订立和变更劳动合同,应当遵循平等自愿、协商一致的原则,不得违反法律、行政法规的规定。"《劳动法》第五十条规定:"工资应当以货币形式按月支付给劳动者本人。不得克扣或者无故拖欠劳动者的工资。"本案中,公司在丁某相关考核指标未达标的情况下降低了丁某的基本工资,但如上所述,基本工资属于劳动合同的基本和必备条款,涉及劳动者的重要权益,公司作为用人单位在未与丁某协商一致的情况下,将其作为考核标准予以降低,违反法律规定。虽然公司辩称其制定的补充规定对此进行了规定,但该规定系其单方制定,在涉及法律规定的应当与劳动者协商一致的内容时,应遵照法律规定执行,故公司应向丁某补齐降低的基本工资。

资料来源:威海市中级人民法院(2023)鲁 10 民终 1021 号案件。

(五)诚实信用原则

所谓诚实信用原则,是指双方在订立和履行劳动合同的过程中不存在欺诈、隐瞒的情形,双方必须诚实、讲信用。诚实信用原则在《劳动合同法》中也有所体现,《劳动合同法》第八条规定:"用人单位招用劳动者时,应当如实告知劳动者工作内容、工作条件、工作地点、职业危害、安全生产状况、劳动报酬,以及劳动者要求了解的其他情况;用人单位有权了解劳动者与劳动合同直接相关的基本情况,劳动者应当如实说明。"然而在现实生活中,有的用人单位提供的工作条件会与约定的不一样;也有劳动者存在提供虚假个人信息的情况,如虚构学历、虚构工作经历等,这些行为均违反了诚实信用原则。此外,还有的劳动者违反忠诚义务,如在职期间从事竞业行为,这也违反了诚实信用原则。诚实信用是《民法典》中的一项基本原则,也是《劳动合同法》的一项基本原则,同时它也是一项基本社会道德原则。

典型案例

劳动者"碰瓷"是否违反诚信原则

案情简介

2018 年 4 月初,张某去某保安公司工作,担任保安一职,双方约定月工资 1 780 元。入职后,张某为继续享受低保待遇,主动提出要求保安公司将工资打入其弟弟的银行卡中,在此情形下保安公司未与张某签订书面劳动合同及办理社会保险。2019 年 2 月 22 日,张某主动从保安公司离职。2019 年 10 月 24 日,张某以保安公司未与其订立劳动合同为由申请劳动仲裁,请求保安公司向其支付二倍工资差额。后仲裁委作出不予受理通知书后张某诉至法院。经查,张某自 2008 年以来,频繁以未签订劳动合同、未缴纳社会保险等理由起诉用人单位要求对方支付未签订劳动合同的二倍工资差额或其他经济补偿。

处理结果

驳回其全部诉讼请求。

案例评析

民事主体从事民事活动,应当遵循诚信原则,秉持诚实,恪守承诺。张某到保安公司工作时,为继续享受低保待遇,主动提出要求公司将工资打入其弟弟的银行卡中,在此情形下,保安公司无法与其签订书面劳动合同及办理社会保险。在劳动关系履行过程中,保安公司无违反约定的行为,也无其他违反劳动法的行为,张某自动离职,然后以保安公司未与其订立书面劳动合同为由,主张双倍工资差额,有违诚信原则。虽然与劳动者订立书面劳动合同系用人单位的法定义务,违反该义务,应当依照《劳动合同法》的规定,按月向劳动者支付二倍的工资,但《劳动合同法》第一条规定:"为了完善劳动合同制度,明确劳动合同双方当事人的权利和义务,保护劳动者的合法权益,构建和发展和谐稳定的劳动关系,制定本法。"而从已经查明张某涉讼的事实看,张某与用人单位之间建立劳动关系的主要目的,并不是为了获得长期稳定的就业保障,而是为了获得除劳动报酬、社会保险等正当权益以外,诸如解除劳动合同经济补偿、赔偿金、未签订书面劳动合同双倍工资差额等"额外利益",显然不符合劳动合同法的立法宗旨,自然也不应得到法律的保护。

资料来源:襄阳市中级人民法院(2020)鄂06民终2399号案件。

第二节 劳动合同订立的时间和形式

一、劳动合同订立的时间

签订劳动合同注意事项及未及时签订的后果

用人单位与劳动者建立劳动关系,应当同时订立劳动合同。未同时订立劳动合同的,最迟应当自用工之日起一个月内与劳动者订立书面劳动合同。同时我们需要注意判定劳动关系的成立关键是看"用工之日",而不是双方签订劳动合同之日,劳动合同订立时间与劳动关系成立时间不是一个概念,不可同日而语。《劳动合同法》第七条规定:"用人单位自用工之日起即与劳动者建立劳动关系。用人单位应当建立职工名册备查。"《劳动合同法》第十条规定:"建立劳动关系,应当订立书面劳动合同。已建立劳动关系,未同时订立书面劳动合同的,应当自用工之日起一个月内订立书面劳动合同。用人单位与劳动者在用工前订立劳动合同的,劳动关系自用工之日起建立。"下面就劳动合同订立的时间进行简要阐述。

(一)建立劳动关系,应当同时订立书面劳动合同

《劳动合同法》第七条规定:"用人单位自用工之日起即与劳动者建立劳动关系。用人单位应当建立职工名册备查。"这条可以理解为,不管用人单位与劳动者有没有签订劳动合同,劳动关系的开始时间,均是从用工之日起算。

(二)已建立劳动关系的,未签订书面合同,应当自用工之日一个月内订立书面合同

《劳动合同法》第十条规定:"建立劳动关系,应当订立书面劳动合同。已建立劳动关系,未同时订立书面劳动合同的,应当自用工之日起一个月内订立书面劳动合同。用人单位与劳动者在用工前订立劳动合同的,劳动关系自用工之日起建立。"因此,已建立劳动关系,未同时订立书面劳动合同的,应当自用工之日起一个月内订立书面劳动合同。

(三)自用工之日超过一个月不满一年未订立书面劳动合同的,要按月支付两倍工资

《劳动合同法》第八十二条规定:"用人单位自用工之日起超过一个月不满一年未与劳动者订立书面劳动合同的,应当向劳动者每月支付二倍的工资。用人单位违反本法规定不与劳动者订立无固定期限劳动合同的,自应当订立无固定期限劳动合同之日起向劳动者每月支付二倍的工资。"该条分为两款,第一款是对超过一个月不满一年未签订书面劳动合同的规定;第二款是对超过一年视为无固定期限劳动合同的规定。虽然该条没有明确规定二倍工资计算的起止时间,但《劳动合同法实施条例》第六条规定:"用人单位自用工之日起超过一个月不满一年未与劳动者订立书面劳动合同的,应当依照劳动合同法第八十二条的规定向劳动者每月支付两倍的工资,并与劳动者补订书面劳动合同;劳动者不与用人单位订立书面劳动合同的,用人单位应当书面通知劳动者终止劳动关系,并依照劳动合同法第四十七条的规定支付经济补偿。前款规定的用人单位向劳动者每月支付两倍工资的起算时间为用工之日起满一个月的次日,截止时间为补订书面劳动合同的前一日。"因此,用人单位向劳动者每月支付两倍工资的起算时间为用工之日起满一个月的次日,截止时间为补订书面劳动合同的前一日,同时需要注意的是,劳动者可以要求用人单位支付二倍工资的时间最长为11个月。

但是,针对特殊情况,用人单位无须支付劳动者双倍工资,这里的劳动者一般系用人单位的高级管理人员,主要包括用人单位的经理、副经理、财务负责人、人事主管等,由于用人单位高管具有双重身份,本身是劳动者,同时也是部分劳动者的管理者,公司高级管理人员其本身履行决策和管理职责,掌握更多公司资源,在日常人事和行政管理中具有一定最终管理决定权的高级管理人员,签署劳动合同属于该高管的工作范围,在其未能提供证据证明曾向单位提出签订合同而遭拒绝的情况下,双方未签订劳动合同的责任也不应当由用人单位承担。其在实践中主张未签劳动工资的双倍薪酬有可能会得不到支持,但是目前各地的法院对此裁判尺度不一。

此外,各地对于用人单位无须支付双倍工资的情况也有特殊规定。以安徽省为例,《安徽省高级人民法院关于审理劳动争议案件若干问题的指导意见》第十一条规定:"劳动者主张下列情形的双倍工资,人民法院不予支持:(一)用人单位和劳动者补签劳动合同,该补签行为是双方真实意思表示,劳动者主张补签之日前劳动合同期内的双倍工资;(二)劳动合同期满后,依据《劳动合同法》第四十二条、第四十五条规定法定续延劳动合同的,劳动者主张法定续延期间内的双倍工资;(三)劳动者非因本人意愿被原用人单位安排到新用人单位工作,与新用人单位未签订书面劳动合同的,在劳动者与原用人单位签订的劳动合同期间内,劳动者主张在新用人单位工作期间的双倍工资。"

不支付双倍工资的情形

(四)用工满一年不签订书面合同的,视为已订立无固定期限合同,并应立即与劳动者补订书面劳动合同

《劳动合同法实施条例》第七条规定:"用人单位自用工之日起满一年未与劳动者订立书面劳动合同的,自用工之日起满一个月的次日至满一年的前一日应当依照劳动合同法第八十二条的规定向劳动者每月支付两倍的工资,并视为自用工之日起满一年的当日已经与劳动者订立无固定期限劳动合同,应当立即与劳动者补订书面劳动合同。"该条文规定,在"视为订立无固定期限劳动合同"的情形下,用人单位有义务与劳动者补签书面劳动合同,如果用人单位未补签的,用人单位是否要继续支付未签书面劳动合同的二倍工资呢?目前实践中的主流观点是不支持视为订立无固定期限劳动合同的双倍工资。

(五)应当订立无固定期限劳动合同和视为订立无固定期限劳动合同的情形

《劳动合同法》第十四条规定:"用人单位与劳动者协商一致,可以订立无固定期限劳动合同。有下列情形之一,劳动者提出或者同意续订、订立劳动合同的,除劳动者提出订立固定期限劳动合同外,应当订立无固定期限劳动合同:(一)劳动者在该用人单位连续工作满十年的;(二)用人单位初次实行劳动合同制度或者国有企业改制重新订立劳动合同时,劳动者在该用人单位连续工作满十年且距法定退休年龄不足十年的;(三)连续订立二次固定期限

劳动合同,且劳动者没有本法第三十九条和第四十条第一项、第二项规定的情形,续订劳动合同的。用人单位自用工之日起满一年不与劳动者订立书面劳动合同的,视为用人单位与劳动者已订立无固定期限劳动合同。"根据上述规定,在上述三种情形下,劳动者提出或者同意续订、订立劳动合同的,除劳动者提出订立固定期限劳动合同外,应当订立无固定期限劳动合同。此外,在用人单位自用工之日起满一年不与劳动者订立书面劳动合同的情况下,视为用人单位与劳动者已订立无固定期限劳动合同。

(六)关于订立不同劳动合同期限的试用期规定

劳动合同期限三个月以上不满一年的,试用期不得超过一个月;劳动合同期限一年以上不满三年的,试用期不得超过二个月;三年以上固定期限和无固定期限的劳动合同,试用期不得超过六个月。

(七)用人单位不与劳动者签订劳动合同的法律责任

用人单位对已经解除或者终止的劳动合同的文本,至少保存二年备查。若用人单位不与劳动者签订劳动合同的法律责任又有哪些呢?具体来说主要有以下三点。①用人单位需要向劳动者支付二倍工资,同时需要补签劳动合同。②行政责任。《劳动法》第九十八条规定:"用人单位违反本法规定的条件解除劳动合同或者故意拖延不订立劳动合同的,由劳动行政部门责令改正;对劳动者造成损害的,应当承担赔偿责任。"③造成损害的需要承担赔偿责任。用人单位故意拖延不订立劳动合同,对劳动者造成损害的,应当承担赔偿责任。

此外,如果劳动合同的无法订立是因为劳动者的原因导致的,用人单位应当书面通知劳动者终止劳动关系,同时根据下列具体情况确定经济补偿金的支付:自用工之日起一个月内,书面通知劳动者终止劳动关系的,用人单位无需向劳动者支付经济补偿;自用工之日起超过一个月不满一年,书面通知劳动者终止劳动关系的,用人单位应当根据劳动者的工作年限支付经济补偿金。值得注意的是,用人单位以劳动者不签劳动合同为由终止劳动关系,最迟必须在用工之日起一年内作出。如超过一年,无论是双方谁的原因导致的劳动合同未订立,都视为双方已经订立了无固定期限劳动合同,用人单位也无权再以劳动者不签劳动合同为由终止劳动关系,同时,还面临被追索 11 个月二倍工资的法律风险。①

二、劳动合同订立的形式

劳动合同的形式即劳动合同双方当事人意思表示一致的外部表现。根据表现形式来看,劳动合同主要有书面形式、口头形式、电子合同形式。书面形式是劳动合同的法定形式,但这不意味着采取其他形式签订的劳动合同是无效的。

(一)书面形式

书面形式劳动合同是指用人单位与劳动者以书面形式等有形载体签订的书面劳动合同,书面劳动合同主要表现为合同书、劳动合同书、劳动合同等载体。书面劳动合同的优点是:双方的权利义务明确、便于履行、发生劳动争议时有明确依据。缺点是订立合同的形式比较烦琐、需要变更合同内容比较麻烦。

---

① 周丽霞. HR 全程法律顾问:企业人力资源高效工作指南增订版[M]. 北京:中国法制出版社,2022.

陈某与某广告公司劳动争议案

案情简介

陈某于 2021 年 3 月入职某广告公司从事广告张贴、安装工作,双方口头约定每周上六休一和工资标准等。广告公司向陈某提供空白劳动合同,陈某拒绝签订。2021 年 12 月,双方解除劳动关系。后陈某申请劳动仲裁,要求广告公司支付 2021 年 4 月至 11 月期间未签劳动合同二倍工资差额 44 842 元,仲裁裁决予以支持。广告公司不服仲裁裁决,起诉至苏州市吴中区人民法院。

处理结果

法院经审理认为,用人单位要求与劳动者签订未明确工作内容、工作时间、劳动报酬等基本内容的空白劳动合同,劳动者有权拒绝。双方因此未签订劳动合同,劳动者主张用人单位支付未签订劳动合同二倍工资差额的,人民法院应予支持。广告公司不服一审判决,提出上诉。二审判决驳回上诉,维持原判。

案例评析

书面劳动合同是确认劳动关系的重要法律依据,是用人单位和劳动者维护各自合法权益的重要法律凭证。劳动合同的签订是双向、互动的,劳动者和用人单位均应遵循平等自愿、协商一致原则。空白劳动合同未明确劳动合同应当协商确定的内容,不仅起不到劳动合同的约束和规范作用,还可能损害劳动者合法权益。用人单位向劳动者提供空白劳动合同模板的行为,不足以证明其履行了订立劳动合同的义务,劳动者有权拒绝签订并主张未签订劳动合同二倍工资差额。

资料来源:2022 年度苏州市劳动人事争议裁审衔接十大典型案例。

(二)口头形式

口头形式是指用人单位与劳动者以谈话、通话等口头语言的形式确立权利义务关系。双方以口头形式订立的劳动合同在发生争议时不寄托于书面的材料,主要是辅以工资表、考勤记录、工作证等书面材料予以佐证,实践中非全日制用工常采用此种形式,缺点在于发生劳动争议时取证较难。

(三)电子合同形式

电子劳动合同是指用人单位与劳动者按照《劳动合同法》《民法典》《中华人民共和国电子签名法》等法律法规规定,经协商一致,以可视为书面形式的数据电文为载体,使用可靠的电子签名订立的劳动合同。依法订立的电子劳动合同具有法律效力,用人单位与劳动者应当按照电子劳动合同的约定,全面履行各自的义务。目前采用电子劳动合同形式订立劳动合同的较少。

2020 年 3 月 4 日,人力资源社会保障部办公厅发布了《关于订立电子劳动合同有关问题的函》(人社厅函〔2020〕33 号),回复了北京市人力资源和社会保障局《关于在疫情防控期间开展劳动合同管理电子化工作的请示》。该函件明确:用人单位与劳动者协商一致,可以采用电子形式订立书面劳动合同。2021 年 7 月 1 日,人力资源社会保障部办公厅发布了《电子劳动合同订立指引》(人社厅发〔2021〕54号)用于指导用人单位与劳动者依法规范地订立电子劳动合同,这标志着电子劳动合同的时代正式来临。

《电子劳动合同订立指引》第一条规定:"本指引所指电子劳动合同,是指用人单位与劳动者按照《中华人民共和国劳动合同法》《中华人民共和国民法典》《中华人民共和国电子签名法》等法律法规规定,经协商一致,以可视为书面形式的数据电文为载体,使用可靠的电子签名订立的劳动合同。"该条明确了订立电子劳动合同所依据的法律规定,其中,《民法典》规定了以电子数据交换、电子邮件等方式能够有形地表现所载内容,并可以随时调取查用的数据电文,视为书面形式。而《中华人民共和国电子签名法》主要涉及的是电子合同签订的方式。同时《关于订立电子劳动合同有关问题的函》明确规定:"用人单位与劳动者协商一致,可以采用电子形式订立书面劳动合同。采用电子形式订立劳动合同,应当使用符合电子签名法等法律法规规定的可视为书面形式的数据电文和可靠的电子签名。用人单位应保证电子劳动合同的生成、传递、储存等满足电子签名法等法律法规规定的要求,确保其完整、准确、不被篡改。符合劳动合同法规定和上述要求的电子劳动合同一经订立即具有法律效力,用人单位与劳动者应当按照电子劳动合同的约定,全面履行各自的义务。"

我国法律及司法解释对电子签名、电子数据皆予以认可,而且电子签名操作便捷、普遍。但是,在电子签名及电子数据的使用上,用人单位需要特别关注,确认用户是否为劳动者本人,即签署人的身份和签署意愿问题。

前文提到什么是电子劳动合同,下面论述什么样的电子劳动合同是有效的? 首先,要确保劳动者身份真实。在使用常见的电子签署方式,如通过数字签名、数字证书、第三方平台提供的系统时,需要明确电子签名类的制作数据,属于电子签名人即劳动者本人专有。在适用电子签名时,一般会通过身份证信息、人脸语音、短信验证码等多种方式来认证劳动者的主体身份是否合法、真实及有效。其次,签署必须出于劳动者本人意愿。如能够证明电文数据和电子签名所对应的注册用户是唯一的,并且其用户名、账户、密码等信息也具有唯一性,则在认定签署劳动合同的电子签名系由劳动者控制的事实时,更有利于确认劳动者的签署意愿。

另外需要提醒的是,用人单位在选择签署或管理电子劳动合同系统时,首先应考量的是保障电子劳动合同签署的安全性与合规性,即选择安全、可靠、能被国内司法实践所认可的平台。如果选择不被认可的第三方平台,则可能导致电子签名无效。

如何订立电子劳动合同也是需要关注的重点。

1. 通过符合法律规定的平台订立电子劳动合同

《电子劳动合同订立指引》第三条规定:"用人单位与劳动者订立电子劳动合同的,要通过电子劳动合同订立平台订立。"并在第四、十四、十五、十六条中明确了相关平台应当满足的条件和要求,具体包括以下几点。①通过有效的现代信息技术手段提供劳动合同订立、调取、储存、应用等服务。②具备身份认证、电子签名、意愿确认、数据安全防护等能力。③确保电子劳动合同信息的订立、生成、传递、储存等符合法律法规规定。④满足真实、完整、准确、不可篡改和可追溯等要求。⑤留存订立和管理电子劳动合同全过程证据,包括身份认证、签署意愿、电子签名等,保证电子证据链的完整性。⑥确保相关信息可查询、可调用,为用人单位、劳动者以及法律法规授权机构查询和提取电子数据提供便利。⑦电子劳动合同的储存期限要符合《劳动合同法》关于劳动合同保存期限的规定。⑧能提供满足电子政务要求的电子劳动合同数据,便捷办理就业创业、劳动用工备案、社会保险、人事人才、职业培训等业务。⑨应按照《信息安全等级保护管理办法》第三级的相关要求实施网络安全等级保护,确保平台稳定运行,提供连续服务,防止所收集或使用的身份信息、合同内容信息、日志信息泄露、篡改、丢失。⑩应建立健全电子劳动合同信息保护制度,不得非法收集、使用、加工、传输、提供、公开电子劳动合同信息。未经信息主体同意或者法律法规授权,电子劳动合同订立平台不得向他人非法提供电子劳动合同查阅、调取等服务。

因此,企业在选择电子劳动合同订立平台时,应当重点核查该平台是否满足上述规定。

同时,《电子劳动合同订立指引》也鼓励用人单位和劳动者优先选用人力资源社会保障部门等政府部门建设的电子劳动合同订立平台。

2. 进行电子签名,附带可信时间戳

《电子劳动合同订立指引》第八条规定:"用人单位和劳动者要使用符合《中华人民共和国电子签名法》要求、依法设立的电子认证服务机构颁发的数字证书和密钥,进行电子签名。"第九条规定:"电子劳动合同经用人单位和劳动者签署可靠的电子签名后生效,并应附带可信时间戳。"我国现行《中华人民共和国电子签名法》是2019年经全国人民代表大会常务委员会修订的版本,其中对于电子认证服务机构的要求进行了明确规定。电子劳动合同订立平台作为电子认证服务机构之一,其所提供的电子签名服务应当符合该法规定,依法为企业和员工提供可靠电子签名服务。

典型案例

朱某与A公司劳动争议案

案情简介

2018年4月1日,朱某入职A公司,并于当日与A公司签订劳动合同,合同约定固定期限为2018年4月1日至2020年3月31日。2020年4月1日、2020年9月1日,A公司分别以第三方平台HR××雇员小程序与朱某签订电子劳动合同,且合同第二十九条第(十六)项中用黑体字标注"乙方认可网络签署劳动合同具有同等法律效应"字样。2020年9月,朱某被A公司派遣到B公司工作,2021年6月1日,B公司通知朱某第二天不用上班。2021年6月16日,B公司给A公司下发关于退回劳务外包人员的工作联系函。同日,A公司以短信形式将通知发给朱某,通知朱某到A公司报到,但朱某一直未报到,后朱某申请仲裁要求A公司支付未签书面劳动合同的双倍工作,并称电子劳动合同的签字不是其所签。仲裁委和一审法院均未支持该项请求,朱某不服,上诉至二审法院。

处理结果

二审法院未支持朱某诉讼请求。

案例评析

《民法典》第四百六十九条规定:"当事人订立合同,可以采用书面形式、口头形式或者其他形式。书面形式是合同书、信件、电报、电传、传真等可以有形地表现所载内容的形式。以电子数据交换、电子邮件等方式能够有形地表现所载内容,并可以随时调取查用的数据电文,视为书面形式。"《中华人民共和国电子签名法》第三条第二款规定:"当事人约定使

用电子签名、数据电文的文书,不得仅因为其采用电子签名、数据电文的形式而否定其法律效力。"本案中,2020年4月1日、2020年9月1日,A公司分别以第三方平台HR××雇员小程序与朱某签订电子劳动合同,其签订合同的形式是被法律所允许的,且合同第二十九条第(十六)项中用黑体字标注"乙方认可网络签署劳动合同具有同等法律效应"字样,故签订的电子合同具有法律效力。本案中签订的电子劳动合同有A公司盖章及朱某的签字,朱某作为电子合同当事人具有相应的民事行为能力,A公司与朱某签订的电子劳动合同合法有效。

资料来源:海北藏族自治州中级人民法院(2022)青22民终57号案件。

另外,也需要注意哪些形式不属于电子劳动合同。其一,纸质劳动合同的扫描件或照片不属于电子劳动合同。电子劳动合同的生成、传递、储存等应当以满足电子签名法等法律法规为前提。若用人单位已与劳动者签订纸质版劳动合同,为了保存的需要而通过扫描或拍照等电子形式储存下来的文件,并不属于电子劳动合同,也不能免除用人单位对劳动者纸质合同做好保存工作的义务。其二,网上备案的劳动合同不属于电子劳动合同。通过检索案例得知,用人单位在网上备案登记仅是对用工信息的备案登记,未经合同双方当事人签字确认,不具备合同形式,内容也未包含劳动合同必备的合同期限、工作内容及地点、劳动报酬等,且劳动者对登记备案的详细内容无法自行查询,不符合合同当事人应协商一致的原则。故用人单位提出双方已订立电子劳动合同的主张不成立,用人单位应当根据《劳动合同法》的相关规定承担未与劳动者订立书面劳动合同的法律后果。其三,通过微信对话确认劳动关系不等同于电子劳动合同的确认。有的用人单位认为,与劳动者是通过微信招工用工的,微信上已经说明了用工的基本条件和待遇等问题,对于微信应认定为电子劳动合同而不应按无合同对待。对此,法院认为,用人单位提交的招工信息没有《劳动合同法》第十七条规定的劳动合同应当具备的条款,不能视为双方之间签订的劳动合同。

典型案例

微信聊天记录可否视为已签订电子劳动合同

案情简介

余某与G公司通过微信聊天的形式对劳动合同的内容进行了协商,2021年6月4日,余某入职G公司,2021年10月10日,余某以个人原因提出离职,后余某申请仲裁要求G公司支付签订书面劳动合同的双倍工资。

处理结果

法院支持余某未签劳动合同的双倍工资诉讼请求。

案例评析

双方的微信聊天内容可否视为已签订劳动合同?根据《劳动合同法》第十条的规定:"建立劳动关系,应当订立书面劳动合同。"根据《中华人民共和国电子签名法》第十三条、第十四条、第十五条的规定,另参照《人力资源社会保障部办公厅关于订立电子劳动合同有关问题的函》的规定,用人单位应保证电子劳动合同的生成、传递、储存等满足电子签名法等法律法规的要求,确保其完整、准确、不被篡改,即劳动者和用人单位在合同文本上采取符合法律法规规定的电子签字或盖章是劳动合同成立并生效的必要条件。本案中,双方虽然在聊天记录中对工资等部分劳动合同条款进行了协商,但双方显然对提成条款存在争议,且双方没有通过电子签名或盖章方式进行确认,不符合劳动合同的签订形式,故仅仅通过微信聊天的方式就劳动合同的主要条款达成一致不视为已经签订电子劳动合同。

资料来源:广州市花都区人民法院(2022)粤 0114 民初 6132 号案件。

除了以上形式外,实践中还有默示劳动合同,即双方以实际行动表示建立劳动关系,双方当事人都没有书面或者口头的明确表示。例如用人单位与劳动者的合同期满,由于种种原因双方对续签劳动合同没有进行协商,但劳动者仍然继续提供劳动且用人单位予以接受。

第三节　劳动合同订立的告知义务

一、用人单位的告知义务

用人单位告知义务是指用人单位根据法律的规定将与劳动者实际工作内容相关的事项如实告知劳动者,最大限度地保障劳动者的知情权,这类告知义务的设立基础为《民法典》中的诚实信用原则。告知义务在学理上主要分为两类:一种是缔约阶段的告知义务,另一种是在履行劳动合同过程中的告知义务,而本节讨论的是缔约阶段的告知义务,即劳动合同订立过程中的告知义务,这意味着用人单位的告知义务也是一项法定义务,是当前社会需要遵守的普适性规则。

首先,用人单位的告知义务主要体现为《劳动合同法》第八条规定"用人单位招用劳动者时,应当如实告知劳动者工作内容、工作条件、工作地点、职业危害、安全生产状况、劳动报酬,以及劳动者要求了解的其他情况"。对于上述告知事项,无论劳动者是否提出告知要求,用人单位都应当主动将上述情况向劳动者说明。劳动者对于用人单位告知的内容如有不清楚的,可以要求其进一步说明,用人单位必须说明。

其次,对于劳动者要求了解的其他情况,用人单位也应如实告知。实践中,若劳动者对薪酬福利体系、用人单位规章制度、职业发展晋升等内容需要进一步了解,用人单位应对劳动者的提问予以说明及解答。

最后,用人单位更需要注意到对特殊劳动群体的附加告知义务。如在女职工禁忌中,用人单位应当遵守女职工禁忌从事的劳动范围的规定。用人单位应当将本单位属于女职工禁忌从事的劳动范围的岗位书面告知女职工,禁止安排女职工从事矿山井下、国家规定的第四级体力劳动强度的劳动和其他禁止从事的劳动等。同样涉及职业病危害工种的,用人单位与劳动者订立劳动合同或涉及岗位变更时,应当将工作过程中可能产生的职业病危害及其后果、职业病防护措施和待遇等如实告知劳动者,并在劳动合同中写明,不得隐瞒或者欺骗。否则劳动者有权拒绝从事存在职业病危害的作业,用人单位不得因此解除与劳动者所订立的劳动合同。

若用人单位未如实履行上述告知义务,或告知劳动者虚假的用工情况,或者故意隐瞒真实情况的,诱使劳动者作出错误的意思表示而订立的劳动合同,劳动者可主张劳动合同无效,并可以依据《劳动合同法》第三十八条规定提出解除劳动合同,用人单位需要依法支付经济补偿。一旦用人单位未履行如实告知义务导致劳动合同被认定部分甚至全部无效,劳动者已付出劳动的,用人单位应当向劳动者支付劳动报酬,同时若因此给劳动者造成损害的,用人单位亦应承担赔偿责任。用人单位履行该项告知义务一方面符合劳动法的立法价值取向,有利于构建公平合理的劳动关系;另一方面也有利于缓解司法压力,构建和谐社会。

典型案例

邬某与Q公司劳动争议案

案情简介

2019年10月17日,邬某入职Q公司,2020年4月1日,邬某向Q公司提交辞职报告一份,载明"本人于2019年10月17日入职公司并就就业业工作至今。因公司至今未与本人签订劳动合同,现公司又提出将试用期从入职前约定的2个月延长至6个月……"双方因为劳动报酬、未签订书面劳动合同的双倍工资、经济补偿金等发生争议,邬某申请劳动仲裁,后因不服裁决中对工资标准的认定并起诉至一审法院。经查,邬某入职前,Q公司工作人员向邬某发送的入职短信,载明"你好……你已通过本公司面试。拟聘岗位工资标准为15万元至18万元(平时发放工资占比约75%)。试用期两个月,工资按拟聘岗位的70%执行……"

处理结果

二审法院支持邬某要求按照入职短信中的工资标准为基础进行经济补偿金等款项。

案例评析

关于邬某薪资标准问题,邬某自2019年10月17日入职Q公司,于2020年4月4日解除和Q公司的劳动关系。入职前,邬某收到Q公司综合部工作人员发送的入职短信,明确拟聘岗位工资标准15万元至18万元,试用期两个月。Q公司向邬某发送的入职短信以书面的形式确定了年薪数额。本案虽然Q公司一直未与邬某签订书面劳动合同,但并不影响该劳动关系的成立,劳动合同作为特殊类型的合同也具备合同成立的基本要件,Q公司发送入职通知向邬某发出内容明确具体的要约,邬某表示接受,双方即受该合同约束。其次,《劳动合同法》第八条规定:"用人单位招用劳动者时,应当如实告知劳动者工作内容、工作条件、工作地点、职业危害、安全生产状况、劳动报酬,以及劳动者要求了解的其他情况"。《劳动合同法》第三条规定:"订立劳动合同,应当遵循合法、公平、平等自愿、协商一致、诚实信用的原则。"Q公司有如实向劳动者告知劳动报酬的义务,公司因扩充人员需要而进行的招聘活动在薪酬待遇告知上难免会与真实情况有所偏离,但应当和劳动者进行坦诚平等协商,事先明确双方真实需求,而非采取隐瞒事实等方式促成劳动者应聘。

资料来源:成都市中级人民法院(2021)川01民终5091号案件。

二、劳动者的告知义务

劳动者的告知义务是指在订立合同的过程中,劳动者向用人单位如实阐述与劳动合同直接相关的基本情况。具体可以细化为以下三个方面:一是在劳动者与用人单位缔结劳动合同阶段,也就意味着劳动者应当在缔结劳动合同之时即告知用人单位其与劳动合同直接相关的基本情况。二是劳动者应当告知的内容为与劳动合同直接相关的基本情况,其中劳动者与劳动合同直接相关的基本情况包括健康状况、学历、职业技能、工作经历等与工作有关的情况。对于与劳动合同的履行无关的情况,劳动者的虚假陈述和隐瞒真实情况不影响劳动合同的效力。三是最具争议性的条件,即对于与劳动合同直接相关的情况是由劳动者主动告知还是被动告知(即用人单位在询问时劳动者才具有告知义务),根据对《劳动合同法》第八条的理解,本文认为原则上为被动性义务,即不问不告,问则告,但对于特殊工种劳动者应主动说明。①

企业面试时能否询问妇女婚育情况

若劳动者没有履行如实告知说明的法律后果是什么呢? 如果以欺诈,使对方在违背真实意思的情况下订立或者变更劳动合同的,根据《劳动合同法》第二十六条规定:"下列劳动合同无效或者部分无效:(一)以欺诈、胁迫的手段或者乘人之危,使对方在违背真实意思的情况下订立或者变更劳动合同的;(二)用人单位免除自己的法定责任、排除劳动者权利的;(三)违反法律、行政法规强制性规定的。对劳动合同的无效或者部分无效有争议的,由劳动争议仲裁机构或者人民法院确认。"

劳动合同无效或者部分无效。劳动合同效力问题由劳动争议仲裁机构或者人民法院确认。守约方可以解除劳动合同,如订立的劳动合同被确认无效,给对方造成损害的,过错方应当承担赔偿责任。需要注意的是,劳动合同虽被认定无效,但双方形成了事实劳动关系,应按照实际工作情况发放工资。

典型案例

陈某与 Y 公司劳动争议案

案情简介

2021 年 7 月 17 日,陈某通过网络向 Y 公司投递简历,简历详细记载了其以往的工作经历。2021 年 7 月 28 日,陈某至 Y 公司,向 Y 公司提交应聘人员履历表一份,该表详细记载了她的工作经历,陈某承诺填写的信息真实。2021 年 7 月 29 日,陈某入职 Y 公司,后 Y 公司以陈某不符合试用期条件为由解除劳动合同。经查,陈某伪造了过往的工作经历。

处理结果

Y 公司合法解除,未支持陈某要求支付违法解除经济赔偿金等请求。

案例评析

《劳动合同法》第三条规定:"订立劳动合同,应当遵循合法、公平、平等自愿、协商一致、诚实信用的原则。依法订立的劳动合同具有约束力,用人单位与劳动者应当履行劳动合同约定的义务。"《劳动合同法》第八条规定:"用人单位招用劳动者时,应当如实告知劳动者工作内容、工作条件、工作地点、职业危害、安全生产状况、劳动报酬,以及劳动者要求了解的其他情况;用人单位有权了解劳动者与劳动合同直接相关的基本情况,劳动者应当如实说明。"陈某在应聘时未提供真实的工作经历,以致 Y 公司在违背真实意思的情况下与其订立劳动合同,陈某的行为违反了诚实信用原则和法律规定,构成欺诈,《劳动合同法》第二十六条规定:"下列劳动合同无效或者部分无效:(一)以欺诈、胁迫的手段或者乘人之危,使对方在违背真实意思的情况下订立或者变更劳动合同的;(二)用人单位免除自己的法定责任、排除劳

① 帖园园. 劳动者缔约告知义务研究[D]. 广州:广东财经大学,2018.

动者权利的;(三)违反法律、行政法规强制性规定的。对劳动合同的无效或者部分无效有争议的,由劳动争议仲裁机构或者人民法院确认。"因此,该劳动合同无效,Y公司解除劳动合同不违反法律规定,对陈某要求支付违法解除劳动关系赔偿金及赔偿经济损失的请求不予支持。

资料来源:象山县人民法院(2021)浙0225民初7667号案件。

第四节 劳动合同订立的具体程序

劳动合同订立的具体程序,是指用人单位和劳动者通过签订劳动合同,双方建立劳动法律关系的过程,既能保障订立合同的正常进行,同时也能使合同内容合法化、完备化。我国法律目前还没有对劳动合同的签订程序作出具体的规定,但是根据实践经验和客观需要,同时参考《民法典》合同编的有关订立合同的规定,一般民事合同的订立需要经过要约和承诺两个阶段。劳动合同订立的程序主要分为明确合同主体与明确合同内容这两个阶段。

一、明确劳动合同主体

明确劳动合同主体在实践中一般表现为:①用人单位发布招聘简章,明确招聘要求;②劳动者依据招聘简章的指引自愿报名并按照用人单位的指引提交劳动者自制简历,填写员工入职登记表;③双方选定时间进行全面考核;④用人单位根据考核的结果进行择优录用,同时向录用的劳动者发出书面通知。

二、明确劳动合同内容

明确劳动合同内容是指劳动者接到用人单位的录用通知后去用人单位报到并进行书面的签约。其程序一般包括下述主要环节。①提出劳动合同草案。用人单位向劳动者提出拟订的劳动合同草案,并说明各条款的具体内容和依据。②介绍劳动规章制度。在提出合同草案的同时,用人单位还必须向劳动者详细介绍本单位劳动规章制度。③商定劳动合同书内容。用人单位与劳动者在劳动合同草案和劳动规章制度的基础上,对合同条款协商一致后以书面形式确定其具体内容。对劳动合同草案,劳动者可提出修改和补充意见,并就此与用人单位协商确定。对于单位已经具有法律效力的劳动规章制度而言,劳动者一般只需表示接受与否即可,而很少有机会与用人单位协商修改或补充其内容,除非单位同意;不过,双方可以在劳动合同中作出不同于劳动规章制度某项内容或者指明不受劳动规章制度某项内容约束而对劳动者更有利的约定。④签名盖章。劳动者和用人单位应当在经协商一致所形成的劳动合同文本中签名盖章,以此标志双方意思表示一致的完成。劳动合同文本由用人单位和劳动者各执一份。

此外,根据《劳动合同法》的规定,用人单位有义务为员工建立员工花名册。在劳动监察和劳动关系认定中,用人单位有义务提供员工名册备查或履行举证责任。[①]

前述提到订立劳动合同,一般用人单位会先发布招聘广告,那么用人单位发布的招聘广

---

① 刘俊.劳动与社会保障法学[M].北京:高等教育出版社,2017.

告具有法律约束力吗？招聘广告中的承诺的职位和待遇是否会构成对劳动者的有效承诺呢？招聘广告本质上是要约还是要约邀请？《民法典》第四百七十三条规定："要约邀请是希望他人向自己发出要约的表示。拍卖公告、招标公告、招股说明书、债券募集办法、基金招募说明书、商业广告和宣传、寄送的价目表等为要约邀请。"而一个职位的招聘广告不代表有人符合要求，公司就一定会录用，因此招聘广告在本质上属于要约邀请，是订立合同的预备行为，是不具有法律约束力的，如果劳动者想要用人单位兑现招聘广告中的承诺，需要和用人单位协商一致，将招聘广告中承诺的内容写进后续双方签订的劳动合同中去。

典型案例

招聘广告承诺的薪资待遇能否被支持

案情简介

2020年9月，F公司发布招聘广告，招聘车间吨袋成手缝纫工，实行计件工资6 000～8 000元，上不封顶(缝纫工不压资，到月开资，一年13个月工资)，入职一个月后上五险。侯某某自2020年9月10日入职，从事吨袋缝纫工工作，并与F公司签订劳务协议书，协议约定：期限为一年，于2020年9月10日生效，至2021年9月9日终止。甲方按照计件工资，以甲方核算为准，每月25日前支付上一个月工资。2020年11月10日～12月6日期间，F公司多次向侯某某转账且备注为工资。因工资纠纷，侯某某向A市劳动人事争议仲裁委员会就工资支付一事提出仲裁申请。2021年12月17日，A市劳动人事争议仲裁委员会作出不予受理通知书。后侯某某向法院提起诉讼要求按照招聘广告的要求支付拖欠的工资。

处理结果

法院认为该招聘广告内容属于向社会不特定群体发出的要约邀请，不能作为确定工资待遇的依据，双方的工资具体标准，仍应以签订的用工协议确定，但双方签订的劳务协议书中并没有一年13个月工资的约定，故对侯某某的该项诉求，不予支持。

案例评析

招聘广告性质上属于要约邀请，而非要约。通常情形下，要约邀请对发出人而言没有法律拘束力，即使相对人作出承诺，也不能要求发出人承担法律责任。但是企业也不能在招聘广告中随意发布招聘信息，作出各种承诺而不需要承担任何责任。招聘广告的内容如果明确，从形式上符合要约的形式，这种广告也是具有法律约束力的。

当然，要提醒大家的是，招聘广告一般情况下都是不具备法律约束力的，发生劳动纠纷最重要的依据是劳动合同。劳动者无论与用人单位如何磋商，最终能体现劳动者权利义务的依据就是劳动合同。劳动者看到招聘广告的优厚条件后，还是要将招聘广告的内容落实到劳动合同中，这样才能让用人单位承担相应的法律责任。所以劳动者在签署劳动合同时请务必认真逐字逐句通读合同，详细了解自身的权利义务，避免未来为自己的不经意买单。

资料来源：大石桥市人民法院(2022)辽0882民初1845号案件。

在劳动合同的订立过程中需要注意以下几个问题。

(一)双方当事人的先合同义务

先合同义务是在订立合同过程中，合同成立之前所发生的，应由合同双方当事人各自承担的法律义务。它是建立在民法诚实信用、公平原则基础上的一项法律义务，是诚实信用、公平原则的具体化。我国《劳动合同法》对于双方当事人的先合同义务也有明确的规定，对于用人单位来说，用人单位应当如实向劳动者说明岗位的工作内容、工作时间、劳动报酬、劳动条件、社会保险、职业危害及其后果、职业病防治措施和待遇、规章制度等情况。用人单位不得以任何形式向劳动者收取不正当利益，如不得向劳动者收取抵押金、抵押物、定金或者其他财物，不得强迫劳动者集资入股，也不得扣押劳动者的身份证等证件。对于劳动者来说，应当如实向用人单位提供本人身份证和学历、就业状况、工作经历、职业技能、健康状况等证明。用人单位不可以任意询问劳动者与应聘工作无关的个人情况，如劳动者的婚姻情况，如果与岗位无关，劳动者无须告知用人单位。

（二）劳务派遣的相关问题

现行法律法规对于劳务派遣没有一个统一的定义，但通常来说，是指劳务派遣单位与劳动者订立劳动合同，根据与接受用工的企业（用工单位）订立的劳务派遣协议，劳动者在接受用工单位的指挥监督下提供劳动的一种用工形式。劳务派遣是一种特殊的用工方式，它将传统的"用人"与"用工"一体的两方法律关系转化为劳务派遣单位、用工单位和劳动者之间的三方法律关系。这种用工形式能够降低用人单位在劳动力市场中的各种运行成本，还能降低一定的用人风险。

我国《劳动合同法》对劳务派遣用工形式作出了规范。①规定只有依法设立的能够独立承担民事法律责任且具备一定经济实力的公司法人才能专门从事劳务派遣经营。②对劳务派遣单位与被派遣劳动者订立的劳动合同作出特别规定，尤其是规定了劳务派遣单位应当与被派遣劳动者订立 2 年以上的固定期限劳动合同，按月支付劳动报酬，被派遣劳动者在无工作期间，劳务派遣单位应当按照所在地人民政府规定的最低工资标准，向其按月支付报酬。从而防止用工单位与劳务派遣单位联合起来随意解除劳动合同，侵害被派遣劳动者的就业稳定权益。③针对存在劳动关系三方主体的特殊情形，除了明确劳务派遣单位应当承担用人单位义务外，还规定了用工单位应当履行的义务。包括用工单位应当执行国家劳动标准，提供相应的劳动条件和劳动保护；告知被派遣劳动者的工作要求和劳动报酬；支付加班费、绩效奖金提供与工作岗位相关的福利待遇；对在岗被派遣劳动者进行工作岗位所必需的培训，连续用工的，实行正常的工资调整机制；应当按照劳务派遣协议使用被派遣劳动者，不得将被派遣劳动者再派遣到其他用人单位。④明确劳务派遣单位与用工单位之间的关系。规定劳务派遣单位应当与用工单位订立劳务派遣协议。劳务派遣协议应当约定派遣岗位和人员数量、派遣期限、劳动报酬和社会保险费的数额与支付方式以及违反协议的责任。用工单位应当根据工作岗位的实际需要与劳务派遣单位确定派遣期限，不得将连续用工期限分割订立数个短期劳务派遣协议。劳务派遣单位应当将劳务派遣协议的内容告知被派遣劳动者，不得克扣用工单位按照劳务派遣协议支付给被派遣劳动者的劳动报酬。⑤针对劳务派遣的特殊性，对被派遣劳动者的权利作了一些特别规定。包括规定劳务派遣单位跨地区派遣劳动者的，被派遣劳动者享有的劳动报酬和劳动条件，按照用工单位所在地的标准执行；被派遣劳动者享有与用工单位的劳动者同工同酬的权利，被派遣劳动者有权在劳务派遣单位或者用工单位依法参加或者组织工会，维护自身的合法权益。①

---

① 郭捷. 劳动法学[M]. 5 版. 北京：中国政法大学出版社，2011.

（三）用人单位招用劳动者的禁止性规定

为了保护劳动者的合法权益，防止用人单位滥用优势地位。《劳动合同法》第九条规定："用人单位招用劳动者，不得扣押劳动者的居民身份证和其他证件，不得要求劳动者提供担保或者以其他名义向劳动者收取财物。"《劳动合同法》第八十四条规定："用人单位违反本法规定，扣押劳动者居民身份证等证件的，由劳动行政部门责令限期退还劳动者本人，并依照有关法律规定给予处罚。用人单位违反本法规定，以担保或者其他名义向劳动者收取财物的，由劳动行政部门责令限期退还劳动者本人，并以每人五百元以上二千元以下的标准处以罚款；给劳动者造成损害的，应当承担赔偿责任。劳动者依法解除或者终止劳动合同，用人单位扣押劳动者档案或者其他物品的，依照前款规定处罚。"因此用人单位在招用劳动者时不得有以下行为。第一，不得扣押劳动者的居民身份证和其他证件，不得要求劳动者提供担保或者以其他名义向劳动者收取财物。例如劳动者的身份证、毕业证、职业资格证书等。第二，不得以担保或者其他名义向劳动者收取财物，不论是以什么名义收取财物的，都违反了我国劳动法律禁止向劳动者收取财物的规定。有的用人单位为了防止劳动者不辞而别，通过收取押金、扣押证件等方式，限制员工合理流动，甚至还有一些犯罪分子利用劳动者求职心切，骗取钱财后跑路。

实践中，很多用人单位在招聘重要岗位的员工（如财务）时，要求劳动者提供担保或者收取风险押金，尤其在北上广深等城市，由于外来打工人数众多，很多企业为了避免因外来打工者侵占财产而无从追诉的风险，便要求员工在入职时有本地户籍的亲友提供担保，根据《劳动合同法》的相关规定，单位要求劳动者提供任何形式的担保都是违法的，也包括所谓的"人保"[①]。

所以，当劳动者遇到公司要求收取财物或扣押证件时，应当直接拒绝，并可以向劳动监察部门举报这种违法行为。用人单位已经收取了劳动者财物，又拒不退回的，劳动者可以通过法律途径要求用人单位退还财物。

第五节　劳动合同订立后的法律效力

一、劳动合同成立和生效的区别

合同的成立是指合同订立过程的完成，也即当事人对合同的意思表示达成一致意见。从成立的含义可看出，成立是当事人意思表示的一种事实状态。合同的生效则指已经依法成立的合同在当事人之间产生了一定的法律拘束力，也就是通常所说的法律效力。劳动合同的成立属于合同的订立范畴，解决的是劳动合同是否存在的事实问题，属于对劳动合同的事实上的判断，而劳动合同的生效属于劳动合同的效力范畴，解决的是已经存在的劳动合同是否符合法律规定，是否具有法律效力的问题，属于对劳动合同的法律判断。以此类推，劳动合同的成立与生效也是同样的道理，用人单位与劳动者在签订劳动合同后，合同不一定生效，劳动合同需要符合法律规定的生效要件才会在当事人之间发生法律效力，下面展开论述

---

① 陈元，何力．民法典背景下劳动人事法律操作指引［M］．北京：法律出版社，2021.

劳动合同的成立与生效两者之间的区别。

劳动合同的成立是指用人单位与劳动者就劳动合同的内容协商一致达成合意的一种客观状态。劳动合同的成立需要具备三个要件:一是双方当事人的意思表示的目的主要是协商一致订立劳动合同;二是双方当事人意思表示完整;三是双方当事人意思表示真实一致。可以看出劳动合同是否成立,最主要的是从当事人的意思表示判断,法律是为判断合同是否存在提供一些标准,这些标准是客观的,任何人都能依据这些标准对合同是否成立做出判断。

劳动合同的生效是指劳动合同发生了当事人所预期的法律效果、双方当事人均受合同的约束。我国一般合同的生效需要具备以下三个要件。①劳动合同的双方当事人必须具备法律法规规定的主体资格。如用人单位必须经国家有关机关登记,劳动者须年满十六周岁,具备劳动能力。②劳动合同的内容和形式必须合法。如果劳动合同的内容或者形式不合法,有可能会导致劳动合同无效或者部分无效。③劳动合同需由用人单位与劳动者协商一致订立。如一方在订立劳动合同时以欺诈、胁迫等手段与另一方签订劳动合同,该合同无效。同时《劳动合同法》第十六条规定:"劳动合同由用人单位与劳动者协商一致,并经用人单位与劳动者在劳动合同文本上签字或者盖章生效。"如双方签字或者盖章的时间不一致,以最后一方签字或者盖章的时间为准。如有一方没有注明签字时间,则以已签字一方注明的时间为劳动合同生效的时间。劳动合同生效强调立法者对合同关系的评价,体现国家对合同的干预,不仅要意思表示一致,还要保证意思表示的真实性与合法性。也就是说,劳动合同在绝大多数情况下成立即生效,故应当说成立与生效是有联系的,但是二者也是有区别的,若劳动合同附条件或者附期限,抑或经审批,那么劳动合同需条件达成、期限届至或是审批通过时生效。

最后需要明确的是劳动合同的成立、生效与劳动关系的建立是不同的概念,不可混为一谈。根据我国《劳动合同法》的规定,用人单位自用工之日起即与用人单位建立劳动关系,用人单位在用工前订立劳动合同的,劳动关系自用工之日起建立。由此可见劳动关系的生效并不代表劳动关系的建立,反之亦然。

二、劳动合同的生效要件

劳动合同具有法律效力,必须以完全具备法定有效要件为前提。在各国立法中,劳动合同有效要件通常分散在具体的劳动合同法规范中,而无集中规定。从理论上归纳立法所表明的劳动合同有效要件一般如下。①合同主体适格。即劳动合同的双方当事人都必须具备法定的主体资格。作为劳动合同当事人,还应当是在劳动合同法适用范围内的劳动者和用人单位,任何一方主体不适格都将导致劳动合同无效。②意思表示真实。指缔约人的缔约行为应真实地反映其内在的真实意思,只有真实地反映双方的意思才可达到双方的预期效果。③合同内容合法。一般指合同内容符合法律、行政法规强制性规定的要求,并且不违反社会公共利益和公序良俗;就劳动合同而言,还应当强调其内容符合劳动条件基准、集体合同和劳动规章制度的规定。④合同形式合法。即合同应当采用立法所要求的特定形式。例如劳动合同一般应当采用书面形式。⑤订立程序合法。基于劳动力资源由市场配置的需要,劳动法一般不把劳动合同订立程序规定为有效要件。

三、劳动合同无效的法定情形

劳动合同的无效是指劳动合同由于缺少有效要件而全部或者部分不具有法律效力。劳动合同全部无效则无法达到双方所预期的效果,劳动关系随之消灭,劳动合同部分无效的情况下劳动关系依然存续,无效的劳动合同,从订立的时候起,就没有法律约束力。确认劳动合同部分无效的,如果不影响其余部分的效力,其余部分仍然有效,如果劳动合同中有关保密条款无效的,不影响劳动合同中其他部分的法律效力。

《劳动合同法》第二十六条规定:"下列劳动合同无效或者部分无效:(一)以欺诈、胁迫的手段或者乘人之危,使对方在违背真实意思的情况下订立或者变更劳动合同的;(二)用人单位免除自己的法定责任、排除劳动者权利的;(三)违反法律、行政法规强制性规定的。对劳动合同的无效或者部分无效有争议的,由劳动争议仲裁机构或者人民法院确认。"

近年来,从《劳动法》到《劳动合同法》,无效劳动合同的具体情形也相应发生了变化。《劳动法》规定了两种劳动合同无效的情形,即违反法律、行政法规的劳动合同;采取欺诈、威胁等手段订立劳动合同。在《劳动法》实施后《劳动合同法》颁布前,有地方性法规、政府规章将内容显失公平、损害国家、集体利益或他人合法权益、违反规章规定等列为劳动合同无效的情形,如北京、湖北等地,甚至有地方突破了《劳动法》的规定,创设了劳动合同可撤销制度。2008年《劳动合同法》实施后,对《劳动法》规定的劳动合同无效情形进行了细化,并增加了新的劳动合同无效情形。目前,司法实践中主要依据《劳动合同法》的相关规定执行。具体表现为以下三点。

(一)意思表示瑕疵

意思表示瑕疵主要是指"以欺诈、胁迫的手段,使对方在违背真实意思的情况下订立或者变更的劳动合同"。订立劳动合同,和其他一般的民事合同一样,都应当遵循自愿、协商一致和诚实信用等基本原则。因此,任何一方采用欺诈、胁迫的手段或者乘人之危,致使对方违反意愿与其订立或变更劳动合同的,该劳动合同无效。

近年来,关于劳动者以欺诈手段签订劳动合同引发的劳动争议案件数量一直处于增长态势。关于劳动者以欺诈行为订立劳动合同的问题,《劳动合同法》第二十六条及第三十九条中有具体规定,但是在面临复杂的劳动关系时,劳动者的欺诈行为、劳动合同的效力及后续处理等问题亟须进一步解释和认定。

"欺诈"是指故意告知虚假情况,或者故意隐瞒真实情况,诱使当事人作出错误意思表示的情形。在劳动法实践中较为常见的是劳动者为骗取工作机会而提供虚假的学历或工作经历。若用人单位的招聘要求上对学历提出明确要求,并且也在员工手册、单位的规章制度或劳动合同中对劳动者的学历有明确规定,那么当劳动者提供虚假的学历时用人单位可以劳动者欺诈不符合录用条件为由,解聘劳动者。

"胁迫"是指以给自然人及其亲友的生命、身体、健康、名誉、荣誉、隐私、财产等造成损害或者以给法人、非法人组织的名誉、荣誉、财产等造成损害为要挟,迫使其做出不真实的意思表示。在劳动法实施中较为常见的如以限制劳动者人身自由或者威胁不予退还押金等形式逼迫劳动者签订劳动合同。

目前就因欺诈、胁迫等情形签订劳动合同因劳动者欺诈被认定为无效后是如何处理的呢？劳动合同被确认无效后，劳动者已经付出劳动的，劳动关系是否存在？这个问题在《劳动合同法》中并未作出明确规定，且在理论与实践中亦存在争议。一种观点认为，劳动者欺诈，劳动合同应当被确认为无效，但劳动者的确为用人单位付出实际劳动，故双方只要符合劳动关系的成立条件，就存在事实劳动关系。另一种观点则认为，劳动者因欺诈造成用人单位发生错误认识，在违背真实意愿的情形下与劳动者签订的劳动合同不仅无效，且双方的劳动关系也不能够成立。针对以上两种观点，笔者认为，可以确定的是劳动合同会被确认无效，但是劳动者与用人单位的劳动关系是否存在，应结合具体案情判定。而且，在具体的司法实践判例中，也出现过不同案情导致不同判定结果的情况。

（二）用人单位免除自己法定责任、排除劳动者权利

由于劳动关系具有客观上的不平等性，劳动合同又大多由用人单位制作并提供，为充分保护劳动者利益，《劳动合同法》在劳动合同无效情形中增加了"用人单位免除自己法定责任、排除劳动者权利"的条款，实践中主要包括以下三种情形。①限制劳动者人身自由、侵犯劳动者人权的条款。如禁止或限制劳动者出国、限制女性劳动者结婚、怀孕或者限制劳动者离职自由等。②减轻或免除用人单位法定义务或责任的条款。如对劳动者自身过错导致的工伤免责，不缴纳或者不足额缴纳社会保险、不提供必要的劳动保护、可任意解除劳动合同等。③其他排除劳动者权利的条款。如约定单位可无条件任意调岗降薪、加班均属自愿且不发放加班工资、禁止请假、产假不发放产假津贴或工资等。

从上文可以看出，用人单位免除自己法定责任、排除劳动者权利的情形中，存在违反法律、行政法规规定的情形，因此，两者存在交叉和重叠部分。

（三）违反法律、行政法规强制性规定

内容合法是劳动合同生效的必备要件，对于"违反法律、行政法规强制性规定"这个无效情形，需要注意两点：一是违反的必须是法律和行政法规，即违反的是由全国人大及其常务委员会制定的法律和由国务院制定的行政法规，不包括各部委所制定的部门规章，也不包括地方性法规或地方政府规章；二是违反的必须是法律、行政法规中的强制性规定。强制性规定是指法律规定的内容具有强制性，当事人只能无条件地遵守，不能随意更改的法律规范。由于将违反法律、行政法规规定的劳动合同全部规定为无效，不仅有损劳动关系的稳定，且有悖倾斜保护劳动者的立法目的。因此，《劳动合同法》对《劳动法》进行了细化，对"法律、行政法规规定"增加了"强制性"的限制。根据原劳动部办公厅《关于〈劳动法〉若干条文的说明》（劳办发〔1994〕289号）第十七、十八条，此处的"法律、行政法规"既包括现行的法律、行政法规，也包括以后颁布实行的法律、行政法规，既包括劳动法律、法规，也包括民事、经济方面的法律、法规。对于"强制性规定"，实践中并无统一的裁判尺度。但几乎无争议的是，与劳动基准和社会保障有关的法律规定都属于强制性规定，如最低工资标准、休息休假制度、劳动者主体资格及从事特定职业的资质要求、女职工和未成年工特殊劳动保护制度、社会保险缴纳等。此外，《劳动合同法》中的试用期制度、对用人单位解除劳动合同的限制、对约定由劳动者承担违约金的限制、对竞业限制期限及主体范围的限制等大多裁审机关也被认为属于强制性规定。

"违反法律、行政法规强制性规定"属于兜底条款，因为，以欺诈手段订立劳动合同，用人单位免除自己的法定责任、排除劳动者权利的条款，也都是违反法律、行政法规强制性规定

的,但对于上述无效情形无法覆盖的情况或条款,《劳动合同法》以违反法律、行政法规强制性规定作为兜底,认定相应条款无效。常见的违法条款有:违反约定劳动者支付违约金的条款;超过法定期限的试用期条款;违反约定劳动合同期限的条款;违反约定工资标准的条款等。

四、劳动合同无效的确认机构和程序

我国《劳动法》第十八条规定:"下列劳动合同无效:(一)违反法律、行政法规的劳动合同;(二)采取欺诈、威胁等手段订立的劳动合同。无效的劳动合同,从订立的时候起,就没有法律约束力。确认劳动合同部分无效的,如果不影响其余部分的效力,其余部分仍然有效。劳动合同的无效,由劳动争议仲裁委员会或者人民法院确认。"因此无效劳动合同的确认机关,必须是劳动争议仲裁委员会或人民法院,无效劳动合同不能由合同双方当事人或者其他任何的组织和个人进行确认。劳动争议仲裁委员会和人民法院是专门处理劳动争议的机构。而其他的机构如劳动行政部门、劳动争议调解委员会、工会等机构都不具有认定劳动合同效力的权力。其中,经仲裁未引起诉讼的,由劳动仲裁委员会认定;经仲裁引起诉讼的,由人民法院认定。

五、劳动合同无效的法律后果

劳动合同无效,用人单位与劳动者要按照法律规定承担相应的法律责任。《劳动合同法》第二十七条规定:"劳动合同部分无效,不影响其他部分效力的,其他部分仍然有效。"《最高人民法院关于审理劳动争议案件适用法律问题的解释(一)》第四十一条规定:"劳动合同被确认为无效,劳动者已付出劳动的,用人单位应当按照劳动合同法第二十八条、第四十六条、第四十七条的规定向劳动者支付劳动报酬和经济补偿。由于用人单位原因订立无效劳动合同,给劳动者造成损害的,用人单位应当赔偿劳动者因合同无效所造成的经济损失。"上述规定对劳动合同被确认无效后,用人单位如何承担责任作了系统规定,准确理解应注意三个方面。

劳动报酬方面,劳动合同被确认无效后,劳动者已经付出劳动的,用人单位应当支付劳动报酬;劳动报酬支付标准依照《劳动合同法》第二十八条确定。劳动合同明确约定了劳动报酬数额,且不违反法律、法规和国家规定的,虽然劳动合同被确认全部无效或者部分无效,用人单位仍可以参照劳动合同约定支付劳动报酬;劳动合同没有约定劳动报酬,但是用人单位支付了劳动报酬,且符合法律、法规和国家规定的,该劳动报酬数额有效;用人单位没有支付劳动报酬或者实际支付报酬不符合法律、法规和国家规定的,报酬数额可以参照本单位相同或者相近岗位劳动者的劳动报酬确定。相同岗位,即劳动者从事工种相同,提供劳动相同;相似岗位,指劳动者从事工种不同,提供劳动性质不同,但是在本单位所处位置、发挥作用相同。

经济补偿方面,《劳动合同法》第二十六条第一款规定了劳动合同无效的三种情形;依照《劳动合同法》第三十八条第一款第(五)项规定,由于用人单位存在前述三种情形致使劳动合同无效的,劳动者获得单方解除权;在上述情形下,依照《劳动合同法》第四十六条第(一)项规定,用人单位应当依照第四十七条规定的计算标准向劳动者支付经济补偿。因此,本条第一款规定,劳动合同被确认无效,用人单位应当按照《劳动合同法》第四十六条、第四十七条规定支付经济补偿。

经济损失赔偿方面,依照《劳动法》第九十七条以及《劳动合同法》第八十六条的规定,由于用人单位原因订立无效劳动合同,给劳动者造成损害的,用人单位应当赔偿劳动者因合同无效所造成的经济损失,本条第二款对此作了明确规定。该款规定的损害赔偿责任系过错责任,赔偿损失应当以实际损失为限,不同于惩罚性赔偿。下文将阐述劳动合同全部无效的法律后果。

(一)无过错方可选择解除或存续劳动合同

劳动合同的无过错方可选择解除或存续劳动合同。根据《劳动合同法》第三十八条以及第三十九条的规定,对导致劳动合同无效的无过错方,可以选择解除或存续劳动合同。①选择解除劳动合同。根据《劳动合同法》第三十八条以及第四十六条的规定,因为用人单位的过错导致劳动合同无效的,劳动者可以解除劳动合同,并获得经济补偿金。根据第三十九条的规定,如果是因劳动者的过错导致劳动合同无效的,用人单位可以解除劳动合同,可以不支付经济补偿金。②选择存续劳动合同。无论哪一方当事人的过错导致劳动合同无效,都可以选择劳动合同存续。①

(二)支付劳动报酬

劳动合同被确认无效后,无论劳动者是否有过错,劳动者付出劳动的,根据《劳动合同法》第二十八条规定:"劳动合同被确认无效,劳动者已付出劳动的,用人单位应当向劳动者支付报酬。劳动报酬的数额,参照本单位相同或者相近岗位劳动者的劳动报酬确定。"《最高人民法院关于审理劳动争议案件适用法律问题的解释(一)》第四十一条规定:"劳动合同被确认为无效,劳动者已付出劳动的,用人单位应当按照劳动合同法第二十八条、第四十六条、第四十七条的规定向劳动者支付劳动报酬和经济补偿。由于用人单位原因订立无效劳动合同,给劳动者造成损害的,用人单位应当赔偿劳动者因合同无效所造成的经济损失。"劳动合同被确认无效后用人单位仍需向劳动者支付劳动报酬。劳动报酬的数额可以参照劳动合同的约定,劳动合同没有约定的,可参照本单位相同或者相近岗位劳动者的劳动报酬确定。

(三)支付经济补偿

1. 因用人单位原因导致劳动合同无效,用人单位应当支付经济补偿

《劳动合同法》第三十八条中规定:"用人单位有下列情形之一的,劳动者可以解除劳动合同:……(五)因本法第二十六条第一款规定的情形致使劳动合同无效的。"第四十六条中规定:"有下列情形之一的,用人单位应当向劳动者支付经济补偿:(一)劳动者依照本法第三十八条规定解除劳动合同的。"

《最高人民法院关于审理劳动争议案件适用法律问题的解释(一)》第四十一条规定:"劳动合同被确认为无效,劳动者已付出劳动的,用人单位应当按照劳动合同法第二十八条、第四十六条、第四十七条的规定向劳动者支付劳动报酬和经济补偿。"根据上述规定,因用人单位原因导致劳动合同无效解除劳动合同的,用人单位应当支付经济补偿。

---

① 张华贵.劳动合同法[M].北京:北京交通大学出版社,清华大学出版社,2015.

2. 因劳动者原因导致劳动合同无效，用人单位无须支付经济补偿

《劳动合同法》第二十六条第一款第一项规定，劳动者以欺诈、胁迫的手段或者乘人之危，使用人单位在违背真实意思的情况下订立或者变更劳动合同的，劳动合同无效或部分无效。《劳动合同法》第三十九条规定，"劳动者有下列情形之一的，用人单位可以解除劳动合同：……（五）因本法第二十六条第一款第一项规定的情形致使劳动合同无效的"。由于该种情形是用人单位解除劳动合同的法定情形，故用人单位在该种情况下无须支付经济补偿。

（四）赔偿损失

《劳动合同法》第八十六条规定："劳动合同依照本法第二十六条规定被确认无效，给对方造成损害的，有过错的一方应当承担赔偿责任。"《最高人民法院关于审理劳动争议案件适用法律问题的解释（一）》第四十一条规定："由于用人单位原因订立无效劳动合同，给劳动者造成损害的，用人单位应当赔偿劳动者因合同无效所造成的经济损失。"上述"赔偿责任"主要是指经济损失，且以实际损失为限。劳动者如依据上述法律规定主张用人单位承担赔偿责任的，应当区分双方过错责任程度予以支持。

此外，在用人单位违反法律、行政法规强制性规定而导致劳动合同无效的情形下，用人单位还可能面临责令改正、罚款等行政责任，构成犯罪时，还需依法承担刑事责任。

第六节　不订立劳动合同的法律风险

现代社会在经济飞速发展的同时，法律制度和社会保障制度也在不断健全，经济的运行发展离不开劳动者和用人单位的持续输出，用人单位与劳动者建立劳动关系，应当订立书面劳动合同。但是实践中，一些人法律意识比较淡薄或者用人单位的疏忽等，没有签订书面的劳动合同，最终造成农民工讨薪难，企业面临超额罚款，支付双倍工资，核心资料泄露等法律纠纷。下面将从劳动者与用人单位两个角度阐述不订立劳动合同所带来的法律风险。

一、劳动者不订立劳动合同的法律风险

《劳动法》第十六条规定："劳动合同是劳动者与用人单位确立劳动关系、明确双方权利和义务的协议。建立劳动关系应当订立劳动合同。"然而，不签订劳动合同对劳动者来说是很不利的，因为劳动者大多数处于弱势地位，而劳动合同是劳动者和用人单位建立劳动关系最直接的证据，更是劳动者进行法律维权的依据。如果没有签订劳动合同，一旦发生法律纠纷将给自身的维权增加难度。

二、用人单位不订立劳动合同的法律风险

实践中，劳动者主张因企业未签订劳动合同，要求企业支付未签订书面劳动合同的双倍工资，令企业苦不堪言，甚至让企业面临生存的危机。出现此类现象的缘由是，企业由于"用工不规范""人情关系"或是"到期未续签"等一系列原因未及时与劳动者签订书面的劳动合同，另外，实践中也有企业认为向劳动者发放录用通知书后即视为已经签订劳动合同，那么录用通知书是否可以替代劳动合同呢？来看下面一则案例。

典型案例

录用通知书能否代替书面的劳动合同

案情简介

2020年6月3日,A公司向吴某某发放员工录用通知书一份,内容为:"尊敬的吴先生:很高兴通知您,您已被A公司录用。我公司提供给您的岗位为质量检验员,试用期工资为2 800元/月,岗位津贴350元/月,我们将按照实际出勤天数支付第十三个月工资作为年终奖,在此对您加盟我司表示欢迎,并请您于2020年6月4日来公司报到并填写员工信息登记表……入职一个月内,公司将与个人签订劳动合同……"吴某某顺利入职A公司,但因其在工作中存在严重问题,A公司解聘了吴某某,后吴某某仲裁要求A公司向其支付未签订劳动合同的双倍工资等请求。

处理结果

仲裁委以超期为由终结审理,吴某某诉至一审法院,一审法院未支持未签劳动合同的双倍工资请求。后吴某某和A公司均上诉至二审法院。同样,二审法院也未支持其未签劳动合同的双倍工资请求。

案例评析

劳动关系的建立过程通常为用人单位发出招聘广告即要约邀请;劳动者接收到后,向用人单位投送简历,提出应聘要求,即发出要约;用人单位决定录用即承诺,后自用工之日起双方成立劳动关系。所以通常用人单位向劳动者发出录取通知书,实质为书面的承诺。

但用人单位发出的录用通知书本身是不能作为劳动合同的。但就本案而言,A公司制作的录用通知书不仅含有录用的意思表示,还对劳动关系双方的身份信息、吴某某的薪资福利、入职时间、工作岗位等内容进行了约定,此后又通过发送考勤统计表、工资表等内容将工作时间、工资构成等内容予以明确,在吴某某入职后也及时为其缴纳社保,并在用工期限内亦按前述约定实际履行,因此本案中录用通知书、考勤统计表、工资表、社保缴费记录等整体上具备了劳动合同的内容和效力,吴某某的相关劳动权益也并未遭受侵害。

资料来源:常州市中级人民法院(2022)苏04民终2056号案件。

从以上的案例可以看出劳动合同的成立需经过要约、承诺、签约三个步骤。发放录用通知书系要约阶段,劳动者与用人单位对具体内容协商一致后签订书面劳动合同。录用通知书与劳动合同的性质及适用阶段均有区别,故二者不能相互替代。但本案的关键在于劳动者在录用通知书上的签字,其签字行为可以直接推定其对具体内容的认可,加之录用通知书中载明的内容与劳动合同条款相吻合,由此可知,如果相应的用工文件已载明劳动合同的必备条款,则该载体可以考虑作为劳动合同予以认定,但此仅为形式要件,如果需要认定为劳动合同,尚需劳动者签字确认或者其他形式的确认。用人单位不签订劳动合同的法律风险主要有以下几点。

(一)存在事实劳动关系支付双倍工资的风险

我国《劳动合同法》第八十二条规定:"用人单位自用工之日起超过一个月不满一年未与劳动者订立书面劳动合同的,应当向劳动者每月支付二倍的工资。用人单位违反本法规定不与劳动者订立无固定期限劳动合同的,自应当订立无固定期限劳动合同之日起向劳动者每月支付二倍的工资。"根据对《劳动合同法》第八十二条的理解,双倍工资应当从用工之日起超过一个月开始给付,因为《劳动合同法》第十条规定:"建立劳动关系,应当订立书面劳动合同。已建立劳动关系,未同时订立书面劳动合同的,应当自用工之日起一个月内订立书面劳动合同。用人单位与劳动者在用工前订立劳动合同的,劳动关系自用工之日起建立。"因此,用人单位应当自用工之日起一个月内订立书面劳动合同。给付终点为双方建立劳动关系满一年,理由在于《劳动合同法》第十四条中规定:"无固定期限劳动合同,是指用人单位与劳动者约定无确定终止时间的劳动合同。用人单位与劳动者协商一致,可以订立无固定期限劳动合同。有下列情形之一,劳动者提出或者同意续订、订立劳动合同的,除劳动者提出订立固定期限劳动合同外,应当订立无固定期限劳动合同:(一)劳动者在该用人单位连续工作满十年的;(二)用人单位初次实行劳动合同制度或者国有企业改制重新订立劳动合同时,劳动者在该用人单位连续工作满十年且距法定退休年龄不足十年的;(三)连续订立二次固定期限劳动合同,且劳动者没有本法第三十九条和第四十条第一项、第二项规定的情形,续订劳动合同的。用人单位自用工之日起满一年不与劳动者订立书面劳动合同的,视为用人单位与劳动者已订立无固定期限劳动合同。"因此,劳动关系建立超过一年的,法律已经拟制双方签订无固定期限劳动合同,只是这种劳动合同并非实际订立。综上,用人单位如未与劳动者签订劳动合同,应当自第二个月起至第十二个月止共支付十一个月的双倍工资。

另外,《劳动争议调解仲裁法》第二十七条规定:"劳动争议申请仲裁的时效期间为一年。仲裁时效期间从当事人知道或者应当知道其权利被侵害之日起计算。前款规定的仲裁时效,因当事人一方向对方当事人主张权利,或者向有关部门请求权利救济,或者对方当事人同意履行义务而中断。从中断时起,仲裁时效期间重新计算。因不可抗力或者有其他正当理由,当事人不能在本条第一款规定的仲裁时效期间申请仲裁的,仲裁时效中止。从中止时效的原因消除之日起,仲裁时效期间继续计算。劳动关系存续期间因拖欠劳动报酬发生争议的,劳动者申请仲裁不受本条第一款规定的仲裁时效期间的限制;但是,劳动关系终止的,应当自劳动关系终止之日起一年内提出。"

就计算时效的起算时间而言,全国各地仲裁委、法院司法审判思路可以分为以下两种。下面先举例说明,再阐述各地法院的判例。

1. 举例

小明于 2020 年 4 月进入 A 公司工作,2021 年 6 月离职,在职期间未签订书面劳动合同,则小明应于何时主张才不超过仲裁时效期间?答:小明可以主张 2020 年 5 月至 2021 年 4 月期间的双倍工资差额。

第一种:逐月计算法。

2020 年 5 月的双倍工资差额须在 2021 年 5 月之前主张;

2020 年 6 月的双倍工资差额须在 2021 年 6 月之前主张;

2020 年 7 月的双倍工资差额须在 2021 年 7 月之前主张;

……

2021 年 4 月的双倍工资差额须在 2022 年 4 月之前主张。

若想该 11 个月的双倍工资差额均不超过仲裁时效期间,则须在 2021 年 5 月之前提出主张。

第二种：整年计算法（实践中比较常见的算法）。

从2021年4月往后推一年，即只要小明于2022年4月之前提出主张，则其2020年5月至2021年4月期间的双倍工资差额都能获得支持。

2. 法院判例

第一种：逐月分别计算仲裁时效法，从未签订书面劳动合同的第二个月起按月分别计算双倍工资差额的仲裁时效。

相关法规：2010年12月发布的《上海市高级人民法院关于审理劳动争议案件若干问题的解答》中就双倍工资的时效问题做了如下解答："我们认为，鉴于双倍工资的上述性质，双倍工资中属于双方约定的劳动报酬的部分，劳动者申请仲裁的时效应适用《劳动争议调解仲裁法》第二十七条第二至第四款的规定，而对双方约定的劳动报酬以外属于法定责任的部分，劳动者申请仲裁的时效应适应《劳动争议调解仲裁法》第二十七条第一款至第三款的规定，即从未签订书面劳动合同的第二个月起按月分别计算仲裁时效。"

第二种：自违法行为结束之日或从一年届满之次日起计算法，用人单位未依法与劳动者订立书面劳动合同的违法行为应当视为一个整体事件，而不应该分割为按月的单项事件。自满一个月一直持续至建立劳动关系满一年之日，该违法行为的消灭时效应从该行为终了之日起算。

（二）承担订立无固定期限劳动合同的风险

根据《劳动合同法》第十四条的规定，如果用人单位不与劳动者签订书面劳动合同超过一年的，就视为双方签订了无固定期限的劳动合同。

（三）用人单位商业秘密泄露的风险

根据《劳动合同法》的规定，用人单位可以与劳动者在劳动合同中约定保守用人单位商业秘密和知识产权的条款；对负有保密义务的劳动者，用人单位可以在劳动合同或者保密协议中与劳动者约定竞业限制条款，劳动者违反竞业限制约定的，应当按照约定向用人单位支付违约金。但如果双方没有签订劳动合同约定保密条款或保密协议、明确保密范围和法律责任，用人单位就很难证明哪些属于商业秘密。若员工在与用人单位解除劳动合同后，违反竞业限制的规定到与本单位有竞争关系的其他用人单位工作，则无须承担违约责任，这对企业的发展十分不利。

（四）用人单位面临劳动行政部门行政处罚的风险

用人单位不签订劳动合同，员工可以向劳动监察部门投诉，一经查实，劳动行政部门可以责令单位改正，并可给予罚款的处罚。

【引导案例分析】

王某某与A公司签署的劳务实习合同，虽名为劳务但内容约定具备劳动关系的本质，且虽然王某某为在校大学生，但已经成年且即将毕业，实际上其也是按照标准工时在被派遣单位提供劳动，在合同履行过程中，A公司亦实际行使了对王某某的工作派遣、考勤管理、工资发放等劳动管理权限，该事实已经不同于为完成学校的社会实习安排或自行从事社会实践活动的实习，因此法院认定王某某与A公司之间为劳动关系而非劳务关系，具体期间为2022年3月7日至2022年7月1日。

关于未签订劳动合同工资差额,因双方已签订书面劳务实习合同,虽名为劳务但具备劳动关系相关权利义务的约定,因此王某某该项诉讼请求,法院不予支持。

关于 2022 年 3 月 7 日至 2022 年 7 月 1 日拖欠工资。2022 年 3 月 7 日至 2022 年 6 月 6 日,A 公司核算发放工资金额无误,亦不存在拖欠情形。因双方明确约定试用期间、试用期薪酬与转正后薪酬,因此 2022 年 6 月 7 日至 2022 年 7 月 1 日期间,A 公司应当以综合薪资 5 350 元、王某某出勤天数 11 天、绩效等按照有关计算方式向其发放工资。经核算,2022年 6 月 7 日至 2022 年 7 月 1 日应发工资为 2 462.49 元,上述期间 A 公司实际向其发放工资 2 169.32 元,因此,王某某要求 A 公司支付拖欠工资 3 347.25 元的诉讼请求,其中 293.17 元,法院予以支持,其余部分不予支持。

关于解除劳动合同经济补偿金。王某某以 A 公司未缴纳社保为由主张解除劳动合同并以此为由主张经济补偿金。法院认为,2022 年 3 月 7 日至 2022 年 7 月 1 日王某某为在校学生且系农村户口,A 公司确有客观障碍无法为王某某缴纳社保,因此该情形并非属于应当支付解除劳动合同经济补偿金的法定事由。此外,王某某以其部分月份工资低于最低工资标准为由认为 A 公司拖欠其工资故而解除劳动合同,但法院认为,A 公司以王某某当月(上月 21 日至当月 20 日)的实际出勤天数及绩效等核算其月工资,并不属于低于北京市月最低工资标准发放工资的情形,因此王某某主张解除劳动合同经济补偿金的诉请,法院不予支持。

【本章小结】

本章的主要内容是劳动合同订立的概念和原则、劳动合同订立的时限和形式、劳动合同订立的告知义务、用人单位招用劳动者的禁止性规定、劳动合同的生效与无效、不订立劳动合同的法律风险等。

本章的重点内容是劳动合同订立的告知义务、劳动合同的生效与无效、劳动合同无效的法律后果等。

本章的难点是劳动合同订立的时限和形式。

【课后练习】

一、单项选择题

1. 关于劳动合同,下列说法错误的是(　　)。

　　A. 不是民商法式合同　　　　　　　　B. 是劳动法法律体系下的合同

　　C. 受《民法典》的调整　　　　　　　D. 内容要符合国家法律规定

2. 用人单位在招聘劳动者时的错误做法是(　　)。

　　A. 扣押劳动者的身份证　　　　　　　B. 要求提供学历复印件

　　C. 要求如实提供过往工作经历　　　　D. 要求劳动者提供担保人

3. 用人单位自(　　)之日起与劳动者建立劳动关系。

　　A. 用工之日　　　　　　　　　　　　B. 签订劳动合同之日

　　C. 上级批准之日　　　　　　　　　　D. 劳动者领取工资之日

4. 用人单位招用劳动者,(　　)扣押劳动者的居民身份证和其他证件,不得要求劳动者提供担保或者以其他名义向劳动者收取财物。

　　A. 可以　　　　　　B. 不应　　　　　　C. 应当　　　　　　D. 不得

5. 劳动合同被确认无效,劳动者已付出劳动的,用人单位(　　)向劳动者支付劳动报酬。

    A. 可以　　　　　　　B. 不必　　　　　　　C. 应当　　　　　　　D. 不得

二、多项选择题

1. 根据《劳动合同法》规定,劳动者与用人单位在签订劳动合同时,应遵循的原则有(　　)。

    A. 平等原则　　　　　　　　　　　B. 自愿原则

    C. 协商一致原则　　　　　　　　　D. 服从原则

2. 根据劳动合同的形式,劳动合同可以分为(　　)。

    A. 口头劳动合同　　　　　　　　　B. 书面劳动合同

    C. 固定期限劳动合同　　　　　　　D. 无固定期限劳动合同

3. 导致劳动合同无效的条件包括(　　)。

    A. 以欺诈手段订立劳动合同

    B. 劳动合同违反法律、行政法规的强制性规定

    C. 用人单位在劳动合同中免除自己的法定责任,排除劳动者权利的

    D. 劳动合同没有采用书面形式订立的

4. 下列劳动合同无效或者部分无效的是(　　)。

    A. 以欺诈、胁迫的手段使对方在违背真实意思的情况下订立或者变更劳动合同的

    B. 用人单位和劳动者之间存在争议的

    C. 用人单位免除自己的法律责任、排除劳动者权利的

    D. 违反法律、行政法规强制性规定的

5. 劳动合同的生效要件包括(　　)。

    A. 合同主体适格　　　　　　　　　B. 意思表示真实

    C. 合同内容合法　　　　　　　　　D. 合同形式合法

三、名词解释

劳动合同的订立　劳动合同的成立　劳动合同的生效

四、简答题

1. 导致劳动合同无效的情形包括哪些?

2. 不订立劳动合同的法律风险包括哪些?

五、论述题

1. 论述劳动合同订立的原则。

2. 论述劳动合同订立的告知义务。

第四章

劳动合同的履行和变更

【内容提要】

劳动合同的履行是指劳动合同双方当事人按照劳动合同全面履行各自所应承担的义务和实现各自合法权益的行为。劳动合同的变更是指劳动合同双方当事人在劳动合同履行期间,协商一致后变更劳动合同的具体内容。劳动合同履行是否合法、全面、协作、亲历,以及劳动合同的变更是否符合法定或约定条件,是否以平等自愿、协商一致为前提,都直接关系到劳动合同双方当事人权益能否得到保护。

《劳动合同法》对劳动合同的履行和变更的内容作出了进一步规定,本章主要围绕《劳动合同法》中关于劳动合同的履行和变更展开介绍。

【知识目标】

1. 了解劳动合同履行的概念和原则。
2. 掌握劳动合同变更的条件和原因。

【素质目标】

1. 学习劳动合同的知识,认识到劳动关系受我国法律保护,增强自身的法律意识。
2. 学习劳动合同变更的程序,树立正确的价值理念,依法维护自身的合法权益。
3. 培养爱岗敬业和懂法、守法、用法的品质,促进社会的和谐发展。

【引导案例】

王某与北京某科技有限公司劳动争议案

2019年7月1日,王某与北京某科技有限公司签订劳动合同,合同期限为2019年7月1日至2022年7月1日。王某的职位为科学事业部化妆品研发工程师岗位。薪酬福利条件,固定工资:7 200元/月(税前),绩效奖金:1 800元/月(税前)。2022年6月25日,双方签订劳动合同续签协议书,合同期限为2022年7月2日至2025年7月1日。2019年7月4日,王某签署落户承诺书,主要内容为:"本人愿意做出以下承诺:一、自落户审批通过之日起,与公司保持正常劳动关系的时间不低于5年;在此期间如劳动合同到期则无条件续签。二、劳动合同履行期间,如本人自行辞职或被公司解除劳动合同,则本人自愿对公司为我办理户籍的支出费用和不满5年服务期进行赔偿,具体明细如下:1. 户籍办理费用30 000元。

2.不满 60 个月(5 年)服务期的违约金总额 50 万元。三、具体赔偿的折算方法:1.自落户审批通过之日起,与公司约定的劳动关系的总时长不足 60 个月的,不足月份总数按照 8 000 元/月的标准向公司支付赔偿金;不足一个月的按整月计算;2.自落户审批通过之日起,与公司约定的劳动关系的总时长不足 60 个月的,不足月份总数按照 500 元/月的标准向公司支付户籍办理费用。"承诺人处有王某签字确认。2022 年 7 月 21 日,王某向公司发送离职申请书,内容为:"自 2019 年 7 月入职以来,我一直都很享受这份工作,感谢各位领导对我的信任、栽培及包容,也感谢各位同事给予的帮助和关心……但因为某些个人的理由,我最终选择了向公司提出辞职申请,并希望能于 2022 年 7 月 26 日正式离职。希望领导能早日找到合适的人手接替我的工作,我会尽力配合做好交接工作,保证业务的正常运作,对公司、对客户恪尽最后的责任。"王某与公司均认可双方解除劳动关系时间为 2022 年 7 月 26 日。北京某科技有限公司以王某违反落户承诺书的约定为由要求王某:1.支付户籍办理费 18 000 元;2.王某向我公司支付赔偿金 288 000 元。

资料来源:北京市第三中级人民法院(2023)京 03 民终 4672 号案件。

思考:

王某与北京某科技有限公司签订的落户承诺书是否具有法律效力?

第一节 劳动合同的履行

一、劳动合同履行的概念

劳动合同的履行是指劳动合同双方当事人按照劳动合同全面履行各自所应承担义务和实现各自合法权益的行为。

二、劳动合同履行的原则

(一)合法原则

合法是劳动合同有效并受国家法律保护的前提条件。合法原则是指劳动合同双方当事人在履行劳动合同过程中必须遵守法律法规,不得有违法行为。订立劳动合同的主体要求合法,签订劳动合同的主体是用人单位和劳动者。用人单位必须具备法人资格,具有履行劳动关系的权利义务和承担经济责任的能力;劳动者必须具备劳动能力且已达到最低就业年龄。劳动合同双方任何一方若不具备相应主体资格,则订立的劳动合同违法。

《劳动合同法》第三十条、三十一条和三十二条作出了具体的规定,其中第三十条规定:"用人单位应当按照劳动合同约定和国家规定,向劳动者及时足额支付劳动报酬。用人单位拖欠或者未足额支付劳动报酬的,劳动者可以依法向当地人民法院申请支付令,人民法院应当依法发出支付令。"第三十一条规定:"用人单位应当严格执行劳动定额标准,不得强迫或者变相强迫劳动者加班。用人单位安排加班的,应当按照国家有关规定向劳动者支付加班费。"第三十二条规定:"劳动者拒绝用人单位管理人员违章指挥、强令冒险作业的,不视为违反劳动合同。劳动者对危害生命安全和身体健康的劳动条件,有权对用人单位提出批评、检举和控告。"

（二）全面履行原则

全面履行原则体现在《劳动合同法》第二十九条："用人单位与劳动者应当按照劳动合同的约定，全面履行各自的义务。"该原则是指劳动合同的双方当事人应当按照合同约定的时间、地点、方式、按质、按量地履行各自承担的全部义务，劳动合同中任何一方不履行、不适当履行都属于违约，在没有免责事由的情况下，都要承担相应的法律责任。例如：A公司与B员工订立了一份劳动合同，合同明确约定了工作的内容和地点，但在劳动合同履行的过程中，A公司在未经协商的情况下将B员工派遣到C公司进行工作，A公司的行为违反了《劳动合同法》，B员工有权要求按照双方订立的劳动合同内容进行履行，B员工有权拒绝执行A公司的派遣命令。

（三）协作履行原则

协作履行原则要求劳动合同的双方当事人在履行劳动合同的过程中，相互理解和配合，互助协作，共同完成劳动合同规定的义务，任何一方当事人在履行合同中遇到不便或阻碍的，他方应在法律允许的范围内，为对方履行义务提供便利和条件。

（四）亲自履行原则

劳动合同是特定人之间的合同，具有人身性质，要求合同双方当事人都必须以自己的行为履行合同中各自所应承担的义务，不得由当事人以外的第三人代为履行。劳动者不应当将应由自己完成的工作任务交由第三方代办，用人单位也不能将应由自己对劳动者承担的义务转嫁给第三方承担。例如，A餐厅与B厨师订立了一份劳动合同，在合同履行的过程中，B厨师因为生病，于是便委托他的父亲来顶替自己到餐厅上班，则B厨师违背了亲自履行原则；C公司与D员工订立了一份劳动合同，在合同履行的过程中，C公司没有按照劳动合同的约定为D员工发放劳动报酬及购买社会保险，而是委托F公司为D员工发放劳动报酬及购买社会保险，则C公司违背了亲自履行原则。

三、特殊情形下劳动合同的履行

（一）用人单位变更名称、法定代表人、主要负责人或者投资人等事项

根据《劳动合同法》第三十三条的规定，用人单位和劳动者签订劳动合同后，在劳动合同有效期内，用人单位变更名称、法定代表人、主要负责人或者投资人等事项时，用人单位实体并未发生改变的，不影响用人单位与劳动者之间的劳动关系，因此劳动合同继续履行。

我国法律是否禁止双重劳动关系的存在

例如，A公司与B员工订立劳动合同后，A公司因为市场发展需要将公司名称进行了修改并办理了工商变更登记，此种情形下，B员工无须和A公司重新签订新的劳动合同，原有的劳动合同对双方是有效的，应当继续履行。

劳动部《关于实行劳动合同制度若干问题的通知》（劳部发〔1996〕354号）第九条也曾对相关问题作过规定："企业法定代表人的变更，不影响劳动合同的履行，用人单位和劳动者不需因此重新签订劳动合同。"

随着越来越多的国有企业逐步呈现投资主体多元化的特征，一些民营资本和外资也可以在法律允许的范围内通过资本市场等渠道投资国有企业，这些企业的股东和投资人都有

可能不断变化。投资人变更导致企业的所有制形式发生变化,但在劳动者工作的场所、生产资料都没有变化的情况下,如果因为企业的投资主体发生变化就影响原劳动合同的履行是不合适的。企业改制不仅是资本重组,还牵涉员工的劳动报酬、社会保险等诸多切身利益。随着市场经济的进一步完善,股份制企业的所有者是不断变动的,但其经营和经营资产却处于相对固定的状态,如果生产资料具体形态没有改变,无论生产资料所有者发生什么变化,都不应当影响劳动合同的履行。基于这些原因,《劳动合同法》明确了投资人的变更不影响劳动合同的履行原则,即产权性质的变化不影响劳动关系,企业不能以投资人发生改变为由拒不履行已签订劳动合同规定的义务。当然因投资人变更导致组织机构变动(合并、分立)的,适用《劳动合同法》第三十四条的规定。

(二)用人单位发生合并或者分立等情况

《劳动合同法》第三十四条规定:"用人单位发生合并或者分立等情况,原劳动合同继续有效,劳动合同由承继其权利和义务的用人单位继续履行。"

合并是指两个以上的用人单位合并为一个用人单位,包括吸收合并和新设合并。吸收合并,是指一个用人单位吸收其他用人单位合并。新设合并,是指两个以上的用人单位合并为新设的用人单位。发生合并的,原劳动合同由合并后的用人单位作为劳动合同一方当事人履行。例如,A 公司与 B 员工订立劳动合同后,A 公司因为市场发展需要与 C 公司合并成为新的 D 公司,则 B 员工与 A 公司签订的原劳动合同仍然有效,该劳动合同由 D 公司和 B 员工继续履行。

分立是指用人单位分为两个以上的独立用人单位。原劳动合同,是指劳动者与合并或者分立前的用人单位订立的劳动合同。承继,是指合并或者分立以后的新的用人单位承接原用人单位的权利义务。发生分立的,原劳动合同由分立后的用人单位按照分立协议的约定作为劳动合同一方当事人履行。例如:A 公司与 B 员工订立劳动合同后,A 公司因为市场发展需要分立成了 C 公司和 D 公司,分立协议中约定与 B 员工之间的劳动合同权利义务皆由 C 公司来履行,因此 B 员工与 A 公司签订的原劳动合同仍然有效,该劳动合同原则上由 C 公司和 B 员工继续履行。

《劳动合同法实施条例》第十条规定:"劳动者非因本人原因从原用人单位被安排到新用人单位工作的,劳动者在原用人单位的工作年限合并计算为新用人单位的工作年限。原用人单位已经向劳动者支付经济补偿的,新用人单位在依法解除、终止劳动合同计算支付经济补偿的工作年限时,不再计算劳动者在原用人单位的工作年限。"《最高人民法院关于审理劳动争议案件适用法律问题的解释(一)》第二十六条规定:"用人单位与其他单位合并的,合并前发生的劳动争议,由合并后的单位为当事人;用人单位分立为若干单位的,其分立前发生的劳动争议,由分立后的实际用人单位为当事人。用人单位分立为若干单位后,具体承受劳动权利义务的单位不明确的,分立后的单位均为当事人。"

上述规定中对于用人单位发生合并或者分立等情况劳动合同如何履行规定得很明确,但是很多用人单位在发生了投资人变化、合并、分立的情况时,倾向于与劳动者重新签订劳动合同。用人单位的这种行为在法律上、人力资源管理上并非没有意义,对用人单位而言,一方面可以划分出新旧单位的界限,显示出前后两段时间该用人单位在管理上、经营上会有所不同,甩掉之前的企业包袱,给劳动者一种"变法改制"的心理暗示;另一方面也可以通过重新签订劳动合同与劳动者重新界定劳动权利义务关系,调整用人格局和体系。对劳动者而言,也可以通过重新签订劳动合同获得之前工作年限的经济补偿,在国有企业改制的情况下,可能还会发生国有员工身份置换的问题。总之,在劳动合同主体变更的情况下,原劳动合同依法可以继续履行,如果劳动关系双方任意一方想要重新订立劳动合同的,则必须征得对方同意,否则应当依法将原劳动合同履行完毕。特别注意在《劳动合同法》第三十三条和第三十四条规定的情形出现时,不可将其同时认定为《劳动合同法》第四十条第三项规定"劳动合同订立时所依据的客观情况发生重大变化,致使劳动合同无法履行"的情形,而主张劳动合同解除。

《最高人民法院关于审理劳动争议案件适用法律问题的解释(一)》第二十九条规定:"劳动者与未办理营业执照、营业执照被吊销或者营业期限届满仍继续经营的用人单位发生争议的,应当将用人单位或者其出资人列为当事人。"司法解释作出如此规定,并非要变更劳动者与雇主之间法律关系的性质,而是为了保护劳动者权益,增加侵害劳动者权益的受偿主体范围。

(三)劳动合同对劳动报酬和劳动条件等标准没有约定或者约定不明

劳动合同对劳动报酬和劳动条件等标准约定不明确导致引发争议的,可以依照以下顺序进行履行:用人单位与劳动者可以重新协商;协商不成的,适用集体合同的规定;没有集体合同或者集体合同未规定劳动报酬的,实行同工同酬;没有集体合同或者集体合同未规定劳动条件等标准的,适用国家有关规定。

典型案例

柴某某与某汽车销售有限公司劳动争议案

案情简介

2014 年 4 月 1 日,柴某某入职某汽车销售有限公司从事渠道运营部渠道开发岗。双方签订了劳动合同书,期限为 2014 年 4 月 1 日至 2017 年 3 月 31 日,于 2017 年 4 月 1 日续订劳动合同至 2022 年 3 月 31 日。某汽车销售有限公司仍为柴某某缴纳社会保险。2021 年 9 月 8 日,某汽车销售有限公司通过电子邮件向柴某某送达终止劳动合同通知书,内容如下:"您(柴某某)与公司签订的现行劳动合同期限为 2017 年 4 月 1 日的固定期限劳动合同,因股东大会决议,某汽车销售有限公司即将启动清算程序。按照重组人员安置方案要求,全部人员 8 月底前需转移劳动关系至某汽车股份有限公司,公司已于 2021 年 8 月 31 日通过邮件通知您劳动合同转签事宜,您不同意转签,经多次书面沟通,您仍不同意转签。根据《劳动合同法》第四十四条第五款的规定,用人单位提前解散终止劳动合同,2021 年 9 月 8 日为您的最后工作日。请于最后工作日结束前将属于公司的文件、物品以及其他各种财产返还公司,办妥公司的正式离职手续,并完成人事档案转出手续。公司将依据《劳动合同法》第四十七条规定对您进行经济补偿,经济补偿金在办理完离职交接手续后的首个发薪日发放。因经济补偿金应支付的个人所得税收由您承担,鉴于公司有代扣代缴的法定义务,公司在支付上述款项时将直接予以扣缴。公司与您的劳动关系至 2021 年 9 月 8 日终止,公司与您基于劳动关系产生的一切权利义务已经结清,双方不再存在其他任何劳动争议,特此通知。感谢您为公司做出的努力和贡献。"双方均认可劳动关系于 2021 年 9 月 8 日解除。此外,某汽车销售有限公司于 2021 年 8 月 30 日作出股东会决定,同意公司启动清算注销程序;同意成立清算组。2021 年 9 月 7 日,北京经济技术开发区市场监督管理局向某汽车销售有限公司出具备案通知书,对该公司提交的清算组备案申请予以备案。2021 年 9 月 15 日,某汽车销售有限公司通过《新京报》发布注销公告。柴某某主张某汽车销售有限公司违法解除劳动关系,针对违法解除的事实,柴某某称双方签订的劳动合同合法有效,约定至 2022 年 3 月 31 日终止,某汽车销售有限公司与某新能源公司合并成立某汽车股份有限公司,依照《中华人民共和国劳动合同法》第三十四条规定,应该由某汽车股份有限公司承担继受劳动合同履行的法律义务,而不应当直接终止劳动合同。柴某某要求某汽车销售有限公司支付其违法解除劳动关系赔偿金 269 515 元。

处理结果

法院并未支持柴某某要求某汽车销售有限公司支付其违法解除劳动关系赔偿金的主张。

案例评析

柴某某与某汽车销售有限公司均认可双方劳动关系于 2021 年 9 月 8 日解除。《中华人民共和国劳动合同法》第四十四条规定,用人单位决定提前解散的,劳动合同终止。某汽车销售有限公司于 2021 年 8 月 30 日经股东会决定启动清算注销程序。某汽车销售有限公司提交 2021 年 8 月 31 日及 2021 年 9 月 1 日电子邮件证明柴某某拒绝变更劳动合同至某汽车股份有限公司,柴某某不认可上述电子邮件的真实性,但其提交的请假申请单不足以证明其休病假期间不看手机和笔记本电脑的抗辩意见,而且上述邮件中的发件人及收件人邮件地址与柴某某提交的电子邮件证据中的一致,故法院不予支持柴某某的抗辩意见,而是采信某汽车销售有限公司提交的 2021 年 8 月 31 日和 2021 年 9 月 1 日电子邮件。该电子邮件显示某汽车销售有限公司于 2021 年 8 月 31 日通知柴某某变更劳动合同主体,柴某某于 2021 年 9 月 1 日回复称不同意变更,因此某汽车销售有限公司于 2021 年 9 月 8 日向柴某某发出终止劳动合同通知书并无不当,并根据《劳动合同法》的相关规定向柴某某支付了解除劳动合同经济补偿金。柴某某虽辩称不认可 113 719.13 元是经济补偿金但未作出合理解释,法院对其抗辩意见不予采信。综上,柴某某要求支付违法解除劳动关系赔偿金,没有事实及法律依据,法院不予支持。

资料来源:北京市大兴区人民法院(2021)京 0115 民初 17271 号案件。

第二节　劳动合同的变更

一、劳动合同变更的概念

劳动合同的变更,是指劳动合同生效或成立后尚未履行或尚未完全履行期间,由于法定原因或者约定条件发生变化,经用人单位和劳动者双方当事人协商一致,依法对劳动合同内容作出修改、补充或者删减的法律行为。

二、劳动合同变更的一般原则

《劳动法》第十七条规定:"订立和变更劳动合同,应当遵循平等自愿、协商一致的原则,不得违反法律、行政法规的规定。"《劳动合同法》第三十五条规定:"用人单位与劳动者协商一致,可以变更劳动合同约定的内容。"也就是说,劳动合同的变更需遵循平等自愿、协商一致的原则。除此之外,劳动部在 1996 年发布的《劳动部关于企业职工流动若干问题的通知》(劳部发〔1996〕355 号)中第二条规定了劳动合同变更的特殊强制性规定:"用人单位与掌握商业秘密的职工在劳动合同中约定保守商业秘密有关事项时,可以约定在劳动合同终止前或该职工提出解除劳动合同后的一定时间内(不超过六个月),调整其工作岗位,变更劳动合同中相关内容"。

三、劳动合同变更的条件

劳动合同订立时所依据的客观情况发生重大变化,致使劳动合同履行过程中部分条款无法履行或者没必要履行,《劳动合同法》第三十五条规定:"用人单位与劳动者协商一致,可以变更劳动合同约定的内容。变更劳动合同,应当采用书面形式。"劳动合同变更的条件主要包括以下几种情形。①当事人双方协商达成一致意见,同意对劳动合同进行更改,且不损害国家利益。②订立劳动合同时所依据的法律、法规已经发生变化的。③劳动合同履行过程中,因主客观情况发生重大变化,劳动合同确实无法履行的。④根据《最高人民法院关于审理劳动争议案件适用法律若干问题的解释(一)》第四十三条的规定,用人单位与劳动者协商一致口头对劳动合同进行变更,实际履行超过一个月,且变更后的劳动合同内容不违反法律、行政法规且不违背公序良俗的。在该种情况下,已经实际履行了口头变更的劳动合同超过一个月,变更后的劳动合同内容不违反法律、行政法规且不违背公序良俗,当事人则不能以未采用书面形式为由主张劳动合同变更无效。⑤法律、法规允许的其他情况。

对于上述"客观情况发生重大变化",《劳动合同法》中未作出详细解释,目前能够查询到最早的国家部委层面对此条款的解读为《劳动部关于〈中华人民共和国劳动法〉若干条文的说明》(劳办发〔1994〕289 号)第二十六条,该条款规定:"本条中的'客观情况'指:发生不可抗力或出现致使劳动合同全部或部分条款无法履行的其他情况,如企业迁移、被兼并、企业资产转移等,并且排除本法第二十七条所列的客观情况。"

具体而言,劳动合同具有继续性、人身契约性的特征[①],也就是说,在无终止或解除情形下,劳动合同履行时间长,劳动者与用人单位之间的给付内容随着劳动关系的延续而不断产生,因此,在劳动合同订立之时,双方很难预见合同履行过程中的风险,所以,在制度设计上,应当对劳动合同的变更和退出机制保持一定的弹性和灵活性[②],故一方面,不应允许用人单位无限制地因客观情况发生重大变化而解除劳动合同,而另一方面,为保证变更和退出机制的弹性和灵活性,对于客观情况发生重大变化的内涵,不应限制得过于狭窄,对于客观情况发生重大变化的理解,不能拘泥于原劳动部 1994 年的解释,需要根据个案的具体情况由仲裁员或法官做出更为客观准确的解释,以适应社会经济发展的变化[③]。

① 林嘉. 劳动法的原理、体系与问题[M]. 北京:法律出版社,2016.
② 王倩. 论基于"客观情况发生重大变化"的解雇[J]. 法学,2019(7):178-191.
③ 林嘉. 劳动法的原理、体系与问题[M]. 北京:法律出版社,2016.

典型案例

姚某与某保险公司劳动争议案

案情简介

2017年12月12日,姚某与某保险公司签订无固定期限的劳动合同,被分派至某保险公司下属支公司担任综合资源部经理职务,月工资8 200元。为顺应行业发展,2021年9月23日某保险公司制定并下发《关于调整部分员工劳动关系的决定》,2021年9月24日又下发《减脂增肌、轻装上阵三四级机构成本优化方案》。某保险公司响应上级文件要求,制定关于支公司的优化目标,裁撤岗位二个,包含姚某所任职的综合资源部主管职位。2011年10月19日,某保险公司人事行政部经理与姚某商讨解除劳动合同,姚某提出异议。2021年11月17日,某保险公司委托第三方与姚某协商解除劳动合同事宜,姚某因疫情及其他原因没有到沈阳商谈。2021年11月23日,某保险公司向姚某发放变更劳动合同意向书,限期要求姚某在公司内部寻找适合岗位或至营口地区就职,次日姚某回复不同意变更劳动合同。2021年11月30日,某保险公司工会作出同意单位与姚某解除劳动合同的函复。2021年12月2日,某保险公司下达解除与姚某间的劳动关系的通知,并支付姚某经济补偿及代通知金共计46 200元。2022年1月6日,姚某收到解除终止劳动合同证明书。对此,姚某就双方的劳动争议向劳动人事争议仲裁委员会申请仲裁,要求公司支付其违法解除劳动合同关系赔偿金差额。

处理结果

本案经过仲裁,一审、二审阶段,二审法院最终认定公司系违法解除与姚某的劳动合同,支持了姚某关于要求公司支付其违法解除劳动合同关系赔偿金差额。

案例评析

本案中,某保险公司与姚某解除劳动合同是否属于《劳动合同法》第四十条第(三)项规定的"客观情况发生重大变化"。《劳动合同法》第四十条规定:"有下列情形之一的,用人单位提前三十日以书面形式通知劳动者本人或者额外支付劳动者一个月工资后,可以解除劳动合同:(一)劳动者患病或者非因工负伤,在规定的医疗期满后不能从事原工作,也不能从事由用人单位另行安排的工作的;(二)劳动者不能胜任工作,经过培训或者调整工作岗位,仍不能胜任工作的;(三)劳动合同订立时所依据的客观情况发生重大变化,致使劳动合同无法履行,经用人单位与劳动者协商,未能就变更劳动合同内容达成协议的。"第(三)项所规定的"客观情况发生重大变化"是指发生不可抗力或出现致使劳动合同全部或部分条款无法履行的其他情况,如企业迁移、被兼并、企业资产转移等。当这种情况发生时,用人单位应当与劳动者就变更劳动合同进行协商,经协商不能达成协议的,用人单位才可以依法解除劳动合同。本案中,某保险公司与姚某解除劳动合同的目的是提高公司运营效率,对公司内部组织机构进行调整,进而撤销了姚某任职的岗位。从本案事实可以看出,某保险公司的经营并未遇到不可抗力或发生致使劳动合同无法全部或部分履行的其他情况。相反,某保险公司是为了出于自身的利益需要而进行的自主调整,并未出现不可抗力、被兼并、被迁移等情形。因此,应当认定某保险公司与姚某解除劳动合同属于违法解除。

资料来源:本溪市中级人民法院(2022)辽05民终1482号案件。

四、劳动合同变更的原因

（一）用人单位方面的原因

用人单位经上级主管部门批准转产，原来的组织仍然存在，原签订的劳动合同也仍然有效，只是由于生产方向的变化，原来订立的劳动合同中的某些条款与发展变化的情况不相适应，需要作出相应的修改；上级主管机关决定改变用人单位的生产任务，致使原来订立的劳动合同中有关产量、质量、生产条件等都发生了一定的变化，劳动合同需要做出相应的修改，否则原劳动合同无法履行。

（二）劳动者方面的原因

根据《劳动合同法》第四十条规定："有下列情形之一的，用人单位提前三十日以书面形式通知劳动者本人或者额外支付劳动者一个月工资后，可以解除劳动合同：（一）劳动者患病或者非因工负伤，在规定的医疗期满后不能从事原工作，也不能从事由用人单位另行安排的工作的；（二）劳动者不能胜任工作，经过培训或者调整工作岗位，仍不能胜任工作的。"上述规定中包含以下两种情形：①劳动者患病或者非因工负伤，在规定的医疗期满后不能从事原工作，由用人单位另行安排工作的，属于劳动合同的变更；②劳动者不能胜任工作，经过培训或者调整工作岗位，仍不能胜任工作的。这里有两个限定条件，首先用人单位要有证据证明劳动者不能胜任工作，其次用人单位要么通过培训，要么通过调整工作岗位，只有经过上述改变后劳动者仍不能胜任工作的才可以变更劳动合同。

用人单位对劳动者的工作岗位进行调整，应当同时具备以下条件：①符合劳动合同的约定或者用人单位规章制度的规定；②符合用人单位生产经营的客观需要；③调整后的工作岗位的劳动待遇水平与原岗位基本相当；④调整工作岗位不具有歧视性、侮辱性；⑤不违反法律法规的规定。用人单位主张调整劳动者工作岗位合法，应承担举证证明责任。实务中，用人单位单方调整劳动者工作岗位的情形司空见惯，但是如何认定用人单位的上述行为合法与否，则属于司法实践中的难点问题。何谓"调整工作岗位"①？可以按照双方是否对岗位性质、工作具体内容作出明确界定为标准，区别分析如下。

1. 劳动关系双方对工作岗位、工作具体内容没有明确约定的

如果劳动关系双方没有通过劳动合同、岗位责任书、岗位说明书等文件对工作岗位性质或工作具体内容作出明确界定的，实务处理中往往比较棘手。工作岗位与法律所规定的"工作内容"必然密切相关。但是，调整工作岗位不能狭义理解为工作内容的任何变化与调整，而应当理解为工作内容重大变化而导致的工作岗位性质变化，两者的差别在于工作具体内容是工作岗位性质的外化体现，工作岗位性质则是决定劳动者工作内容、工作绩效的核心内核，体现了用人单位对劳动者职业素质的本质要求，体现了用人单位雇佣该劳动者所追求的真实价值的意思表示。例如，线上售后服务与线下售后服务在工作具体内容上有所差异，但是工作岗位的性质依然是售后服务，并没有发生变化。再如，销售管理岗位与生产管理岗位在工作具体内容上也有较大差异，但是工作岗位性质同属于管理性岗位，没有发生变化。又如，财务总监与普通出纳在工作具体内容上有重合交叉，但是两者体现出的劳动价值、岗位

---

① 吴彬．劳动人事争议裁判规则和实操指引[M]．北京：中国法制出版社，2022．

责任等均不相同,两者在工作岗位性质上存在本质差异,从通常意义上讲,财务总监属于管理性岗位,普通出纳属于操作性岗位,两者在法律所规定的"工作内容"上存在本质差异。

如果工作岗位性质没有发生变化,只是工作具体内容发生了调整,而且该种调整没有从根本上变更劳动者的工作考核标准、专业技能方向的,就不宜认定为法律所规定的"工作内容"发生变化。例如,劳动合同约定劳动者的工作岗位为负责食品检验的化验师,该劳动者原来从事的工作具体内容为对生食的检验,后来用人单位将其工作具体内容调整为从事熟食的检验。两者的工作具体内容虽然不同,但是同属于食品检验岗位,该岗位的工作内容"食品检验"并未发生变化。此情形下所谓的调岗,严格讲不属于工作岗位、工作内容的调整。如果工作岗位性质虽然没有发生变化,但是工作具体内容发生调整,而且该种调整直接从根本上影响了劳动者的专业技能方向、工作考核标准等主要岗位因素的,也应当认定为工作岗位发生变化。例如,劳动者的工作岗位是劳资员,负责单位员工考勤记录、工资计算等内勤事务,用人单位将其调整至销售员岗位,负责对外推销产品和服务等外勤事务,从层级意义上讲两个工作岗位性质没有变化,都属于基层的操作岗位。但是,两者对劳动者的能力要求、专业技能要求以及考核标准截然不同。所以,这种工作具体内容的变化就属于工作岗位、工作内容的调整。

如果工作岗位性质发生变化,则工作内容也必然发生较大变化,即使工作具体内容有重复交叉也在所不问,此种情形必然属于法律所规定的"工作内容"发生变化。例如,公司中主管采购的副总经理岗位与具体实施采购工作的采购员岗位,虽然两者在工作具体内容上都涉及采购工作,但前者岗位性质属于管理性岗位,后者属于操作性岗位,岗位责任、薪酬待遇都有本质差异。如果将劳动者从主管采购的副总经理岗位调整到采购员岗位,则属于工作岗位、工作内容发生变化。

2. 劳动关系双方对工作岗位、工作具体内容有明确约定的

如果劳动关系双方对于所在工作岗位的工作具体内容已经有了明确约定,而用人单位欲对工作具体内容进行变化调整的,如果这种变化调整达到了能够改变劳动者本职工作内容的程度,即使岗位性质没有发生重大变化,也应当认定为调整工作岗位。例如,劳动关系双方约定劳动者的工作内容是负责管理单位员工劳动合同签订、变更、续订、终止、解除事宜,负责记录考勤,负责核算劳动报酬和各项福利待遇,以及领导临时交办的其他内容。若用人单位后续又要求劳动者还需要常态化地负责办公室文稿起草、整理工作,后勤接待工作等非原本职工作。这种情形达到一定程度,就可以认定为单方调整了工作岗位、工作内容。

认定用人单位违法单方调整工作岗位或工作地点的实践作用非常大。在大部分劳动争议案件中,认定用人单位违法单方调整工作岗位或者工作地点本身并非目的所在,而是进一步认定用人单位其他违法行为的事实基础。主要体现在以下几个方面[1]。

(1)认定用人单位拖欠工资报酬。用人单位单方调岗往往会带来薪资结构的变化,劳动者获得的收入可能会有所降低。如果被认定为违法调整工作岗位,则降低的收入将会被认定为欠付工资报酬。

(2)认定用人单位违法解除劳动合同。劳动者认为用人单位违法调岗或者违法调整工作地点的,往往会拒绝前往新的岗位或者地点工作,用人单位据此会认定劳动者旷工进而解

---

[1] 吴彬. 劳动人事争议裁判规则和实操指引[M]. 北京:中国法制出版社,2022.

除劳动合同。在用人单位的单方调岗或者单方调整工作地点被认定为违法的前提下,可以区分以下情形处理:如果劳动者未去新岗位、新地点工作却仍然在原岗位、原地点工作,用人单位以劳动者未去新岗位、新地点工作为由认定旷工,解除劳动合同的,宜认定违法解除劳动合同;如果劳动者未去新岗位、新地点工作,也未去原岗位、原地点工作,用人单位要求劳动者回到原岗位、原地点工作而劳动者予以拒绝的,用人单位以旷工为由解除劳动合同的,为合法解除劳动合同。

(3)认定用人单位符合"推定解雇"情形。当用人单位出现违法单方调岗或者调整工作地点的,本质上也属于《劳动合同法》第三十八条规定的未依约提供劳动条件的情形,如果再出现降薪,则又符合该条规定的未依法及时足额支付劳动报酬的情形。如劳动者符合《劳动合同法》第三十八条规定的情形而主动解除劳动合同的,用人单位需依法支付经济补偿。

(4)认定工伤。如果用人单位被认定为违法调整岗位或者调整工作地点,劳动者发生工伤的认定仍然应以原岗位或原工作地点为基础进行认定。例如,劳动者拒绝去新地点工作而坚持去原地点工作的,在去原地点工作途中发生己方非主责的交通事故的,依法应当认定为工伤。

(三)客观方面的原因

客观方面的原因即在劳动合同订立时所依据的客观情况发生了重大变化,致使劳动合同无法继续履行。①订立劳动合同时所依据的法律、法规、规章修改或者废止的,应当依法变更劳动合同的相关内容。如国家调整最低工资标准、社会保险和工伤待遇等,劳动合同中约定的部分条款与国家新颁布的法律、法规相抵触,劳动合同应当依法变更。②国家经济政策的调整、用人单位经营状况的恶化、自然灾害或发生不可抗力的情况,确实无法履行原劳动合同的。

(四)劳动合同中约定可以变更劳动合同的情形出现

在履行劳动合同过程中,出现劳动合同中约定可以变更劳动合同的情形时,用人单位或劳动者可以变更原劳动合同。

典型案例

闫某与某科技有限公司因单方调整工作岗位引起的劳动争议案

案情简介

2015年4月,闫某入职某科技公司,从事分剪工岗位。2019年2月15日,闫某向公司提交辞职报告,内容为"因本人身体不好,所以辞职"。2019年2月19日,闫某又入职某科技公司,双方签订自2019年2月19日起的无固定期限劳动合同,约定工作岗位为配刀岗位。公司为闫某缴纳了社会保险。工资发放模式为平时每月发放生活费,其余工资年底结清。因2020年春节放假,闫某在春节前工作至2020年1月7日。2020年1月13日,某科技有限公司召开员工会议,宣布从2020年1月12日起停止酸洗、冷轧生产,整体转型机械制造及相关零部件行业。春节后,该公司与员工协商变更劳动合同,未能协商一致。2020年4月2日,公司向闫某邮寄返厂通知书,要求闫某4月8日前到达公司报到。2020年4月13日,公司再次邮寄复工通知书,要求闫某2020年4月16日前到公司报到。闫某未按时返厂复工。公司于2020年4月17日向闫某发送了解除劳动合同通知书,载明该科技有限公司分别于 2020 年 4 月 2 日、4 月 13 日向闫某发出返厂复工通知,但闫某没有返厂复工,闫某无正当理由连续旷工,故公司决定解除劳动关系。同日,某科技有限公司将解除情况通知工会。后,闫某向××市××区劳动人事争议仲裁委员会(以下简称仲裁委)申请仲裁,要求某科技有限公司支付经济补偿金 23 430 元。2020 年 5 月 29 日,仲裁委作出仲裁裁决书,裁决对闫某的仲裁请求不予支持。闫某不服仲裁裁决结果,遂诉至法院。

处理结果

二审法院判决某科技有限公司支付闫某违法解除劳动关系的赔偿金 17 550 元。

案例评析

《劳动合同法》第三十五条规定:变更劳动合同应当由用人单位与劳动者协商一致,并采取书面形式。调岗行为的合法与否涉及用人单位自主用工权和劳动者职业保障权之间的平衡。用人单位的调岗必须合理、合法,不得损害劳动者利益;原则上应与劳动者协商一致。本案中,双方劳动合同中约定闫某的工作岗位为配刀岗位,而公司进行其所称的转型升级后,由原酸洗、冷轧行业整体转型为机械制造及相关零部件行业,原工作岗位整体消失,显然突破了劳动者入职公司时所预定的工作岗位范围。因闫某原工作岗位不复存在,新岗位亦未明确,双方仍在劳动合同变更协商期内,闫某未按通知返岗,不属于无正当理由拒不提供劳动合同约定劳动的旷工行为,公司以旷工为由解除劳动合同,系违法解除,应当支付闫某经济赔偿金。公司上诉提出闫某在协商期间至其他单位工作属于恶意旷工,但其并未提供充足证据证明该事实,且法律及双方劳动合同均未禁止双重劳动关系,故主张不成立。综上,公司提供的证据不足以证明其调岗合法、合理及其对劳动者权益充分尊重和保障,亦不能证明其以旷工为由解除劳动合同合法。

资料来源:无锡市中级人民法院(2021)苏 02 民终 7004 号。

五、劳动合同变更的程序

劳动合同变更的程序主要包括以下三个环节。

(一)预告变更要求

由一方当事人依法向劳动合同相对方当事人提出变更劳动合同的意向,并说明变更的理由、修改的条款和变更的条件,请求对方在一定限期内答复。

(二)按期作出回复

非请求变更方在限期内给予同意或者不同意变更的答复,或者进一步协商变更内容。

(三)签订书面协议

双方当事人经充分协商就劳动合同变更达成一致意见后,签订载明劳动合同变更具体内容的书面协议,双方签字、盖章后变更协议即行成立。

六、劳动合同变更的形式

(一)书面变更

变更劳动合同的形式同订立劳动合同一样,均需采用书面形式,这一规定体现在《劳动合同法》第三十五条中:用人单位与劳动者协商一致,可以变更劳动合同约定的内容。变更劳动合同,应当采用书面形式。因此,书面变更劳动合同是变更劳动合同的法定形式要求,但随着信息技术手段的创新,越来越多的用人单位选择与劳动者订立电子劳动合同,为了适应这一需求,人力资源和社会保障部适时出台了《电子劳动合同订立指引》,指导有订立电子劳动合同意愿的用人单位和劳动者在协商一致后订立电子劳动合同,确保电子劳动合同真实、完整、准确、不被篡改。《电子劳动合同订立指引》也明确规定了"依法订立的电子劳动合同具有法律效力,用人单位与劳动者应当按照电子劳动合同的约定,全面履行各自的义务"。但该指引并未指明变更劳动合同时是否可以采用电子通信方式订立劳动合同,本文认为,即便"指引"中未明确规定,但可对其适用类推解释,变更劳动合同和订立劳动合同的实质都是用人单位与劳动者双方就劳动合同项下相关内容进行约定,既然法律支持订立电子劳动合同,那变更劳动合同也同样适用该指引。但此处需注意,因为电子劳动合同可能涉及生物特征识别验证、相关 App 或验证码授权等个人信息安全和保护的问题,因此订立(变更)电子劳动合同,需要征得劳动者同意,如劳动者不同意,双方仍需签订传统的纸质劳动合同。

(二)默示变更

《劳动合同法》第三十五条规定,变更劳动合同应当采用书面形式。此条规定既是签订书面劳动合同原则的延伸,也是为了预防因对变更事项理解不明而发生争议。对于是否应当承认口头或者事实变更劳动合同的法律效力,目前已有共识。《劳动合同法》第三十五条规定的"应当",应理解为管理性规范,而非效力性规范,当事人未采取书面变更形式不能认为其违反了强制性规范,只要变更后的合同内容不违法且经过一定期间劳动者未提异议,就应当肯定这种变更行为的效力。主要是考虑到劳动合同变更采取口头形式符合我国用人单位生产经营管理现状,在签订了书面劳动合同的情况下,对于那些通过口头变更后履行了较长时间的劳动合同,应当确认其效力,防止一直处于悬而未决的事实状态。[①]

因此,对于默示变更劳动合同,在符合具体条件下,法院承认默示变更后的劳动合同的效力,其法律依据是《最高人民法院关于审理劳动争议案件适用法律问题的解释(一)》第四十三条:"用人单位与劳动者协商一致变更劳动合同,虽未采用书面形式,但已经实际履行了口头变更的劳动合同超过一个月,变更后的劳动合同内容不违反法律、行政法规且不违背公序良俗,当事人以未采用书面形式为由主张劳动合同变更无效的,人民法院不予支持。"此条内容与已失效的《最高人民法院关于审理劳动争议案件适用法律若干问题的解释(四)》第十一条的内容大致相同,唯一的不同点在于《最高人民法院关于审理劳动争议案件适用法律问题的解释(一)》增加了"用人单位与劳动者协商一致变更劳动合同"这一条文,这意味着新的司法实践更看重变更劳动合同的合意性,因此此处的协商一致需要变更劳动合同的一方举证证明其变更行为是经双方协商一致的,又或是可以从变更后的履行过程中看出变更接受方以积极的行为履行变更后的劳动合同。

这也意味着《最高人民法院关于审理劳动争议案件适用法律问题的解释(一)》第四十三条中的"口头变更"其含义不仅是常规意义上的双方口头协商一致的变更,也包括劳动者或用人单位单方口头变更劳动合同,实际履行满一个月,对方未提出异议的,也可视为对方

---

① 郑学林,刘敏,于蒙,等.《关于审理劳动争议案件适用法律问题的解释(一)》几个重点问题的理解与适用[J]. 人民司法,2021(7):46-51.

认可变更劳动合同的效力即行为默示。但需注意,如上文所述,在此种情境下,如用人单位的变更行为为劳动者增设了额外的义务,或剥夺其部分权利,即便劳动者未提出异议,用人单位变更劳动合同的行为仍有可能被认定为无效。即"口头变更劳动合同,应当建立在劳资双方合意前提下,这种合意可以是明示的,也可以是默示的,即通过当事人连续的实际履行行为表现出来。需要注意的是,不能把沉默当成默示①"。

如用人单位同时调整员工 A 和员工 B 的劳动合同,用人单位根据自身发展需要和员工的专业能力与工作经验调整了员工 A 的工作岗位并对其工资标准进行了相应调整。对于员工 B,用人单位并未调整其工作岗位,仅仅降低了其个人的工资标准。用人单位分别向员工 A 和员工 B 发送了调岗调薪通知书。A、B 二人对于劳动合同发生的变化,均未提出异议。数月后,A、B 二人与公司发生劳动合同争议。并分别向仲裁委提出仲裁申请,申请认定劳动合同变更无效。在此种情形下,需要区别看待用人单位的两种变更行为,对于员工 A,虽然公司与其未采用书面形式变更劳动合同,但员工 A 已经实际去新的工作岗位进行工作,领取工资超过一个月,且变更后的劳动合同内容不违反法律、行政法规,也不违背公序良俗。员工 A 通过积极作为的方式,表达出了自己接受变更劳动合同的真实意愿。因此劳动合同的变更符合法律关于"用人单位与劳动者协商一致"的要求,劳动合同变更发生法律效力。对于员工 B,尽管用人单位提出变更后的劳动合同已经履行超过一个月,员工 B 也按照调整后的工资标准领取了工资,但用人单位调整员工 B 工资标准的行为系单方行为,未经过其明示同意,且其工作内容与工作岗位并没有随之改变,员工 B 有理由要求按照原劳动合同的工资标准领取劳动报酬。用人单位的这种观点实际上是为劳动者的主张权利设置了一个法外的时限。也就是说如果劳动者对于用人单位的违法劳动合同调整存在异议,就必须在一个月内提起,否则就视为其认可这种单方调整行为。很明显这种观点并无法律依据,且与现行法律规定的权利主张时限存在冲突。故员工 B 不存在积极履行变更后的劳动合同行为,其行为性质应当认为是一种沉默。依照《民法典》第一百四十条规定:"沉默只有在有法律规定、当事人约定或者符合当事人之间的交易习惯时,才可以视为意思表示。"《最高人民法院关于审理劳动争议案件适用法律若干问题的解释(四)》未强调变更需协商一致这个前提,导致司法实践中形成一种误解,认为只要实际履行变更的劳动合同超过一个月,就认定变更有效,而不论变更是否经过双方协商一致。如果仅是劳动者对降薪未持异议,实际上劳动者是对降薪保持消极沉默,用人单位没有证据证明其与劳动者就降薪进行协商的,这种沉默并不构成《民法典》第一百四十条规定的意思表示,不能视为双方就变更劳动合同已经协商一致。最终是否行使权利,是否在法定期限内行使权利,均由权利人自行决定。②基于以上原因,针对员工 B 的劳动合同变更行为不发生法律效力。

七、劳动合同变更的法律后果

劳动合同当事人双方的权利与义务,自变更合同中约定的变更之日起开始实施。变更劳动合同后,原变更条款不再具有法律效力,但原劳动合同的其他条款仍然有效,双方当事人必须依法履行。

---

①② 郑学林,刘敏,于蒙,等.《关于审理劳动争议案件适用法律问题的解释(一)》几个重点问题的理解与适用[J].人民司法,2021(7):46-51.

若一方擅自变更劳动合同给另一方造成损失的,一般由请求变更劳动合同的一方承担相应的赔偿责任。

【引导案例分析】

《劳动合同法》第二十五条规定:"除本法第二十二条和第二十三条规定的情形外,用人单位不得与劳动者约定由劳动者承担违约金。"劳动争议案件中,用人单位为其招用的劳动者办理了本市户口,双方据此约定了服务期和违约金,用人单位以双方约定为依据要求劳动者支付违约金的,不应予以支持。确因劳动者违反诚实信用原则,给用人单位造成损失的,劳动者应当予以赔偿。王某与北京某科技有限公司签订的落户承诺书,系双方真实意思表示,双方均应受其约束。王某作为受过高等教育的具有完全行为能力的劳动者,应当对落户承诺书的相应条款有充分的理解,其也并未提交证据证明在签署过程中存在欺诈、胁迫、重大误解或者乘人之危的情形,现王某因个人原因向公司提出离职,违反了双方的约定,有违诚实信用原则。因此,王某应当对公司的损失支付赔偿金。

服务期应当是和劳动自由原则,尤其是契约自由相关联的概念。劳动自由原则是法律自由价值在劳动法中的体现,主要体现为劳动者的契约自由、结社自由和团体自治、禁止强迫劳动。在劳动合同法领域,契约自由主要包括劳动者的缔约自由以及辞职自由,也就是劳动者通常可以决定是否与某一用人单位建立劳动关系、签订劳动合同,可以自主决定是否继续履行劳动合同,仅需遵守相关的程序性规则,即可解除劳动合同。服务期则是对劳动者辞职自由的一种限制,但这种限制并非针对劳动者的人身自由,劳动者仍享有遵守程序性规则前提下的辞职自由,但需要以承担一定数额的违约金为代价。基于保护劳动者辞职自由的原则,服务期的约定应当受到严格限制,也就是说只有当用人单位为劳动者提供了特殊待遇或出资招用、培训的情况下,经双方协商一致才能设定服务期。因此,服务期的内涵是指用人单位和劳动者约定的,对劳动者有特殊约束力的,劳动者因获得特殊的条件而应当与用人单位保持劳动关系的期限。

《劳动合同法》第二十二条第一款规定,"用人单位为劳动者提供专项培训费用,对其进行专业技术培训的,可以与该劳动者订立协议,约定服务期",该条款属于授权性规范,即授予用人单位可以自行抉择是否通过对劳动者进行专业技术培训的方式约定服务期,但无法据此推出对劳动者进行专业技术培训是实现约定服务期的唯一方式。在现实的劳动合同履行过程中,用人单位通过提供住房、汽车、现金补贴等方式与劳动者约定服务期的情况屡见不鲜。虽然《劳动合同法》第二十五条规定"除本法第二十二条和第二十三条规定的情形外,用人单位不得与劳动者约定由劳动者承担违约金",但并未规定其法律后果。从社会效果上看,如果一概认定专项技术培训之外的服务期约定无效,不仅会造成与此相关联的劳动关系的不稳定性,而且会导致劳动者需要承担全额返还特殊待遇的后果,反而不利于劳动者权益的保护,也不符合《劳动合同法》第三条所规定的公平原则。因此,在用人单位为劳动者提供足以与专业技术培训相对等的特殊待遇的情况下,应当参考适用《劳动合同法》第二十二条之规定,并据此确定用人单位与劳动者的权利义务。

基于特殊待遇服务期而设定的违约金是否受到限制以及如何限制?《劳动合同法》第二十二条之所以未将特殊待遇对应的服务期予以明确列举和规定,是基于对开发型人才竞争方式的鼓励,即鼓励用人单位通过对劳动者进行专项技术培训的方式提升人才的数量和质量,从而增加全社会人力资源的总供给,实现人力资源的良性竞争以及人力资源市场秩序的稳定。而特殊待遇服务期对应的争夺型人才竞争方式,属于人才存量的竞争,争夺的是现有的人力资源,对于增加人力资源供给的积极作用小于开发型人才竞争方式,因此争夺型人才竞争方式应当得到有效的规制,以避免对开发型人才竞争方式形成抑制作用。有鉴于此,对于基于特殊待遇服务期而设定的违约金,应当予以严格限制,即原则上该违约金应当低于基于专业技术培训服务期而设定的违约金标准。具体而言,该违约金应当受到《劳动合同法》第二十二条第二款的限制。

【本章小结】

《劳动合同法》规定,依法订立的劳动合同具有约束力,用人单位与劳动者应当履行劳动合同约定的义务。劳动合同履行应当遵循合法、全面、协作、亲历的履行原则。劳动合同履行过程中,由于法定原因或者约定条件发生变化,用人单位和劳动者遵循平等自愿、协商一致的原则,协商一致后可变更劳动合同,变更协议原则上应当采用书面形式,特殊情况下也可视为已变更劳动合同。

【课后练习】

一、单项选择题

1.2018 年 10 月,张某到甲公司工作。2019 年 11 月,甲公司与张某口头商定将其月工资由原来的 4 500 元提高至 5 400 元。双方实际履行 3 个月后,甲公司法定代表人变更。新任法定代表人认为该劳动合同内容变更未采用书面形式,变更无效,决定仍按原每月 4 500元的标准向张某支付工资;张某表示异议,并最终提起诉讼。关于双方口头变更劳动合同效力的下列表述中,正确的是(　　)。

　　A. 双方口头变更劳动合同且实际履行已超过 1 个月,该劳动合同变更有效

　　B. 劳动合同变更在实际履行 3 个月期间有效,此后无效

　　C. 因双方未采取书面形式,该劳动合同变更无效

　　D. 双方口头变更劳动合同但实际履行未超过 6 个月,该劳动合同变更无效

2. 下列选项中不属于劳动合同履行原则的是(　　)。

　　A. 亲自履行原则　　　　　　　　　B. 全面履行原则

　　C. 协作履行原则　　　　　　　　　D. 保密履行原则

3. 下列关于劳动合同的履行和变更的说法中,正确的是(　　)。

　　A. 用人单位拖欠或者未足额支付劳动者报酬的,劳动者可以向当地劳动仲裁委员会申请支付令

　　B. 用人单位拖欠或者未足额支付劳动者报酬的,劳动者可以向当地人民法院申请支付令

　　C. 用人单位发生合并分立等情况,原劳动合同不再有效

　　D. 变更劳动合同应当采用书面形式,未采用书面形式,即使已经实际履行也无效

4. 原用人单位发生合并或者分立等情况,原劳动合同(　　)。

　　A. 连续有效　　　　　　　　　　　B. 失去效力

　　C. 效力视情况而定　　　　　　　　D. 由用人单位决意是否有效

5. 用人单位变更名称、法定代表人主要负责人或者投资人等事项,( )劳动合同的履行。

    A. 影响   B. 不影响

    C. 不一定影响   D. 法律未规定是否影响

二、多项选择题

1. 关于劳动合同的履行与变更,下列各项中说法正确的有( )。

    A. 劳动者拒绝用人单位管理人员违章指挥作业的,不视为违反劳动合同

    B. 用人单位变更投资人不影响劳动合同的履行

    C. 用人单位发生合并原劳动合同继续有效

    D. 用人单位的加班时间及加班费可以随意制定

2. 对劳动合同的变更和履行,下列说法正确的是( )。

    A. 劳动合同的双方当事人不可以变更劳动合同

    B. 劳动合同的双方当事人必须全面履行合同规定的义务

    C. 劳动合同中任何一方不得擅自变更合同

    D. 劳动合同必须遵守亲自履行原则

3. 用人单位的下列事项发生变更,不影响劳动合同履行的有( )。

    A. 名称变更   B. 投资人变更

    C. 财务负责人变更   D. 法定代表人变更

三、判断题

1. 用人单位拖欠或者未足额支付劳动者报酬的,劳动者可以向当地劳动仲裁委员会申请支付令。( )

2. 用人单位发生合并或者分立等情况,原劳动合同继续有效,劳动合同由承继其权利和义务的用人单位继续履行。( )

3. 劳动者患病或者非因工负伤,在规定的医疗期满后不能从事原工作,用人单位可以解除劳动合同。( )

四、填空题

1. 用人单位与劳动者协商一致变更劳动合同,虽未采用书面形式,但已经实际履行了口头变更的劳动合同超过_____,变更后的劳动合同内容不违反法律、行政法规且不违背公序良俗,当事人以未采用书面形式为由主张劳动合同变更无效的,人民法院不予支持。

2. 用人单位变更名称、法定代表人、主要负责人或者投资人等事项,_____劳动合同的履行。

3. 用人单位发生合并或者分立等情况,原劳动合同_____,劳动合同由_____其权利和义务的用人单位继续履行。

五、简答题

1. 劳动合同对劳动报酬和劳动条件等标准约定不明确,引发争议的,应当如何处理?

2. 变更劳动合同在何种情况下,即使没有采取书面形式,也可认为已变更劳动合同?

3. 劳动合同履行的原则有哪些?

劳动合同的解除和终止

【内容提要】

本章内容共分为三节。第一节在介绍了劳动合同解除的概念、特征及情形的基础上帮助学习者了解劳动合同解除的基本知识,其后针对协议解除和单方解除进行了具体介绍。第二节在介绍了劳动合同终止的概念的基础上,根据我国现行法律规定介绍了劳动合同终止的情形及期满不得终止的情形等。第三节介绍了劳动合同解除或终止后经济补偿金及赔偿金支付的问题,同时介绍了解除或终止劳动合同后可能承担的赔偿责任、解除或终止劳动合同的程序以及解除或终止劳动合同的后合同义务。

【知识目标】

1. 了解劳动合同解除的概念、分类和特征。
2. 了解劳动合同终止的概念和情形。
3. 了解解除或终止劳动合同后可能承担的赔偿责任。
4. 掌握劳动合同协议解除和单方解除。
5. 掌握支付经济补偿金和赔偿金的情形和标准。

【素质目标】

1. 学习如何解除或终止劳动合同,遵守职业规范。
2. 学习经济补偿金和赔偿金的支付情形和标准,懂得运用法律武器维护自身合法权益。

【引导案例】

某物业公司与王某某的劳动合同纠纷案

王某某于 2008 年 4 月 7 日进入某物业公司处从事保安工作。物业公司员工请事假或公休需填写请假申请单,写明假别、时间、事由等。物业公司考勤管理细则规定,员工请事假一天由主管领导审批,连续二天由行政事务部(办公室)审批,连续三天以上(含三天)由公司总裁(总经理)审批;累计旷工三天以上(含三天)者,视为严重违反公司规章制度和劳动纪律,公司有权辞退,提前解除劳动合同并依法不予支付经济补偿。王某某签名确认签收并学习了上述文件。2020 年 1 月 6 日,王某某因父亲生病向其主管提交请假单后回老家,请假时间为 2020 年 1 月 6 日至 1 月 13 日。1 月 7 日,王某某因物业公司未准假而返回,途中得知其父亲去世便再次回家处理丧事直至其父于 1 月 12 日火化下葬。王某某于 2020 年 1 月 14 日返回上海,并于次日起开始上班。2020 年 1 月 6 日至 1 月 14 日期间,王某某应出勤日期分别为 6 日、8 日、9 日、11 日、12 日、14 日,共计 6 天。2020 年 1 月 31 日,物业公司向王某某出具《解除劳动合同通知书》,主要内容为:王某某于 2020 年 1 月 5 日向公司提出 1 月 6 日至 1 月 13 日的事假申请需报集团公司领导审批,但王某某在未经审批同意的情况下,自 1 月 6 日起即擅自离职回安徽老家,直至 1 月 15 日才返岗,应视为旷工。即使扣除 3 天丧假,旷工天数也已达到累计三天以上(含三天)的标准,是严重违反公司规章制度和劳动纪律的行为,故依照公司规章制度解除双方劳动合同并不予支付经济补偿。王某某于 2020 年 3 月 27 日申请劳动仲裁,申请事项包括要求物业公司支付违法解除劳动合同赔偿金 10 万余元等。

资料来源:上海市第二中级人民法院(2020)沪 02 民终 10692 号案件。

思考:

物业公司解除王某某劳动合同的行为是否违法?

第一节　劳动合同的解除

一、劳动合同解除的概念

《劳动合同法》中并未对劳动合同解除的概念进行定义,但从《劳动合同法》第三十六条至第四十一条的规定可以看出,在我国现行法律体系下,劳动合同解除是指劳动合同期限届满前,用人单位与劳动者协商一致,或任意一方依据其主观意志,提前结束劳动关系的法律行为和后果。

《劳动合同法》对劳动合同解除的情形进行了规定,包括劳动者与用人单位协商一致解除劳动合同的情形,劳动者可单方解除劳动合同的情形,用人单位可单方解除劳动合同的情形,用人单位可进行经济性裁员的情形等。但是,由于劳动合同的解除为用人单位和劳动者的自主行为,实践中,用人单位和劳动者未按照法律规定解除劳动合同的情况也时有发生,因此,违法解除等特殊情形也在本章讨论的劳动合同解除的范围之内。

二、劳动合同解除的特征

从劳动合同解除的概念出发,劳动合同的解除具有如下法律特征。

(一)劳动合同解除的时间为劳动合同期限届满前

作为劳动合同履行过程中的特殊情况,无论是劳动者和用人单位协商一致解除劳动合同,还是劳动者或用人单位单方解除劳动合同等情形,劳动合同的解除应当在劳动合同期限届满前进行,劳动合同期限届满的情况下涉及是否终止的问题,不属于劳动合同解除的情况。

(二)劳动合同的解除为劳动者和用人单位的自主行为

劳动合同是劳动者和用人单位之间达成的书面协议。劳动者和用人单位可协商一致解除劳动合同,不受劳动合同中约定的终止条件的限制,也可依据任意一方的意志解除劳动合同,由劳动者或者用人单位单方解除劳动合同,但依据任意一方的意志解除劳动合同的情况下,劳动者和用人单位的法定义务并不一致。

(三)劳动者解除劳动合同与用人单位解除劳动合同的义务并不对等

相比较而言,劳动者解除劳动合同的条件更为宽松,根据《劳动合同法》第三十七条规定:"劳动者提前三十日以书面形式通知用人单位,可以解除劳动合同。劳动者在试用期内提前三日通知用人单位,可以解除劳动合同。"劳动者在履行预告义务的条件下可以当然解除劳动合同。此外,用人单位存在《劳动合同法》第三十八条规定情形的,劳动者也可以解除劳动合同。劳动者在上述情形下解除劳动合同的,均无需经用人单位同意,且无须承担任何经济赔偿责任。但是,用人单位解除劳动合同必须符合法律规定,否则可能涉及违法解除的情况,并需承担相应的法律后果。用人单位除根据《劳动合同法》第三十九条规定的情形解除劳动合同无须承担经济赔偿责任以外,其他用人单位单方解除劳动合同的情形下用人单位均要承担经济补偿或赔偿金等责任。

三、劳动合同解除的分类

(一)按合同解除方式的不同

按照合同解除方式的不同,劳动合同的解除可分为协议解除和单方解除。

1. 协议解除

《劳动合同法》第三十六条规定:"用人单位与劳动者协商一致,可以解除劳动合同。"根据该条规定,劳动合同可以依据用人单位与劳动者的协商而解除。对于协商解除劳动合同,法律没有规定任何条件和限制,只要劳动者和用人单位解除劳动合同的合意在内容、程序和形式上合法即可。如前文所述,在劳动合同解除的过程中,用人单位进行合法的单方解除的情况较为严苛,因此实践中协议解除的情况通常出现在用人单位难以进行合法的单方解除的情况下,通过与劳动者进行协商的方式,对劳动合同解除的条件及经济补偿等达成一致,促使劳动合同的和平解除。

2. 单方解除

由于劳动合同的解除具有自主性的特征,因此单方解除劳动合同也为实践中常见的劳动合同的解除方式。进一步而言,单方解除又可以分为劳动者的单方解除和用人单位的单方解除,劳动者的单方解除可分为预告解除与即时解除两种,而用人单位的单方解除可分为预告解除、即时解除、经济性裁员。

(二)按解除合同依据的不同

劳动合同的解除根据其依据不同,可以分为约定解除和法定解除。

1. 约定解除

鉴于劳动合同解除的自主性特征,用人单位与劳动者可以通过约定的方式解除劳动合同,而且行使约定解除权时应当注意:必须事先在劳动合同中约定解除劳动合同的条件,并且只有当解除劳动合同的条件达成以后,才能依照约定解除。但是,与一般民事合同的解除不同的是,一般的民事合同通常可事先自由约定合同解除的条件,而劳动合同中对于劳动合同解除条件的事先约定不能超越法律规定的界限,否则相关约定将归于无效。

2. 法定解除

在无法通过约定解除劳动合同的情况下,劳动者和用人单位均可以依据法律的规定解除劳动合同。但劳动者具有在提前通知情况下的任意解除权以及在用人单位符合《劳动合同法》第三十八条规定情形下的随时要求解除劳动合同的权利,而用人单位依据法律规定解除劳动合同的情形则较为有限,通常只能在劳动者存在过错或劳动合同确实无法履行等特殊的情况下解除。

(三)按解除原因中当事人有无过错

按照解除原因中当事人有无过错,可以将劳动合同的解除分为有过错的解除和无过错的解除。

1. 有过错解除

在劳动者或用人单位任意一方出现了《劳动合同法》规定的过错情形的情况下,另一方均有权无责地解除劳动合同。在用人单位存在《劳动合同法》第三十八条规定的过错的情况下,劳动者可不经提前通知而解除劳动合同,并可要求用人单位承担经济补偿或赔偿的责任。在劳动者存在《劳动合同法》第三十九条规定的过错的情况下,用人单位也可不经提前通知而解除劳动合同,且无须承担经济补偿或赔偿的责任。

2. 无过错解除

与有过错的解除情形相对,在一方无过错的情形下,另一方也有权解除劳动合同,但针对劳动者和用人单位的无过错解除在法律规定上存在不同。在用人单位无过错的情况下,劳动者仅负有提前通知的义务,而无需对单方解除劳动合同承担其他的义务和责任;而在劳动者无过错的情况下,用人单位解除劳动合同需要根据法律规定向劳动者支付经济补偿金或赔偿金等。

四、劳动合同协议解除

如前文所述,劳动合同可通过劳动者与用人单位协商一致的方式解除。由于劳动者具有在提前通知情况下的任意解除权,故实践中由劳动者提出提前与用人单位协议解除劳动合同的情况并不常见。相反,由于对用人单位单方解除劳动合同的限制较多,故实践中协议解除多存在于用人单位提出解除劳动合同的情况下。

实践中,存在用人单位在协议解除时仅重视与员工协商的过程,而忽视与员工签署解除协议的情况。在该情况下,不排除劳动者反悔导致用人单位无法证明双方已就解除劳动合同协商一致的可能。对此,在协议解除的情况下通常需与员工签订书面的解除协议,同时,在解除协议中应当就双方的权利义务进行详细约定,以防劳动者反悔时,用人单位因缺乏证据而陷入被动。具体而言,在劳动关系解除协议中,通常需要对劳动合同解除事项、工资及经济补偿支付事项、员工的工作交接义务、员工的保密义务、双方再无其他争议等条款进行约定,并建议在协议中写明已经明确告知劳动者相关法律法规规定的标准等事项,而不是仅仅写上经济补偿金的数额。

此外,根据《劳动合同法》第四十六条的规定,在用人单位提出协议解除劳动合同的情况下,用人单位应当向劳动者支付经济补偿金。但是,由于协议解除涉及劳动者和用人单位的意思自治,那么问题在于劳动者和用人单位协商确定的经济补偿额能否低于法律规定的经济补偿额。对此,《最高人民法院关于审理劳动争议案件适用法律问题的解释(一)》第三十五条规定:"劳动者与用人单位就解除或者终止劳动合同办理相关手续、支付工资报酬、加班费、经济补偿或者赔偿金等达成的协议,不违反法律、行政法规的强制性规定,且不存在欺诈、胁迫或者乘人之危情形的,应当认定有效。前款协议存在重大误解或者显失公平情形,当事人请求撤销的,人民法院应予支持。"

从实践情况来看,对于低于法律规定的标准约定经济补偿金的情况,通常认定为合同有效,但是不排除在双方约定的经济补偿金过分低于法律规定标准的情况下,劳动者基于显失公平主张撤销的可能。

五、劳动合同单方解除

(一)劳动者单方解除劳动合同

1. 劳动者预告解除

劳动者预告解除是指劳动者在提前通知用人单位的情况下,单方解除劳动合同。《劳动合同法》第三十七条规定:"劳动者提前三十日以书面形式通知用人单位,可以解除劳动合同。劳动者在试用期内提前三日通知用人单位,可以解除劳动合同。"由此可见,无论劳动者签订的是固定期限劳动合同还是无固定期限劳动合同,劳动者均享有较为宽松的预告解除权。而且这种权利是绝对的,劳动者单方解除劳动合同无须任何实质性的条件,只需履行提前通知的义务即可。需要注意的是,非试用期内的解除,应以书面形式通知,而试用期内的解除,则没有形式上的要求,口头或书面形式均可。

从世界范围内看,我国对于劳动者预告解除的规定较很多国家更为宽松,劳动者享有较为自由的合同解除权。例如,根据日本相关法律的规定,在一年以下的固定期限劳动合同中,劳动者原则上不享有任意的预告解除权。我国法律赋予劳动者较为宽松的劳动合同解除权与劳动合同的性质以及我国的实际情况密切相关。一方面,劳动合同具有人身性质,劳动者一方不愿或不能履行劳动合同的情况下较难强制要求其履行;另一方面,如果刻意限制劳动者的合同解除权,将不利于劳动者选择适合自己的工作,不利于社会资源进行合理分配,且不利于社会稳定。

就劳动者预告解除的类型而言,可以根据劳动者是否处于试用期作出区分:若试用期未过,劳动者提前三天通知用人单位即可解除劳动合同;若试用期已过,劳动者需提前三十日书面通知用人单位方可解除劳动合同。

从实践来看,存在用人单位在劳动者书面提出解除劳动合同的意见后不予同意的情况,但该行为并不符合法律规定,用人单位无权对劳动者的预告解除进行限制。但是,需要注意的是,劳动者在提出预告解除的请求时需提前通知,无须经过用人单位批准或同意,如未经预告即拒绝出勤,且无可即时解除的事由,并给用人单位造成损失的,用人单位可要求劳动者进行赔偿。就赔偿的范围而言,《违反〈中华人民共和国劳动法〉有关劳动合同规定的赔偿办法》第四条规定:"劳动者违反规定或劳动合同的约定解除劳动合同,对用人单位造成损失的,劳动者应赔偿用人单位下列损失:(一)用人单位招收录用其所支付的费用;(二)用人单位为其支付的培训费用,双方另有约定的按约定办理;(三)对生产、经营和工作造成的直接经济损失;(四)劳动合同约定的其他赔偿费用。"

劳动者预告解除劳动合同的,在剩余的劳动合同履行期内,用人单位与劳动者仍应按照劳动合同的约定继续正常履行,用人单位无权要求劳动者立即或提前离职,除非双方协商一致在剩余的劳动合同履行期届满前解除劳动合同。此外,如果劳动者和用人单位的劳动关系经劳动者单方面提出辞职而解除的,用人单位应及时为劳动者办理离职和退工手续,否则将承担不利的法律后果。如果劳动者辞职时未办理工作交接或与用人单位有其他未了纠纷的,用人单位可通过仲裁或诉讼等法律途径主张权利,但不能以此为由限制劳动者辞职,两者是独立的法律关系,不能混为一谈。

实践中,存在用人单位在劳动者未提前三十日通知的情况下直接扣除劳动者工资的情况,但《工资支付暂行规定》第十五条规定:"用人单位不得克扣劳动者工资。有下列情况之一的,用人单位可以代扣劳动者工资:(一)用人单位代扣代缴的个人所得税;(二)用人单位代扣代缴的应由劳动者个人负担的各项社会保险费用;(三)法院判决、裁定中要求代扣的抚养费、赡养费;(四)法律、法规规定可以从劳动者工资中扣除的其他费用。"第十六条规定:"因劳动者本人原因给用人单位造成经济损失的,用人单位可按照劳动合同的约定要求其赔偿经济损失。经济损失的赔偿,可从劳动者本人的工资中扣除。但每月扣除的部分不得超过劳动者当月工资的20%。若扣除后的剩余工资部分低于当地月最低工资标准,则按最低工资标准支付。"用人单位不得克扣劳动者工资,而代扣劳动者工资须符合上述法律规定的情形。此外,因劳动者本人原因给用人单位造成经济损失的情形下扣除劳动者的工资也受到了相应限制。

因此,对用人单位而言,建议在劳动合同中对员工未按法律规定提前通知用人单位解除劳动合同情形下的赔偿范围进行约定,同时避免出现违法扣除劳动者工资的情况。对劳动者而言,建议行使预告解除权时保留书面通知用人单位的相关证据,防止在劳动争议的过程中因证据问题导致不能被认定为已经履行了预告通知的义务,从而可能需要承担向公司进行赔偿的责任。

2. 劳动者即时解除

劳动者即时解除是指在满足法律规定的条件下,劳动者可不经提前通知而单方解除与用人单位的劳动合同。根据《劳动合同法》第三十八条以及《劳动合同法实施条例》第十八条的规定,在以下情形下,劳动者可即时解除劳动合同,而无须提前通知用人单位:

《劳动合同法》第三十八条的适用

(1)用人单位未按照劳动合同约定提供劳动保护或者劳动条件;

(2)用人单位未及时足额支付劳动报酬;

(3)用人单位未依法为劳动者缴纳社会保险费;

(4)用人单位的规章制度违反法律、法规的规定,损害劳动者权益;

(5)用人单位以欺诈、胁迫的手段或者乘人之危,使劳动者在违背真实意愿的情况下订立或者变更劳动合同;

(6)用人单位在劳动合同中免除自己的法定责任、排除劳动者权利的;

(7)用人单位违反法律、行政法规强制性规定的;

(8)用人单位以暴力、威胁或者非法限制人身自由的手段强迫劳动者劳动的;

(9)用人单位违章指挥、强令冒险作业危及劳动者人身安全的;

(10)法律、行政法规规定劳动者可以解除劳动合同的其他情形。

在以上第(1)项至第(7)项以及第(10)项的情形下,劳动者可以即时解除劳动合同,一般需要事先告知用人单位,但无须提前三十日,只要提前即可。但是,在用人单位以暴力、胁迫或者非法限制人身自由的手段强迫劳动者,或者用人单位违章指挥、强令冒险作业危及劳动者人身安全的,劳动者可以立即解除劳动合同,且无须事先告知用人单位。此外,劳动者根据相关规定即时解除劳动合同的,用人单位还需承担经济补偿金或其他赔偿责任。

实践中,在劳动者受有工伤伤残的情况下也多援引《工伤保险条例》的规定,主张在该情况下符合《劳动合同法》第三十八条第一款第(六)项,要求即时解除劳动合同并要求用人单位支付经济补偿。对此,实践中存在"肯定说"与"否定说"。"肯定说"认为受有工伤伤残的劳动者依据《工伤保险条例》解除合同,符合《劳动合同法》第三十八条第一款第(六)项规定的"法律、行政法规规定劳动者可以解除劳动合同的其他情形",并支持了关于经济补偿金的请求;"否定说"则完全相反,认为劳动者依据《劳动合同法》第三十八条解除劳动合同的前提是用人单位存在违法的过错行为,职工因工伤伤残解除劳动合同不属于《劳动合同法》第三十八条规定的劳动者被迫即时解除的情形,进而不认可工伤伤残职工关于经济补偿的请求。①

典型案例

某运输公司不同意员工辞职案

案情简介

苏某于 1989 年 12 月进入某运输公司从事管理岗位工作,双方于 2011 年 1 月 5 日签订了无固定期限的劳动合同。2020 年 6 月 11 日,苏某向该运输公司递交辞职书,辞职书载明的辞职理由为"因公司长期隐瞒拖欠本人养老、失业保险金的违法事实,未经本人同意长期占用我个人交纳的保险费用(每月从工资中扣除),也未给我办理交纳工伤法定保险,给我造成经济损失",并载明"现被迫辞职,请接到辞职书后办理相关手续"。该运输公司的领导于 2020 年 6 月 15 日在辞职书上签署了"经 2020 年 6 月 15 日董事会研究,个人养老保险从今年二月交社保部门,你提出的问题现在不存在了,经研究不同意辞职"。2020 年 10 月 10 日,该运输公司将空白的劳动合同终止(解除)证明书交给苏某,苏某签署了"现因单位长期拖欠养老保险费用也未给我办理工伤、生育保险,交涉未果后被迫解除劳动合同"。该运输公司于事后在解除原因一栏添加了"连续不来上班(从 2020 年 6 月 11 日至 2020 年 10 月 22 日)"的内容。后苏某要求确认该运输公司解除劳动合同违法并支付赔偿金。

处理结果

该案件经过仲裁、一审和二审阶段后,二审法院最终并未支持苏某要求确认该运输公司解除劳动合同违法并支付赔偿金的主张。

案例评析

从 2020 年 6 月 11 日苏某向该运输公司递交的辞职书内容来看,属于《劳动合同法》第三十八条规定的劳动者行使单方即时解除权之情形。该项权利是一项形成权,权利人一旦行使,其意思表示到达对方时即生效,劳动关系归于消灭。劳动者的单方解除区别于《劳动合同法》第三十六条所设协议解除,关键在于是否需要经过要约承诺,协商解除是劳动者或

---

① 宋柏慧. 关于劳动者即时解除制度的反思——以《劳动合同法》第 38 条第 1 款第 6 项为中心[J]. 信阳师范学院学报,2017,41(5):34-39.

用人单位一方提出要约，经对方同意要约的内容后作出承诺，即达到解除劳动合同的目的；而形成权不需要经过要约承诺，到达对方当事人后不得撤销。本案劳动合同经苏某通知即已解除，该运输公司于事后签署的意见并不产生任何法律效力。用人单位出具劳动合同终止（解除）证明书系用人单位在劳动合同解除后应当履行的附随义务，应当由用人单位在劳动合同解除时出具并交付劳动者。本案中，该运输公司在苏某提出辞职的情况下，让苏某自行填写劳动合同终止（解除）证明书，目的是办理相关离职手续，并不具有通知苏某解除劳动合同的效力。即本案劳动合同自苏某递交辞职书时即已解除，并不属于用人单位一方提出解除，不存在用人单位违法解除的问题。苏某认为本案劳动合同系该运输公司违法解除的理由以及要求支付赔偿金的请求，没有事实和法律依据。

资料来源：淮南市中级人民法院(2022)皖04民终617号案件。

（二）用人单位单方解除劳动合同

1. 用人单位预告解除

用人单位预告解除是指用人单位在提前通知劳动者的情况下，可单方解除劳动合同的情况。由于用人单位在劳资关系中处于强势地位，故法律对用人单位的预告解除作出了较多的限制。《劳动合同法》第四十条规定："有下列情形之一的，用人单位提前三十日以书面形式通知劳动者本人或者额外支付劳动者一个月工资后，可以解除劳动合同：（一）劳动者患病或者非因工负伤，在规定的医疗期满后不能从事原工作，也不能从事由用人单位另行安排的工作的；（二）劳动者不能胜任工作，经过培训或者调整工作岗位，仍不能胜任工作的；（三）劳动合同订立时所依据的客观情况发生重大变化，致使劳动合同无法履行，经用人单位与劳动者协商，未能就变更劳动合同内容达成协议的。"用人单位在符合上述法律规定的情形下预告解除劳动合同的，建议向劳动者送达解除终止劳动合同通知书。

《劳动合同法》第四十条的适用

就《劳动合同法》第四十条第（一）项中的医疗期而言，根据劳动者工作年限的不同，法定医疗期间也存在差异。此外，需要注意的是，医疗期满后，劳动者不能从事原工作的情况下用人单位并不能直接解除劳动合同，而需为劳动者另行安排工作，只有在劳动者仍然不能胜任的情况下方可解除劳动合同。《关于贯彻执行〈中华人民共和国劳动法〉若干问题的意见》第三十五条规定："请长病假的职工在医疗期满后，能从事原工作的，可以继续履行劳动合同；医疗期满后仍不能从事原工作也不能从事由单位另行安排的工作的，由劳动鉴定委员会参照工伤与职业病致残程度鉴定标准进行劳动能力鉴定。被鉴定为一至四级的，应当退出劳动岗位，解除劳动关系，办理因病或非因工负伤退休退职手续，享受相应的退休退职待遇；被鉴定为五至十级的，用人单位可以解除劳动合同，并按规定支付经济补偿金和医疗补助费。"换言之，在医疗期满后，若用人单位要证明劳动者不能从事原工作，通常应对劳动者进行劳动能力鉴定，并按照鉴定结果进行处理。

就《劳动合同法》第四十条第（二）项规定的用人单位预告解除劳动合同的情形而言，用人单位需证明劳动者不能胜任工作，且经过培训或者调整工作岗位后仍不能胜任工作。因此，建议用人单位在劳动合同中或公司的相关规章制度中明确劳动者的工作内容及需要达到的工作量标准，以便在适用上述规定解除劳动合同的情况下能尽到相应的举证责任。

就《劳动合同法》第四十条第（三）项规定的用人单位预告解除劳动合同的情形而言，其中的客观情况是指导致劳动合同全部或部分条款无法履行的情况，具体并无相应的法律规定,需由劳动争议仲裁机构或法院根据具体情况确定。此外,在出现劳动合同订立时所依据的客观情况发生重大变化,致使劳动合同无法履行的情况时,用人单位需与劳动者进行协商,仅在双方未能就劳动合同内容达成协议的情况下,用人单位方可进行预告解除。

实践中,一些人力资源管理人员(HR)喜欢套用《劳动合同法》第四十条第(三)项的规定来达到解除劳动合同的目的,结果往往是陷入了违法解除的被动境地。对于"致使劳动合同无法履行的客观情况",HR不能任意做扩大解释,它仅指发生不可抗力或出现了致使劳动合同全部或部分条款不能履行或不必要履行的重大情况,如自然灾害、企业迁移、企业改制、企业产业或资产转移、经营战略重大调整等。HR应当慎用上述条款来解除劳动合同,尤其是当客观情况发生变化,但还没有达到致使劳动合同无法履行的程度时,就不能适用上述条款来解除劳动合同。比如,用人单位变更名称或法定代表人(负责人)、企业分立或合并、企业内部承包等情况虽然属于"客观情况发生重大变化",但是并不必然导致劳动合同无法履行。

用人单位预告解除劳动合同并不适用所有的员工,《劳动合同法》第四十二条规定:"劳动者有下列情形之一的,用人单位不得依照本法第四十条、第四十一条的规定解除劳动合同:(一)从事接触职业病危害作业的劳动者未进行离岗前职业健康检查,或者疑似职业病病人在诊断或者医学观察期间的;(二)在本单位患职业病或者因工负伤并被确认丧失或者部分丧失劳动能力的;(三)患病或者非因工负伤,在规定的医疗期内的;(四)女职工在孕期、产期、哺乳期的;(五)在本单位连续工作满十五年,且距法定退休年龄不足五年的;(六)法律、行政法规规定的其他情形。"

需要注意的是,用人单位根据《劳动合同法》第四十条的规定解除劳动合同,如果未提前三十日以书面形式通知劳动者本人,那么应支付经济补偿金和额外一个月的工资。经济补偿金按劳动者在用人单位工作的年限,每满一年支付一个月工资的标准向劳动者支付。六个月以上不满一年的,按一年计算;不满六个月的,向劳动者支付半个月工资的经济补偿。此处的月工资是指劳动者在劳动合同解除或者终止前十二个月的平均工资。而根据《劳动合同法实施条例》第二十条的规定,作为"代通知金"的额外一个月的工资的计算标准,不是前述的"月工资",而是按照劳动合同解除前该劳动者上一个月的工资标准确定。如果用人单位已提前三十日以书面形式通知劳动者解除劳动合同的,那么仅需支付经济补偿金即可。

2. 用人单位即时解除

用人单位即时解除是指,在满足法律规定的条件下,用人单位可不经提前通知而单方解除与劳动者的劳动合同。《劳动合同法》第三十九条规定:"劳动者有下列情形之一的,用人单位可以解除劳动合同:(一)在试用期间被证明不符合录用条件的;(二)严重违反用人单位的规章制度的;(三)严重失职,营私舞弊,给用人单位造成重大损害的;(四)劳动者同时与其他用人单位建立劳动关系,对完成本单位的工作任务造成严重影响,或者经用人单位提出,拒不改正的;(五)因本法第二十六条第一款第一项规定的情形致使劳动合同无效的;(六)被依法追究刑事责任的。"用人单位在符合上述法律规定的情形下即时解除劳动合同的,建议向劳动者送达解除终止劳动合同通知书。

试用期内可以随意开除员工吗

由上可见,用人单位即时解除的情况多为劳动者存在过错,因此也被称为过错解除,在该情况下,用人单位既无须提前通知劳动者,也无需向劳动者支付经济补偿,是解除劳动合同成本最低的方式。

就《劳动合同法》第三十九条第（一）项而言，用人单位在该情况下解除劳动合同，对劳动者不符合录用条件应承担举证责任，因此，用人单位需要对相关的录用条件进行明确，且需要证明劳动者不符合录用条件。实践中，用人单位可以通过招聘简章、职位描述等将录用条件和标准进行明确，或在员工入职材料中向员工告知相应岗位的录用条件。此外，对于用人单位而言建立试用期考核制度也具有必要性，即对于劳动者在试用期届满时或试用期间是否符合录用条件，应建立相应的考核制度，并在试用期内对劳动者是否符合录用条件进行考核。另外，需要注意的是，用人单位依据劳动者在试用期内不符合录用条件解除劳动合同的，应当在试用期内提出，而不能等转正之后，否则就涉及违法解除。

就《劳动合同法》第三十九条第（二）项而言，该解除方式为实践中用人单位使用较多的方式，但是，实践中对于用人单位的规章制度存在较高的要求。具体而言，第一，用人单位的规章制度内容应符合法律规定，且不应超越用人单位对生产经营进行管理的范畴。举例而言，实践中有用人单位为了防止员工乘坐无营运资质的车辆发生潜在工伤危险，从而规定乘坐无营运资质车辆的即解除劳动合同，但是乘坐何种车辆并不属于用人单位对生产经营的管理，故若用人单位依据该规定解除劳动合同则属于违法解除。第二，用人单位的规章制度需要经过民主协商程序制定。《劳动合同法》第四条规定："用人单位在制定、修改或者决定有关劳动报酬、工作时间、休息休假、劳动安全卫生、保险福利、职工培训、劳动纪律以及劳动定额管理等直接涉及劳动者切身利益的规章制度或者重大事项时，应当经职工代表大会或者全体职工讨论，提出方案和意见，与工会或者职工代表平等协商确定。"因此，用人单位应当召开职工代表大会或全体职工大会对规章制度进行讨论，并对劳动者提出的意见进行记录保存。从实践的角度来看，建议用人单位对讨论的过程进行录音录像，并对劳动者提出的意见进行存档，或者召开会议制作会议记录并让劳动者签到，以避免在相关的争议解决过程中，因无法提供相关的证据证明公司的规章制度经过了民主程序制定而导致被动。第三，用人单位应当将规章制度向劳动者进行公示。从实践的角度来看，用人单位可以采取让劳动者对规章制度通过签收、发送电子邮件等方式进行公示，以固定已经履行公示义务的证据。第四，在用人单位依据规章制度解除劳动合同的情况下，仲裁机构及法院还会对用人单位规章制度的合理性进行审查。具体而言，通常会结合用人单位的行业特征、相应岗位的工作职责、给用人单位造成损失的大小、劳动者的过错程度等进行综合判断。

如何制定合法有效的规章制度

就《劳动合同法》第三十九条第（三）项而言，司法实践中对于劳动者存在严重失职导致用人单位重大损失的情况并未形成统一的裁判标准。有观点认为在该情况下，用人单位也需要证明有相应的规章制度，并经过民主程序制定且向劳动者公示，且劳动者的行为需达到严重的程度并给用人单位造成重大损害。这一标准与《劳动合同法》第三十九条第（二）项中的判断标准基本一致。此外，就劳动者给用人单位造成重大损失的情况而言，还涉及用人单位能否请求劳动者进行赔偿的问题。对此，有观点认为用人单位以劳动者存在严重失职造成损失为由请求赔偿的，应以公司规章制度的规定和劳动合同约定作为依据，如果在双方无约定或规定的情况下，无论劳动者是否具有过错，劳动者均无需对用人单位的损失进行赔偿，理由如下。其一，劳动关系不同于一般的民事关系，其具有人身上的隶属性，劳动者应当服从用人单位的组织、管理和工作安排，二者并不是平等的民事主体，不能适用《民法典》关于平等主体间损害赔偿制度的原则或规定，所以在劳动关系的双方没有特殊约定的情况下，法律不应加以干预,将赔偿责任强加给劳动者。其二,用人单位作为市场经营中的商事主体,其经营本身存在一定的风险,用人风险也属于公司经营风险的一部分。用人单位雇用的劳动者在履行职务中代表的是用人单位,其行为导致的后果应由用人单位承担,而不能随意地将用人单位的损失归结为劳动者的过错。在双方没有明确的规定或约定对劳动者的行为进行限制时,不能主观认定劳动者的行为存在重大过错而要求其承担赔偿责任,否则会将用人单位自身的经营风险转嫁到劳动者身上,既不符合企业经营风险自担的原则,也违反了公平公正的权利义务划分规则。其三,从《劳动法》《劳动合同法》的立法精神来看,保护劳动者的合法权益至关重要。对劳动者过错赔偿责任的适用范围进行限制,符合立法原意和主流价值取向。①

就《劳动合同法》第三十九条第(四)项而言,法律并不禁止劳动者同时与两个以上用人单位建立劳动关系,而是明确了两种情形下用人单位可即时解除劳动合同的权利:第一,劳动者从事第二职业,对完成本单位的工作任务造成严重影响的;第二,劳动者从事第二职业,经用人单位提出,拒不改正的。

就《劳动合同法》第三十九条第(五)项而言,需留意的是用人单位有必要证明其所主张的欺诈、胁迫或乘人之危的行为与用人单位订立或者变更劳动合同之间具有必然的关联。

就《劳动合同法》第三十九条第(六)项而言,根据《关于〈中华人民共和国劳动法〉若干条文的说明》第二十五条第四款规定:"本条中'被依法追究刑事责任',具体指:(1)被人民检察院免予起诉的;(2)被人民法院判处刑罚(主刑:管制、拘役、有期徒刑、无期徒刑、死刑;附加刑:罚金、剥夺政治权利、没收财产)的;(3)被人民法院依据《刑法》第三十二条免予刑事处分的。"但是,免予起诉的刑事诉讼制度已取消,同时还规定了不起诉制度。对此,《劳动和社会保障部办公厅关于职工被人民检察院作出不予起诉决定用人单位能否据此解除劳动合同问题的复函》规定:"人民检察院根据《中华人民共和国刑事诉讼法》第一百四十二条第二款规定作出不起诉决定的,不属于《劳动法》第二十五条第(四)项规定的被依法追究刑事责任的情形。因此,对人民检察院根据《中华人民共和国刑事诉讼法》第一百四十二条第二款规定作出不起诉决定的职工,用人单位不能依据《劳动法》第二十五条第(四)项规定解除其劳动合同。但其行为符合《劳动法》第二十五条其他情形的,用人单位可以解除劳动合同。"此外,实践中,HR往往会简单地依据劳动者是否被限制人身自由,来判断其是否属于"被依法追究刑事责任",这是不正确的。比如,劳动者仅违反《治安管理处罚法》的规定被行政拘留,虽被限制了人身自由,但是不属于"被依法追究刑事责任",故用人单位不能以此为由解除劳动合同。再比如,劳动者被人民法院判处管制、三年以下有期徒刑缓刑或被免于刑事处罚的,虽然劳动者的人身自由没有被完全限制,但属于"被依法追究刑事责任",用人单位仍可以解除劳动合同。因此,HR可以根据人民法院的生效裁判文书,来判断劳动者是否属于"被依法追究刑事责任",并决定能否以此为由解除劳动合同。

用人单位即时解除,也被称为过错性解除劳动合同,适用于全体劳动者。即使根据《劳动合同法》第四十二条的规定,对于因处于医疗期、孕期、产期、哺乳期,或因其他情形而享有特殊保护的劳动者,只要存在上述过错之一,用人单位均可以单方解除劳动合同。

---

① 刘盼清."劳动者严重失职致用人单位重大损害"的司法认定——湖南鑫湘驾驶员培训有限公司诉黄某劳动争议纠纷案[M].//最高人民法院中国应用法学研究所.人民法院案例选.北京:人民法院出版社,2022.

田某与某房地产开发有限公司劳动争议案

案情简介

田某于 2020 年 7 月 13 日入职某房地产开发有限公司，担任厨师职务，试用期 6 个月，试用期月工资 6 200 元，转正后月工资 7 600 元。2021 年 3 月 10 日，田某在当班期间，作为当天的切配负责人，偷窃了员工餐厅用作 2021 年 3 月 11 日出餐的带鱼，经核算约 2.5 千克。导致 2021 年 3 月 11 日此菜品出品量减少，未能满足当天的菜品供应。2021 年 3 月 12 日，该房地产开发有限公司依据公司制定的合法有效的员工奖惩管理办法中关于"出现以下行为的属于严重违反公司的规章制度，公司可以解除劳动合同，并不支付经济补偿金……偷窃或骗取同事、公司之财物"的规定，向田某送达了过错性解除劳动关系通知书，解除了与田某的劳动关系。田某对此不服，向劳动人事争议仲裁委员会申请劳动仲裁，请求公司支付解除劳动关系经济补偿。

处理结果

仲裁委驳回了田某关于要求公司支付解除劳动关系经济补偿的仲裁请求。田某不服裁决结果，诉至人民法院。一审和二审法院均未支持田某关于要求公司支付解除劳动关系经济补偿的主张。

案例评析

根据《劳动合同法》第三十九条第二款"劳动者有下列情形之一的，用人单位可以解除劳动合同：……（二）严重违反用人单位的规章制度的"之规定，田某存在违反该房地产开发有限公司员工奖惩管理办法的行为，其偷窃行为属于严重违反公司的规章制度的情形，该房地产开发有限公司以此为由解除与田某的劳动关系，不符合法律规定的应向田某支付解除劳动关系经济补偿的情形。

资料来源：北京市第三中级人民法院（2022）京 03 民终 1068 号案件。

3. 经济性裁员

经济性裁员是指用人单位在满足法律规定的情况下，一次性裁减人员二十人以上或者裁减不足二十人但占企业职工总数百分之十以上劳动者的行为。《劳动合同法》第四十一条第一款规定："有下列情形之一，需要裁减人员二十人以上或者裁减不足二十人但占企业职工总数百分之十以上的，用人单位提前三十日向工会或者全体职工说明情况，听取工会或者职工的意见后，裁减人员方案经向劳动行政部门报告，可以裁减人员：（一）依照企业破产法规定进行重整的；（二）生产经营发生严重困难的；（三）企业转产、重大技术革新或者经营方式调整，经变更劳动合同后，仍需裁减人员的；（四）其他因劳动合同订立时所依据的客观经济情况发生重大变化，致使劳动合同无法履行的。"

需要注意的是，经济性裁员必须满足一定的人员限制，其适用的前提是用人单位需要裁减的人员数量在二十人以上或者裁减不足二十人但占企业职工总数百分之十以上。否则，只能适用于一般性解除。经济性裁员的程序性要求是，用人单位需提前三十日向工会或者全体职工说明情况，其中应当说明的情况包括裁员的理由、程序、人数、范围以及对被裁减人员的经济补偿等，并听取工会或者职工的意见后，将裁减人员的方案报告给劳动行政部门。

而裁减人员的方案包括被裁减人员名单、裁减时间、实施的步骤、依据的法律规定、经济补偿办法等。如果裁减的人数未达到上述标准，则无须履行上述程序。此外，相关法律并未要求裁减人员的方案必须经过劳动行政部门的同意，用人单位仅需报告给劳动行政部门即可。

对于上述规定中的"用人单位生产经营发生严重困难"，实践中较难确定。《关于〈中华人民共和国劳动法〉若干条文的说明》第二十七条中规定："'生产经营状况发生严重困难'可以根据地方政府规定的困难企业标准来界定。"因此，在用人单位发生经济困难确需裁员的情况下，需要判断用人单位是否符合当地政府规定的困难企业的标准。同时，用人单位应留存好公司的财务会计资料和审计材料，在发生争议时可以更好地证明企业发生了生产经营严重困难的情况。

此外，由于劳动就业关乎社会的稳定，对于企业裁员，《劳动合同法》也进行了一定的限制，规定了用人单位在裁减人员时应优先留用下列人员：①与本单位订立较长期限的固定期限劳动合同的人员；②与本单位订立无固定期限劳动合同的人员；③家庭无其他就业人员，有需要扶养的老人或者未成年人的人员。

根据《劳动合同法》的规定，用人单位因经济性裁员而单方解除劳动合同的，应向劳动者支付经济补偿金。经济补偿金根据劳动者在本单位的工作年限计算，每满一年支付一个月工资，六个月以上不满一年的，按一年计算；不满六个月的，支付半个月工资的经济补偿。此外，相关法律还规定了用人单位在裁员后六个月内重新招用人员的，应当通知被裁减的人员，并在同等条件下优先招用被裁减的人员。

实践中，因法律对经济性裁员的适用条件和程序都做了更加严格的规定，且经济性裁员往往涉及人数较多，容易引起劳动者的群体对抗，故用人单位在选择适用经济性裁员解除劳动合同时，一般都十分谨慎。如需要一段时间内解除多名劳动者的劳动合同，但是可以分别协商解除的，就尽量不要采用经济性裁员的方式。否则，一旦适用经济性裁员解除劳动合同，就一定要遵守相关法律的规定，特别是程序上的规定。

4. 用人单位禁止解除劳动合同的法定限制

鉴于劳动者与用人单位在劳动关系中的地位并不平等，为防止用人单位滥用合同解除权，给劳动者的合法权利造成损害，法律对用人单位的预告解除及经济性裁员作出了若干限制性规定，即在以下情形下，用人单位不得进行预告解除或经济性裁员。

（1）从事接触职业病危害作业的劳动者未进行离岗前职业健康检查，或者疑似职业病病人在诊断或者医学观察期间的。对于接触职业病危害作业的劳动者，离岗前应当进行职业病健康检查，否则即便双方对解除劳动合同协商一致也可能导致双方的协商无效。

（2）在本单位患职业病或者因工负伤并被确认丧失或者部分丧失劳动能力的。

（3）患病或者非因工负伤，在规定的医疗期内的。

（4）女职工在孕期、产期、哺乳期的。需要注意的是，对女职工"三期"期间的特殊劳动保护，并非无条件的保护，即便在"三期"期间，仍需严格遵守法律法规和用人单位规章制度，否则，如严重违反了公司的规章制度或存在其他违法违规的情况，公司进行即时解除的，并不违反法律规定。

（5）在本单位连续工作满十五年，且距法定退休年龄不足五年的。

（6）法律、行政法规规定的其他情形。

第二节　劳动合同的终止

一、劳动合同终止的概念

劳动合同的终止,是指劳动合同的法律效力被依法消灭,也就是说,劳动关系基于一定的法律事实的出现而被终结,用人单位和劳动者之间原有的权利义务不再存在。

二、劳动合同终止的情形

劳动合同终止,用人单位需向劳动者送达解除/终止劳动合同通知书。根据《劳动合同法》第四十四条的规定,在以下情形下,劳动合同终止。

（一）劳动合同期满的

劳动合同期限到期终止是最典型的劳动合同的终止的情形。

（二）劳动者开始依法享受基本养老保险待遇的

基本养老保险待遇是为了保障企业离退休人员的基本生活而由国家强制实施的一种社会保险,它同失业保险、医疗保险(包含生育保险)和工伤保险共同构成我国目前社会保险的四大内容。根据我国法律的相关规定,劳动者依法享受基本养老保险待遇需要同时满足以下条件:劳动者达到法定退休年龄;缴费年限已累计满 15 年。劳动者达到法定退休年龄是享受基本养老保险待遇的前提。关于退休年龄,根据国务院 1978 年颁发的《国务院关于工人退休、退职的暂行办法》以及 2001 年发布的《劳动和社会保障部办公厅关于企业职工"法定退休年龄"涵义的复函》可以分成以下四种情形:①男工人年满 60 周岁,女工人年满 50 周岁,女干部年满 55 周岁,连续工龄满 10 年;②从事井下、高空、高温、特别繁重体力劳动或者其他有害身体健康的工作,男年满 55 周岁、女年满 45 周岁,连续工龄满十年;③男年满50周岁、女年满 45 周岁,连续工龄 10 年,由医院证明,并经劳动鉴定委员会确认,完全丧失劳动能力的;④因工致残,由医院证明,并经劳动鉴定委员会确认,完全丧失劳动能力的。

（三）劳动者死亡,或者被人民法院宣告死亡或者宣告失踪的

自然人的民事权利能力始于出生,终于死亡,这里的"死亡"包括自然死亡和宣告死亡。宣告死亡是指法院根据利害关系人的申请,依法定的程序推定失踪达到一定期限的公民死亡并予以宣告的制度。宣告失踪同宣告死亡一样,均导致劳动合同中劳动者无法履行义务,劳动关系是一种具有强烈人身属性的权利义务关系,劳动合同是用人单位基于对劳动者本人的认定而签订的。如果作为劳动合同的一方当事人的劳动者的主体资格不存在,则原劳动合同中的相关权利义务也就无法继续履行,此时劳动合同将依法终止。

（四）用人单位被依法宣告破产的

《中华人民共和国企业破产法》第二条第一款规定:"企业法人不能清偿到期债务,并且资产不足以清偿全部债务或者明显缺乏清偿能力的,依照本法规定清理债务。"用人单位一旦被法院宣告破产,则会进入破产清算程序,用人单位的主体资格也将归于消灭。同劳动者死亡或者被宣告死亡、被宣告失踪一样,用人单位被宣告破产,其作为劳动合同一方当事人

的主体地位消失,此时劳动合同的效力亦依法终止。破产程序终结后,管理人应当自破产程序终结之日起十日内持法院终结破产程序的裁定,向破产人的原登记机关办理注销登记,此时用人单位的民事权利能力最终消灭。

(五)用人单位被吊销营业执照、责令关闭、撤销或者用人单位决定提前解散的

吊销企业法人营业执照,是指市场监督管理局根据相关法律法规对违法的企业法人作出的一种行政处罚。企业法人被吊销营业执照后,应当依法进行清算,清算程序结束并办理注销登记后,该企业法人则归于消灭。责令关闭,是指行为人违反了法律、行政法规的规定,被行政机关做出停止生产或者经营的处罚决定。被撤销,是指行政机关撤销有瑕疵的公司登记。用人单位决定提前解散,是指在股东会或者股东大会决议解散,或者公司合并、分立需要解散,或者持有公司全部股东表决权百分之十以上的股东,请求人民法院解散公司的情形下,用人单位提前于公司章程规定的公司终止时间而解散的。

(六)法律、行政法规规定的其他情形

在实践中,由于享受基本养老保险待遇存在缴费年限的限制,导致并非所有达到法定退休年龄的劳动者均可立即开始享受基本养老保险待遇。因此,《劳动合同法实施条例》第二十一条规定:"劳动者达到法定退休年龄的,劳动合同终止。"对《劳动合同法》第四十四条进行了补充,该情形符合《劳动合同法》第四十四条第(六)项,有法律、行政法规规定的其他情形的,劳动合同终止的规定。

三、劳动合同期满不得终止的情形

鉴于存在较多用人单位不得进行预告解除及经济性裁员的情况,如在这些情况下允许劳动合同期满终止,同样无法达到保护劳动者合法权益、维护社会稳定的目的。《劳动合同法》第四十二条规定:"劳动者有下列情形之一的,用人单位不得依照本法第四十条、第四十一条的规定解除劳动合同:(一)从事接触职业病危害作业的劳动者未进行离岗前职业健康检查,或者疑似职业病病人在诊断或者医学观察期间的;(二)在本单位患职业病或者因工负伤并被确认丧失或者部分丧失劳动能力的;(三)患病或者非因工负伤,在规定的医疗期内的;(四)女职工在孕期、产期、哺乳期的;(五)在本单位连续工作满十五年,且距法定退休年龄不足五年的;(六)法律、行政法规规定的其他情形。"在劳动合同期满的情况下,如存在《劳动合同法》第四十二条规定的情形,劳动合同的期限自动延续至相应的情形消失时止。需要提醒的是,上述不得终止的情形仅仅针对劳动合同期满的终止,倘若劳动合同是基于期限届满以外的其他法定情形终止的,则不适用。

此外,在劳动合同期满不得终止的情形下,虽然劳动合同的终止受到了限制,但是这并不意味着这类劳动合同永远不能终止。根据《劳动合同法》第四十五条的规定,劳动合同期满如出现上述劳动合同期满不得终止的情形,劳动合同应当续延至相应的情形消失时终止。因此,用人单位应当根据具体情况、分别确定处理方式。

(1)劳动合同期满时,从事接触职业病危害作业的劳动者未进行离岗前职业健康检查的,劳动合同应续延至检查结束之日时终止。

(2)劳动合同期满时,疑似职业病病人在诊断或者医学观察期间的,劳动合同应续延至诊断或医学观察期结束之日时终止。

（3）劳动合同期满时，劳动者在本单位患职业病或者因工负伤并被确认丧失或者部分丧失劳动能力的，应当按照工伤保险的相关规定处理：一是劳动者被鉴定为一级至四级伤残的，保留劳动关系，退出工作岗位，劳动合同应续延至劳动者达到法定退休年龄之日终止；二是劳动者被鉴定为五级、六级伤残的，保留劳动关系，由用人单位安排适当工作，难以安排工作的，由用人单位按月发给伤残津贴，但经劳动者本人提出，其可以与用人单位解除或者终止劳动关系，由工伤保险基金支付一次性工伤医疗补助金，由用人单位支付一次性伤残就业补助金；三是劳动者被鉴定为七级至十级伤残的，劳动、聘用合同期满终止，或者劳动者本人提出解除劳动、聘用合同的，由工伤保险基金支付一次性工伤医疗补助金，由用人单位支付一次性伤残就业补助金。

（4）劳动合同期满时，劳动者患病或者非因工负伤，在规定的医疗期内的，劳动合同应续延至医疗期届满之日时终止。

（5）劳动合同期满时，女职工在孕期、产期、哺乳期的，劳动合同应续延至哺乳期结束之日时终止；如果女职工流产的，劳动合同应续延至流产假结束之日时终止。

（6）劳动合同期满时，劳动者在本单位连续工作满十五年，且距法定退休年龄不足五年的，劳动合同应续延至劳动者达到法定退休年龄之日时终止。

四、劳动合同终止的后果

劳动合同终止后劳动者与用人单位的劳动关系即告终止，与之相应地，劳动合同的法律效力也告消灭，除非有特别约定的情况，其中约定的权利义务对用人单位及劳动者的约束力均归于消灭。而且，由于劳动关系不同于一般的民事法律关系，用人单位与劳动者的权利义务并不完全对等，故在劳动合同终止后，除有特别规定的情况外，用人单位对劳动者负担的各项法定义务原则上也归于消灭。

典型案例

吴某与某艺术培训有限公司劳动争议案

案情简介

2018年2月，吴某进入某艺术培训有限公司工作，任教务一职。2022年1月，吴某检查出自己怀孕。2022年9月2日，吴某休产假。后该艺术培训有限公司不再经营，决定提前解散，并将公司资产实际转让给案外人。2022年9月15日，该艺术培训有限公司法定代表人通过微信告知吴某单位要破产了，以后不需要上班了。2022年9月19日，该艺术培训有限公司的会计通过微信向吴某转述公司关于解除劳动关系的经济补偿意见，双方就补偿款未达成一致意见。后吴某就继续履行劳动合同问题向劳动人事争议仲裁委员会申请仲裁。

处理结果

仲裁委就吴某主张继续履行劳动合同问题作出不予受理通知书。后吴某不服诉至人民法院。一审法院驳回了吴某关于要求继续履行劳动合同的诉讼请求，吴某并未上诉。

案例评析

《劳动合同法》第四十四条规定："有下列情形之一的，劳动合同终止：（一）劳动合同期满的；（二）劳动者开始依法享受基本养老保险待遇的；（三）劳动者死亡，或者被人民法院宣告死亡或者宣告失踪的;(四)用人单位被依法宣告破产的;(五)用人单位被吊销营业执照、责令关闭、撤销或者用人单位决定提前解散的;(六)法律、行政法规规定的其他情形。"根据该条第五项的规定,本案中,该艺术培训有限公司不再经营,决定提前解散,现已实际转让给案外人,符合劳动合同终止的情形,吴某要求继续履行与该艺术培训有限公司之间的劳动合同客观上已无可能,因此该艺术培训有限公司终止与吴某的劳动合同并无不当。

资料来源:淮安市清浦区人民法院(2022)苏0812民初9523号案件。

第三节　劳动合同解除或终止的其他内容

一、经济补偿金的性质

经济补偿金是在法律规定的情形下,用人单位应当按照法律规定的标准向劳动者支付的经济性补偿。因此,经济补偿金为一项法定的补偿,《劳动合同法》对于支付经济补偿金的情形和标准均作出了明确的规定,其对于用人单位而言为一项法定的义务,对于劳动者而言为一项法定的权利,除非劳动者主动放弃,否则用人单位不得拒绝支付。

此外,经济补偿金的支付针对的多为劳动合同因法定的原因解除或终止的情况,但实践中存在大量用人单位未按照法律规定解除劳动合同的情况,在该情况下,用人单位需向劳动者支付赔偿金。不同于经济补偿金,赔偿金具有一定的惩罚性,但因其与经济补偿金均为劳动合同解除或终止带来的后果之一,故在本节中也一并讨论。

二、支付经济补偿金、赔偿金的情形

(一)支付经济补偿金的情形

用人单位和劳动者符合《劳动合同法》第四十六条规定之情形,用人单位应当向劳动者支付经济补偿金。

用人单位需要支付赔偿金的情形

1. 协商解除劳动合同的经济补偿金

劳动合同期限届满前,经用人单位提出,用人单位和劳动者协商一致解除劳动合同的,用人单位应依法向劳动者支付经济补偿金。

2. 劳动者单方即时解除劳动合同的经济补偿金

用人单位有下列过错情形之一的,致使劳动者行使单方即时解除权而解除劳动合同的,用人单位应依法向劳动者支付经济补偿金:

(1)用人单位未按劳动合同约定提供劳动保护和劳动条件,劳动者解除劳动合同的;

(2)用人单位未及时足额支付劳动报酬,劳动者解除劳动合同的;

(3)用人单位未依法为劳动者缴纳社会保险费,劳动者解除劳动合同的;

(4)用人单位的规章制度违反法律、法规的规定,损害劳动者权益,劳动者解除劳动合同的;

(5)用人单位以欺诈、胁迫、乘人之危的手段,使劳动者在违背真实意思的情况下订立或者变更劳动合同,致使劳动合同无效,劳动者解除劳动合同的;

(6)用人单位免除自己的法定责任、排除劳动者权利,致使劳动合同无效,劳动者解除

劳动合同的；

（7）用人单位订立劳动合同违反法律、行政法规强制性规定，致使劳动合同无效，劳动者解除劳动合同的；

（8）用人单位以暴力、威胁、非法限制人身自由手段强迫劳动，劳动者解除劳动合同的；

（9）用人单位违章指挥、强令冒险作业危及劳动者人身安全，劳动者解除劳动合同的；

（10）法律、行政法规规定劳动者可以解除劳动合同的其他情形。

3. 用人单位单方预告解除劳动合同的经济补偿金

因以下非劳动者过错的原因，用人单位单方预告解除劳动合同的，应依法向劳动者支付经济补偿金：

（1）劳动者患病或者非因工负伤，在规定的医疗期满后不能从事原工作，也不能从事由用人单位另行安排的工作，用人单位解除劳动合同的；

（2）劳动者不能胜任工作，经过培训或者调整工作岗位，仍不能胜任工作，用人单位解除劳动合同的；

（3）劳动合同订立时所依据的客观情况发生重大变化，致使劳动合同无法履行，经用人单位与劳动者协商，未能就变更劳动合同内容达成协议，用人单位解除劳动合同的。

4. 用人单位依法进行经济性裁员的经济补偿金

用人单位根据《劳动合同法》第四十一条的规定，依法进行经济性裁员的，用人单位应依法向劳动者支付经济补偿金：

（1）用人单位依照企业破产法规定进行重整，用人单位依法定程序裁减人员的；

（2）用人单位生产经营发生严重困难，用人单位依法定程序裁减人员的；

（3）企业转产、重大技术革新或者经营方式调整，经变更劳动合同后，仍需裁减人员，用人单位依法定程序裁减人员的；

（4）其他因劳动合同订立时所依据的客观经济情况发生重大变化，致使劳动合同无法履行，用人单位依法定程序裁减人员的。

5. 劳动合同终止时支付经济补偿金的情形

存在下列劳动合同终止情形之一的，用人单位应依法向劳动者支付经济补偿金：

（1）除用人单位维持或者提高劳动合同约定条件续订劳动合同，劳动者不同意续订的情形外，依照《劳动合同法》第四十四条第一项的规定终止固定期限劳动合同，即固定期限劳动合同期满终止的，用人单位不同意续订劳动合同或用人单位虽同意续订劳动合同，但续订劳动合同中约定的各项劳动条件低于原劳动合同中的约定条件，劳动者不同意续订的；

（2）因用人单位被依法宣告破产而终止劳动合同的；

（3）因用人单位被吊销营业执照、责令关闭、撤销或者用人单位决定提前解散而终止劳动合同的。

6. 法律、行政法规规定的其他需支付经济补偿金的情形

法律、行政法规规定的其他需支付经济补偿金的情形包括但不限于：

（1）根据《劳动合同法实施条例》第二十二条的规定，以完成一定工作任务为期限的劳动合同因任务完成而终止的；

（2）根据《最高人民法院关于审理劳动争议案件适用法律问题的解释（一）》第四十八条的规定，因用人单位经营期限届满不再继续经营导致劳动合同不能继续履行的。

某公司依据客观情况发生重大变化解除劳动合同案

案情简介

2011年,房某入职某公司,并与公司签订了劳动合同。2015年,房某被公司派至上海工作,双方签订了派遣协议。2017年,因公司部门调整,房某所在的部门被撤销,公司向房某发送员工变动确认信,表明可以提供转岗,但房某并未同意。因此,公司向房某发出了解除劳动合同通知书,载明因公司部门调整,且双方无法就变更合同内容达成一致,故解除与房某的劳动合同。房某对此予以签收,并注明"不同意解除"。其后,房某提起了劳动仲裁,要求恢复劳动关系。

处理结果

本案经过了劳动仲裁、一审、二审阶段,房某要求恢复劳动关系的主张并未得到支持。

案例评析

《劳动合同法》第四十条第(三)项规定,劳动合同订立时所依据的客观情况发生重大变化,致使劳动合同无法履行,经用人单位与劳动者协商,未能就变更劳动合同内容达成协议的,用人单位提前三十日以书面形式通知劳动者本人或者额外支付劳动者一个月工资后,可以解除劳动合同。就本案而言,房某所在的部门是否被撤销,公司提交的证据能够相互印证,足以证明部门已被撤销、房某的职位已被取消的事实。在此情形下,原劳动合同已无法履行,双方可以就变更劳动合同进行协商。为此,公司向房某发出员工变动确认信,安排的岗位符合房某的意愿,且薪资、工作地点均不变,但房某并未同意公司的调岗方案,后又经协商,直至公司出具解除通知时,房某也仅表示不同意解除,仍未对公司的调岗协商方案表示同意,这些事实表明房某与公司未就变更劳动合同达成一致,公司据此解除双方的劳动合同,于法有据。

从该案中可以看出,公司解除劳动合同需存在法定的事由,在满足法律规定的解除劳动合同的情形下,公司有权单方解除劳动合同。在该情况下,劳动者要求恢复劳动关系的请求不能成立。但是,如公司单方解除劳动合同符合法律规定的需支付经济补偿金的情形,单位需向劳动者支付相应的经济补偿金。

资料来源:最高人民法院于2022年7月6日发布的指导案例183号。

(二)无须支付经济补偿金的情形

1. 劳动合同解除时,无须支付经济补偿金的情形

用人单位解除
劳动合同无须
支付经济补偿
金的情形

(1)协商解除劳动合同中,经劳动者提出,劳动者与用人单位协商一致解除劳动合同的。

(2)劳动者提前三十日以书面形式通知用人单位或在试用期内提前三日通知用人单位解除劳动合同的。

(3)劳动者在试用期间被证明不符合录用条件,用人单位解除劳动合同的。

(4)劳动者严重违反用人单位的规章制度,用人单位解除劳动合同的。

（5）劳动者严重失职，营私舞弊，给用人单位造成重大损害，用人单位解除劳动合同的。

（6）劳动者同时与其他用人单位建立劳动关系，对完成本单位的工作任务造成严重影响，或者经用人单位提出，拒不改正，用人单位解除劳动合同的。

（7）劳动者以欺诈、胁迫的手段或者乘人之危，使用人单位在违背真实意思的情况下订立或者变更劳动合同的，用人单位解除劳动合同的。

（8）劳动者被依法追究刑事责任，用人单位解除劳动合同的。

2．劳动合同终止时，无须支付经济补偿金的情形

（1）固定期限劳动合同期满终止，用人单位维持或提高劳动合同的约定条件续订劳动合同，劳动者不同意续订的，用人单位无须支付经济补偿金。

（2）劳动者开始依法享受基本养老保险待遇，导致劳动合同终止的。

（3）劳动者死亡，或者被人民法院宣告死亡或者宣告失踪，导致劳动合同终止的。

（4）自用工之日起一个月内，经用人单位的通知，劳动者仍不与用人单位订立书面劳动合同的，导致用人单位终止劳动合同的。

（5）非全日制用工双方当事人中的任何一方通知对方终止用工的。

（三）支付赔偿金的情形

根据《劳动合同法》第四十八条和第八十七条的规定，用人单位违反法律规定解除或者终止劳动合同，劳动者不要求继续履行劳动合同或劳动合同已经不能继续履行的，应当按照经济补偿金标准的二倍向劳动者支付赔偿金，其功能不仅在于弥补劳动者的损失和保护劳动者，也是对用人单位的违法行为进行惩罚。因其具有惩罚的属性，故相关条文规定在《劳动合同法》的"法律责任"一章中。

在不同的劳动合同解除方式下，支付经济补偿金和赔偿金的具体情形如图 5-1 所示。

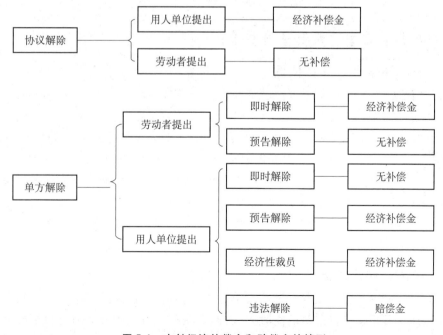

图 5-1 支付经济补偿金和赔偿金的情形

典型案例

赵某与某公司劳动争议案

案情简介

2021年12月17日,赵某入职某公司。2021年12月30日,该公司向赵某提供待签订的劳动合同书及员工薪酬确认书。2021年12月31日,该公司人事部门再次询问赵某是否签订劳动合同。赵某表示劳动合同上的薪资与双方之前约定的不一致,不同意签订劳动合同。同天,该公司向赵某发送终止劳动关系通知书,告知赵某以其不愿意签署劳动合同为由解除双方劳动关系。后赵某向劳动人事争议仲裁委员会申请劳动仲裁,要求该公司支付违法解除劳动关系赔偿金。

处理结果

仲裁委对于赵某主张违法解除劳动关系赔偿金的仲裁请求不予支持。赵某不服裁决结果,诉至人民法院。法院一审判决驳回了赵某关于违法解除劳动关系赔偿金的诉讼请求,二审法院维持了一审判决。

案例评析

自用工之日起一个月内,经用人单位通知后,劳动者不与用人单位订立劳动合同的,用人单位可以书面通知劳动者终止劳动关系,并无须向劳动者支付经济补偿,但是应当依法向劳动者支付其实际工作时间劳动报酬。本案中,该公司作为用人单位,在赵某入职后一个月内,通知赵某签署书面的劳动合同。但赵某与该公司双方因对薪资标准、薪资结构等存在分歧,经过多次协商,未能达成合意,故最终未能成功签署书面劳动合同。在此情况下,该公司通知赵某终止劳动关系并无不当。赵某要求该公司支付违法解除劳动合同赔偿金,缺乏事实和法律依据。

资料来源:上海市第一中级人民法院(2023)沪01民终2086号案件。

三、支付经济补偿金、赔偿金的标准

(一)经济补偿金的计算依据

《劳动合同法》第四十七条规定:"经济补偿按劳动者在本单位工作的年限,每满一年支付一个月工资的标准向劳动者支付。六个月以上不满一年的,按一年计算;不满六个月的,向劳动者支付半个月工资的经济补偿。"此处规定了经济补偿的计算标准。

经济补偿金如何计算

上述所称的月工资指的是劳动者在劳动合同解除或者终止前十二个月的平均工资,低于当地最低工资标准的,按照当地最低工资标准计算。劳动者工作不满十二个月的,按照实际工作的月数计算平均工资。月工资按照劳动者应得工资计算,包括计时工资或者计件工资以及奖金、津贴和补贴等货币性收入。

(二)经济补偿金的支付限制

《劳动合同法》中规定月工资高于用人单位所在直辖市、设区的市级人民政府公布的本地区上年度职工月平均工资三倍的高收入人群,在获得经济补偿金时对支付数额和支付年限进行了限制。

1. 数额限制

针对上述高收入人群,经济补偿的标准按照当地上年度职工月平均工资三倍的数额支付,而并非是劳动者本人的实际月平均工资。

2. 年限限制

针对上述高收入人群,经济补偿的年限最高不超过十二年,也就是说,如果劳动者在用人单位的工作年限超过十二年的,按照十二年计算。

（三）经济补偿金的分段计算

根据《劳动合同法》第九十七条的规定,跨越 2008 年 1 月 1 日存续的劳动合同,在 2008 年 1 月 1 日后解除或终止,按照《劳动合同法》第四十六条规定应当支付经济补偿的,经济补偿年限自 2008 年 1 月 1 日起计算;2008 年 1 月 1 日以前的部分按照当时有关规定执行。

2008 年 1 月 1 日之前,根据《劳动法》第二十八条规定,有下列情形之一的,用人单位应依法向劳动者支付经济补偿金:①经劳动合同当事人协商一致,由用人单位解除劳动合同的;②劳动者患病或者非因工负伤,医疗期满后,不能从事原工作也不能从事由用人单位另行安排的工作的;③劳动者不能胜任工作,经过培训或者调整工作岗位,仍不能胜任工作的;④劳动合同订立时所依据的客观情况发生重大变化,致使原劳动合同无法履行,经当事人协商不能就变更劳动合同达成协议,由用人单位解除劳动合同的;⑤用人单位濒临破产进行法定整顿期间或者生产经营状况发生严重困难,确需裁减人员的,应当提前三十日向工会或者全体职工说明情况,听取工会或者职工的意见,经向劳动行政部门报告后,可以裁减人员。

（四）赔偿金的支付标准

就赔偿金而言,根据《劳动合同法》第八十五条的规定,用人单位解除或者终止劳动合同,未按照《劳动合同法》的规定向劳动者支付经济补偿的,经劳动行政部门责令其限期支付仍逾期不支付的,应当按应付金额百分之五十以上百分之一百以下的标准向劳动者加付赔偿金。

根据《劳动合同法》第四十八条和第八十七条的规定,用人单位违法解除或者终止劳动合同的,劳动者不要求继续履行劳动合同或劳动合同已经不能继续履行的,应当依据《劳动合同法》规定的经济补偿金标准的两倍向劳动者支付赔偿金。此外,根据《劳动合同法实施条例》第二十五条的规定,用人单位违法解除或者终止劳动合同,依照《劳动合同法》第八十七条的规定支付了赔偿金的,不再支付经济补偿。因此,劳动者不能同时获得经济补偿和赔偿金。

四、解除或终止劳动合同后可能承担的赔偿责任

（一）用人单位解除或终止劳动合同后违法扣押劳动者档案或其他物品

劳动者依法解除或者终止劳动合同,用人单位扣押劳动者档案或其他物品,给劳动者造成损害的,应承担赔偿责任。

（二）用人单位严重违法用工

《劳动合同法》第八十八条规定:"用人单位有下列情形之一的,依法给予行政处罚;构成犯罪的,依法追究刑事责任;给劳动者造成损害的,应当承担赔偿责任:(一)以暴力、威胁或

者非法限制人身自由的手段强迫劳动的;(二)违章指挥或者强令冒险作业危及劳动者人身安全的;(三)侮辱、体罚、殴打、非法搜查或者拘禁劳动者的;(四)劳动条件恶劣、环境污染严重,给劳动者身心健康造成严重损害的。"用人单位如果存在上述严重违法用工的情形,给劳动者造成损害的,应当承担赔偿责任。

(三)用人单位未提供解除或者终止劳动合同证明

根据《劳动合同法》第八十九条的规定,用人单位未向劳动者出具解除或终止劳动合同的书面证明,给劳动者造成损害的,应承担赔偿责任。

(四)劳动者违法解除劳动合同

根据《劳动合同法》第九十条和《违反〈中华人民共和国劳动法〉有关劳动合同规定的赔偿办法》第四条的规定,劳动者违法解除劳动合同,给用人单位造成损失的,应承担赔偿责任,赔偿的损失包括:用人单位招收录用其所支付的费用;用人单位为其支付的培训费用,双方另有约定的按约定办理;对生产、经营和工作造成的直接经济损失;劳动合同约定的其他赔偿费用。

(五)劳动者违反劳动合同中约定的保密义务或者竞业限制

根据《劳动合同法》第九十条的规定,劳动者违反劳动合同中约定的保密义务或者竞业限制,给用人单位造成损失的,应承担赔偿责任。

(六)因劳动者的原因致使劳动合同无效

根据《劳动合同法》第八十六条的规定,劳动合同因劳动者的过错被确认无效,给用人单位造成损害的,劳动者应承担赔偿责任。

五、解除或终止劳动合同的程序

员工突然离职怎么办

解除或终止劳动合同的,应当根据法律规定履行相应的程序。根据《劳动合同法》第五十条的规定,用人单位应当在解除或者终止劳动合同时出具解除或者终止劳动合同的证明。而且用人单位还应在解除或者终止劳动合同后十五日内为劳动者办理档案和社会保险关系转移手续。此外,用人单位依法需向劳动者支付经济补偿的情况下,需在办结工作交接时支付经济补偿金。对于已经解除或者终止劳动合同的文本,用人单位需至少保存两年。对于劳动者而言,应当按照双方约定,办理工作的交接。

六、解除或终止劳动合同的后合同义务

劳动合同解除或终止后,一般而言,用人单位和劳动者的权利义务也归于消灭。但是,鉴于用人单位和劳动者之间关系的特殊性,也存在一些后合同义务需用人单位及劳动者继续履行。实践中,常见的解除或终止劳动合同的后合同义务表现为保密义务和竞业限制义务,即如果用人单位和劳动者就保守商业秘密或劳动者离职后的竞业限制签订了相关的协议,在双方的劳动合同解除或终止后,双方仍应当依据签订的相关协议继续履行,例如,劳动者应当严格保守原用人单位的商业秘密或遵循竞业限制的约定,劳动者履行了竞业限制的约定,原用人单位应当向劳动者支付竞业限制补偿金等。

用人单位行使管理权应遵循合理、限度和善意的原则。解除劳动合同系最严厉的惩戒措施,用人单位应审慎用之。王某某因父去世回老家操办丧事,既是处理突发的家庭事务,也属尽人子孝道,符合中华民族传统的人伦道德和善良风俗。物业公司作为用人单位,应给予充分的尊重、理解和宽容。王某某主张其父于2020年1月7日去世、于1月12日火化下葬,并提供了村委会出具的证明,物业公司虽不予认可,但并无相反证据予以推翻,且在包括王某某老家安徽省在内的广大农村地区仍有停灵的丧葬习俗,上述丧葬期间在合理范围内。尊重民俗、体恤员工的具体困难与不幸也是用人单位应尽义务。王某某于1月6日早上提交了1月6日至1月13日的请假手续,其上级主管和物业经理予以签字同意,然迟至下午才报集团公司审批,次日才告知王某某未获批准,故王某某1月6日缺勤系因物业公司未及时行使审批权所致,不应认定为旷工。1月7日王某某因公司未准假,返回上海途中得知父亲去世便再次回家办理丧事,至此,事假性质发生改变,转化为事假丧假并存。扣除三天丧假,王某某实际只请了两天事假,考虑到王某某老家在外地,路途时间也耗费较多,请事假两天,属合理期间范围,物业公司不予批准,显然不近人情,也有违事假制度设立之目的。至于2020年1月14日,该日不在王某某请假期间范围内,物业公司认定该日为旷工,并无不当。因此,王某某并未达到物业公司规章制度规定的可解除劳动合同的条件,物业公司解除劳动合同,属罔顾事件背景缘由,机械适用规章制度,严苛施行用工管理,显然不当。故物业公司系违法解除与王某某的劳动合同,应向王某某支付违法解除劳动合同赔偿金。

【本章小结】

劳动合同的解除和终止是实践中出现频率极高的问题,本章主要介绍了劳动合同解除和终止的概念和情形、支付经济补偿金和赔偿金的情形、计算经济补偿金和赔偿金的方法、解除或终止劳动合同后可能承担的赔偿责任,劳动合同解除或终止的程序,以及解除或终止劳动合同的后合同义务。其中,支付经济补偿金和赔偿金的情形是重中之重。

劳动合同的解除和终止是用人单位和劳动者不可避免地会遇到的情况,用人单位和劳动者常常是在解除或终止劳动合同时发生纠纷,产生劳动争议。为了解决用人单位和劳动者之间的劳动争议,学习和掌握劳动合同的解除和终止相关的法律知识就显得尤为重要。

【课后练习】

一、单项选择题

1. 下列说法正确的是(　　)。

A. 用人单位提前三十日通知的,可以解除劳动合同

B. 劳动者严重失职,营私舞弊,给用人单位造成重大损害的,用人单位可以解除劳动合同

C. 用人单位的规章制度违反法律、法规的规定,损害劳动者权益的,劳动者可以不经告知解除与用人单位的劳动合同

D. 女职工在孕期、产期、哺乳期的,用人单位不得解除劳动合同

2. 在下列情形中,不属于劳动者单方即时解除劳动合同的是( )。

    A. 用人单位未按照劳动合同约定提供劳动保护或者劳动条件的

    B. 用人单位未依法为劳动者缴纳社会保险费的

    C. 用人单位的规章制度违反法律、法规的规定,损害劳动者权益的

    D. 用人单位生产经营发生严重困难的

3. 以下说法错误的是( )。

    A. 劳动者在试用期间被证明不符合录用条件,用人单位可以解除劳动合同,且无须支付经济补偿的

    B. 劳动者严重失职,营私舞弊,给用人单位造成重大损害的,用人单位可以解除劳动合同,且无须支付经济补偿的

    C. 用人单位依照企业破产法规定进行重整,解除劳动者劳动合同,且无须支付经济补偿的

    D. 女职工在孕期、产期、哺乳期,严重违反用人单位的规章制度的,用人单位可以解除劳动合同,且无须支付经济补偿的

4. 在下列情形中,用人单位需支付赔偿金的是( )。

    A. 用人单位经济性裁员

    B. 用人单位被依法宣告破产,导致劳动合同终止

    C. 用人单位根据未经民主程序制定的规章制度解除与劳动者的劳动合同

    D. 用人单位依法即时解除与劳动者的劳动合同

5. 用人单位应提前三十日以书面形式通知劳动者或额外支付劳动者一个月工资后,解除劳动合同的情形是( )。

    A. 劳动者被依法追究刑事责任的

    B. 劳动者不能胜任工作,经过培训或者调整工作岗位,仍不能胜任工作的

    C. 劳动者在试用期间被证明不符合录用条件的

    D. 劳动者严重违反用人单位的规章制度的

二、多项选择题

1. 在下列情形中,劳动合同终止的是( )。

    A. 劳动者达到法定退休年龄

    B. 用人单位被依法宣告破产

    C. 用人单位被吊销营业执照、责令关闭、撤销或者用人单位决定提前解散

    D. 女职工在孕期,劳动合同到期

2. 在下列情形中,用人单位无需向劳动者支付经济补偿的是( )。

    A. 用人单位未及时足额支付劳动报酬,劳动者解除劳动合同的

    B. 用人单位与劳动者协商解除劳动合同中,经劳动者提出,劳动者与用人单位协商一致解除劳动合同的

    C. 用人单位违反法律、行政法规强制性规定,劳动者解除劳动合同的

    D. 劳动者同时与其他用人单位建立劳动关系,对完成本单位的工作任务造成严重影响,或者经用人单位提出,拒不改正的

3. 用人单位依法可以裁减人员的情形有(　　)。

　　A. 依照企业破产法规定进行重整的

　　B. 生产经营发生严重困难的

　　C. 企业转产、重大技术革新或者经营方式调整，经变更劳动合同后，仍需裁减人员的

　　D. 其他因劳动合同订立时所依据的客观经济情况发生重大变化，致使劳动合同无法履行的

4. 在下列情形中，用人单位需支付经济补偿金的是(　　)。

　　A. 用人单位免除自己的法定责任、排除劳动者权利，致使劳动合同无效，劳动者解除劳动合同的

　　B. 用人单位与劳动者协商解除劳动合同中，经用人单位提出，劳动者与用人单位协商一致解除劳动合同的

　　C. 因劳动合同订立时所依据的客观经济情况发生重大变化，用人单位解除劳动合同的

　　D. 用人单位被依法宣告破产，用人单位解除劳动合同的

5. 劳动者在下列情形中，用人单位不得预告解除劳动合同的是(　　)。

　　A. 从事接触职业病危害作业的劳动者未进行离岗前职业健康检查，或者疑似职业病病人在诊断或者医学观察期间的

　　B. 在本单位患职业病或者因工负伤并被确认丧失或者部分丧失劳动能力的

　　C. 患病或者非因工负伤，在规定的医疗期内的

　　D. 在本单位连续工作满十五年，且距法定退休年龄不足十年的

三、名词解释

用人单位预告解除　用人单位即时解除　劳动合同解除　劳动合同终止　经济补偿金

四、简答题

1. 简述劳动合同终止的情形。

2. 简述用人单位支付经济补偿金的情形。

五、论述题

1. 论述用人单位支付经济补偿金和赔偿金的标准。

2. 论述劳动者单方解除劳动合同的情形。

集 体 合 同

【内容提要】

本章内容共分为三节。第一节在介绍了集体合同的概念、特点、原则、内容的基础上帮助学习者了解集体合同的基本知识,此外又针对集体合同和劳动合同的区别进行了具体介绍。第二节重点阐述了集体合同的订立、变更、解除和终止。第三节介绍了集体合同的类型、效力以及如何处理争议。

【知识目标】

1. 了解集体合同的概念、特点、原则和分类。
2. 熟悉集体合同和劳动合同的区别。
3. 熟悉集体合同的内容。
4. 掌握集体合同的订立、变更、解除和终止。
5. 掌握集体合同的效力和争议处理。

【素质目标】

1. 正确使用集体合同,增强法律意识。
2. 学习如何订立、变更、解除和终止集体合同,培养懂法、守法、用法的职业品质。

【引导案例】

唐某与某汽车公司劳动争议案

唐某与某汽车公司自 2002 年起签订劳动合同,最近一次续订期限为 2019 年 1 月 1 日至 2021 年 12 月 31 日。具体岗位为售后服务岗,月工资为 3 500 元。2019 年 11 月 5 日,公司与公司工会签订了集体合同。该集体合同经职工代表大会表决通过后,经集体协商双方首席代表签字,在签订后 10 日内又在当地人力资源和社会保障局备案。当地人力资源和社会保障局同意生效,并在集体合同尾页加盖备案章。而该集体合同并未公示或者告知全体劳动者。该集体合同第十九条规定,员工离岗待工期间工资按当地最低生活保障标准发放,员工待岗培训期间工资按当地规定的最低工资标准执行。

后公司因近年来经营遇到极其严重困难,为减少开支,制定待岗培训通知书,直接依据集体合同第十九条的规定变更了劳动者与公司所签署的劳动合同中关于劳动报酬的执行标准。唐某于 2020 年 3 月 23 日收到了公司出具的待岗培训通知书,该通知书要求唐某在待岗培训和内部退养中二选其一,唐某收到待岗培训通知书后,向公司以直接送达和邮寄送达两种方式提交了书面不同意待岗培训的函,明确表示了拒绝。随后,唐某参加了待岗培训。2020 年 4 月,公司向唐某发放当月工资 1 610 元。2020 年 5 月 13 日,公司向唐某出具离岗待工通知书,唐某当即表示不同意。自 2021 年 4 月起至 2022 年 6 月止,公司每月向唐某发放工资 665.9 元,工资差额 2 834.1 元,累计 42 511.5 元。唐某因上述事宜与公司发生争议,要求公司补足工资差额。

资料来源:丹东市中级人民法院(2023)辽 06 民终 105 号案件。

思考:

唐某是否有权要求公司补足工资差额?

第一节 集体合同概述

一、集体合同的概念

集体合同是随着工人运动,尤其是工会的兴起发展而来的,最早起源于 18 世纪的欧洲,是工人阶级与资产阶级争取经济利益、不断斗争的结果,也是工人阶级集体力量的体现。集体合同制度在我国发展较早。1922 年 8 月 16 日拟定的《劳动法大纲》明确提出了"劳动者有缔结团体契约权",把缔结集体合同作为工人运动的斗争纲领之一。中华人民共和国成立以后,尤其是十一届三中全会以后,集体合同制度得到了进一步发展。1986 年的《全民所有制工业企业职工代表大会条例》、2021 年修正的《中华人民共和国工会法》中都规定工会可以代表职工与用人单位订立集体合同。但相对来说,我国集体合同制度发展较慢,实践中存在较多的是劳动者个人与用人单位签订的劳动合同,集体合同还没有成为我国调整用人单位与劳动者之间关系的主流形式。我国现阶段的《劳动合同法》在第五章第一节专门对集体合同作出明文规定,这也是促进我国集体合同制度发展完善,从而保障劳动者的权益的体现。集体合同已成为世界各国调整用人单位和劳动者之间关系的有效措施,预计随着劳动法律制度的不断完善,劳动者维权意识的增强,集体合同将发挥越来越重要的作用。

《劳动法》第三十三条规定:"企业职工一方与企业可以就劳动报酬、工作时间、休息休假、劳动安全卫生、保险福利等事项,签订集体合同。集体合同草案应当提交职工代表大会或者全体职工讨论通过。集体合同由工会代表职工与企业签订;没有建立工会的企业,由职工推举的代表与企业签订。"《劳动合同法》第五十一条与《劳动法》第三十三条基本一致,只是对没有建立工会企业如何推举职工代表,增加了"由上级工会指导劳动者推举的代表与用人单位订立"的规定。较之《劳动法》,《劳动合同法》第五十二条规定:"企业职工一方与用人单位可以订立劳动安全卫生、女职工权益保护、工资调整机制等专项集体合同。"第五十三条规定:"在县级以下区域内,建筑业、采矿业、餐饮服务业等行业可以由工会与企业方面代表订立行业性集体合同,或者订立区域性集体合同。"这两条法律规定,在一般集体合同的基础上,增设了专项集体合同、行业性集体合同、区域性集体合同三种类别的集体合同。

从我国《劳动法》《劳动合同法》《集体合同规定》的规定来看,可知集体合同是工会或者劳动者代表与用人单位代表、区域性或行业性雇主团体代表等通过平等协商,就劳动报酬、工作时间、休息休假、劳动安全卫生、职业培训、保险福利,以及劳动安全卫生、女职工权益保护、工资调整机制等事项缔结的书面协议,又称团体协议、集体协议等。而专项集体合同,指用人单位与本单位职工依据法律、法规、规章的规定,就集体协商的某一项内容签订的专项书面协议。

二、集体合同制度的特点

(一)集体合同的订立主体是特定的

集体合同的一方是劳动者团体(工会或职工代表),其中工会是最为普遍的劳动者团体表现形式,具有法定的优先签订集体合同的权利,劳动者个人是不能签订集体合同的。《中华人民共和国工会法》第六条第二款规定:"工会通过平等协商和集体合同制度等,推动健全劳动关系协调机制,维护职工劳动权益,构建和谐劳动关系。"也以法律形式,确立了工会订立集体合同的法定职责。只有在企业未建立工会的情形下,才可在上级工会指导下由劳动者推举代表,签订集体合同。集体合同的另一方可以是单一的用人单位,也可以是区域性的雇主团体或者行业性的雇主团体。

(二)集体合同订立的过程要经过集体协商

2004年5月1日起施行的《集体合同规定》第四条规定:"用人单位与本单位职工签订集体合同或专项集体合同,以及确定相关事宜,应当采取集体协商的方式。集体协商主要采取协商会议的形式。"

(三)集体合同须报送劳动保障行政部门

集体合同是要式合同,体现了强烈的国家意志的影响,集体合同须报送劳动保障行政部门,劳动保障行政部门在法定期限内未提出异议的,集体合同才能发生法律效力。而且集体合同应当采取书面形式。

(四)集体合同核心内容是劳动标准,适用于单个劳动者与用人单位

集体合同的内容包括劳动报酬、工作时间、休息休假、劳动安全卫生、保险福利等事项,以劳动标准作为其核心内容。劳动标准作为劳动者和用人单位据以确定劳动合同内容的基础,也可直接成为劳动合同内容的组成部分。在劳动合同未有约定的情形下或约定情形低于集体合同时,集体合同内容直接适用于单个劳动者与用人单位。

(五)集体合同对单个劳动者具有约束力

集体合同对单个劳动者具有约束力。集体合同以维护劳动者整体利益为目标。工会及劳动者代表,作为劳动者利益的代言人,负有维护劳动者群体整体利益的义务,集体合同的成果通常体现的是劳动者群体的集体意志。

典型案例

李某与某公司劳动争议案

案情简介

李某2004年3月22日入职某公司,从事成型工作,双方于2016年1月1日签订无固定期限劳动合同。此外,该公司的集体合同第29条约定:公司因生产条件变化,在征得工会同

意后可以大规模变更职工的工作。根据公司 2017 年 11 月作出的一般裁决书及相关情况说明，公司因大型成型机器设备自动化改造升级，李某所处工序人员富余，需要进行人员分流调整。2018 年 4 月和 6 月，公司多次与李某面谈，李某均表示经过培训不能从事设备升级后的作业。公司于 2018 年 11 月 28 日作出工作安排通知书，将李某调岗至压延裁断系工作。根据一般裁决书内容显示，李某部门变更前后均为技能员，基本工资和等级不变。

2018 年 11 月 28 日，公司向李某发出工作安排通知书载明，根据公司工作安排，将李某调岗至压延裁断系工作，并要求其于 2018 年 12 月 1 日到压延裁断系办公室报到并按公司规定接受培训，否则将按照"就业规程"中严重警告 14 条之规定"工作时间内未经批准擅自离开工作岗位或从事与工作无关的事"进行惩戒。公司通过 EMS 邮寄方式向李某送达该通知书。同日，公司与李某就调岗至压延裁断系进行面谈，告知不按时报到的后果。后李某未去压延裁断系报到及参加岗前培训。压延裁断系因李某 2018 年 12 月 3 日至 6 日未报到，先后于 2018 年 12 月 4 日至 7 日分别向公司递交 4 份处罚申请表，公司给予李某 4 次严重警告的处分。

2018 年 12 月 10 日，公司根据就业规程的相关规定，在通知工会后，向李某下达解除劳动合同通知书，解除与李某的劳动合同，并通过 EMS 邮寄、报纸公告的方式送达李某。李某不服，向劳动人事争议仲裁委员会提出仲裁申请，要求公司支付其违法解除劳动合同赔偿金。

处理结果

本案经过劳动仲裁、一审、二审阶段，二审法院最终并未支持李某关于要求公司支付其违法解除劳动合同赔偿金的主张。

案例评析

用人单位享有根据生产经营实际需要和劳动者的具体表现，合理、正当地调整劳动者工作岗位的用工自主权。本案中，公司的集体合同约定：公司因生产经营条件变化，有权大规模变更职工的工作或裁员。该约定对李某具有约束力。公司对李某的调岗行为系基于大型成型机器设备自动化改造升级，李某原部门需要人员数量减少，而李某本人明确表示经过培训无法适应原岗位的事实作出的自主用工行为，且李某调岗后的基本工资和等级并没有改变，故岗位调整具有合理性。公司此次调岗行为属于其自主用工行为，并无不当。鉴于公司已作出调岗通知，并要求李某于 2018 年 12 月 1 日到压延裁断系办公室报到，并面谈告知其不报到、不参加岗前培训将按照就业规程相关规定给予惩戒的后果，在此前提下李某仍拒绝到新岗位报到，公司依据就业规程第 7 章的规定给予严重警告，进而依据就业规程的相关规定对李某作出解除劳动合同的处理，并无不当，属于合法解除。故李某主张公司系违法解除，应支付违法解除劳动合同赔偿金缺乏事实及法律依据。

资料来源：沈阳市中级人民法院(2022)辽 01 民终 17980 号案件。

三、订立集体合同的原则

《集体合同规定》第五条为订立集体合同确立了五项原则。

（一）遵守法律、法规、规章及国家有关规定原则

该原则包括过程和内容均应遵守法律、法规、规章及国家有关规定两个方面。其一，缔约过程要遵守法律、法规、规章及国家有关规定，不得与法律、法规、规章及国家有关规定相

抵触。例如,集体合同缔约双方,在缔约过程中要依法进行集体协商,未经集体协商而订立的集体合同违反法律规定,不产生法律效力。其二,缔约的内容,即最终签署的集体合同,其内容不得与法律、法规、规章及国家有关规定相抵触。例如,集体合同中约定在标准工时制下,劳动者在法定节假日加班,经用人单位安排调休后,用人单位可不支付加班费。这显然与法律规定相违背,而不产生法律效力。

(二)相互尊重,平等协商原则

平等协商是用人单位(包括企业、雇主或雇主团体等)和相应的工会组织(未建立工会的企业由职工民主推举代表),在法律地位完全平等的基础上,就劳动标准、劳动条件、劳动报酬及其他与劳动关系相关的问题,根据国家的法律法规进行沟通、协商的行为。虽然集体合同缔约双方在经济地位上是天然不平等的,但是双方在法律地位上是完全平等的。缔约双方均应在互相尊重的前提下,以平等的身份参与协商,充分发表意见,尊重并理解对方诉求,友好进行磋商。用人单位一方更不得利用自己在经济地位上的优势地位,在集体协商中迫使劳动者代表或者工会同意其不合理主张。

(三)诚实守信,公平合作原则

在集体合同订立过程中,要诚实守信,不得故意隐瞒重大事项、欺诈对方。要抱有善意文明的理念寻求公平的合作,正确理解集体协商的目的是达成劳动者和用人单位的最大公约数,劳动者和用人单位不是对抗关系。最终达成有利于双方的公平的协议,不偏袒任意一方,才能促使双方全面、准确地履行合同内容,促成劳动关系的良性运转。

(四)兼顾双方合法权益原则

订立集体合同,必须兼顾劳动者和用人单位双方的合法权益,不能一味寻求某一方的利益最大化。对此容易形成的误区是,集体协商中劳动者通过集体的力量形成合力与用人单位进行协商,与个体劳动者个人与用人单位协商相比较而言,具有较大的话语权,这种情况下当然有利于提高劳动者的福利待遇,改善劳动保护状况,保障劳动者的权益。但是不能据此就一味追求劳动者权益的最大化,而忽视了用人单位的利益。只有兼顾双方合法权益,才能最终实现双方长远利益的最大化,而短期某一方利益的最大化,最终必然导致双方权益的共同受损。

(五)不得采取过激行为原则

集体协商应依法开展。双方均应当顾全大局,要共同维护用人单位的正常生产、经营秩序。对于劳动者一方,不能为达到本方目的,采取罢工、闭厂等激进的行为;对于用人单位一方,更不允许对劳动者一方的协商代表或其他劳动者采取人身威胁或者威胁解除劳动关系、调整工作岗位、降低福利待遇等直接或间接的胁迫手段。采取激进手段,只会使得双方丧失互相信任的基础,让谈判走向破裂。即便对方迫于压力最后签署了集体协议,该协议在履行过程中必然会遭遇重重阻碍,最终形成劳动争议。

四、集体合同和劳动合同的区别

集体合同与劳动合同同属对劳资关系进行调整的合同,均属对劳动法律关系中劳资双方权利义务进行约定的协议,两者存在密切联系,互为补充,但是集体合同与劳动合同还是存在以下明显区别。

(一)主体不同

劳动合同的主体一方是用人单位,另一方是单个的自然人劳动者。集体合同的主体一方是用人单位,另一方是工会或者是由劳动者推举的职工代表,代表全体劳动者的利益。没有设立工会的企业,可由上级工会指导劳动者民主推举代表与用人单位签订集体合同。所推举的代表必须是劳动者的代言人,为全体劳动者争取权益。

(二)内容不同

劳动合同的内容应符合《劳动合同法》规定的基础条款,主要规定劳动者个人与用人单位的权利与义务,包括但不限于劳动者个人在用人单位工作的劳动条件和劳动标准,以及劳动者个人的主体信息、劳动合同期限、工作内容、工作地点、工作时间及试用期、服务期、保守秘密义务等,内容具体细致,针对性和可操作性相对较强。与之相对,集体合同的内容较为灵活,合同内容更多地来源于用人单位和职工一方协商的结果,既可以涉及劳动关系的各个方面,也可以只涉及劳动关系的一个或者几个方面,如可以仅就劳动报酬或者劳动条件订立集体合同。

(三)目的不同

订立劳动合同的目的在于确立劳动关系。而订立集体合同的目的是规范一定范围内已经具备劳动关系的用人单位和劳动者的权利义务。

(四)形式不同

劳动合同应当采取书面形式签订,但对未签订书面劳动合同而形成的事实劳动关系,法律同样予以保护。集体合同应当采取书面形式,口头形式的集体合同不产生法律效力。

(五)生效方式不同

劳动合同经用人单位和劳动者签署后即生效,一般不需要经过行政部门的审查、批准或者备案。集体合同订立后,应当报送劳动保障行政部门;劳动保障行政部门自收到集体合同文本之日起十五日内未提出异议的,集体合同即行生效。

(六)效力不同

《劳动合同法》第五十四条第二款规定:"依法订立的集体合同对用人单位和劳动者具有约束力。行业性、区域性集体合同对当地本行业、本区域的用人单位和劳动者具有约束力。"第五十五条规定:"用人单位与劳动者订立的劳动合同中劳动报酬和劳动条件等标准不得低于集体合同规定的标准。"根据上述法律规定,集体合同效力覆盖劳动者全体和用人单位或雇主团体。劳动合同效力仅及于用人单位和劳动者个人。另外,《劳动合同法》第十八条规定:"劳动合同对劳动报酬和劳动条件等标准约定不明确,引发争议的,用人单位与劳动者可以重新协商;协商不成的,适用集体合同规定;没有集体合同或者集体合同未规定劳动报酬的,实行同工同酬;没有集体合同或者集体合同未规定劳动条件等标准的,适用国家有关规定。"由此可见,集体合同的法律效力要高于劳动合同,当集体合同与劳动合同发生冲突时,应优先适用集体合同。劳动合同中劳动报酬和劳动条件等标准不得低于集体合同规定的内容,否则无效,无效部分则以集体合同标准代替。

(七)期限不同

劳动合同分为固定期限劳动合同、无固定期限劳动合同和以完成一定工作任务为期限的劳动合同。集体合同为固定期限,一般为1~3年,期满或双方约定的终止条件出现,即行终止。集体合同或专项集体合同期满前3个月内,任何一方均可向对方提出重新签订或续订要求。

(八)产生时间不同

一般而言,劳动合同产生于单个劳动者进入用人单位参加劳动之前或之中,以单个劳动者参加劳动为前提。而集体合同的产生则不以单个劳动者参加劳动为前提,其产生于劳动关系运行过程中。

(九)责任承担不同

在集体合同履行过程中,如用人单位违反集体合同约定,应承担相应责任,包括承担赔偿经济损失的责任。但如果工会一方违反集体合同的约定,通常只能由上级工会给予批评教育,纠正其违约行为,一般不承担赔偿经济损失的责任。在劳动合同履行过程中,用人单位和劳动者任何一方违约都可能导致另一方提前解除劳动合同,同时如果因一方违约给另一方造成经济损失的,应给予对方相应赔偿。

典型案例

曾某与某公司劳动争议案

案情简介

曾某于2004年7月1日入职某公司,签订劳动合同,到期后续签至2008年6月30日,2008年、2011年分别签订三年期的劳动合同。2014年6月18日,某公司(甲方)与曾某(乙方)签订劳动合同书,合同期限为无固定期限合同,约定:甲方的工资分配遵循按劳分配的原则,实行同工同酬。按规定的工资形式和考核办法确定乙方的劳动所得,按月支付乙方工资。甲方无故拖欠乙方工资的,以及拒不支付根据公司规定乙方应得的延长工作时间的工作报酬的,除在规定的时间内全额支付乙方工资报酬外,还需加发相当于工资报酬百分之五十以上百分之一百以下的经济补偿金。公司与其工会签订的集体合同中第八条规定:"职工因工作需要在正常工作日及公休日加班的应给予相应的补休,不能补休的应支付加班费。在正常工作日超时工作,其每小时(或不足一小时)的加班费为基本工资率的150%;职工在公休日工作,每小时(或不足一小时)的加班费为其基本工资率的200%。职工在法定节假日(每年十一天)加班工作,其每小时(或不足一小时)的加班费为其基本工资率的300%。公司仅在做有关键性的工作以满足用户要求时作出加班决定。"关于曾某的加班费,曾某主张应当按照税前收入减去加班费为基数,公司主张应按集体合同的规定以基本工资标准计算。后曾某申请仲裁,要求公司支付加班费差额及额外经济补偿金等。

处理结果

本案经过劳动仲裁、一审、二审、发回重审一审阶段,法院最终并未支持关于曾某要求支付加班费差额及额外经济补偿金的主张。双方均未再上诉。

案例评析

用人单位与劳动者在劳动合同中约定了工资标准的,以该约定为准。劳动合同没有约定的,按照集体合同约定的工资标准确定。关于加班费计算基数,集体合同中明确约定为"基本工资率",公司亦提交了充分证据证明集体合同的合法有效性,故公司以基本工资作为加班费计算基数,有事实依据与法律依据,关于曾某要求公司支付加班费差额及额外经济补偿金的主张并未得到支持。

资料来源:北京市石景山区人民法院(2021)京0107民初6764号案件。

五、集体合同的内容

(一)集体合同内容

集体合同内容是集体合同中对缔约双方权利义务的具体约定,其可以涉及劳动关系的多个方面,也可以就劳动关系的某一具体事项作出约定。作为普遍适用于某一用人单位或某一地域、行业的雇主团体中的全体劳动者的权利义务规范,其较之法律规定可以更加具体和详尽,但较之针对具体劳动者的劳动合同而言,更具有普遍性和一般性。集体合同的内容,可以作为单一劳动者与用人单位签订劳动合同时的基准、参考和指引。

集体合同的内容大致可以分为三类,即标准类条款、目标类条款、程序类条款。

标准类条款是劳动者和用人单位据以确定劳动合同内容的基础,也可以直接成为单个劳动关系中的主要内容,是规范劳动合同中关于劳动报酬、工作时间、休息休假、劳动安全卫生、保险福利之类的劳动条件、劳动保护等劳动标准的条款。员工与用人单位订立的劳动合同中劳动条件和劳动报酬等标准,均不得低于集体合同的规定。标准类条款的来源是劳动法规和政策,是劳动者和用人单位在劳动法规和政策基础上对劳动标准的细化和提升,对劳动法规和政策未作规定的领域,也可以通过协商约定具体内容。标准类条款在集体合同的内容中处于核心地位。

目标类条款是指在集体合同有效期限内,准备达成某一具体目标以及为实现该目标而应采取何种措施而约定的条款,通常在单一企业内的集体合同中约定。一般而言,集体合同中约定的目标类条款,应围绕劳动者福利增加、劳动保护提升等有利于保护劳动者工作权益的方向而设立,如新建一处员工餐厅或为员工阅览室增购电子阅览设备等。对于是否可以约定企业经营目标,当前实务与理论界均存在较大争议。设立目标类条款,应当以企业的发展规划、计划为依据,充分考虑用人单位的实际能力,量力而为,脱离实际设立目标,增加用人单位负担,最终势必损害用人单位和劳动者双方的权益。

程序类条款是规范集体合同和劳动合同如何运行的规范。集体合同除可以约定其自身的订立、履行、变更、解除、终止、续订的程序以及违约责任、争议处理等方面的规则,也可以就单个劳动者的录用及其劳动合同订立、履行、变更、解除、终止、续订的程序和违约责任、争议处理等方面的规则进行约定,适用于用人单位和全体劳动者。

我国在立法上对集体合同的内容作了不完全列举,集中体现在《集体合同规定》第八条至第十八条,即用人单位和工会或劳动者代表可以就下列多项或某项内容进行集体协商,签订集体合同或专项集体合同。

1. 劳动报酬

劳动报酬主要包括:用人单位工资水平、工资分配制度、工资标准和工资分配形式;工资支付办法；加班、加点工资及津贴、补贴标准和奖金分配办法；工资调整办法；试用期及病、事假等期间的工资待遇；特殊情况下职工工资（生活费）支付办法；其他劳动报酬分配办法。

2. 工作时间

工作时间主要包括：工时制度；加班加点办法；特殊工种的工作时间；劳动定额标准。

3. 休息休假

休息休假主要包括：日休息时间、周休息日安排、年休假办法；不能实行标准工时职工的休息休假；其他假期。

4. 劳动安全卫生

劳动安全卫生主要包括：劳动安全卫生责任制；劳动条件和安全技术措施；安全操作规程；劳保用品发放标准；定期健康检查和职业健康体检。

5. 补充保险和福利

补充保险和福利主要包括：补充保险的种类、范围；基本福利制度和福利设施；医疗期延长及其待遇；职工亲属福利制度。

6. 女职工和未成年工特殊保护

女职工和未成年工特殊保护主要包括：女职工和未成年工禁忌从事的劳动；女职工的经期、孕期、产期和哺乳期的劳动保护；女职工、未成年工定期健康检查；未成年工的使用和登记制度。

7. 职业技能培训

职业技能培训主要包括：职业技能培训项目规划及年度计划；职业技能培训费用的提取和使用；保障和改善职业技能培训的措施。

8. 劳动合同管理

劳动合同管理主要包括：劳动合同签订时间；确定劳动合同期限的条件；劳动合同变更、解除、续订的一般原则及无固定期限劳动合同的终止条件；试用期的条件和期限。

9. 奖惩

奖惩主要包括：劳动纪律；考核奖惩制度；奖惩程序。

10. 裁员

裁员主要包括：裁员的方案；裁员的程序；裁员的实施办法和补偿标准。

11. 其他条款

其他条款主要包括：集体合同期限；变更、解除集体合同的程序；履行集体合同发生争议时的协商处理办法；违反集体合同的责任；双方认为应当协商的其他内容。

（二）特殊规定

根据《劳动合同法》的规定，有关劳动报酬和劳动条件等标准，集体合同的规定不得低于当地人民政府规定的最低标准，用人单位与劳动者订立的劳动合同的规定不得低于集体合同规定的标准。也就是说，当劳动合同和集体合同的内容发生冲突时，劳动合同规定的标准可高于但不能低于集体合同规定的标准。

除上述规定之外，《劳动合同法》和《集体合同规定》中并未对集体合同的内容和条款进行更多的限制。故集体合同除了在劳动报酬和劳动条件等实体内容上须符合劳动法律法规的相关规定外,关于集体合同的变更、解除等条件和程序,用人单位和劳动者可以自由协商约定。

第二节　集体合同的订立、变更、解除和终止

一、集体合同的订立

(一)集体合同的订立方式

签订集体合同,应当采取集体协商的方式。集体协商主要采取协商会议的形式。《集体合同规定》第四条仅对单一用人单位与本单位劳动者签订集体合同或专项集体合同,应当采取集体协商的方式作出了明确的规定。对于一定区域或者一定行业内的劳动者与雇主团体签订区域性或行业性集体合同,也同样应采用集体协商的方式签订。

(二)集体合同的订立程序

1. 确定集体协商代表

1) 集体协商代表的概念

集体协商代表(以下统称"协商代表"),是指按照法定程序产生并有权代表本方利益进行集体协商的人员。

2) 协商代表的人数

集体协商双方的代表人数应当对等,每方至少3人,并各确定1名首席代表。

3) 协商代表的产生

职工一方的协商代表由本单位工会选派。未建立工会的,由本单位职工民主推荐,并经本单位半数以上职工同意。其首席代表由本单位工会主席担任。工会主席可以书面委托其他协商代表代理首席代表。工会主席空缺的,首席代表由工会主要负责人担任。未建立工会的,职工一方的首席代表从协商代表中民主推举产生。

用人单位一方的协商代表,由用人单位法定代表人指派,首席代表由单位法定代表人担任或由其书面委托的其他管理人员担任。

协商代表履行职责的期限由被代表方确定。

集体协商双方首席代表可以书面委托本单位以外的专业人员作为本方协商代表。委托人数不得超过本方代表的三分之一。首席代表不得由非本单位人员代理。

用人单位协商代表与职工协商代表不得相互兼任。

4) 协商代表的更换

工会可以更换职工一方协商代表;未建立工会的,经本单位半数以上职工同意可以更换职工一方协商代表。用人单位法定代表人可以更换用人单位一方协商代表。协商代表因更换、辞任或遇有不可抗力等情形造成空缺的,应在空缺之日起15日内按照《集体合同规定》产生新的代表。

5) 协商代表的主要职责

协商代表的主要职责包括:参加集体协商;接受本方人员质询,及时向本方人员公布协商情况并征求意见;提供与集体协商有关的情况和资料;代表本方参加集体协商争议的处

理；监督集体合同或专项集体合同的履行；法律、法规和规章规定的其他职责。此外，《集体合同规定》第二十六条规定："协商代表应当维护本单位正常的生产、工作秩序，不得采取威胁、收买、欺骗等行为。协商代表应当保守在集体协商过程中知悉的用人单位的商业秘密。"协商代表也应当遵守上述规定。

6）对协商代表的特殊保护

企业内部的协商代表参加集体协商视为提供了正常劳动。职工一方协商代表在其履行协商代表职责期间劳动合同期满的，劳动合同的期限自动延长至完成履行协商代表职责之时，期间用人单位不得与其解除劳动合同，但并非代表用人单位在此期间均无权解除劳动合同。职工一方协商代表在此期间存在下列情形之一的，用人单位仍有权解除与其的劳动合同：严重违反劳动纪律或用人单位依法制定的规章制度的；严重失职、营私舞弊，对用人单位利益造成重大损害的；被依法追究刑事责任的。此外，职工一方协商代表履行协商代表职责期间，用人单位无正当理由不得调整其工作岗位。

职工一方协商代表因参加集体协商、履行协商代表职责期间与用人单位就上述合同期满延长或者解除劳动合同或者无正当理由调整工作岗位等发生争议，可以向当地劳动争议仲裁委员会申请仲裁。

2. 集体协商

1）提出集体协商要求

《集体合同规定》第三十二条规定："集体协商任何一方均可就签订集体合同或专项集体合同以及相关事宜，以书面形式向对方提出进行集体协商的要求。一方提出进行集体协商要求的，另一方应当在收到集体协商要求之日起 20 日内以书面形式给予回应，无正当理由不得拒绝进行集体协商。"也就是说，集体协商要求应以书面形式提出，且收到集体协商要求的一方应在法律规定的时间内给予书面回复。《集体合同规定》中并没有直接规定无正当理由拒绝进行集体协商的法律责任，但部分地方性法规和地方规章中对此有所规定。

2）协商前准备

协商代表在协商前的准备工作包括：熟悉与集体协商内容有关的法律、法规、规章和制度；了解与集体协商内容有关的情况和资料，收集用人单位和职工对协商意向所持的意见；拟定集体协商议题，集体协商议题可由提出协商一方起草，也可由双方指派代表共同起草；确定集体协商的时间、地点等事项；共同确定一名非协商代表担任集体协商记录员。记录员应保持中立、公正，并为集体协商双方保密。

3）召开集体协商会议

用人单位和劳动者在确定进行集体协商后，应召开由所有的协商代表参加的集体协商会议。《集体合同规定》第三十四条规定："集体协商会议由双方首席代表轮流主持，并按下列程序进行：（一）宣布议程和会议纪律；（二）一方首席代表提出协商的具体内容和要求，另一方首席代表就对方的要求作出回应；（三）协商双方就商谈事项发表各自意见，开展充分讨论；（四）双方首席代表归纳意见。达成一致的，应当形成集体合同草案或专项集体合同草案，由双方首席代表签字。"召开集体协商会议应当按照上述规定的程序进行，但是如果集体协商未达成一致意见或者出现事先未预料的问题时，经双方协商，可以中止协商。中止期限及下次协商时间、地点、内容由双方商定。

3. 签订集体合同

上述经双方协商代表协商一致的集体合同草案或者专项集体合同草案应提交职工代表大会或者全体职工讨论。职工代表大会或者全体职工讨论集体合同草案或者专项集体合同草案,应当有三分之二以上的职工代表或者职工出席,且须经全体职工代表半数以上或者全体职工半数以上同意,集体合同草案或者专项集体合同草案方获通过。集体合同草案或者专项集体合同草案经职工代表大会或者职工大会通过后,由集体协商双方首席代表签字,集体合同即正式订立。

签订集体合同,通常程序是:①深入进行调查研究,广泛征求各方面的意见和要求,提出集体合同的初步草案;②组织全体职工充分考虑讨论集体合同草案,集体合同草案制定出来以后,应组织全体职工或在职工代表大会上对集体合同草案进行讨论、修改和补充,使集体合同充分反映用人单位和广大职工的意见和要求;③修改并正式通过集体合同,根据全体职工的意见,对集体合同草案进行修改,并提交职工代表大会或者全体职工通过;④签字、生效,集体合同正式通过后由企业法定代表人与企业工会主席签字,并报送劳动保障行政部门。集体合同生效后,应向全体职工公布。集体合同草案经审议未获得通过的,由双方重新协商,进行修改。集体合同由工会代表企业职工一方与用人单位订立;尚未建立工会的用人单位,由上级工会指导劳动者推举的代表与用人单位订立。①

4. 集体合同的审查

集体合同或者专项集体合同签订或变更后,应当自双方首席代表签字之日起十日内,由用人单位一方将文本一式三份报送劳动保障行政部门审查。劳动保障行政部门对报送的集体合同或者专项集体合同应办理登记手续。

对于报送的集体合同或者专项集体合同,劳动保障行政部门将进行合法性审查,审查内容包括:①集体协商双方的主体资格是否符合法律、法规和规章规定;②集体协商程序是否违反法律、法规、规章规定;③集体合同或专项集体合同内容是否与国家规定相抵触。

劳动保障行政部门如果对集体合同或者专项集体合同有异议,应当自收到文本之日起十五日内将《审查意见书》送达双方协商代表。用人单位与本单位职工应当根据劳动保障行政部门出具的《审查意见书》的要求经集体协商重新签订集体合同或者专项集体合同。

5. 集体合同的生效

根据《劳动法》和《集体合同规定》的规定,劳动保障行政部门自收到用人单位报送的集体合同或者专项集体合同文本之日起十五日内未提出异议的,集体合同或者专项集体合同即行生效。也就是说,集体合同或者专项集体合同必须经劳动保障行政部门审查通过后方才能生效。生效的集体合同或者专项集体合同,应当自其生效之日起由协商代表及时以适当的形式向本方全体人员公布。

根据《集体合同规定》等相关法律法规的规定,生效的集体合同应具备以下条件。

(1)在程序上,集体合同草案应当经三分之二以上职工代表或者职工出席的职工代表大会或者全体职工大会讨论,且经全体职工代表半数以上或者全体职工半数以上同意通过。

(2)在形式上,集体合同由工会代表用人单位职工一方与用人单位签订;未建立工会的用人单位,则由上级工会指导劳动者推举的代表与用人单位签订。

---

① 中国法制出版社.中华人民共和国劳动法(含最新司法解释)注解与配套[M].5版.北京:中国法制出版社,2020.

（3）在内容上，集体合同中的劳动报酬和劳动条件等标准不得低于当地人民政府规定的最低标准。而用人单位与劳动者订立的劳动合同中的劳动报酬和劳动条件等标准不得低于集体合同规定的标准。

（4）集体合同订立后，应报送劳动保障行政部门；劳动保障行政部门自收到集体合同之日起十五日内未提出异议的，集体合同即行生效。

依法签订的集体合同对用人单位和劳动者均具有约束力。

二、集体合同的变更、解除和终止

（一）集体合同的变更、解除的概念

集体合同的变更是指集体合同没有履行或者没有完全履行前，因订立集体合同所依据的主观和客观条件发生变化，当事人按照法律规定的条件和程序，对原集体合同中约定的某些内容进行修改。

集体合同的解除是指集体合同没有履行或者没有完全履行前，因订立集体合同所依据的主观和客观条件发生变化，集体合同的履行成为不可能或者不必要，当事人按照法律规定的条件和程序，终止原集体合同。

（二）集体合同变更、解除的情形

1. 协商一致变更或解除集体合同

经双方协商代表协商一致，可以变更或解除集体合同或专项集体合同。

2. 单方变更或解除集体合同

发生下列情形之一的，一方可以变更或解除集体合同或专项集体合同：

（1）用人单位因被兼并、解散、破产等原因，致使集体合同或专项集体合同无法履行的；

（2）因不可抗力等原因致使集体合同或专项集体合同无法履行或部分无法履行的；

（3）集体合同或专项集体合同约定的变更或解除条件出现的；

（4）法律、法规、规章规定的其他情形。

（三）集体合同变更、解除的程序

根据《集体合同规定》第四十一条的规定，变更或解除集体合同或专项集体合同，同样须按照订立集体合同或专项集体合同的集体协商程序进行。

（1）劳动者和用人单位中任何一方提出建议，向对方书面说明需要变更的条款、变更或者解除集体合同的理由等。一方书面提出变更或者解除集体合同的建议后，另一方必须在集体合同或者相关法律规定期限内给予书面回复。

（2）双方协议。如果劳动者和用人单位中任何一方书面提出变更或者解除集体合同的建议后，另一方也有相同的愿望，双方可以召开集体协商会议，就变更或解除集体合同的具体内容以及条件等进行协商谈判，并在此基础上达成一致性的书面协议。

（3）书面协议经职工代表大会或者全体职工讨论通过后，由集体协商双方首席代表签字，并报送劳动保障行政部门，经审查确认后，协议即告成立，原合同或原合同的有关条款即行终止。

（四）集体合同的终止

集体合同或者专项集体合同期限一般为一至三年，期满或者双方约定的终止条件出现，

即行终止。集体合同或者专项集体合同期满前三个月内,任何一方均可向对方提出重新签订或续订集体合同或者专项集体合同的要求。

第三节 集体合同的其他内容

一、集体合同的分类

根据集体合同调整的层次不同,集体合同可以分为企业级集体合同、区域性集体合同和行业性集体合同。

企业级集体合同是最为基础的集体合同,其可以具体结合本企业的用工实际,通过集体协商订立集体合同,做到普遍性和特殊性相统一。但是,订立企业集体合同对企业工会和劳动者代表一方的能力要求较高,一般对用工规模相对较小、用工相对分散的企业,特别是未能建立起工会的企业而言,劳动者代表往往缺乏订立集体合同的能力,或整体能力偏弱,难以很好维护自身合法权益。因此,需要该区域工会代表该区域内劳动者,与雇主代表订立行业性集体合同,或者订立区域性集体合同,以提高本区域内或本行业内全部劳动者权益。《劳动合同法》第五十三条规定:“在县级以下区域内,建筑业、采矿业、餐饮服务业等行业可以由工会与企业方面代表订立行业性集体合同,或者订立区域性集体合同。”现阶段,我国区域性集体合同和行业性集体合同只能在县级以下行政区域内订立。随着经济社会发展,尤其是区域经济的进一步协调发展,可以逐步放宽区域性集体合同和行业性集体合同的订立范围,通过较大区域内的集体协商,签订地市级、省级甚至多省联片区域(如长三角、珠三角)等区域性集体合同或行业性集体合同,整体提高较大区域范围内的劳动者权益,弥补全国性劳动立法对发展程度较高地区劳动者权益保护具有滞后性的不足,促进区域劳动关系的良性发展。

根据集体合同的内容不同,集体合同可以分为一般集体合同和专项集体合同。一般集体合同通常包括对劳动报酬、工作时间、休息休假、劳动安全卫生、保险福利等关于劳动标准的大部分事项的约定。专项集体合同可以就劳动安全卫生、女职工权益保护、工资调整机制等一个或多个专门问题进行约定。

典型案例

李某与某生物公司劳动争议案

案情简介

李某与某生物公司签订固定期限劳动合同,劳动期限为 2020 年 6 月 1 日起至 2021 年 5 月 31 日止,2021 年 6 月 1 日起至 2023 年 5 月 31 日止。李某从事操作工工作,工作时间不超过八小时,平均每周不超过四十小时。加班工资计算标准按照集体合同的约定执行。《工资专项集体合同》第八条格式文本载明“加班加点工资单基数为标准工资(不得低于当地最低工资标准)”,《工资专项集体合同》第八条手写部分约定:“加班工资按工薪部分计算,低于当地工资标准用加班工时费补足”。而工薪部分仅占标准工资的一半。公司向李某支付的加班费按照工薪部分计算。2022 年 3 月 31 日,公司通知李某等人调整岗位,工资待遇不变,李某不同意。2022年4月23日,李某表示不回来上班,后向劳动人事争议仲裁委员会申请仲裁,要求公司支付加班费。

处理结果

本案经过仲裁、一审、二审阶段,二审法院最终并未支持李某关于要求公司支付加班费的主张。

案例评析

本案中,《工资专项集体合同》属于专项集体合同,对公司和李某均具有约束力。其中《工资专项集体合同》第八条格式文本载明"加班加点工资单基数为标准工资(不得低于当地最低工资标准)",但《工资专项集体合同》第八条手写部分明确约定:"加班工资按工薪部分计算,低于当地工资标准用加班工时费补足"。故手写部分已经对加班费的计算方式予以变更。李某的加班费应按照《工资专项集体合同》中手写部分,即"加班工资按工薪部分计算,低于当地工资标准用加班工时费补足"计算,而公司已按照上述约定发放李某加班费,故无须再向李某支付加班费。

资料来源:锦州市中级人民法院(2023)辽07民终255号案件。

二、集体合同的效力

(一)集体合同的效力范围

1. 集体合同对人的效力

依法订立的集体合同对用人单位和劳动者具有约束力。行业性、区域性集体合同对当地本行业、本区域的用人单位和劳动者具有约束力。不仅包括订立集体合同时在用人单位工作的劳动者,也包括在集体合同订立后再到用人单位参加工作的劳动者。对用人单位而言,不应该用人单位的股东、法定代表人、实际控制人等变更,而影响其效力。对于行业性、区域性集体合同而言,集体合同订立后,本行业、本区域新设立或新迁入的用人单位,亦应受行业性、区域性集体合同的约束。

部分团体成员(用人单位中的部分劳动者,或者雇主团体中的部分用人单位)对集体合同的全部或部分条款,持反对意见,是否依然受集体合同的约束;或认为全部或部分条款侵害其利益,是否存在救济途径的问题。对于前一个问题,持反对意见者,依然应受集体合同的约束,此种约束来自个体对于所在团体应遵守的义务。若个人意见与团体意见不能一致,而个体又缺乏对此的容忍,那么可以采取退出团体的方式来终结自己在集体合同中的权利和义务。对于后一个问题,首先,集体合同若因其内容,侵害他人之利益,则其因违反法律规定,而不能成为集体合同的条款,当然也不产生法律效力。其次,若该等条款得以实施,被侵害权益之人有权向侵权人主张损害赔偿。

2. 集体合同的时间效力

劳动保障行政部门自收到集体合同文本之日起十五日内未提出异议的,集体合同即行生效。集体合同或专项集体合同期限届满或双方约定的终止条件出现,即行终止。集体合同效力终止后,不影响基于集体合同而单独签订的劳动合同的效力,其中援引集体合同条款设立的权利和义务依然应当履行至劳动合同履行期限届满之日止。集体合同的效力不具有追溯力,但法律或当事人另有约定的除外。

（二）集体合同的效力位阶

集体合同中标准类条款和具有普遍约束性质的程序性条款,具备准法规的效力,在劳动者和用人单位之间,相当于法律法规,其效力高于劳动合同的效力。通常表现在以下三个方面。其一,对于其中的标准类条款和对劳动合同运行规则等程序具有普遍约束性质的程序性条款,赋予劳动者的权益,不得在劳动合同中予以排除。即便劳动者单方面表示放弃,该放弃的意思表示亦无效。其二,对于劳动保护等劳动标准,劳动合同中约定的标准不得低于集体合同中约定的标准。也就是说,对于劳动标准,集体合同在其约束范围内取代法规或弥补法规的缺失成了最低的强制标准。其三,在劳动合同未有约定或约定不明的情形下,或劳动合同约定被认定为无效情形下,集体合同中的条款对该部分内容予以补充。

（三）集体合同效力的表现形式

集体合同效力的表现,同样表现为当事人双方受合同的约束,对合同中的权利得以向对方主张,对合同中的义务得以全面完整的履行。

三、集体合同的争议处理

《劳动合同法》第五十六条规定:"用人单位违反集体合同,侵犯职工劳动权益的,工会可以依法要求用人单位承担责任;因履行集体合同发生争议,经协商解决不成的,工会可以依法申请仲裁、提起诉讼。"该条规定了集体合同发生争议,可以由工会申请仲裁、提起诉讼解决相关争议。此种情况下,当属用人单位违反集体合同,侵害全体或大部分劳动者权益的情形下,由工会提出仲裁能够更好维护劳动者整体的权益。例如,集体合同约定工资调整办法,但实践中并未予以落实。若由单个劳动者提起仲裁,势必在证据收集、事实认定等方面面临困难,且用人单位一方也可以"个例"为由予以抗辩。由工会提出则会降低劳动者一方的维权难度,较容易证明用人单位一方存在普遍未落实工资调整办法的情形,用人单位也不能再以个例为由抗辩。

《劳动合同法》并未限制单一劳动者以及用人单位因履行集体合同发生争议,以自己名义依法提出劳动仲裁。《集体合同规定》第五十五条规定:"因履行集体合同发生的争议,当事人协商解决不成的,可以依法向劳动争议仲裁委员会申请仲裁。"因此,单一劳动者以及用人单位因履行集体合同发生争议,也可依法申请劳动仲裁,以维护自身合法权益。对于劳动仲裁结果,依《劳动争议调解仲裁法》的规定,则依然在区分终局裁决和非终局裁决的情形下,由劳动者和用人单位分别寻求救济。

因履行集体合同发生的争议,依法可以调解的,也适用调解。依法设立的劳动争议调解组织、人民调解组织和劳动争议仲裁委员会均可对争议事项进行调解。调解基于合法和自愿的原则,当事人一方不同意调解或在限定的期限内不能达成一致调解意见的,应及时通过仲裁或司法程序对有关争议予以解决。

【引导案例分析】--■

根据相关法律规定,用人单位和工会或劳动者代表可以就劳动报酬等内容进行集体协商,签订集体合同或专项集体合同,其中劳动报酬主要包括:用人单位工资水平、工资分配制度、工资标准和工资分配形式;工资支付办法;加班、加点工资及津贴、补贴标准和奖金分配办法;工资调整办法;试用期及病、事假等期间的工资待遇;特殊情况下职工工资(生活费)支付办法;其他劳动报酬分配办法。劳动保障行政部门自收到集体合同文本之日起 15 日内未提出异议的,集体合同或专项集体合同即行生效。而生效的集体合同或专项集体合同,应当自其生效之日起由协商代表及时以适当的形式向本方全体人员公布。

本案中,公司于 2019 年 11 月 5 日与该公司工会签订集体合同,并经职工代表大会通过。集体合同第十九条规定,员工离岗待工期间工资按当地最低生活保障标准发放,员工待岗培训期间工资按当地规定的最低工资标准执行。公司在制定并通过集体合同三个月后,以公司近年来经营遇到极其严重困难,为减少开支为由,制定待岗培训通知书,直接依据集体合同第十九条之规定变更了劳动者与公司所签署的劳动合同中关于劳动报酬的执行标准。而公司并未将集体合同中直接涉及劳动者切身利益的规章制度或者重大事项进行公示或者告知全体劳动者,因此不能认定集体合同合法有效并对唐某有约束力。现公司直接依据集体合同制定并向唐某送达待岗培训通知书,在唐某提出异议后,直接通知唐某离岗待工,并按当地最低生活保障标准向唐某发放工资,侵害了劳动者的权益,唐某有权要求公司补足工资差额。

【本章小结】

本章主要介绍了集体合同的概念、特点、原则、内容、分类、效力、争议处理、集体合同和劳动合同的区别,以及集体合同的订立、变更、解除和终止。其中集体合同的订立、变更、解除和终止是本章的重点。

根据《劳动法》《劳动合同法》《集体合同规定》等法律法规,学习者在掌握集体合同概念的前提下,应抓住集体合同具有特定的订立主体、须经集体协商、要式合同、对单个劳动者具有约束力等特点,遵循订立集体合同的原则,从劳动报酬、工作时间、休息休假、劳动安全卫生、职业培训、保险福利以及劳动安全卫生、女职工权益保护、工资调整机制等内容入手,学习集体合同的订立、变更、解除和终止。

同时,还应学会分辨集体合同和劳动合同,并掌握集体合同的类型。从调整的层次来看,集体合同可分为企业级集体合同、区域性集体合同和行业性集体合同。从内容来看,集体合同可分为一般集体合同和专项集体合同。而依法签订的集体合同对用人单位和劳动者均具有约束力。

【课后练习】

一、单项选择题

1. 下列可以在集体协商中担任首席代表的人选是( )。

   A. 在母公司担任高管的企业实际控制人

   B. 不在公司担任职务的持股 51% 的股东

   C. 工会主席

   D. 学历高的工人

2. 下列争议事项不可以提出劳动仲裁的是( )。

   A. 劳动者与用人单位因集体合同中约定的加点加班费计算基数发生争议

   B. 集体合同中约定医疗期内单位应按当地最低工资标准发放工资,但单位实际只按最低工资标准的 80% 支付

C. 集体协商代表在协商期间被用人单位以不能胜任工作岗位为由调整了工作岗位,降低了薪资待遇

D. 集体合同约定劳动者要勤勉尽责地工作,让公司业绩翻番,促成公司上市,结果公司上市失败

3. 下列情形中,说法错误的是(　　　)。

A. 集体协商双方的代表人数应当对等,每方至少 3 人,并各确定 1 名首席代表

B. 未建立工会的,必须经本单位三分之二以上职工同意方可更换职工一方协商代表

C. 企业内部的协商代表参加集体协商视为提供了正常劳动

D. 集体协商任何一方均可就签订集体合同或专项集体合同以及相关事宜,以书面形式向对方提出进行集体协商的要求

4. 有关集体合同的订立程序,下列说法错误的是(　　　)。

A. 集体合同草案制定出来后,应当有三分之二以上职工代表或者职工出席,且须经全体职工代表半数以上或者全体职工半数以上同意方可通过

B. 集体合同草案或专项集体合同草案经职工代表大会或者职工大会通过后,由集体协商双方首席代表签字

C. 集体合同生效后,应向全体职工公布

D. 集体合同订立后,应报送劳动保障行政部门,劳动保障行政部门自收到集体合同之日起十日内未提出异议的,集体合同即行生效

5. 在下列情形中,不属于可以变更或解除集体合同或专项集体合同的情形是(　　　)。

A. 用人单位因被兼并、解散、破产等原因,致使集体合同或专项集体合同无法履行的

B. 用人单位生产经营发生严重困难的

C. 因不可抗力等原因致使集体合同或专项集体合同无法履行或部分无法履行的

D. 集体合同或专项集体合同约定的变更或解除条件出现的

二、多项选择题

1. 下列说法中正确的是(　　　)。

A. 集体合同应当采取书面形式

B. 集体合同的效力对单个劳动者不具有约束力

C. 集体合同订立后,无须报送劳动保障行政部门即可生效

D. 因履行集体合同发生争议,经协商解决不成的,工会可以依法申请仲裁、提起诉讼

2. 下列说法中错误的是(　　　)。

A. 未建立工会的,职工一方的首席代表从协商代表中民主推举产生

B. 用人单位协商代表与职工协商代表可以相互兼任

C. 首席代表可由本单位以外的专业人员代理

D. 用人单位一方的协商代表,可由用人单位法定代表人指派

3. 下列情形中,属于集体合同内容的是(　　　)。

A. 劳动报酬 　　　　　　　　　　B. 职业技能培训

C. 奖惩 　　　　　　　　　　　　D. 裁员

4. 职工一方协商代表在其履行协商代表职责期间劳动合同期满的,劳动合同期限自动延长至完成履行协商代表职责之时,除出现下列哪些情形,用人单位不得与其解除劳动合同( )。

    A. 严重违反劳动纪律或用人单位依法制定的规章制度的

    B. 被依法追究刑事责任的

    C. 严重失职、营私舞弊,对用人单位利益造成重大损害的

    D. 劳动者同时与其他用人单位建立劳动关系,对完成本单位的工作任务造成严重影响,或者经用人单位提出,拒不改正的

5. 劳动保障行政部门应当对报送的集体合同或专项集体合同进行合法性审查的事项包括( )。

    A. 集体协商双方的主体资格是否符合法律、法规和规章规定

    B. 集体合同或专项集体合同内容是否与国家规定相抵触

    C. 集体合同或专项集体合同是否与劳动合同相矛盾

    D. 集体协商程序是否违反法律、法规、规章规定

三、名词解释

集体合同　专项集体合同　集体协商代表　集体合同的变更　集体合同的解除

四、简答题

1. 简述集体合同和劳动合同的区别。

2. 简述集体合同的分类。

五、论述题

1. 论述集体协商中兼顾双方合法权益原则的意义。

2. 论述集体合同的订立程序。

特殊用工形式

【内容提要】

全日制劳动合同用工属于劳动用工的主要形式,另外,还有劳务派遣用工、非全日制用工、退休返聘等用工形式作为补充。本章即对劳务派遣用工、非全日制用工以及退休返聘三种特殊用工形式进行简要论述。

【知识目标】

1. 了解劳务派遣、非全日制和退休返聘的概念。
2. 了解劳务派遣与业务外包、劳务外包的区别。
3. 了解退休返聘人员与单位在不同情形下之间的关系。
4. 熟悉劳务派遣的内容、非全日制用工与全日制用工的区别以及退休返聘人员因工受伤的处理。
5. 掌握劳务派遣的法律关系、适用范围和退回。
6. 掌握非全日制的适用范围。

【素质目标】

1. 灵活运用劳务派遣、非全日制和退休返聘三种用工方式,加强法制观念。
2. 学习处理劳务派遣、非全日制和退休返聘遇到的问题,增强解决各类劳动问题的能力。

【引导案例】

陈某诉江苏 B 果汁公司确认劳动关系纠纷案

陈某于 2016 年 7 月 8 日经劳务派遣至北京 A 果汁公司推销品牌果汁,2018 年 11 月被划归北京 A 果汁公司控股的子公司江苏 B 果汁公司管理。陈某工作期间一直在相同地点、相同岗位工作,受北京 A 果汁公司、江苏 B 果汁公司管理并发放工资。2019 年 9 月 15 日,江苏 B 果汁公司告知劳务派遣公司不再进行派遣,陈某离开江苏 B 果汁公司,不再上班。后陈某因不服劳动人事争议仲裁委员会裁决,诉至法院请求确认其与江苏 B 果汁公司 2016 年 7 月至 2019 年 9 月期间存在劳动关系。

资料来源:《人民法院报》2021 年 1 月 21 日第 7 版。

思考：

陈某与江苏 B 果汁公司是否存在劳动关系？

第一节 劳务派遣

一、劳务派遣的概念

劳务派遣的用工形式

　　劳务派遣又称劳动派遣或劳动力派遣，是指劳务派遣单位（又称用人单位）按照用工单位或劳动力市场的需要招收劳动者并与之订立劳动合同，按照其与用工单位订立的劳务派遣协议将劳动者派遣到用工单位劳动，劳动过程由用人单位管理，工资和社会保险费用等待遇由用工单位提供给派遣单位，再由派遣单位支付给劳动者，并为劳动者办理社会保险登记和缴费等事项；用工单位向派遣单位就提供的服务支付劳务费的一种特殊用工形式。①

二、劳务派遣的法律关系

（一）劳务派遣单位与用工单位之间的劳务派遣协议关系

　　劳务派遣单位派遣劳动者应与接受以劳务派遣形式用工的单位订立劳务派遣协议。劳务派遣单位与用工单位则通过订立劳务派遣协议来确定双方的权利义务，劳务派遣单位需要根据用工单位的要求派遣合适的劳动者，用工单位则根据协议向劳务派遣单位支付报酬或管理费。无论劳务派遣单位与用工单位在劳务派遣协议中如何约定其权利义务，该约定只对用工单位与劳务派遣单位有效，而对被派遣员工并不生效。

（二）劳务派遣单位与被派遣劳动者之间的劳动关系

　　在劳务派遣关系中，劳务派遣单位与被派遣劳动者之间的关系为劳动合同关系。根据《劳动合同法》的规定，劳务派遣单位应当与被派遣劳动者订立两年以上的固定期限劳动合同。劳务派遣单位与被派遣劳动者订立的劳动合同，除应当载明劳动合同的必备条款外，还应当载明被派遣劳动者的用工单位以及派遣期限、工作岗位等情况。劳务派遣单位应履行用人单位对被派遣劳动者的权利和义务，包括招用被派遣劳动者、订立书面劳动合同、对劳动者行使人事管理权、向被派遣劳动者支付劳动报酬和为其缴纳社会保险费等。

（三）用工单位与被派遣劳动者之间的实际用工关系

　　在劳务派遣法律关系中，用工单位具有实际的"用工权"，被派遣劳动者实际处于用工单位的直接管理之下，在用工单位提供的劳动环境中从事劳动，并根据劳动情况取得劳动报酬。用工单位对被派遣劳动者负有特殊保护照顾义务，比如应向被派遣劳动者提供安全卫生的工作环境和条件等。被派遣劳动者与用工单位之间的权利义务直接来源于法律规定。用工单位则无须承担订立书面劳动合同、支付劳动报酬以及缴纳社会保险等《劳动合同法》规定的用人单位对劳动者的义务。

---

　　① 贾俊玲. 劳动法与社会保障法学［M］. 2 版. 北京：中国劳动社会保障出版社，2012.

三、使用劳务派遣的原因

在我国,庞大的劳动力人口总量和长期存在的城乡分割二元化劳动力市场结构,以及企业可提供的正规就业岗位不足,是劳务派遣得以产生与发展的重要经济因素[①];政府公共就业服务机构提供的就业服务能力不足,以及私营性职业介绍机构的迅速发展,给劳动派遣的繁荣创造了有利条件[②];我国出口导向型的经济发展模式,使依赖订单维持生产的加工制造型企业更容易受到世界贸易波动的影响,因而在劳动用工方式的选择上,更青睐于具有弹性和人工成本更低廉的劳务派遣。总的来说,劳务派遣产生的原因是该业务的经营成本低但利润高;我国的临时性、辅助性或者替代性的工作岗位上出现了大量空缺;对单位规避风险和降低用工成本有益处。

四、劳务派遣与业务外包的异同

(一)相同点

劳务派遣劳动者与劳务派遣单位签订劳动合同,但其要被派遣到用工单位工作,工作地点是在用工单位,因此,劳务派遣劳动者需同时接受劳务派遣单位和用工单位的管理。而业务发包劳动者也同样需要与公司签订劳动合同,但因业务开展的需要,有时承包公司会将劳动者派驻到发包企业工作,实际的工作地点可能在发包公司,承包公司员工在工作中同样要接受承包公司和发包企业管理。

(二)不同点

由于劳务派遣和业务外包在工作上的表象导致二者易于混淆。但是实际上二者存在本质的区别。

1. 支付对价的对象不同

劳务派遣是一种劳务合同关系,用工单位以劳动力的使用作为标的,用工单位通过劳务派遣企业向劳动者支付工资,劳动者向用工单位提供劳动服务,企业针对劳动力的使用支付对价。而业务外包是一种承揽合同关系,是根据发包企业的要求,以承包人完成的工作成果为标的,企业对完成的工作成果支付对价。

2. 受调整的法律不同

劳务派遣受《劳动法》及《劳动合同法》等相关法律的调整。而业务外包是一种经济、业务合作关系,发包企业与承包企业签订业务合作合同,由承包企业独立完成承包业务。承包企业需自行安排人员,开展业务,并向人员发放工资,不受发包企业的干涉。因而业务外包关系受《民法典》等相关法律法规的调整。

3. 业务的独立性不同

劳务派遣是由用工单位控制业务的进程,被派遣劳动者完全受控于用工单位,由用工单位对其进行管理,劳务派遣公司不涉及任何用工单位的业务问题。而业务外包针对的是业务,由承包公司主宰业务的进程,管理现场人员。

---

① 王美艳. 劳动合同法的实施:问题与对策建议[J]. 贵州财经学院学报,2013(1):23-31.
② 周长征. 劳务派遣的超常发展与法律再规制[J]. 中国劳动,2012(5):26-28.

4. 给付劳动者工资的标准不同

劳务派遣人员被派遣至用工单位工作,通常比照用工单位正式员工,实行同工同酬。而业务外包中,虽有时业务人员也会进驻发包企业工作,但其工资完全由承包公司决定并发放。

5. 费用结算的周期不同

劳务派遣的劳动者与用工单位的正式员工一样,由用工单位按月将其工资支付给劳务派遣企业,劳务派遣企业再支付给被派遣劳动者,因此派遣企业与用工单位之间通常是按月进行结算的。但业务外包则不同,发包企业与承包企业一般是按照业务的进展程度约定结算周期。

五、劳务派遣与劳务外包的异同

(一)相同点

劳务派遣与劳务外包的共同点是,用工单位或发包单位都不与劳动者签订劳动合同。

(二)不同点

1. 适用法律不同

劳务派遣适用《劳动法》及《劳动合同法》等相关法律,而劳务外包则适用《民法典》等相关法律法规。

2. 主体不同

劳务派遣单位必须是严格按照《劳动合同法》《劳务派遣暂行规定》等法律规定设立的法人实体。而劳务外包可以是个人,也可以是法人或其他实体。

3. 劳动者管理的责任主体不同

责任主体不同是劳务派遣和劳务外包最主要的区别。劳务派遣单位的劳动者须按照用工单位确定的工作形式和工作时间进行劳动。而发包单位对劳务外包单位的劳动者不进行直接管理,其工作形式和工作时间由劳务外包单位自行安排。

4. 合同标的不同

劳务派遣一般是按照派遣的时间和费用标准,根据约定派遣的人数结算费用,用工单位买的是"劳动力",其合同标的一般是"人"。劳务外包一般是按照事先确定的劳务单价并依据劳务外包单位完成的工作量结算,发包单位买的是"劳务",其合同标的一般是"事"。

5. 违法的后果不同

劳务派遣中,给被派遣劳动者造成损害的,劳务派遣单位与用工单位按《劳动合同法》等相关法律规定承担连带赔偿责任。而劳务外包适用《民法典》等相关法律法规,发包单位与承包单位之间按双方合同约定承担权利义务,发包单位对承包单位的劳动者基本上不承担责任。

六、劳务派遣中存在的主要问题

(一)逆向派遣

1. 自设派遣

自设派遣指的是用人单位出资设立劳务派遣单位向自己派遣劳动者。《劳动合同法》第六十七条规定:"用人单位不得设立劳务派遣单位向本单位或者所属单位派遣劳动者。"在自设派遣情形下,劳务派遣协议与劳动合同均无效,用工单位与被派遣劳动者建立事实劳动关系。

2. 合谋派遣

合谋派遣指的是劳动者本人与用人单位存在劳动关系,但是用人单位通过明示或暗示的方式与劳务派遣单位合谋,要求劳动者与劳务派遣单位签订劳动合同,再将劳动者派遣回本单位从事原工作,从而将劳动关系转化为劳务派遣关系,降低用人单位的用工成本。用人单位通过上述方式以合法形式掩盖非法目的,自然无效。

(二)无资质派遣

无资质派遣指的是没有法定派遣资质的单位从事劳务派遣行为,将劳动者违法派遣到用工单位的行为。《劳动合同法》第五十七条第二款规定:"经营劳务派遣业务,应当向劳动行政部门依法申请行政许可;经许可的,依法办理相应的公司登记。未经许可,任何单位和个人不得经营劳务派遣业务。"经营劳务派遣业务应具备相应的资质。

如发生无资质派遣情形的,并不发生劳务派遣的法律结果,各方当事人之间也不会成立劳务派遣法律关系。用工单位与被派遣劳动者之间直接建立事实劳动关系,用工单位与无资质劳务派遣单位之间签订的劳务派遣协议属于无效合同。

典型案例

王某与某机电公司劳动争议案

案情简介

某机电公司自 1993 年 4 月 6 日登记成立。王某在 2018 年之前在机电公司开设的食堂里工作。机电公司与案外人某劳务公司于 2018 年 1 月起签订了劳务派遣协议书,每年一签,最后一次为 2022 年 1 月,该协议仍在履行过程中。协议书约定由案外人劳务公司派遣劳动者至机电公司处工作,并就双方权利义务等进行了详细约定。自 2018 年 5 月 1 日起至其后四年间,王某每年均与案外人劳务公司签订了劳务合同书和劳务协议。签订的劳务合同书和劳务协议中,均约定了合同期限、工作内容和工作地点、工作时间和休息休假、劳动报酬、社会保险、劳动保护、劳动条件的职业危害防护等内容。2018 年 5 月 1 日,案外人劳务公司与王某签订的劳务合同书和王某本人签署的承诺书其中注明:由公司为申请人购买工伤保险和意外伤害险,申请人自愿放弃 2018 年 5 月 1 日之后的社保,养老、医疗、失业不投,以后一切后果自负。案外人劳务公司向王某发放了 2018 年 5 月 1 日至 2022 年 2 月 15 日期间的工资并为其缴纳了 2018 年 6 月至 2022 年 4 月的工伤保险。此后,王某与案外人劳务公司未续签劳动合同。王某认为其与劳务公司签订的劳务合同书和劳务协议属于机电公司"逆向派遣",2018 年 5 月 1 日至 2022 年 2 月 15 日期间,其与机电公司存在劳动关系。后王某向劳动人事争议仲裁委员会提出仲裁申请,要求解除其与机电公司的劳动关系,并要求机电公司支付经济补偿金。

处理结果

本案经过劳动仲裁、一审、二审阶段,二审法院最终并未支持王某关于解除其与机电公司的劳动关系以及要求机电公司支付经济补偿金的主张。

案例评析

本案中,2018年1月至2022年1月,机电公司与案外人劳务公司连续5年签订劳务派遣协议书,约定由劳务公司派遣劳动者至机电公司处工作。从2018年5月1日起至其后四年间,王某每年与劳务公司签订劳务合同和劳务协议,王某与劳务公司签订的劳务合同书、劳务协议及合同载明的期限、工作内容、工作地点、工作时间、休息休假、劳动报酬、社会保险、劳动保护、劳动条件的职业危害防护等内容以及劳务公司工资发放记录等记录,认定王某和劳务公司签订的劳务合同书和劳务协议虽为劳务合同,但该合同内容约定的各项权利义务并不符合劳务合同的法律特征,而与劳动关系法律特征相符,并依据《中华人民共和国劳动合同法》第十七条的规定,认定王某与劳务公司签订的合同性质实为劳动合同,王某自2018年5月1日起与劳务公司建立劳动关系。而王某与劳务公司建立劳动关系的行为应视为是其以实际行为与机电公司解除了劳动关系,劳动关系解除时间为2018年5月1日。在无明显证据证实机电公司存在欺诈、胁迫王某与劳务公司签订劳动合同或王某违反自愿原则与劳务公司签订劳动合同的情况下,不宜径行认定机电公司通过"逆向派遣"规避法律,并判决机电公司承担相应的法律责任。

资料来源:岳阳市中级人民法院(2023)湘06民终89号案件。

七、劳务派遣的适用范围

劳动合同用工是我国的企业基本用工形式,劳务派遣用工是补充形式,而只能在临时性、辅助性或替代性的工作岗位实施。

(一)适用劳务派遣的岗位

劳务派遣用工只能在具备以下三种性质的岗位上适用。

1. 临时性工作岗位

临时性工作岗位是指存续时间不超过六个月的岗位,主要包括:特定的季节性加班、临时性的生产线、公司设立的前期筹备、项目运作的前期筹备、商务会议或庆典、短期的项目性业务等情形下设立的时间不超过六个月的岗位。

2. 辅助性工作岗位

辅助性工作岗位是指为主营业务岗位提供服务的非主营业务岗位。对于企业而言,特定的营销模块、市场模块、销售模块、后勤总务模块、制造模块、勤务模块、研发模块和人力资源模块等业务组成的部分或全部可以外包给专业化的公司处理,以提升专业技能绩效并有效控制常态人力规模。[①]

3. 替代性工作岗位

替代性工作岗位是指用工单位的劳动者因脱产学习、休假等原因无法工作的一定期间内,可以由其他劳动者替代工作的岗位。对于企业而言,如劳动者因脱产学习、休假等原因无法工作,企业可设立替代性工作岗位,通过劳务派遣单位招聘替代性工作人员,以满足短期的用工需求。

相关岗位只要具备上述"三性"中的"一性",就可以使用劳务派遣,无须同时具备"三性"。

---

① 王桦宇.劳动合同法实务操作与案例精解[M].8版.北京:中国法制出版社,2020.

（二）劳务派遣的用工单位

根据《劳务派遣暂行规定》第二条的规定，劳务派遣的用工单位包括企业、依法成立的会计师事务所、律师事务所等合伙组织和基金会以及民办非企业单位等组织。而国家机关、事业单位、社会团体和个体经济组织均未被纳入《劳务派遣暂行规定》的适用范围。

（三）劳务派遣单位

经营劳务派遣业务的劳务派遣单位应具备以下条件：注册资本不得少于人民币二百万元；有与开展业务相适应的固定的经营场所和设施；有符合法律、行政法规规定的劳务派遣管理制度；符合法律、行政法规规定的其他条件。此外，劳务派遣单位获得行政许可后才能经营劳务派遣业务。因此，企业与劳务派遣单位合作时，必须严格审查其是否获得相应的行政许可，是否具备法律法规要求的从事劳务派遣业务的相应资质。

劳务派遣单位申报行政许可的材料包括以下内容：劳务派遣经营许可申请书；营业执照或企业名称预先核准通知书；公司章程；验资机构出具的验资报告或财务审计报告；经营场所的使用证明；办公设施设备清单；管理系统清单；法定代表人的身份证明；劳务派遣管理制度样本，包括劳动合同、劳动报酬、社会保险、工作时间、休息休假、劳动纪律与劳动者切身利益相关的规章制度文本；拟与用工单位签订的劳务派遣协议样本。

（四）不属于劳务派遣的行为

《劳务派遣暂行规定》第二十六条规定："用人单位将本单位劳动者派往境外工作或者派往家庭、自然人处提供劳动的，不属于本规定所称劳务派遣。"这类派驻用工的行为，虽然与劳务派遣在形式上相似，但是要么不属于经营性派遣行为，要么实际用工主体不具备用工单位的主体资格，故均不属于《劳动合同法》和《劳务派遣暂行规定》规定的劳务派遣行为。

典型案例

郭某与某商贸公司劳动争议案

案情简介

某商贸公司成立于 2017 年 9 月 1 日，经营范围为：汽车用品、汽车及摩托车配件、润滑油、儿童玩具销售，家政服务，汽车信息咨询服务，经营广告业务，网上贸易代理，国内一般贸易，人力资源服务（不含劳务派遣及档案管理）。2021 年 7 月 8 日，郭某由商贸公司法定代表人董某安排在某 4S 店从事洗车工作。2022 年 1 月 2 日 16 时左右，郭某在 4S 店处进行洗车，因工作场地地面结冰滑倒受伤。根据郭某提供的工资流水载明，商贸公司法定代表人董某向郭某转存记录如下：2021 年 5 月 27 日 1 900 元、6 月 21 日 3 500 元、7 月 27 日 3 500 元、8 月 31 日 3 500 元、9 月 26 日 7 000 元、10 月 29 日 7 000 元、12 月 16 日 7 000 元、12 月 31 日 6 300 元。2021 年 9 月 15 日至 2022 年 1 月 5 日期间，商贸公司陆续向 4S 店开具 7 张增值税普通发票，其中应税服务名称均为"生活服务清洗费"，金额合计 35 217 元。2021 年 9 月 25 日至 2022 年 1 月 5 日期间，4S 店陆续向商贸公司对公账户转账支付 6 笔款项，转账备注均为"洗车费"，金额合计 29 970 元。2022 年 1 月 2 日，郭某在 4S 店处工作时受伤，伤后未再返岗工作。2022 年 1 月 5 日，郭某与 4S 店工作人员通话，4S 店工作人员告知郭某："今天洗车已经停了，董某他们把东西已经撤走了。"郭某因确认劳动关系与商贸公司及 4S

店产生纠纷,后向劳动人事争议仲裁委员会提出仲裁申请,要求确认郭某与商贸公司存在劳动关系。

处理结果

本案经过了仲裁、一审、二审阶段,二审法院最终判决确认了郭某与商贸公司存在劳动关系。

案例评析

《中华人民共和国劳动合同法》第五十七条第二款规定:"经营劳务派遣业务,应当向劳动行政部门依法申请行政许可;经许可的,依法办理相应的公司登记。未经许可,任何单位和个人不得经营劳务派遣业务。"本案中,商贸公司并不具有经营劳务派遣业务的许可,故商贸公司与4S店之间并不存在劳务派遣关系。参照《劳动和社会保障部关于确立劳动关系有关事项的通知》(劳社部发〔2005〕12号)第二条第一款第一项:"用人单位未与劳动者签订劳动合同,认定双方存在劳动关系时可参照下列凭证。(一)工资支付凭证或记录(职工工资发放花名册)、缴纳各项社会保险费的记录",商贸公司提供洗车设备,在4S店处从事洗车业务,4S店向商贸公司对公账户支付相应的"洗车费",商贸公司向4S店开具增值税发票。郭某自2021年4月12日到商贸公司处,于2021年7月8日由商贸公司安排到4S店处从事洗车工作,工资由商贸公司法定代表人董某按月发放,至2022年1月2日工作中受伤,未再返岗。故郭某与商贸公司之间符合上述规定,2021年4月12日至2022年1月2日期间存在劳动关系。

资料来源:大连市中级人民法院(2023)辽02民终3069号案件。

八、劳务派遣的内容

(一)劳务派遣单位的权利义务

(1)劳务派遣单位应当将劳务派遣协议的内容告知被派遣劳动者,保证被派遣劳动者知情权,建立培训制度,对被派遣劳动者进行上岗知识,安全教育培训。

(2)劳务派遣单位应按月支付劳动报酬,不得克扣用工单位按照劳务派遣协议支付给被派遣劳动者的劳动报酬。

(3)劳务派遣单位保障被派遣劳动者在无工作期间享有的劳动报酬和劳动条件,符合用工单位所在地的标准。

(4)按照国家规定和劳务派遣协议约定,依法为被派遣劳动者缴纳社会保险费,并办理社会保险相关手续。

(5)劳务派遣单位不得以非全日制用工形式招用被派遣劳动者。

(6)用工单位给被派遣劳动者造成损害的,劳务派遣单位与用工单位承担连带赔偿责任。

(7)被派遣劳动者有权在劳务派遣单位或者用工单位依法参加或者组织工会维护自身的合法权益。

(8)用人单位不得自设劳务派遣单位向本单位或者所属单位派遣劳动者。

(9)劳务派遣单位应当将被派遣劳动者通知解除劳动合同的情况及时告知用工单位。

(10)协助处理被派遣劳动者与用工单位的纠纷。

(11)法律、法规和规章规定的其他事项。

劳动者超时加班发生工伤要求用工单位、劳务派遣单位承担连带赔偿责任争议案

案情简介

2017年8月，某服务公司（已依法取得劳务派遣行政许可）与某传媒公司签订劳务派遣协议，约定某服务公司为某传媒公司提供派遣人员，每天工作11小时，每人每月最低保底工时286小时。2017年9月，某服务公司招用李某并派遣至某传媒公司工作，未为李某缴纳工伤保险。2018年8月、9月、11月，李某月工时分别为319小时、293小时、322.5小时，每月休息日不超过3日。2018年11月30日，李某工作时间为当日晚8时30分至12月1日上午8时30分。李某于12月1日凌晨5时30分晕倒在单位卫生间，经抢救无效于当日死亡，死亡原因为心肌梗死等。2018年12月，某传媒公司与李某近亲属惠某等签订赔偿协议，约定某传媒公司支付惠某等工亡待遇42万元，惠某等不得再就李某工亡赔偿事宜或在派遣工作期间享有的权利，向某传媒公司提出任何形式的赔偿要求。上述协议签订后，某传媒公司实际支付惠某等各项费用计423 497.80元。此后，李某所受伤害被社会保险行政部门认定为工伤。后惠某等申请劳动仲裁要求某服务公司与某传媒公司连带支付医疗费、一次性工亡补助金、丧葬补助金、供养亲属抚恤金。

处理结果

本案经过劳动仲裁、一审、二审阶段，二审法院最终判决某服务公司和某传媒公司连带赔偿惠某等医疗费、一次性工亡补助金、丧葬补助金、供养亲属抚恤金。

案例评析

《劳动法》第三十八条规定："用人单位应当保证劳动者每周至少休息一日。"第四十一条规定："用人单位由于生产经营需要，经与工会和劳动者协商后可以延长工作时间，一般每日不得超过一小时；因特殊原因需要延长工作时间的，在保障劳动者身体健康的条件下延长工作时间每日不得超过三小时，但是每月不得超过三十六小时。"《劳动合同法》第九十二条规定："用工单位给被派遣劳动者造成损害的，劳务派遣单位与用工单位承担连带赔偿责任。"《国务院关于职工工作时间的规定》（国务院令第174号）第三条规定："职工每日工作8小时、每周工作40小时。"休息权是劳动者的基本劳动权利，即使在支付劳动者加班费的情况下，劳动者的工作时间仍然受到法定延长工作时间上限的制约。劳务派遣用工中，劳动者超时加班发生工伤，用工单位和劳务派遣单位对劳动者的损失均负有责任，应承担连带赔偿责任。劳动者与用工单位、劳务派遣单位达成赔偿协议的，当赔偿协议存在违反法律、行政法规的强制性规定、欺诈、胁迫或者乘人之危情形时，不应认定赔偿协议有效；当赔偿协议存在重大误解或者显失公平情形时，应当支持劳动者依法行使撤销权。本案中，某服务公司和某传媒公司协议约定的被派遣劳动者每天工作时间及每月工作保底工时，均严重超过法定标准。李某工亡前每月休息时间不超过3日，每日工作时间基本超过11小时，每月延长工作时间超过36小时数倍，其依法享有的休息权受到严重侵害。某传媒公司作为用工单位长期安排李某超时加班，存在过错，对李某在工作期间突发疾病死亡负有不可推卸的责任。惠某等主张某传媒公司与某服务公司就李某工伤的相关待遇承担连带赔偿责任，应予支持。惠某等虽与某传媒公司达成了赔偿协议，但赔偿协议是在劳动者未经社会保险行政部门认定工伤的情形下签订的，且赔偿协议约定的补偿数额明显低于法定工伤保险待遇标准，某服务

公司和某传媒公司应对差额部分予以补足。

本案系劳动者超时加班发生工伤而引发的工伤保险待遇纠纷,在此种情况下用工单位、劳务派遣单位承担连带赔偿责任,可以有效避免劳务派遣用工中出现责任真空的现象,实现对劳动者合法权益的充分保障。同时,用人单位应依法为职工参加工伤保险,保障职工的工伤权益,也能分散自身风险。如用人单位未为职工参加工伤保险,工伤职工工伤保险待遇全部由用人单位支付。

资料来源:最高人民法院 2021 年 8 月 26 日发布的典型案例。

(二)用工单位的权利义务

劳务派遣协议中的用工单位,是指在劳务派遣形式用工中,不与劳动者订立劳动合同,却管理、指挥由劳务派遣单位派遣来的劳动者从事劳动的单位。用工单位承担下列的义务。

(1)用工单位不得向被派遣劳动者收取费用。

(2)用工单位应当执行国家劳动标准,提供相应的劳动条件和劳动保护。

(3)用工单位应当告知被派遣劳动者的工作要求和劳动报酬。

(4)用工单位应当支付加班费、绩效奖金,提供与工作岗位相关的福利待遇。

(5)用工单位应当对在岗被派遣劳动者进行工作岗位所必需的职业技能培训。

(6)用工单位应当保障被派遣劳动者同工同酬的权利,对被派遣劳动者与本单位同类岗位的劳动者实行相同的劳动报酬分配办法。用工单位无同类岗位劳动者的,参照用工单位所在地相同或者相近岗位劳动者的劳动报酬确定;需要注意的是,同工同酬是有条件的,是指相同岗位等量劳动取得同等业绩的劳动者应该获得相同的劳动报酬,并不是简单的岗位相同就拿同样的工资。

(7)用工单位应当对连续用工的派遣劳动者,实行正常的工资调整机制。

(8)用工单位应当按照劳务派遣协议的约定使用被派遣劳动者,不得将这些劳动者再派遣到其他用工单位。

(9)用工单位应当根据工作岗位的实际需要与劳务派遣单位确定派遣期限,不得将连续用工期限分割订立数个短期劳务派遣协议。

(10)用工单位使用被派遣劳动者数量不得超过其用工总量10%。

(11)用工单位给被派遣劳动者造成损害的,劳务派遣单位与用工单位承担连带赔偿责任。

(三)派遣劳动者的权利义务

上述劳务派遣单位及用工单位的义务即为被派遣劳动者的权利,同时,被派遣的劳动者享有劳动法规定的劳动者的其他合法权利。

劳动者对劳务派遣单位承担的义务包括:按照派遣单位的指令到用工单位提供劳动;遵守派遣单位规章制度。

劳动者对用工单位承担的义务包括:按照用工单位的指令提供劳动;遵守用工单位的规章制度。

(四)劳务派遣协议

劳务派遣单位与接受劳务派遣的用工单位之间应签订劳务派遣协议,其内容包括:派遣的工作岗位名称和岗位性质;工作地点;派遣人员数量和派遣期限;按照同工同酬原则确定的劳动报酬数额和支付方式；社会保险费的数额和支付方式；工作时间和休息休假事项；被派遣劳动者工伤、生育或者患病期间的相关待遇；劳动安全卫生以及培训事项；经济补偿等费用；劳务派遣协议期限；劳务派遣服务费的支付方式和标准；违反劳务派遣协议的责任；法律、法规、规章规定的应当纳入劳务派遣协议的其他事项。

九、劳务派遣的退回

劳务派遣中容易被滥用和与解除劳动合同相混淆的就是劳务派遣的退回。劳务派遣的退回，就是用工单位将被派遣的劳动者退回劳务派遣单位，结束其与被派遣的劳动者之间基于劳务派遣形成的用工关系。

（一）劳务派遣的退回情形

目前用工单位合法退回被派遣劳动者的情形主要有以下三种。

1. 法定退回

根据《劳动合同法》第六十五条的规定，在下列情形下，用工单位可将被派遣劳动者退回劳务派遣单位，而劳务派遣单位也可以依法与劳动者解除劳动合同：

（1）被派遣劳动者在试用期内被证明不符合录用条件的；

（2）被派遣劳动者严重违反用工单位的规章制度的；

（3）被派遣劳动者严重失职，营私舞弊，给用工单位的利益造成重大损害的；

（4）被派遣劳动者同时与其他用人单位建立劳动关系，对完成本单位的工作任务造成严重影响，或者经用工单位提出，拒不改正的；

（5）被派遣劳动者以欺诈、胁迫的手段或者乘人之危，使对方在违背真实意思的情况下订立或者变更劳动合同，致使劳动合同无效的；

（6）被派遣劳动者被依法追究刑事责任的；

（7）被派遣劳动者患病或者非因工负伤，在规定的医疗期满后不能从事原工作，也不能从事由用工单位另行安排的工作的；

（8）被派遣劳动者不能胜任工作，经过培训或者调整工作岗位，仍不能胜任工作的。

2. 单方退回

根据《劳务派遣暂行规定》第十二条的规定，在下列情形下，用工单位可以将被派遣劳动者退回劳务派遣单位，但是劳务派遣单位不得因此与被派遣劳动者解除劳动合同，被派遣劳动者在退回后的无工作期间，劳务派遣单位应按照不低于所在地最低工资标准，向被派遣劳动者按月支付报酬：

（1）劳动合同订立时所依据的客观情况发生重大变化，致使劳动合同无法履行，经用工单位与被派遣劳动者协商，未能就变更劳动合同内容达成协议的；

（2）用工单位依照《劳动合同法》第四十一条的规定进行经济性裁员的；

（3）用工单位被依法宣告破产、吊销营业执照、责令关闭、撤销、决定提前解散或者经营期限届满不再继续经营的；

（4）劳务派遣协议期满终止的。

3. 协商退回

在实际工作中，如果用工单位与劳务派遣单位、被派遣劳动者就退回协商达成一致的，普遍认为是合法有效的。在此情形下,用工单位应注意签署三方的退回协议,约定的内容应当遵守相关的法律规定。

(二)劳务派遣的退回限制

《劳务派遣暂行规定》第十三条规定:"被派遣劳动者有劳动合同法第四十二条规定情形的,在派遣期限届满前,用工单位不得依据本规定第十二条第一款第一项规定将被派遣劳动者退回劳务派遣单位;派遣期限届满的,应当延续至相应情形消失时方可退回。"也就是说,如果被派遣劳动者存在下列情形之一的,用工单位不得以客观情况发生重大变化或者经济性裁员为由将其退回:从事接触职业病危害作业的劳动者未进行离岗前职业健康检查,或者疑似职业病病人在诊断或者医学观察期间的;在本单位患职业病或者因工负伤并被确认丧失或者部分丧失劳动能力的;患病或者非因工负伤,在规定的医疗期内的;女职工在孕期、产期、哺乳期的;在本单位连续工作满十五年,且距法定退休年龄不足五年的;法律、行政法规规定的其他情形。

十、劳务派遣争议的处理

派遣单位与被派遣劳动者之间系劳动关系,用工单位与被派遣劳动者之间系基于派遣模式下的用工关系,均适用劳动法律法规,但派遣单位与用工单位之间系普通的民商事法律关系,适用《民法典》。

被派遣劳动者与派遣单位、用工单位之间发生的劳务派遣争议,应当按照《劳动争议调解仲裁法》规定的程序处理。

发生劳动争议,劳动者可以与用人单位协商,也可以请工会或者第三方共同与用人单位协商,达成和解协议。当事人不愿协商、协商不成或者达成和解协议后不履行的,可以向调解组织申请调解;不愿调解、调解不成或者达成调解协议后不履行的,可以向劳动争议仲裁委员会申请仲裁;对仲裁裁决不服的,除法律另有规定的外,可以向人民法院提起诉讼。

第二节　非全日制用工

一、非全日制用工的概念

非全日制用工,是指以小时计酬为主,劳动者在同一用人单位一般平均每日工作时间不超过四小时,每周工作时间累计不超过二十四小时的用工形式。由此可知,我国主要是依据工作时间来界定非全日制用工,即一般平均每日工作时间不超过四小时,每周工作时间累计不超过二十四小时。

非全日制用工

二、非全日制用工与全日制用工的区别

(一)工作时间

非全日制用工的工作时间短于全日制用工的工作时间。从事非全日制用工的劳动者在同一用人单位一般平均每天的工作时间不超过四小时,每周的工作时间累计不超过二十四

小时。而从事全日制用工的劳动者,多数采取标准工时制,即在同一用人单位每天的工作时间不超过八小时,平均每周的工作时间不超过四十小时。

(二)合同形式

非全日制用工双方当事人订立劳动合同既可以采用书面形式,也可以采用口头形式。而全日制用工双方当事人订立劳动合同应当采用书面形式。

(三)社会保险缴纳

在非全日制用工中,用人单位只需为劳动者缴纳工伤保险即可,其他险种由劳动者自行缴纳。而在全日制用工中,用人单位必须为劳动者缴纳工伤保险、医疗保险、生育保险、养老保险、失业保险等社会保险。

(四)试用期

在非全日制用工中,双方当事人不得约定试用期。而在全日制用工中,用人单位与劳动者订立的劳动合同则可以依法约定试用期,除了以完成一定工作任务为期限的劳动合同和三个月以下固定期限的劳动合同,但同一用人单位与同一劳动者只能约定一次试用期。

(五)劳动合同的签订

在非全日制用工中,劳动者在不影响先订立的劳动合同履行的情况下可以与一个或者一个以上用人单位订立劳动合同,建立双重或多重劳动关系。而在全日制用工中,客观上劳动者一般只能与一个用人单位订立劳动合同,建立一重全日制劳动关系。

(六)劳动合同解除与补偿

在非全日制用工中,任何一方当事人都可以随时通知对方终止用工。终止用工的,用人单位无需向劳动者支付经济补偿。而在全日制用工中,用人单位和劳动者应当依法解除或者终止劳动合同,并不能随意解除或终止,而且出现《劳动合同法》第四十六条规定的情形的,用人单位还应当依法支付经济补偿金。

(七)工资及支付周期

在非全日制用工中,以小时计酬为主,小时计酬标准不得低于用人单位所在地人民政府规定的最低小时工资标准,且支付周期最长不得超过十五日。而在全日制用工中,劳动者的工资标准不得低于用人单位所在地人民政府规定的月最低工资标准,且每月至少支付一次工资。

(八)劳务派遣

劳务派遣单位招用被派遣劳动者时,不得采用非全日制用工的形式,而劳务派遣的用工形式一般是全日制用工,且应当订立 2 年以上的固定期限书面劳动合同。

典型案例

汪某与某邮电物业等公司劳动争议案

案情简介

2009 年 1 月 1 日,某邮电物业与汪某签订非全日制劳动用工协议,约定汪某从事保洁岗位工作,工作任务:电信营业厅、1～3层走廊、卫生间、工会活动室、公司操场、花圃;每月两次以货币的形式支付劳动报酬,支付的报酬中包含其应缴纳的基本养老保险、基本医疗保险费用,汪某可以自主参加基本养老、基本医疗保险。终止用工,某邮电物业不向汪某支付经济补偿金。协议期满,协议即终止,经双方协商同意后,可续签协议。2010年1月1日和2011年1月1日,某派遣公司又与汪某分别签订非全日制劳动用工协议。合同约定同上。汪某工作场所在某电信公司。2012年、2013年、2014年汪某未与某派遣公司签订书面劳动合同,仍在某电信公司从事保洁员岗位工作。

2015年1月1日某邮电物业将包括保洁物业服务业务承包给某服务公司后,2015年、2016年、2017年、2018年、2019年汪某未与某服务公司签订书面劳动合同,仍在某电信公司从事保洁员岗位工作。2020年1月1日汪某与某服务公司签订非全日制劳动用工协议,协议中明确期限36个月,约定工作时间为4小时,累计每周不超过24小时;工作任务:食堂客餐帮厨,招待所及走道、操场、营业厅等办公场所、卫生间清扫。合同约定的劳动报酬标准是按小时计算,每小时17元,甲方于每月15日、30日支付汪某劳动报酬,支付的报酬中包含其应缴纳的基本养老保险、基本医疗保险费用,汪某可以自主参加基本养老、基本医疗保险。双方在协议期限内需终止用工应提前30天通知,终止用工甲方不向乙方支付经济补偿金。协议期满,协议即终止,经双方协商同意后,可续签协议。汪某仍在某电信公司从事保洁员岗位工作,增加食堂客餐帮厨工作。某服务公司每月两次支付报酬。

2019年8月某物业公司请汪某作某电信公司的厨房客餐帮厨,某物业公司要求与汪某签订非全日制合同,汪某不同意签字,2019年10月支付工资2000元,2019年11月支付工资1700元,该两个月发放的工资包含某物业公司以及某服务公司两家的工资。2021年5月7日,汪某向劳动人事争议仲裁委员会提出仲裁申请,要求确认其与某邮电物业、某派遣公司、某服务公司、某物业公司存在劳动关系,并要求某服务公司支付经济补偿金。

处理结果

劳动仲裁委以汪某超过法定退休年龄作出不予受理的通知,后汪某诉至法院,经过一审、二审阶段,二审法院最终判决确认了汪某与某邮电物业、某派遣公司、某服务公司、某物业公司存在非全日制劳动关系,但并未支持汪某关于经济补偿金的主张。

案例评析

《中华人民共和国劳动合同法》第六十八条规定:"非全日制用工,是指以小时计酬为主,劳动者在同一用人单位一般平均每日工作时间不超过四小时,每周工作时间累计不超过二十四小时的用工形式。"第六十九条规定:"非全日制用工双方当事人可以订立口头协议。从事非全日制用工的劳动者可以与一个或者一个以上用人单位订立劳动合同;但是,后订立的劳动合同不得影响先订立的劳动合同的履行。"第七十二条规定:"非全日制用工小时计酬标准不得低于用人单位所在地人民政府规定的最低小时工资标准。非全日制用工劳动报酬结算支付周期最长不得超过十五日。"根据以上规定,对非全日制用工的判定,既要审查形式要件,也要审查实质要件,重点在于实质要件。本案中,从汪某签订劳动合同的形式来看属于非全日制用工协议,因为双方既采取了口头形式也采取了书面形式,这符合非全日制劳动关系的用工形式。从实质要件看,汪某每日工作不超过4小时,每周不超过24小时,其工资按小时计酬,结算支付周期未超过十五日。因此,汪某与某邮电物业、某派遣公司、某服务公司、某物业公司之间的关系符合非全日制劳动关系的法律规定,应当认定汪某与上述各单位在各自劳动合同期间形成非全日制劳动关系。

《中华人民共和国劳动合同法》第七十一条规定:"非全日制用工双方当事人任何一方都可以随时通知对方终止用工。终止用工,用人单位不向劳动者支付经济补偿。"由于汪某与某服务公司系非全日制劳动关系,故汪某要求某服务公司向其支付经济补偿金的主张于法无据。

非全日制用工制度的特殊性就在于"灵活性",即与全日制用工制度相比,形成相对宽松的劳动关系,包括但不限于书面形式,可以选用口头劳动合同;劳动时间不固定,以小时计酬为主;劳动关系存续时间不确定性,合同双方均可随时解除劳动关系,不必提前通知;终止用工,用人单位也无须支付经济补偿金。

资料来源:三明市中级人民法院(2022)闽04民终1313号案件。

三、非全日制用工的劳动报酬

非全日制用工以小时计酬为主,小时计酬的标准由用人单位和劳动者协商确定,但不得低于用人单位所在地人民政府规定的最低小时工资标准。而小时最低工资标准是由省、自治区、直辖市规定,并报劳动保障部备案的。

非全日制用工的工资支付周期最长不得超过十五日。

四、非全日制用工的社会保险

非全日制用工的用人单位应当为建立劳动关系的劳动者缴纳工伤保险,这属于用人单位的强制性义务。在非全日制用工中,劳动者发生工伤的,依法享受工伤保险待遇。

在非全日制用工中,劳动者应参加基本养老保险,执行办法原则上可参照个体工商户的参保办法。

从事非全日制工作的劳动者可以参加基本医疗保险,由个人缴纳。

典型案例

谢某与某电器公司劳动争议案

案情简介

谢某于2018年1月进入某电器公司从事空调安装工作,双方签订《非全日制用工合同》。工作期间,谢某每天工作时间不超过4小时,电器公司为谢某缴纳了工伤保险。2020年8月28日,谢某在上班途中发生交通事故受伤,其承担事故主要责任。之后谢某再未到电器公司处从事空调安装工作。2020年2月21日,谢某所受事故伤害经人力资源和社会保障局认定为工伤。2021年5月10日,谢某经劳动能力鉴定委员会鉴定为九级伤残。后谢某向劳动人事争议仲裁委员会申请仲裁要求某电器公司支付其工伤保险待遇。

处理结果

本案经过了劳动仲裁、一审阶段,一审法院支持了谢某关于要求某电器公司支付其工伤保险待遇的主张,后双方均未上诉。

第七章 特殊用工形式

案例评析

本案中,谢某与某电器公司签订了非全日制用工合同,双方建立非全日制用工关系。而在非全日制用工中,劳动者发生工伤的,依法享受工伤保险待遇。谢某在工作时受伤,依法认定为工伤,电器公司为谢某缴纳了工伤保险,谢某应当享受工伤保险待遇。故电器公司应向谢某支付各项工伤保险待遇。

资料来源:常德市武陵区人民法院(2021)湘 0702 民初 4903 号案件。

五、非全日制用工的适用范围

非全日制用工是劳动用工制度的一种重要形式,是灵活就业的主要方式。近年来,由于非全日制用工管理成本低、招用的灵活性、适用人员的广泛性等特点,我国的非全日制用工形式呈现出迅速发展的趋势,特别是在餐饮、超市、社区服务等领域,使用非全日制用工形式的用人单位越来越多。非全日制用工模式虽突破了传统的全日制用工模式,但其适用仍存在着诸多限制。

非全日制用工是弥补全日制用工之不足的一种非主流用工形式,其适用范围应当限于:工作量不能满足全日制用工需要的岗位;工作量虽能满足全日制用工需要,但非全日制用工较之全日制用工可节约管理成本的岗位。超出此范围采用非全日制用工,既不利于保护劳动者权益,也不利于提高企业效率。[①]

值得注意的是,在司法实践中,劳动者提供劳动的时间是判断劳动者与用人单位是建立全日制用工还是非全日制用工的核心要素,如果劳动者实际提供劳动的时间超过法律规定的非全日制用工的工作时间上限,则很有可能会被认定为全日制用工。

六、非全日制用工的争议处理

从事非全日制工作的劳动者与用人单位之间因履行劳动合同发生的争议,应当按照国家劳动争议处理规定执行,劳动者和用人单位可以自行协商处理,协商不成的,劳动者可以向劳动行政部门投诉,也可以向劳动争议仲裁委员会申请仲裁维护自己的合法权益。而劳动者直接向其他家庭或个人提供非全日制劳动的,当事人双方之间发生的争议则不适用于上述规定。

第三节　退休返聘

一、退休返聘的概念

"退休返聘"几个字已经将其基本概念作出了诠释。"退休"是指受雇者达到法定退休年龄后或者依法办理了退休手续,领取了养老保险金;"返"是指受雇者从原单位退休后,重新回到原单位工作或者另行进入新单位工作;"聘"是指双方建立起独特的劳务模式,受雇者提供劳务,单位支付报酬。

整体来说,退休返聘是指用人单位中的受聘者已经达到或超过法定退休年龄,从用人单

---

① 刘俊.劳动与社会保障法学[M].北京:高等教育出版社,2017.

位退休,再通过与原用人单位或者其他用人单位订立合同契约继续作为人力资源存续的行为或状态。其具体形态包括:受聘者达到法定退休年龄,在原工作岗位延长一定的工作时间;受聘者退休后被原用人单位应聘回原单位从事同种或不同种工作;受聘者退休后在劳务市场重新进行择业,到原用人单位之外的新单位工作的情况。

二、退休返聘人员与单位之间的关系

(一)享受养老保险待遇或者领取退休金的退休返聘人员与单位之间属于劳务关系

退休返聘是否存在劳动关系

《最高人民法院关于审理劳动争议案件适用法律问题的解释(一)》第三十二条规定:"用人单位与其招用的已经依法享受养老保险待遇或者领取退休金的人员发生用工争议而提起诉讼的,人民法院应当按劳务关系处理。"如果单位招用的劳动者属于依法享受养老保险待遇或者领取退休金的,属于劳务关系,肯定不是劳动关系。这种情况被认定劳务关系的主要原因在于劳动者不具备建立劳动关系的主体资格。

在此类情形下,因为退休返聘人员和单位之间建立的是平等的劳务合同关系,不受有关劳动法律法规的调整和保护,退休返聘协议可由退休返聘人员与单位依据《民法典》等法律法规自行协商确定。

(二)享受养老保险待遇或者领取退休金的退休返聘人员与单位之间是否构成劳动关系存在争议

对于此类特殊群体的用工法律关系,目前我国人力资源和社会保障部和最高人民法院的观点不一致,各地仲裁委、法院的口径也不一致。实践中主要有以下三种观点。

第一种观点认为,受聘者只要达到法定退休年龄,无论是否享受养老保险待遇或者领取退休金,其与单位建立的是劳务关系。

该观点依据的是《劳动合同法实施条例》第二十一条的规定:"劳动者达到法定退休年龄的,劳动合同终止"。按照上述规定,可以说明退休是劳动者的法定权利,同时也意味着劳动者劳动权的终止。因此,只要劳动者达到了法定退休年龄,无论其是否享受养老保险待遇或者领取退休金,劳动合同自然终止。

第二种观点认为,如果达到法定退休年龄后的受聘者并未开始享受养老保险待遇或者领取退休金,即使与单位签订返聘合同,双方仍然是劳动关系。

该观点依据的是《最高人民法院行政审判庭关于超过法定退休年龄的进城务工农民因工伤亡的,应否适用〈工伤保险条例〉请示的答复》:"我院审判委员会研究后认为,法律并未禁止使用超过法定退休年龄的农民工,而且作为农民也无所谓何时退休。超过六十周岁继续在城市务工的农民比较多,有些与用工单位形成劳动关系,依法应当保护这些务工人员的合法权益,给予其平等对待。从《工伤保险条例》的规定来看,也没有将这些人排除出去,既然用人单位已经实际用工,职工在工作时间受伤的,参照《最高人民法院行政审判庭关于离退休人员与现单位之间是否构成劳动关系以及工作时间内受伤是否适用〈工伤保险条例〉问题的答复》精神,应可以适用《工伤保险条例》的规定进行工伤认定。"

第三种观点认为,未享受养老保险待遇或者领取退休金的退休返聘人员与单位之间属于特殊的劳动关系,即介于劳动关系与劳务关系之间的一种折中情形,单位招用此类人员有一些事项需要遵守劳动法的规定,有一些事项则不需要遵守劳动法的规定。如江苏省的文件有这样的规定。《江苏省劳动人事争议疑难问题研讨会纪要》(2017):"(二)达到或超过法定退休年龄,但不符合享受基本养老保险待遇劳动者的用工关系问题。用人单位与其招用的已经依法享受基本养老保险待遇或领取退休金的人员发生的用工争议,按劳务关系处理。用人单位与其招用的已达到或超过法定退休年龄但未享受基本养老保险待遇或领取退休金的人员发生用工争议,双方之间用工情形符合劳动关系特征的,应按劳动关系特殊情形处理。劳动者请求享受《劳动法》《劳动合同法》规定的劳动报酬、劳动保护、劳动条件、工作时间、休息休假、职业危害防护、福利待遇的应予支持。但劳动者请求签订无固定期限劳动合同、支付二倍工资、经济补偿、赔偿金及社会保险待遇的不予支持(其中社会保险待遇争议不包括本意见第十二条规定的情形)。双方另有约定的除外。"

上述三种观点中,第一种观点更容易被认可,理由如下。

首先,《劳动合同法》第四十四条和《最高人民法院关于审理劳动争议案件适用法律问题的解释(一)》第三十二条并未直接确定未享受养老保险待遇或者领取退休金的人员与单位建立何种关系,不能据此简单排除地理解为双方建立的是劳动关系。

其次,《劳动合同法实施条例》系对《劳动合同法》的补充和细化,其第二十一条的规定正是对达到退休年龄后的人员关系的界定,可视为《劳动合同法》第四十四条中"(六)法律、行政法规规定的其他情形",劳动合同终止,劳动关系自动终止,双方如果继续聘用,则建立起劳务合同关系。

最后,《最高人民法院行政审判庭关于超过法定退休年龄的进城务工农民因工伤亡的,应否适用〈工伤保险条例〉请示的答复》仅仅是对于达到退休年龄的农民工发生的事故是否可以认定工伤的处理意见,并不是探究双方是否建立劳动关系。类似的规定还有《最高人民法院关于审理工伤保险行政案件若干问题的规定》《关于确立劳动关系有关事项的通知》等。该类规定并不认可相关情形下的劳动关系,但是认定对应主体的用工主体责任,因此第二种观点以承担工伤责任而倒推劳动关系并无法律依据。

因此,只要返聘者达到法定退休年龄,即可与原单位或者新单位签订退休返聘协议,双方建立起劳务合同关系。

三、退休返聘人员因工受伤的处理

一般而言,针对已经依法享受养老保险待遇或领取退休金的退休返聘人员,在认定其与单位不成立劳动关系且招用单位没有按项目参保等方式为其缴纳工伤保险费的情况下,退休返聘人员因工受伤不能适用《工伤保险条例》进行工伤途径救济,而应根据《民法典》第一千一百六十五条:"行为人因过错侵害他人民事权益造成损害的,应当承担侵权责任。依照法律规定推定行为人有过错,其不能证明自己没有过错的,应当承担侵权责任"的规定,进行过错归责。

典型案例

张某等与物业公司提供劳务者受害责任纠纷案

案情简介

司某系某供电局退休职工,2020年7月1日入职某物业公司,被安排至某园博园从事高压值班员工作,负责高压设备维修维护,双方签订有 2020 年 7 月 1 日至 2022 年 6 月 30 日用工期限的劳务(退休返聘)协议书一份。2022 年 1 月 7 日上午 10 时 48 分,司某从中心广场到主展馆地下一楼时,攀爬放置在主展馆门外不远处的悬梯过程中,因踩空梯子摔落,经抢救无效死亡。其亲属张某等提起诉讼,要求物业公司承担死亡赔偿金、丧葬费、精神损害抚慰金、被抚养人生活费等赔偿责任。

处理结果

本案经一审、二审阶段,二审法院判决物业公司按照 60% 的比例承担死亡赔偿金、丧葬费、精神损害抚慰金、被抚养人生活费等赔偿责任。

案例评析

物业公司作为接受劳务的用工单位,在现场放置的悬梯可能存在人员坠落危险的情况下,未采取必要、充分的防范措施,亦无证据显示公司对司某进行了充分的安全教育,对司某自悬梯摔落存在明显过错,应承担相应的赔偿责任。而司某作为有完全民事行为能力的成年人,在有常规的安全通道情况下却罔顾自身安全,选择了通过攀爬悬梯的危险路径,试图通过捷径下至目的地,存在较大过错,且在攀爬过程中未尽到安全注意义务,因疏忽踩空导致摔落,故应当减轻用工单位的赔偿责任。因此,物业公司应当承担相应的赔偿责任。

资料来源:济南市中级人民法院(2022)鲁 01 民终 8848 号案件。

根据《人力资源社会保障部关于执行〈工伤保险条例〉若干问题的意见(二)》:"二、达到或超过法定退休年龄,但未办理退休手续或者未依法享受城镇职工基本养老保险待遇,继续在原用人单位工作期间受到事故伤害或患职业病的,用人单位依法承担工伤保险责任。用人单位招用已经达到、超过法定退休年龄或已经领取城镇职工基本养老保险待遇的人员,在用工期间因工作原因受到事故伤害或患职业病的,如招用单位已按项目参保等方式为其缴纳工伤保险费的,应适用《工伤保险条例》。"以及《最高人民法院行政审判庭关于离退休人员与现单位之间是否构成劳动关系以及工作时间内受伤是否适用〈工伤保险条例〉问题的答复》:"根据《工伤保险条例》第二条、第六十一条等有关规定,离退休人员受聘于现工作单位,现工作单位已经为其缴纳了工伤保险费,其在受聘期间因工作受到事故伤害的,应当适用《工伤保险条例》的有关规定处理。"也就是说,工作单位为退休返聘人员缴纳工伤保险费的,即使其已经领取城镇职工基本养老保险待遇,但在用工期间因工作原因受到事故伤害或患职业病的,同样应适用《工伤保险条例》。此外,退休返聘人员未办理退休手续或未享受城镇职工基本养老保险待遇,继续在原用人单位工作期间受到事故伤害或患职业病的,用人单位应当依法承担工伤保险责任。

对于超过法定退休年龄的进城务工农民因工伤亡的,《最高人民法院行政审判庭关于超过法定退休年龄的进城务工农民因工伤亡的,应否适用〈工伤保险条例〉请示的答复》中认为,用人单位聘用的超过法定退休年龄的务工农民,在工作时间内、因工作原因伤亡的,应当适用《工伤保险条例》的有关规定进行工伤认定。

典型案例

郭某与某物业公司劳动争议案

案情简介

2020 年 9 月 9 日,郭某入职某物业公司,并被派遣到某大学从事保洁工作。双方约定月工资 2 150 元。2020 年 11 月 17 日，郭某与物业公司签定了离退休人员聘用协议，协议主要条款约定：返聘期限为固定期限，期限为 2020 年 10 月 1 日至 2021 年 9 月 30 日；具体工作岗位为南教、主教一层和二层保洁；工作时间每天不超过 8 小时；工作报酬为满勤每月 2 150 元，于每月 25 日发放上个自然月的工作报酬；退休返聘人员不享有假期加班双倍工资待遇。同时，离退休人员聘用协议中还约定：物业公司可根据郭某的工作能力及身体健康状况等因素调整其工作岗位，郭某应服从物业公司的安排；经双方协商确认后，工资随岗位的变动增减。后郭某申请仲裁，基于劳动关系要求物业公司支付其 2020 年 10 月法定假日双倍工资 1 719 元和学校封闭期间法定假日双倍工资 1 200 元，合计 2 919 元。仲裁委以不符合受理条件为由，对其仲裁申请不予受理。郭某对此不服，诉至法院。

处理结果

法院未支持郭某请求物业公司支付其双倍工资的主张。

案例评析

根据《劳动合同法实施条例》第二十一条规定："劳动者达到法定退休年龄的，劳动合同终止。"劳动者达到法定退休年龄，不再符合劳动法律法规规定的主体资格，不具备建立劳动关系的条件，劳动合同自然终止。因郭某在物业公司处工作时已达到法定退休年龄，故郭某与物业公司之间不形成劳动关系，而是形成劳务关系，因此不适用劳动相关法律法规。郭某基于劳动关系请求物业公司支付欠其工资 2 919 元于法无据。

资料来源：大连市中级人民法院(2023)辽 02 民终 785 号案件。

【引导案例分析】

劳务派遣用工仅限于在临时性、辅助性或者替代性的岗位上实施。《劳动合同法》对劳务派遣用工形式作出了严格规范和限制，第六十六条明确规定，劳务派遣用工只能在临时性、辅助性或者替代性的岗位上实施。其中，临时性岗位的存续时间不超过六个月，辅助性工作岗位是指为主营业务岗位提供服务的非主营业务岗位，替代性岗位是指一定期间内替代用工单位劳动者工作的岗位。因此，被派遣劳动者从事主营业务或是在用工单位工作存续时间超过六个月而未重新派遣的，不符合劳务派遣的法律规定，不应当以劳务派遣性质认定劳动者与用工单位的法律关系。本案陈某虽然以劳务派遣形式在江苏 B 果汁公司工作，但自 2015 年 7 月 8 日至 2018 年 9 月 15 日一直从事品牌果汁销售岗位，其与江苏 B 果汁公司的法律关系不应认定为劳务派遣关系。

从事主营业务岗位的劳务派遣人员与用工单位存在劳动关系。根据原劳动和社会保障部《关于确立劳动关系有关事项的通知》第一条的规定，在具备主体资格的前提下，用工单位招用劳动者未订立书面劳动合同，但劳动者受用工单位管理且劳动者提供的劳务系用工单位业务的组成部分时，劳动者与用工单位的劳动关系成立。同时，用人单位与劳动者未签订书面劳动合同，但在双方实际履行了劳动权利和义务的情况下，应当认定存在事实劳动关系。实践中，这种权利和义务具体体现在劳动者为用人单位提供劳动、接受管理、遵守劳动纪律、获得劳动报酬等。由此，陈某工作期间一直在相同地点相同岗位工作，由北京 A 果汁公司、江苏 B 果汁公司发放工资并受其管理，应当认定陈某与用工单位存在劳动关系。

劳动者与具有关联关系且用工混同的用人单位自用工之日起建立劳动关系。参照最高人民法院第 15 号指导性案例，具有关联关系且存在用工混同的母公司和子公司之间，会形成人格混同,对外债务应当承担连带责任。由于用工混同会带来举证证明、责任区分等困难,故由关联公司承担连带责任更有利于规范劳动管理秩序及保护劳动者的合法权益。因此,根据《劳动合同法》第七条及《劳动合同法实施条例》第十条,由于北京 A 果汁公司与江苏 B 果汁公司系母、子公司且用工混同,两者均应对未与陈某签订劳动合同的行为承担连带责任;陈某非因本人原因由北京 A 果汁公司被安排至江苏 B 果汁公司工作,且工作地点、性质处于延续状态,故陈某选择江苏 B 果汁公司作为劳动合同相对人主张与其存在劳动关系应予支持。

【本章小结】

本章分别对劳务派遣用工、非全日制用工以及退休返聘三种特殊用工形式进行了介绍。

首先,第一节从劳务派遣的概念、法律关系、适用范围、内容、退回、存在的主要问题、使用劳务派遣的原因、劳务派遣与业务外包的异同、劳务派遣与劳务外包的异同、劳务派遣协议的内容以及劳务派遣争议的处理等方面详细介绍了劳务派遣。其次,第二节主要论述了非全日制用工的概念、与全日制用工的区别、劳动报酬规定、社会保险、适用范围以及争议处理等内容。非全日制用工是一种弥补全日制用工之不足的用工形式。最后,第三节从退休返聘的概念、退休返聘人员与单位之间的关系以及退休返聘人员因工受伤的处理等角度进行了论述。

【课后练习】

一、单项选择题

1. 关于劳务派遣,下列说法错误的是(　　)。

   A. 用人单位不得设立劳务派遣单位向本单位或者所属单位派遣劳动者

   B. 劳务派遣和劳务外包中,劳动者管理的责任主体不同

   C. 劳务派遣仅能适用于临时性、辅助性的工作岗位

   D. 劳务派遣单位不得以非全日制用工形式招用被派遣劳动者

2. 劳务派遣的用工单位不包括(　　)。

   A. 依法成立的会计师事务所

   B. 民办非企业单位

   C. 个体经济组织

   D. 基金会

3. 关于劳务派遣,下列说法正确的是(　　)。

   A. 被派遣劳动者有《劳动合同法》第四十二条规定情形的,用工单位不得以客观情况发生重大变化或者经济性裁员为由将其退回

   B. 用工单位给被派遣劳动者造成损害的,劳务派遣单位与用工单位无须承担连带赔偿责任

   C. 劳务派遣单位保障被派遣劳动者在无工作期间基本生活的义务,可按照低于最低工资标准按月支付报酬

   D. 用工单位使用被派遣劳动者数量不得超过其用工总量的 15%

4. 在非全日制用工中,下列说法错误的是(　　)。

　　A. 在非全日制用工中,可以建立双重或多重劳动关系

　　B. 劳务派遣单位招用被派遣劳动者时,不得采用非全日制用工的形式

　　C. 在非全日制用工中,双方当事人可以约定试用期

　　D. 在非全日制用工中,任何一方当事人都可以随时通知对方终止用工

5. 关于退休返聘,下列说法正确的是(　　)。

　　A. 享受养老保险待遇的退休返聘人员的报酬可以低于最低工资标准

　　B. 享受养老保险待遇的退休返聘人员与单位之间建立的是劳动关系

　　C. 享受养老保险待遇且未缴纳社保的退休返聘人员在履行工作职责时受伤的,聘用单位不承担侵权责任

　　D. 享受养老保险待遇的退休返聘人员与单位之间发生的纠纷需要通过劳动人事争议仲裁阶段

二、多项选择题

1. 劳务派遣的法律关系包括(　　)。

　　A. 劳务派遣单位与用工单位之间的劳务派遣协议关系

　　B. 劳务派遣单位与被派遣劳动者之间的劳务关系

　　C. 劳务派遣单位与被派遣劳动者之间的劳动关系

　　D. 用工单位与被派遣劳动者之间的实际用工关系

2. 劳务派遣与业务外包的区别包括(　　)。

　　A. 支付对价的对象不同

　　B. 业务的独立性不同

　　C. 费用结算的周期不同

　　D. 给付劳动者工资的标准不同

3. 下列说法正确的是(　　)。

　　A. 非全日制用工双方当事人订立劳动合同既可以采用书面形式,也可以采用口头形式

　　B. 非全日制用工的工资支付周期最长不得超过十五日

　　C. 非全日制用工中,小时计酬标准不得低于用人单位所在地人民政府规定的最低小时工资标准

　　D. 非全日制用工的用人单位无须为建立劳动关系的劳动者缴纳工伤保险

4. 劳务派遣中,用工单位可将被派遣劳动者退回劳务派遣单位,而劳务派遣单位也可以依法与劳动者解除劳动合同的情形包括(　　)。

　　A. 被派遣劳动者严重违反用工单位的规章制度的

　　B. 被派遣劳动者不能胜任工作,经过培训或者调整工作岗位,仍不能胜任工作的

　　C. 劳动合同订立时所依据的客观情况发生重大变化,致使劳动合同无法履行,经用工单位与被派遣劳动者协商,未能就变更劳动合同内容达成协议的

　　D. 被派遣劳动者以欺诈、胁迫的手段或者乘人之危,使对方在违背真实意思的情况下订立或者变更劳动合同,致使劳动合同无效的

5. 下列情形中,属于退休返聘的是(　　)。

    A. 受聘者达到法定退休年龄,在原工作岗位延长一定的工作时间

    B. 受聘者退休后被原用人单位应聘回原单位从事同种或不同种工作

    C. 劳动者停薪留职后重新到新单位工作

    D. 受聘者退休后在劳务市场重新进行择业,到原用人单位之外的新单位工作

三、名词解释

劳务派遣　合谋派遣　无资质派遣　非全日制用工　退休返聘

四、简答题

1. 经营劳务派遣业务应当具备哪些条件?

2. 无资质派遣的法律后果是什么?

五、论述题

1. 劳务派遣与劳务外包有哪些区别?

2. 非全日制用工与全日制用工有哪些区别?

第八章

劳动争议处理

【内容提要】

劳动者与用人单位是矛盾的对立统一体,既要相互依赖,又存在利益冲突,故而发生劳动争议不可避免。在我国,劳动争议处理制度内涵丰富。就劳动争议的受案范围来说,主要规定于《劳动争议调解仲裁法》以及《最高人民法院关于审理劳动争议案件适用法律问题的解释(一)》之中。而就劳动争议处理机构来说,主要包括劳动争议调解组织、劳动争议仲裁委员会以及人民法院。相应地,在劳动者与用人单位发生劳动争议以后,双方当事人可以通过协商、调解、仲裁、诉讼等途径解决纠纷。但无论劳动者和用人单位通过何种途径解决劳动争议,都需要符合法律规定,并遵守相应的程序。

本章内容主要包括劳动争议处理概述、劳动争议处理结构、劳动争议处理程序等内容。

【知识目标】

1. 了解劳动争议的处理原则、劳动争议调解组织的构成以及劳动争议仲裁委员会的设立及构成。

2. 掌握劳动争议的受案范围、处理机构和处理程序。

【素质目标】

1. 学会分辨处理劳动争议案件的范围,了解劳动争议案件的处理流程,增强处理劳动争议案件的能力。

2. 了解劳动争议的解决方式,学会运用合理正确的解决方式处理劳动争议,促进社会的和谐稳定。

【引导案例】

邢某与通化某某药业集团股份有限公司确认劳动关系纠纷

1997年5月28日,邢某由通化市某汽车配件二公司调到通化某某药业集团股份有限公司,开始从事车间核算员工作至2000年12月。2001年1月,邢某开始从事销售员工作,至2008年12月邢某因工作调转不再到通化某某药业集团股份有限公司工作。2022年8月22日,邢某向通化市二道江区劳动人事争议仲裁委员会申请仲裁,要求确认1997年6月至

2008年12月与通化某某药业集团股份有限公司存在劳动关系。当日,通化市二道江区劳动人事争议仲裁委员会下达通二区劳人仲字(2022)第52号不予受理通知书。

邢某不服通化市二道江区劳动人事争议仲裁委员会作出的不予受理通知书,遂起诉至吉林省通化市二道江区人民法院,请求人民法院确认邢某与通化某某药业集团股份有限公司自1997年6月至2008年12月存在劳动关系。

诉讼期间,邢某为证明其主张成立,向法院提供了通化市社会保险事业管理局出具的职工养老保险关系转移通知书;通化某某药业集团股份有限公司出具的工作证明;吉林市社会保险事业管理局出具的个人参保证明;1997年6月、1998年12月、1999年8月、2000年12月的工资表;通化某某药业集团股份有限公司2008年12月给邢某缴纳社会保险费收据等证据,用以证明邢某与通化某某药业集团股份有限公司存在劳动关系。

资料来源:通化市二道江区人民法院(2022)吉0503民初632号案件。

思考:

邢某与公司之间自1997年6月至2008年12月期间是否存在劳动关系?

第一节　劳动争议处理概述

一、劳动争议的概念

劳动争议,又称劳动纠纷、人事纠纷,是指劳动关系双方当事人之间因劳动权利和义务发生分歧而引起的争议,包括因执行劳动法律、法规或者履行劳动合同、集体合同的规定而引起的争议和因制定或者变更劳动条件而产生的争议。劳动争议是劳动关系不协调的产物,也是现实中较为常见的纠纷。由于劳动关系主体对劳动各方面的认识不同,以及劳动领域中存在的利益差别和各种因素的影响,特别是在市场经济条件下,劳动关系发生了很大的变化,从而引发劳动争议,故劳动争议实质上就是劳动关系当事人之间利益矛盾、利益冲突的表现。而妥善解决劳动争议对协调和稳定劳动关系,保护双方主体的权益,具有十分重要的意义。

劳动争议的概念

劳动争议不同于一般的民事纠纷和经济纠纷,其与一般的民事纠纷和经济纠纷相比,具有以下法律特征。

(一)劳动争议的当事人特定

劳动争议的当事人是指劳动法律意义上的劳动者和其所在的用人单位。按照法律规定,只有建立劳动关系,劳动者成为该单位的职工,方可在劳动争议中成为当事人。劳动争议当事人的另一方为用人单位,是指具有合法用工权的单位。若争议不是发生在劳动关系双方当事人之间,即使争议内容涉及劳动问题,也不构成劳动争议。

(二)劳动争议的内容特定

劳动争议的内容是指因劳动权利和义务发生分歧而引起的争议,具体是指因执行劳动法律、法规或者履行劳动合同、集体合同过程中引起的有关劳动权利、劳动义务方面的纠纷和因制定或者变更劳动条件而产生的纠纷。

（三）劳动争议的范围特定

虽然劳动争议表现为与劳动权利和劳动义务相关的各个方面，内容十分广泛。但是在实践中，劳动争议的范围被限定在一国法律规定的范围内，并随着实践的发展由立法作出进一步的完善。在我国，劳动争议的范围规定在《劳动争议调解仲裁法》《最高人民法院关于审理劳动争议案件适用法律问题的解释（一）》等法律规范之中。

（四）劳动争议的处理方式特定

我国目前的劳动争议处理方式可以概括为"一调一裁两审"，即劳动争议发生以后，当事人除先行协商以外，可以申请劳动调解；调解不成，或者不愿意调解的，当事人可以向劳动争议仲裁委员会申请仲裁；对仲裁裁决不服的，可以向人民法院提起诉讼，其诉讼程序按照民事诉讼法的规定，实行两审终审制。根据法律规定，劳动仲裁作为诉讼的前置程序，不经劳动仲裁，则当事人不能直接向人民法院提起诉讼。

二、劳动争议的受案范围

（一）劳动争议纠纷

在我国，劳动争议的受案范围已由相关法律规范予以明确规定。就《劳动争议调解仲裁

劳动争议的受案范围

法》而言，劳动争议包括以下几种。

1. 因确认劳动关系发生的争议

确认劳动关系，是指用人单位聘用劳动者为其雇员，劳动者在用人单位的管理下提供劳动并获取报酬而形成的劳动关系。在现实生活中，一些用人单位不与劳动者签订劳动合同，并以不存在劳动关系的凭证为由否认劳动关系的存在，借此侵害劳动者的合法权益。而《劳动争议调解仲裁法》将因确认劳动关系发生的争议纳入劳动争议处理范围，可以帮助劳动者确认是否存在劳动关系。

2. 因订立、履行、变更、解除和终止劳动合同发生的争议

劳动合同中规定了劳动关系双方当事人的权利义务，并且也规定了劳动合同订立、履行、变更、解除和终止的全过程。上述任何一个环节发生的争议，诸如未及时签订劳动合同、劳动合同的单方解除或者双方解除引发的争议等，都属于法定的劳动争议。

3. 因除名、辞退和辞职、离职发生的争议

市场经济中的人才流动必须在遵守法律的前提下进行，用人单位拥有开除、除名、辞退违纪员工的权利，而员工亦有自主择业、辞职的权利。在现实生活中，用人单位和员工经常在利益方面产生争议，如员工随意跳槽、用人单位随意辞退员工（或者开出苛刻条件限制员工离职）等，都适用《劳动争议调解仲裁法》。

4. 因工作时间、休息休假、社会保险、福利、培训以及劳动保护发生的争议

工作时间、休息休假涉及企业规定的工作时间是否合法以及劳动者是否能够享受到国家的法定节假日和带薪休假等；社会保险涉及企业是否按照国家法律规定为员工缴纳生育、养老、医疗、工伤、失业等保险；福利、培训则涉及企业与员工签订的劳动合同中关于福利、培训等约定事项的履行问题；而劳动保护主要涉及企业是否提供安全卫生及劳动条件等，如对女性职工和未成年工的特殊保护等。上述各项产生的争议均属于劳动争议，属于《劳动争议调解仲裁法》规定的劳动争议受理范围。

5. 因劳动报酬、工伤医疗费、经济补偿或者赔偿金等发生的争议

现实生活中,因劳动报酬发生的争议,主要是由于用人单位在不符合法定条件或者超过法定限度的情况下,无故克扣职工的劳动报酬而引起的争议;因工伤医疗费发生的争议,主要是用人单位没有依法为员工缴纳工伤保险,且在员工发生工伤后,用人单位拒绝承担医疗费而引起的争议。此外,就经济补偿金来说,该补偿主要涉及企业在解除和终止劳动合同时应支付给劳动者的经济补偿,《劳动合同法》中亦明确规定了用人单位应当支付经济补偿金的情形,但现实中往往会出现用人单位拒不支付经济补偿金或者支付的经济补偿金低于法定标准的情况,由此也就引发了劳动争议。而就赔偿金来说,一般是指有过错的一方基于自己的过错给对方造成损失而给予对方的相应赔偿,用人单位和劳动者都可能向对方支付赔偿金。因赔偿金支付问题引发的争议,当然属于劳动争议。

典型案例

徐某某诉铜仁某公司劳动争议案

案情简介

徐某某于2016年5月到铜仁某公司做汽车外检员,双方未签订书面劳动合同,仅口头约定月工资金额。徐某某在铜仁某公司工作至2021年,铜仁某公司一直未缴纳社会保险。徐某某为维护自己权利,向碧江区劳动人事争议仲裁会申请劳动仲裁。仲裁委作出裁决,即解除徐某某与铜仁某公司劳动关系;支持徐某某欠付工资1 900元;驳回徐某某其他仲裁请求。徐某某对仲裁裁决不服,诉至法院。

处理结果

铜仁两级法院经审理认为,根据《劳动合同法》第三十八条:"用人单位有下列情形之一的,劳动者可以解除合同:(三)未依法为劳动者缴纳社会保险费的"、第四十六条第一款:"有下列情形之一的,用人单位应当向劳动者支付经济补偿:(一)劳动者依照本法第三十八条规定解除劳动合同的"的规定,铜仁某公司未依法给徐某某缴纳社会保险费,徐某某可依法解除与铜仁某公司之间的劳动合同关系并向其主张经济赔偿金,故法院依法支持徐某某五年的经济赔偿金。

案例评析

为职工缴纳社保是用人单位的法定义务。部分用人单位为了节约企业成本,未给劳动者缴纳社会保险,不仅损害劳动者的切身利益,破坏公司形象,也对社会保险制度有效运行带来冲击。员工是企业的"细胞",只有"细胞"活了,企业才能活起来。本案中,用人单位未给劳动者缴纳社保,法院依法支持劳动者经济赔偿金,维护了劳动者的合法权益,也给用人单位敲响了应当依法履职尽责的警钟。

资料来源:2022年铜仁市中级人民法院劳动争议五大典型案例。

6. 法律、法规规定的其他劳动争议

除了上述劳动争议事项以外,法律、法规规定的其他劳动争议,也属于《劳动争议调解仲裁法》的调整范围。根据《最高人民法院关于审理劳动争议案件适用法律问题的解释(一)》第一条规定:"劳动者与用人单位之间发生的下列纠纷,属于劳动争议,当事人不服劳动争议仲裁机构作出的裁决,依法提起诉讼的,人民法院应予受理:(一)劳动者与用人单位在履行劳动合同过程中发生的纠纷;(二)劳动者与用人单位之间没有订立书面劳动合同,但已形成劳动关系后发生的纠纷;(三)劳动者与用人单位因劳动关系是否已经解除或者终止,以及应否支付解除或者终止劳动关系经济补偿金发生的纠纷;(四)劳动者与用人单位解除或者终止劳动关系后,请求用人单位返还其收取的劳动合同定金、保证金、抵押金、抵押物发生的纠纷,或者办理劳动者的人事档案、社会保险关系等移转手续发生的纠纷;(五)劳动者以用人单位未为其办理社会保险手续,且社会保险经办机构不能补办导致其无法享受社会保险待遇为由,要求用人单位赔偿损失发生的纠纷;(六)劳动者退休后,与尚未参加社会保险统筹的原用人单位因追索养老金、医疗费、工伤保险待遇和其他社会保险待遇而发生的纠纷;(七)劳动者因为工伤、职业病,请求用人单位依法给予工伤保险待遇发生的纠纷;(八)劳动者依据劳动合同法第八十五条规定,要求用人单位支付加付赔偿金发生的纠纷;(九)因企业自主进行改制发生的纠纷。"以上九种情形也属于劳动争议纠纷。

(二)非劳动争议纠纷

哪些情况不属
于劳动争议

《最高人民法院关于审理劳动争议案件适用法律问题的解释(一)》对不属于劳动争议的纠纷作出了单独规定,根据《最高人民法院关于审理劳动争议案件适用法律问题的解释(一)》第二条的规定:"下列纠纷不属于劳动争议:(一)劳动者请求社会保险经办机构发放社会保险金的纠纷;(二)劳动者与用人单位因住房制度改革产生的公有住房转让纠纷;(三)劳动者对劳动能力鉴定委员会的伤残等级鉴定结论或者对职业病诊断鉴定委员会的职业病诊断鉴定结论的异议纠纷;(四)家庭或者个人与家政服务人员之间的纠纷;(五)个体工匠与帮工、学徒之间的纠纷;(六)农村承包经营户与受雇人之间的纠纷。"以上六种情形不属于劳动争议纠纷。

其中,上述第(一)至第(三)项、第(五)至第(六)项明显不属于劳动争议纠纷,究其原因,则在于其间发生的纠纷不以存在劳动关系为基础,对此自不难理解。但是,对于第(四)项"家庭或者个人与家政服务人员之间的纠纷",司法实践中经常有当事人认为该纠纷属于劳动争议纠纷,实则不然。

典型案例

刘某与某养老服务中心确认劳动关系纠纷案

案情简介

2019 年 8 月 1 日,刘某按照某区养老服务管理平台提供的需求信息为老年人提供服务。刘某每月提供 13 单,每天提供 1 至 2 单服务。刘某按照约定时间到达老人家中,拍照上传至养老服务平台,结束时也拍照上传,服务费不是由老年人支付,而由政府财政支付。某养老服务中心系民办非企业单位,相关补贴由政府支付给养老服务中心,由养老服务中心再按标准支付给刘某。养老服务中心不对刘某考勤管理,刘某根据平台需求联系老人服务,每月仅需完成 13 单。2019 年 8 月 19 日,刘某在服务时受伤,后未再提供服务。后刘某经仲裁诉至法院要求确认与某养老服务中心的劳动关系。

处理结果

法院经审理认为,刘某提供家政服务,本应由接受服务的老年人支付服务费,政府基于惠民政策,通过民办非企业单位为老年人支付家政服务费,这种转移支付不改变刘某与老年人之间成立的家政服务关系,双方之间不存在经济上的从属性。刘某平时无须到某养老服务中心上班,自由安排服务时间,某养老服务中心不对刘某进行考勤管理,双方之间也不存在人格上的从属性。据此,法院认定双方之间不构成劳动关系,并判决驳回刘某的诉讼请求。

案例评析

本案不同于传统家政行业模式,刘某的服务费并非由家庭或个人支付,而是由某养老服务中心支付,但实际上是政府财政支付,仅是通过民办非企业单位进行转移支付,故法院仍从劳动关系的基本特征出发,认定该养老服务中心与家政服务人员之间不存在劳动关系是正确的。由此反映出在家庭或者个人与家政服务人员之间发生纠纷的时候,其间存在的是家政服务关系,而非劳动关系,这也是其间发生的纠纷并不属于劳动争议纠纷的原因之所在。

资料来源:江苏省南京市中级人民法院发布的2022年劳动人事争议典型案例。

三、劳动争议的处理原则

根据我国劳动法律法规的有关规定,劳动争议的处理应当遵循下述原则。

(一)着重调解原则

调解是指在劳动关系双方当事人自愿的前提下,由劳动争议处理机构在双方之间进行协调和疏通。劳动争议的调解贯穿于劳动争议处理的各个程序,而调解的目的则在于促使争议双方相互谅解,避免矛盾激化,从而达成一致,解决争议。用人单位与劳动者之间发生劳动争议,双方可以协商解决,当事人也可以依法申请调解、仲裁、提起诉讼,但首先应着重协商与调解。

(二)及时处理原则

处理劳动争议,应当遵循及时处理原则,防止久调不决。劳动争议案件具有特殊性,关系到劳动者的工作、报酬、劳动条件等切身利益问题,如不及时处理,势必影响生活以及生产的稳定。而这正是我国《劳动争议调解仲裁法》第二十七条规定:"劳动争议申请仲裁的时效期间为一年。仲裁时效期间从当事人知道或者应当知道其权利被侵害之日起计算。前款规定的仲裁时效,因当事人一方向对方当事人主张权利,或者向有关部门请求权利救济,或者对方当事人同意履行义务而中断。从中断时起,仲裁时效期间重新计算。因不可抗力或者有其他正当理由,当事人不能在本条第一款规定的仲裁时效期间申请仲裁的,仲裁时效中止。从中止时效的原因消除之日起,仲裁时效期间继续计算。劳动关系存续期间因拖欠劳动报酬发生争议的,劳动者申请仲裁不受本条第一款规定的仲裁时效期间的限制;但是,劳动关系终止的,应当自劳动关系终止之日起一年内提出。"以及第四十三条规定:"仲裁庭裁决劳动争议案件,应当自劳动争议仲裁委员会受理仲裁申请之日起四十五日内结束。案情复杂需要延期的,经劳动争议仲裁委员会主任批准,可以延期并书面通知当事人,但是延长期限不得超过十五日。逾期未作出仲裁裁决的,当事人可以就该劳动争议事项向人民法院提起诉讼。仲裁庭裁决劳动争议案件时,其中一部分事实已经清楚,可以就该部分先行裁决"的原因所在。

（三）依法处理原则

依法处理原则，即合法性原则。劳动争议处理机构在调解、仲裁以及诉讼的过程中需要坚持以事实为根据，以法律为准绳，依法处理劳动争议案件。换言之，劳动争议处理机构作出的调解书、裁决书以及判决书均不得违反现行法律法规和政策规定，也不得损害国家利益、社会公共利益或者他人的合法权益。

（四）平等公正原则

平等公正原则包括两个方面，其一是劳动争议双方当事人在处理劳动争议过程中的法律地位平等，双方当事人平等享有权利和履行义务，任何一方都不得把自己的意志强加于另一方；其二是劳动争议处理机构在处理劳动争议时，应当公平公正，保证争议双方当事人处于平等的法律地位，保障和便利双方当事人行使权利，并且适用法律应当一律平等，不得偏袒或者歧视任何一方。

第二节 劳动争议处理机构

一、劳动争议调解组织

劳动争议调解组织，即劳动争议调解委员会，其是指依法成立的调解劳动争议的群众性组织。在我国，劳动争议调解委员会主要包括：企业劳动争议调解委员会；依法设立的基层人民调解组织；以及在乡镇、街道设立的具有劳动争议调解职能的组织。《劳动法》第八十条规定："在用人单位内，可以设立劳动争议调解委员会。劳动争议调解委员会由职工代表、用人单位代表和工会代表组成。劳动争议调解委员会主任由工会代表担任。"劳动争议调解委员会由职工代表、用人单位代表以及工会代表三方组成，且工会代表担任企业劳动争议调解委员会主任。而《劳动争议调解仲裁法》第十条第二款则进一步规定："职工代表由工会成员担任或者由全体职工推举产生，企业代表由企业负责人指定。企业劳动争议调解委员会主任由工会成员或者双方推举的人员担任。"

劳动关系具有继续性，而维系这种继续性的关系，对用人单位和劳动者而言都是至关重要的。因此，在劳动争议发生以后，最好的处理方式是通过劳动争议调解组织先行调解解决，既解决了劳动争议，又不伤彼此情感。由于劳动争议调解组织进行的调解活动是群众自我管理活动，具有群众性和非诉性的特点，故而要想达到解决劳动争议和维持双方情感的双赢效果，就要求劳动争议调解组织的调解员应当由成年公民担任，而且还需调解员为人公道正派、能够联系群众、热心调解工作，并且具有一定的法律知识、政策水平和文化水平。

二、劳动争议仲裁机构

劳动争议仲裁机构有广义和狭义之分，广义上的劳动争议仲裁机构包括劳动争议仲裁委员会、仲裁委员会办事机构以及仲裁庭；而狭义上的劳动争议仲裁机构则特指劳动争议仲裁委员会。

（一）劳动争议仲裁委员会

劳动争议仲裁委员会是依法设立的,具有独立行使劳动争议仲裁权的,并且依法独立对劳动争议案件进行仲裁的劳动争议处理机构。劳动争议仲裁委员会由劳动行政部门代表、同级工会代表以及用人单位方面的代表组成,且仲裁委员会的主任由劳动行政部门代表担任。此外,劳动争议仲裁委员会组成人员应当是单数,并且实行少数服从多数的原则。

1. 劳动争议仲裁委员会的设立

根据法律规定,劳动争议仲裁委员会应当按照统筹规划、合理布局以及适应实际需要的原则设立。省、自治区人民政府可以决定在市、县设立;直辖市人民政府可以决定在区、县设立。直辖市、设区的市也可以设立一个或者若干个劳动争议仲裁委员会。劳动争议仲裁委员会不按行政区划层层设立。

2. 劳动争议仲裁委员会的职责

根据法律规定,劳动争议仲裁委员会的职责主要包括:聘任、解聘专职或者兼职仲裁员;受理劳动争议案件;讨论重大或者疑难的劳动争议案件;对仲裁活动进行监督。

3. 仲裁员的确定

劳动争议仲裁委员会应当设置仲裁员名册,仲裁员由劳动争议仲裁委员会聘任。仲裁员应当公道正派,并且还需具有如下条件之一:曾任审判员的;从事法律研究、教学工作并具有中级以上职称的;具有法律知识、从事人力资源管理或者工会等专业工作满五年的,或者律师执业满三年的。

（二）仲裁委员会办事机构

劳动争议仲裁委员会下设办事机构,通常称为仲裁办公室,其特殊性在于既是仲裁委员会的办事机构,同时又是劳动行政部门的职能机构。就仲裁办公室的职责而言,主要包括:在仲裁委员会的领导下,处理劳动争议案件的日常工作;根据仲裁委员会的授权,负责管理仲裁员,组成仲裁庭;管理仲裁委员会的文书、档案、印鉴等;负责劳动争议及其处理方面的法律、法规和政策咨询;向仲裁委员会汇报、请示工作;办理仲裁委员会授权或交办的其他事项。

（三）仲裁庭

根据法律规定,劳动争议仲裁委员会裁决劳动争议案件实行仲裁庭制度,即依照“一案一庭”的原则组成仲裁庭,审理劳动争议案件。一般而言,仲裁庭由三名仲裁员组成,并设置首席仲裁员。但对于简单劳动争议案件来说,可以由一名仲裁员独任仲裁员审理。

三、人民法院

人民法院是审理劳动争议案件的司法机关,其受理的劳动争议案件范围已由《劳动争议调解仲裁法》《最高人民法院关于审理劳动争议案件适用法律问题的解释(一)》等法律规范予以明确规定。在劳动争议案件的处理过程中实行“仲裁前置”,即劳动争议案件只有经过劳动争议仲裁委员会先行仲裁,当事人对仲裁裁决不服的,才可以在法定期间内向人民法院起诉,由人民法院依照民事诉讼程序进行审理和判决。具体而言,人民法院受理劳动争议案件,必须符合下述条件,否则人民法院不予立案:①劳动关系当事人之间的劳动争议,必须先行经过劳动争议仲裁委员会仲裁;②劳动关系当事人一方或者双方向人民法院提起诉讼时,必须持有劳动争议仲裁委员会作出的仲裁裁决书;③劳动关系当事人不服仲裁裁决的,必须自接收仲裁裁决书之日起十五日内向人民法院起诉,超过十五日的,人民法院不予受理;④劳动关系当事人向人民法院起诉的劳动争议案件,必须属于受诉人民法院管辖。

人民法院参与处理劳动争议案件,强化了劳动关系的法制化。而劳动争议诉讼作为劳动争议处理的最后程序,是人民法院对劳动争议行使最终裁判权的表现,能够有效地维护当事人的合法权益,对稳定劳动关系也具有强有力的作用。

典型案例

邹某某与重庆某套装门(集团)有限公司劳动争议案

案情简介

2021年11月16日,邹某某因与某套装门公司发生劳动争议而申请仲裁,提出解除其与某套装门公司之间的劳动关系等请求。开州区劳动人事争议仲裁委员会作出逾期未立案证明,内容为:邹某某诉某套装门公司工资、社会保险、经济补偿争议一案,本委2021年11月16日收到仲裁申请书后,告知其需要补充相关材料,至今未提供,故在五日内未立案,情况属实。邹某某持前述逾期未立案证明提起本案诉讼。

处理结果

我国劳动争议处理机制采取的是"一调一裁两审制",仲裁是诉讼的前置程序,当事人未经仲裁不能直接向人民法院提起诉讼。同时,为畅通司法救济渠道,迅速解决当事人之间的纠纷,法律规定劳动争议仲裁机构在逾期未作出受理决定或者仲裁裁决的情况下,当事人直接提起诉讼的人民法院应予受理。本案中,开州区劳动人事争议仲裁委员会逾期未立案的原因是邹某某未按要求补充相关材料,而非开州区劳动人事争议仲裁委员会未在法定期限内履行法定职责,该种情形属于劳动争议仲裁机构在行使仲裁权过程中的正当事由,如允许邹某某直接向人民法院提起诉讼,将会导致法律设置劳动争议仲裁前置程序的立法目的落空。因此,邹某某应当按照开州区劳动人事争议仲裁委员会的告知内容在补充材料后重新申请仲裁,不能直接向人民法院提起诉讼,人民法院遂裁定驳回邹某某的起诉。

案例评析

劳动争议仲裁机构因当事人未按要求补正材料而出具逾期未立案证明属于劳动争议仲裁机构行使仲裁权过程中的正当事由,当事人应当按照要求补正材料后重新申请仲裁,而不能直接向人民法院提起诉讼。

资料来源:重庆市高级人民法院发布第九批劳动争议十大典型案例。

第三节　劳动争议处理程序

一、调解的概念及程序

(一)调解的概念

调解,即劳动争议的调解,是指通过劳动争议调解委员会对劳动争议双方当事人疏导说服,促使双方相互谅解,自愿就争议事项依法达成协议,从而使劳动纠纷得到解决的争议处理方式。在劳动争议发生以后,当事人如果不愿协商、协商不成或者达成和解协议不履行的,可以向劳动争议调解组织申请调解。劳动争议调解的形式,可以分为法定机构调解、行政机构调解以及法律服务机构调解等。其中,用人单位设立的劳动争议调解委员会是调解劳动争议案件的专门机构。

(二)调解的程序

劳动争议调解组织调解劳动争议案件,程序如下。

1. 申请调解

在劳动争议发生以后,当事人既可以口头的形式向劳动争议调解组织提出调解申请,也可以书面形式向劳动争议调解组织提出调解申请。就申请的内容来说,应当包括申请人基本情况、调解请求、事实与理由。其中,当事人以口头形式提出调解申请的,劳动争议调解组织应当当场记录申请人基本情况、申请调解的争议事项、理由和时间。此外,发生劳动争议的劳动者一方在10人以上,且有共同请求的,可以推举代表参加调解活动。

2. 争议受理

劳动争议调解组织在接到当事人的调解申请后,对属于劳动争议受理范围且双方当事人同意调解的劳动争议案件,应当在三个工作日内受理。对不属于劳动争议受理范围或者一方当事人不同意调解的劳动争议案件,劳动争议调解组织应当做好记录,并书面通知申请人。

3. 开展调解

劳动争议调解组织受理劳动争议案件以后,根据案件情况指定调解员或者调解小组进行调解,在征得当事人同意后,劳动争议调解组织也可以邀请有关单位和个人协助调解。调解员调解劳动争议,应当全面听取双方当事人对事实和理由的陈述,并采取灵活多样的方式方法,开展耐心、细致的说服疏导工作,帮助当事人自愿达成调解协议。劳动争议调解组织自收到调解申请之日起十五日内未达成调解协议的,调解结束,当事人可以依法申请仲裁。

4. 制作调解书

经劳动争议调解组织调解,如果劳动争议双方当事人达成调解协议,则劳动争议调解组织应当制作调解协议书。调解协议书应当写明双方当事人的基本情况、调解请求事项、调解的结果以及协议履行期限、履行方式等。调解协议书由劳动争议双方当事人签名或者盖章,并经调解员签名并加盖调解委员会印章后生效。调解协议书一式三份,双方当事人和调解委员会各执一份。生效的调解协议对双方当事人均具有约束力,当事人应当履行。

当事人不愿调解、调解不成或者达成调解协议以后,一方当事人在约定的期限内不履行调解协议的,劳动争议调解组织应当做好记录,并由双方当事人签名或者盖章,并书面告知当事人可以向劳动争议仲裁委员会申请仲裁。但是,对于因支付拖欠劳动报酬、工伤医疗费、经济补偿或者赔偿金事项达成调解协议,用人单位在协议约定期限内不履行的,劳动者可以持调解协议书依法向人民法院申请支付令,人民法院应当依法发出支付令。

二、仲裁的概念及程序

(一)仲裁的概念

劳动争议仲裁是指劳动争议仲裁机构根据劳动争议当事人的申请,依照法定的程序,并按照劳动法律法规,对劳动争议作出裁决,从而使得纠纷得到解决的争议处理方式。劳动争议仲裁旨在公正、及时地解决劳动争议,保护当事人的合法权益,以及促进劳动关系的和谐稳定。需要注意的是,仲裁是劳动争议案件处理的必经法律程序,发生劳动争议,当事人不愿调解、调解不成或者达成调解协议后不履行的,任何一方当事人都可以直接向劳动争议仲裁委员会申请仲裁。在我国的劳动争议处理体制中,劳动争议仲裁是强制性的,其是诉讼前的法定必经程序,同时也是处理劳动争议的主要方式。

此外,就劳动争议案件的管辖来说,劳动争议由劳动合同履行地或者用人单位所在地的劳动争议仲裁委员会管辖。如果双方当事人分别向劳动合同履行地和用人单位所在地的劳动争议仲裁委员会申请仲裁的,则由劳动合同履行地的劳动争议仲裁委员会管辖。

(二)仲裁的程序

劳动争议仲裁,需要遵循如下程序。

1. 申请

在劳动争议发生以后,如果当事人不愿协商或者协商不成的,当事人不愿调解、调解不成或者达成调解协议后不履行的,则当事人可以向有管辖权的劳动争议仲裁委员会申请仲裁。但是,当事人向劳动争议仲裁委员会申请仲裁,必须在时效期间内提出,逾期则不予受理。在我国,劳动争议申请仲裁的时效期间为一年,且仲裁时效期间从当事人知道或者应当知道其权利被侵害之日起计算。但劳动关系存续期间因拖欠劳动报酬发生争议的,劳动者申请仲裁不受一年时效期间的限制,若劳动关系终止的,则应当自劳动关系终止之日起一年内提出。

当事人向劳动争议仲裁委员会申请仲裁,应当提交书面申请,并且申请书需要按照被申请人人数提交副本。对于当事人提交的仲裁申请书,应当载明如下事项:①劳动者的姓名、性别、年龄、职业、工作单位和住所,用人单位的名称、住所和法定代表人或者主要负责人的姓名、职务;②仲裁请求和所根据的事实、理由;③证据和证据来源、证人姓名和住所。此外,如果当事人书写仲裁申请确有困难的,则可以通过口头方式申请仲裁,由劳动争议仲裁委员会记入笔录,并告知对方当事人。

2. 受理

当事人向劳动争议仲裁委员会提出仲裁申请以后,劳动争议仲裁委员会办事机构应当依法进行审查,而审查的内容包括:申请人是否与本案具有直接的利害关系;被申请人是否明确;仲裁请求和事实、理由是否具体;案件是否属于劳动争议仲裁委员会的受案范围;劳动争议案件是否属于受案仲裁委员会的管辖;仲裁时效期间是否符合法律规定;仲裁申请材料是否齐全以及符合法律规定等。如果当事人提交的仲裁申请材料不齐全或者存在相关不明确情形的,则仲裁委员会的工作人员应当指导申请人补全及改正。

劳动争议仲裁委员会自收到仲裁申请之日起五日内,认为符合受理条件的,应当受理,并通知申请人;认为不符合受理条件的,则应当书面通知申请人不予受理,并说明理由。当然,对劳动争议仲裁委员会不予受理或者逾期未作出决定的,申请人可以就该劳动争议事项向人民法院提起诉讼。

此外,劳动争议仲裁委员会在受理仲裁申请以后,应当在五日内将仲裁申请书副本送达被申请人。被申请人在收到仲裁委员会向其送达的仲裁申请书副本后,应当在十日内向劳动争议仲裁委员会提交答辩书。劳动争议仲裁委员会收到答辩书后,应当在五日内将答辩书副本送达申请人。当然,即使被申请人没有向劳动争议仲裁委员会提交答辩书,也不影响仲裁程序的进行。

3. 开庭准备

劳动争议仲裁委员会自受理仲裁申请之日起五日内,应当将仲裁庭的组成情况书面通知双方当事人。劳动仲裁实行回避制度,如果仲裁员存在需要回避的情形,则当事人有权以口头或者书面的形式提出回避申请。根据劳动法律规定,回避的情形主要包括:①仲裁员是本案当事人或者当事人、代理人的近亲属的;②仲裁员与本案有利害关系的;③仲裁员与本案当事人、代理人有其他关系,可能影响公正裁决的;④仲裁员私自会见当事人、代理人,或者接受当事人、代理人的请客送礼的。当事人提出回避申请以后,劳动争议仲裁委员会应当及时作出决定,并以口头或者书面的方式通知当事人。此外,如果仲裁员私自会见当事人、代理人,或者接受当事人、代理人的请客送礼,或者索贿受贿、徇私舞弊、枉法裁决,则应当依法承担法律责任,并且劳动争议仲裁委员会应当将该仲裁员予以解聘。

仲裁庭在开庭五日前,应当将开庭的日期、地点以书面方式通知双方当事人。当事人有正当理由的,可以在开庭三日前请求延期开庭。是否延期,由劳动争议仲裁委员会决定。申请人在收到书面通知后,无正当理由拒不到庭或者未经仲裁庭同意中途退庭的,可以视为撤回仲裁申请。而被申请人在收到书面通知以后,无正当理由拒不到庭或者未经仲裁庭同意中途退庭的,仲裁庭可以缺席裁决。

4. 调解

根据劳动法律规定,仲裁庭在作出仲裁裁决之前,应当针对双方当事人进行先行调解,即在查明案件事实的基础上促使双方当事人自愿达成调解协议,且调解协议的内容必须合法。经仲裁庭调解,劳动争议双方当事人达成协议的,仲裁庭应当制作调解书,且调解书应当载明仲裁请求和当事人协议的结果,并由仲裁员签名,加盖劳动争议仲裁委员会印章,送达双方当事人。调解书经双方当事人签收以后,发生法律效力。如果仲裁庭调解不成或者在调解书送达之前,一方当事人反悔的,则仲裁庭应当及时作出仲裁裁决。

5. 裁决

如前所述,仲裁庭在作出仲裁裁决之前,应当针对劳动争议双方当事人先行进行调解,但调解不成或者在调解书送达之前,一方当事人反悔的,则仲裁庭应当及时裁决。在仲裁过程中,劳动争议当事人有权进行质证和辩论。在质证和辩论终结时,首席仲裁员或者独任仲裁员应当征询双方当事人的最后意见。在仲裁庭裁决劳动争议案件时,如果其中一部分事实已经清楚,则仲裁庭可以就该部分先行裁决。

在仲裁过程中,当事人对自己提出的主张,其有责任提供证据予以证明。当事人提供的证据经查证属实的,仲裁庭应当将该证据作为认定案件事实的根据。如果劳动者无法提供由用人单位掌握管理的与仲裁请求有关的证据,则仲裁庭可以要求用人单位在指定期限内提供。用人单位在指定期限内不提供的,应当承担不利后果。

此外,对于劳动争议案件涉及的专门性问题,仲裁庭认为需要鉴定的,可以交由当事人约定的鉴定机构鉴定。如果当事人没有约定或者无法达成约定的,则由仲裁庭指定的鉴定机构鉴定。此外,根据当事人的请求或者仲裁庭的要求,鉴定机构应当派鉴定人参加仲裁庭的开庭。而当事人经仲裁庭许可,可以向鉴定人提问。

对于开庭情况,仲裁庭应当将其记入笔录。如果劳动争议双方当事人和其他仲裁参加人认为自己陈述的记录有遗漏或者有差错,则有权申请补正。如果不予补正,则应当记录该申请。需要注意的是,劳动仲裁笔录需要由仲裁员、记录人员、当事人以及其他仲裁参加人签名或者盖章。当然,当事人在申请劳动争议仲裁后,可以自行和解。双方达成和解协议的,申请人可以撤回仲裁申请。

劳动仲裁裁决应当按照多数仲裁员的意见作出,少数仲裁员的不同意见应当记入笔录。在仲裁庭不能形成多数意见时,仲裁裁决应当按照首席仲裁员的意见作出。仲裁裁决书应当载明仲裁请求、争议事实、裁决理由、裁决结果以及裁决日期。此外,仲裁裁决书还需由仲裁员签名,并加盖劳动争议仲裁委员会印章。对裁决持不同意见的仲裁员,可以签名,也可以不签名。

6. 结案

仲裁庭裁决劳动争议案件,应当自劳动争议仲裁委员会受理仲裁申请之日起四十五日内结束。案情复杂需要延期的,经劳动争议仲裁委员会主任批准,可以延期并书面通知当事人,但是延长的期限不得超过十五日。如果仲裁庭逾期未作出仲裁裁决,则当事人可以就该劳动争议事项向人民法院提起诉讼。

7. 法律文书的生效和执行

仲裁调解书自劳动争议双方当事人签收以后,发生法律效力;而仲裁裁决书一般则在法定起诉期限届满后生效,即自劳动争议双方当事人收到仲裁裁决书之日起十五日内未向人民法院起诉,则仲裁裁决书发生法律效力。

但是下列劳动争议案件,除法律另有规定以外,仲裁裁决为终局裁决,裁决书自作出之日起发生法律效力:①追索劳动报酬、工伤医疗费、经济补偿或者赔偿金,不超过当地月最低工资标准十二个月金额的争议;②因执行国家的劳动标准在工作时间、休息休假、社会保险等方面发生的争议。当然,如果用人单位有证据证明前述仲裁裁决有下列情形之一,则可以自收到仲裁裁决书之日起三十日内向劳动争议仲裁委员会所在地的中级人民法院申请撤销裁决:①适用法律、法规确有错误的;②劳动争议仲裁委员会无管辖权的;③违反法定程序的;④裁决所根据的证据是伪造的;⑤对方当事人隐瞒了足以影响公正裁决的证据的;⑥仲裁员在仲裁该案时有索贿受贿、徇私舞弊、枉法裁决行为的。人民法院经组成合议庭审查核实仲裁裁决有前述情形之一的,应当裁定撤销。仲裁裁决被人民法院裁定撤销的,当事人可以自收到裁定书之日起十五日内就该劳动争议事项向人民法院提起诉讼。

对于已经发生法律效力的仲裁调解书、仲裁裁决书,劳动争议当事人应当依照规定的期限履行。一方当事人逾期不履行的,另一方当事人可以依照民事诉讼法的有关规定向人民法院申请执行。受理申请的人民法院应当依法执行。

三、劳动诉讼的概念及程序

(一)劳动诉讼的概念

劳动争议诉讼,指劳动争议当事人不服劳动争议仲裁委员会作出的仲裁裁决,在法定期限内向人民法院起诉,人民法院依照法定程序进行审理和判决的劳动争议处理方式。劳动争议诉讼是一种法律手段,其与劳动争议仲裁的关系可概括为:仲裁是诉讼前的必经处理方式,诉讼是仲裁后的重新处理方式,两者既相互联系又彼此独立。在劳动争议处理过程中,诉讼是解决劳动争议的最终程序,它通过司法程序保证了劳动争议的最终解决。此外,由人民法院参与处理劳动争议案件,将劳动争议的处理纳入法律的轨道,强化了劳动关系的法制化。劳动争议诉讼遵循公正、公平的原则,其生效判决对当事人具有强制执行的效力,有效地保障了当事人的合法权益,对稳定劳动关系具有强有力的作用。而劳动争议的核心就在于劳动者与用人单位之间存在劳动关系,但也有例外。

典型案例

张某某与德江某装修公司劳动争议案

案情简介

德江某装修公司承包德江县×××酒店室内装饰装修业务,之后通过层层转包给李某某,由其具体承包该装修业务。张某某作为李某某雇请装修工人,在从事装修工作时因梯子打滑从梯子上摔落受伤,之后住院治疗,产生住院费、护理费等各项损失。张某某与李某某、德江某装修公司因工伤导致损失如何承担责任发生争议,经劳动仲裁并诉至法院。

处理结果

铜仁两级法院经审理认为,张某某与德江某装修公司虽未建立劳动关系,但《最高人民法院关于审理工伤保险行政案件若干问题的规定》第三条第四项规定"用工单位违反法律、法规规定将承包业务转包给不具备用工主体资格的组织或者自然人,该组织或者自然人聘用的职工从事承包业务时因工伤亡的,用工单位为承担工伤保险责任的单位。"德江某装修公司将承包的装修业务转包给不具有用工主体资格的李某某,根据前述规定,遂判决德江某装修公司依法承担张某某工伤保险责任。

案例评析

单位是否承担工伤保险责任一般情况下应当以存在劳动关系为前提,当承包单位存在违法转包、分包情形时,虽与劳动者之间未建立劳动关系,但仍需承担工伤保险责任。本案中,法院依法判令承包人德江某装修公司承担张某某工伤保险责任,有利于整治当地建筑行业违法分包、转包乱象,为劳动者维护自身合法权益提供保障。

资料来源:2022年铜仁市中级人民法院劳动争议五大典型案例。

(二)劳动争议诉讼的程序

鉴于劳动争议案件的诉讼程序与一般民事案件的处理程序相同,实行两审终审制度,故这里对劳动争议案件的民事审判和处理程序的一般规则不再赘述,仅介绍劳动争议案件审理的特殊方面。

1. 劳动争议案件的起诉

1) 对劳动争议裁决的起诉

对于经过劳动争议仲裁委员会仲裁裁决的案件,当事人对仲裁裁决不服的,其向人民法院提起劳动争议诉讼需要符合两个条件:①劳动争议案件已经经过仲裁委员会的仲裁裁决;②对劳动争议仲裁裁决不服的当事人,必须自收到仲裁裁决书之日起十五日内向人民法院提起诉讼。此外,根据《最高人民法院关于审理劳动争议案件适用法律问题的解释(一)》第八条的规定:"劳动争议仲裁机构为纠正原仲裁裁决错误重新作出裁决,当事人不服依法提起诉讼的,人民法院应当受理。"即劳动争议仲裁委员会为纠正原仲裁裁决错误而重新作出仲裁裁决,若当事人对该新仲裁裁决不服而依法提起诉讼的,人民法院应当依法予以受理。

为保障劳动争议得到及时裁决,防止劳动争议仲裁委员会超期仲裁,根据《劳动争议调解仲裁法》第四十三条第一款的规定:"仲裁庭裁决劳动争议案件,应当自劳动争议仲裁委员会受理仲裁申请之日起四十五日内结束。案情复杂需要延期的,经劳动争议仲裁委员会主任批准,可以延期并书面通知当事人,但是延长期限不得超过十五日。逾期未作出仲裁裁决的,当事人可以就该劳动争议事项向人民法院提起诉讼。"仲裁庭裁决劳动争议案件,但是逾期未作出仲裁裁决的,当事人可以就该劳动争议事项向人民法院提起诉讼。

需要注意的是,当事人如果不服劳动争议仲裁委员会作出的预先支付劳动者劳动报酬、工伤医疗费、经济补偿或者赔偿金的仲裁裁决而依法提起诉讼的,人民法院不予受理。但是,如果用人单位不履行前述仲裁裁决中的给付义务,劳动者依法向人民法院申请强制执行的,人民法院应予以受理。

2) 对劳动争议仲裁不予受理案件的起诉

在劳动争议案件的仲裁实践中,劳动争议仲裁委员会可能会以各种理由不予受理当事人提出的劳动仲裁申请,当事人对此不服的,又会起诉至法院。为妥善解决此类仲裁不予受理劳动争议案件的起诉,最高人民法院作出了司法解释,有效地填补了立法空白,也及时地维护了当事人的合法权益,主要包括以下三种情形。①劳动争议仲裁委员会以当事人申请仲裁的事项不属于劳动争议为由,作出不予受理的书面裁决、决定或者通知,当事人不服依法提起诉讼的,人民法院应当分别予以处理:属于劳动争议案件的,应当受理;虽不属于劳动争议案件,但属于人民法院主管的其他案件,应当依法受理。②劳动争议仲裁委员会以申请仲裁的主体不适格为由,作出不予受理的书面裁决、决定或者通知,当事人不服依法提起诉讼,经审查确属主体不适格的,人民法院不予受理;已经受理的,裁定驳回起诉。③劳动争议仲裁委员会以无管辖权为由对劳动争议案件不予受理,当事人提起诉讼的,人民法院按照以下情形分别处理:经审查认为该劳动争议仲裁委员会对案件确无管辖权的,应当告知当事人向有管辖权的劳动争议仲裁委员会申请仲裁;经审查认为该劳动争议仲裁委员会有管辖权的,应当告知当事人申请仲裁,并将审查意见书面通知该劳动争议仲裁委员会,劳动争议仲裁委员会仍不受理,当事人就该劳动争议事项提起诉讼的,人民法院应予受理。

2. 劳动争议案件的管辖

诉讼管辖和仲裁管辖规则不同,当事人不服仲裁裁决而起诉时,不要求诉讼管辖与仲裁管辖完全对应。在我国,如果劳动争议案件经过劳动争议仲裁委员会仲裁裁决以后,当事人对仲裁裁决不服的,可以向人民法院提起诉讼,而该劳动争议案件由用人单位所在地或者劳动合同履行地的基层人民法院管辖。倘若劳动合同履行地不明确的,则由用人单位所在地的基层人民法院管辖。

此外,如果劳动者与用人单位均不服劳动争议仲裁委员会的同一仲裁裁决,并且向同一人民法院提起诉讼的,则人民法院应当并案审理,双方当事人互为原告和被告,且人民法院对双方的诉讼请求应当一并作出裁决。在诉讼过程中,一方当事人撤诉的,人民法院应当根据另一方当事人的诉讼请求继续审理。如果双方当事人就同一仲裁裁决分别向有管辖权的人民法院起诉的,则后受理劳动争议案件的人民法院应当将案件移送给先受理的人民法院。

3. 劳动争议案件的举证责任

一般而言,发生劳动争议,当事人对自己提出的主张,有责任提供证据,即劳动争议案件遵循"谁主张、谁举证"的证据规则。但在下列特殊情形下,由用人单位承担举证责任。

1) 关于劳动关系的举证责任

在司法实践中,由于用人单位没有与劳动者签订劳动合同,往往造成劳动关系的认定困难。根据原劳动和社会保障部发布的《关于确立劳动关系有关事项的通知》第二条规定:"用人单位未与劳动者签订劳动合同,认定双方存在劳动关系时可参照下列凭证:(一)工资支付凭证或记录(职工工资发放花名册)、缴纳各项社会保险费的记录;(二)用人单位向劳动者发放的'工作证''服务证'等能够证明身份的证件;(三)劳动者填写的用人单位招工招聘'登记表''报名表'等招用记录;(四)考勤记录;(五)其他劳动者的证言等。其中,(一)、(三)、(四)项的有关凭证由用人单位负举证责任。"在认定劳动关系时,用人单位对工资支付凭证或记录(职工工资发放花名册)、缴纳各项社会保险费的记录、劳动者填写的用人单位招工招聘"登记表""报名表"等招用记录以及考勤记录等承担举证证明责任。

2) 关于主张加班费的举证责任

司法实践中,劳动者经常提出要求用人单位支付加班费的诉讼请求,但往往难以明确具体的加班时间。根据《最高人民法院关于审理劳动争议案件适用法律问题的解释(一)》第四十二条的规定:"劳动者主张加班费的,应当就加班事实的存在承担举证责任。但劳动者有证据证明用人单位掌握加班事实存在的证据,用人单位不提供的,由用人单位承担不利后果。"在劳动者有证据证明用人单位掌握了其加班事实存在的证据,且用人单位不提供的,由用人单位承担不利的后果。

3) 关于开除、除名等的举证责任

根据《最高人民法院关于审理劳动争议案件适用法律问题的解释(一)》第四十四条的规定:"因用人单位作出的开除、除名、辞退、解除劳动合同、减少劳动报酬、计算劳动者工作年限等决定而发生的劳动争议,用人单位负举证责任。"因为这些决定是用人单位作出的,用人单位也自然掌握这些证据,理应由用人单位承担举证责任。

四、劳动争议诉讼的保全和执行

(一)劳动争议诉讼的保全

劳动者在仲裁前或者起诉前、起诉过程中,为了保障自己的合法权益切实实现,可以向人民法院申请诉讼财产保全。而财产保全的被申请人为用人单位,经人民法院作出保全裁定,可以依法冻结用人单位的银行账户,或者查封、扣押用人单位的相关财产,从而可以保证将来生效的裁决、判决能够得以执行。

在诉讼过程中,劳动者向人民法院申请采取财产保全措施,经人民法院审查认为申请人经济确有困难,或者有证据能够证明用人单位存在欠薪逃匿可能的,则人民法院应当减轻或者免除劳动者提供担保的义务,并及时针对被申请人采取保全措施。

此外,在人民法院作出的财产保全裁定中,应当告知当事人在劳动争议仲裁机构的裁决书或者在人民法院的裁判文书生效后三个月内申请强制执行。逾期不申请的,人民法院应当裁定解除保全措施。保全措施的解除不影响当事人在一般的申请执行期限内的申请执行,但可能会影响实际权益的实现。

（二）劳动争议诉讼的执行

一般而言，当事人应当依照规定的期限履行已经发生法律效力的调解书、裁决书，一方当事人逾期不履行的，另一方当事人可以依照民事诉讼法的有关规定向人民法院申请执行，而受理申请的人民法院应当依法执行。根据《中华人民共和国民事诉讼法》第二百三十一条第二款的规定："法律规定由人民法院执行的其他法律文书，由被执行人住所地或者被执行的财产所在地人民法院执行。"因劳动仲裁调解书、劳动仲裁裁决书属于法律规定的由人民法院执行的法律文书，故应当由被执行人住所地或者被执行的财产所在地人民法院执行。

需要注意的是，当事人有权向人民法院申请执行劳动争议仲裁委员会作出的发生法律效力的仲裁裁决书、调解书，但根据《中华人民共和国民事诉讼法》第二百四十四条的规定："被申请人提出证据证明仲裁裁决有下列情形之一的，经人民法院组成合议庭审查核实，裁定不予执行：（一）当事人在合同中没有订有仲裁条款或者事后没有达成书面仲裁协议的；（二）裁决的事项不属于仲裁协议的范围或者仲裁机构无权仲裁的；（三）仲裁庭的组成或者仲裁的程序违反法定程序的；（四）裁决所根据的证据是伪造的；（五）对方当事人向仲裁机构隐瞒了足以影响公正裁决的证据的；（六）仲裁员在仲裁该案时有贪污受贿，徇私舞弊，枉法裁决行为的。"

此外，对于经过人民法院审理并作出判决的劳动争议案件，如果该判决已经生效，且一方当事人拒不履行该生效判决书中确定的义务的，则另一方当事人可以向人民法院申请强制执行。根据《民事诉讼法》第二百三十一条第一款的规定："发生法律效力的民事判决、裁定，以及刑事判决、裁定中的财产部分，由第一审人民法院或者与第一审人民法院同级的被执行的财产所在地人民法院执行。"对于发生法律效力的劳动争议判决，由第一审人民法院或者与第一审人民法院同级的被执行的财产所在地人民法院予以执行。

根据《中华人民共和国民事诉讼法》第二百四十六条的规定："申请执行的期间为二年。申请执行时效的中止、中断，适用法律有关诉讼时效中止、中断的规定。前款规定的期间，从法律文书规定履行期间的最后一日起计算；法律文书规定分期履行的，从最后一期履行期限届满之日起计算；法律文书未规定履行期间的，从法律文书生效之日起计算。"无论是经过劳动争议仲裁委员会作出的生效仲裁裁决书、仲裁调解书，还是经过人民法院作出的生效判决书，当事人申请强制执行的期限均为二年。

五、劳动调解、仲裁与诉讼的衔接

在我国，用人单位与劳动者发生劳动争议以后，当事人不愿协商、协商不成或者达成和解协议后不履行的，当事人可以向劳动争议调解组织申请调解；不愿调解、调解不成或者达成调解协议后不履行的，当事人可以向劳动争议仲裁委员会申请仲裁。当事人一方也可以直接向劳动争议仲裁委员会申请仲裁。对仲裁裁决不服的，当事人可以向人民法院提起诉讼。由此调解并非仲裁、诉讼的法定必经程序，而仲裁系诉讼的法定必经程序。但根据《劳动法》第七十七条第二款的规定："调解原则适用于仲裁和诉讼程序。"调解贯穿于仲裁和诉讼程序之中。具体如下。

（一）一般仲裁

就劳动争议案件而言，如果劳动争议仲裁机构以无管辖权为由对劳动争议案件不予受理，且当事人提起诉讼的，则人民法院应当按照以下情形分别处理：①经审查认为该劳动争议仲裁机构对案件确无管辖权的,应当告知当事人向有管辖权的劳动争议仲裁机构申请仲裁;②经审查认为该劳动争议仲裁机构有管辖权的,应当告知当事人申请仲裁,并将审查意见书面通知该劳动争议仲裁机构。若劳动争议仲裁机构仍不受理,且当事人就该劳动争议事项提起诉讼的,则人民法院应予受理。此外,如果当事人对于除追索劳动报酬、工伤医疗费、经济补偿或者赔偿金,不超过当地月最低工资标准十二个月金额的劳动争议,以及因执行国家的劳动标准在工作时间、休息休假、社会保险等方面发生的劳动争议以外的其他劳动争议案件的仲裁裁决不服的,则其可以自收到仲裁裁决书之日起十五日内向人民法院提起诉讼;期满不起诉的,仲裁裁决书发生法律效力。

(二)终局仲裁

在劳动争议案件中,追索劳动报酬、工伤医疗费、经济补偿或者赔偿金,不超过当地月最低工资标准十二个月金额的劳动争议,以及因执行国家的劳动标准在工作时间、休息休假、社会保险等方面发生的劳动争议,属于特殊的劳动争议案件。具体而言,劳动争议仲裁委员会针对前述两类劳动争议案件作出的仲裁裁决属于终局裁决,且该仲裁裁决书自作出之日起即发生法律效力。

当然,如果劳动者对前述仲裁裁决不服,则其可以自收到仲裁裁决书之日起十五日内向人民法院提起诉讼。相反的是,如果用人单位对前述仲裁裁决不服,则其无权自收到仲裁裁决书之日起十五日内向人民法院提起诉讼,但用人单位有证据证明前述仲裁裁决存在下列情形之一的,其可以自收到仲裁裁决书之日起三十日内向劳动争议仲裁委员会所在地的中级人民法院申请撤销仲裁裁决:①适用法律、法规确有错误的;②劳动争议仲裁委员会无管辖权的;③违反法定程序的;④裁决所根据的证据是伪造的;⑤对方当事人隐瞒了足以影响公正裁决的证据的;⑥仲裁员在仲裁该案时有索贿受贿、徇私舞弊、枉法裁决行为的。人民法院经组成合议庭审查核实仲裁裁决存在前述六种情形之一的,应当裁定撤销。如果仲裁裁决被人民法院裁定撤销的,当事人可以自收到裁定书之日起十五日内就该劳动争议事项向人民法院提起诉讼。

此外,仲裁裁决的类型分为终局裁决和非终局裁决,究竟为何种类型,则以仲裁裁决书确定的类型为准。如果仲裁裁决书未载明该裁决为终局裁决或者非终局裁决,用人单位不服该仲裁裁决而向基层人民法院提起诉讼的,则应当按照以下情形分别处理:①经审查认为该仲裁裁决为非终局裁决的,基层人民法院应予受理;②经审查认为该仲裁裁决为终局裁决的,基层人民法院不予受理,但应告知用人单位可以自收到不予受理裁定书之日起三十日内向劳动争议仲裁委员会所在地的中级人民法院申请撤销该仲裁裁决;已经受理的,裁定驳回起诉。

(三)劳动调解的司法确认

如果劳动者与用人单位之间发生劳动争议纠纷,其间可以在企业劳动争议调解委员会、依法设立的基层人民调解组织或者在乡镇、街道设立的具有劳动争议调解职能的组织主持下进行调解,并达成调解协议。对于具有劳动权利义务内容的调解协议,具有劳动合同的约束力,可以作为人民法院裁判的根据。而如果劳动者与用人单位仅就劳动报酬争议达成调解协议,但用人单位不履行调解协议所确定的给付义务,劳动者直接提起诉讼的,人民法院可以按照普通民事纠纷受理。同时,如果劳动争议双方当事人在人民调解委员会的主持下仅就给付义务达成调解协议,双方认为有必要的,可以共同向人民调解委员会所在地的基层人民法院申请司法确认。

（四）劳动仲裁和劳动诉讼的衔接

2017年11月8日，人力资源和社会保障部、最高人民法院联合发布了《关于加强劳动人事争议仲裁与诉讼衔接机制建设的意见》（人社部发〔2017〕70号），对裁审程序的衔接作了进一步的规定。

1. 规范受理程序的衔接

对于未经仲裁程序直接起诉至人民法院的劳动争议案件，人民法院应当裁定不予受理；已经受理的，应当驳回起诉，并告知当事人向有管辖权的劳动争议仲裁委员会申请仲裁。当事人因劳动争议仲裁委员会逾期未作出仲裁裁决而向人民法院提起诉讼且人民法院已经立案受理的，人民法院应当及时将该案的受理情况告知仲裁委员会，仲裁委员会应当及时决定该案件终止审理。

2. 规范保全程序的衔接

劳动争议仲裁委员会对在仲裁阶段可能因用人单位转移、隐匿财产等行为致使仲裁裁决在将来难以执行的，应当告知劳动者通过仲裁机构向人民法院申请保全。劳动者申请保全的，劳动争议仲裁委员会应当及时向人民法院转交保全申请书及仲裁案件受理通知书等材料。人民法院裁定采取保全措施或者裁定驳回申请的，应将裁定书送达申请人，并通知劳动争议仲裁委员会。

3. 规范执行程序的衔接

劳动争议仲裁委员会依法裁决先予执行的，应当向有执行权的人民法院移送先予执行裁决书、裁决书的送达回证或者其他送达证明材料；接受移送的人民法院应当按照《中华人民共和国民事诉讼法》和《劳动争议调解仲裁法》等相关法律规定执行。人民法院要加强对劳动争议仲裁委员会裁决书、调解书的执行工作，加大对涉及劳动报酬、工伤保险待遇争议，特别是集体劳动人事争议等案件的执行力度。

典型案例

喻某与某公司劳动争议案

案情简介

喻某是某公司的员工，自2011年3月10日进入公司后，先后从事了焊工、工作中心安全员等工作。2021年4月12日，公司审计监察部门发布一则通报，喻某因违规向多家物流商借款并收受红包，违反了公司《利益冲突与廉洁管理制度》，根据《问责管理制度》，公司决定对其开除并通报。根据喻某的微信交易明细显示，其在工作期间接受有业务往来供应商的转账25笔，金额共计20 098.88元。喻某接受审计调查后，主动返还了13 300元。2021年4月14日，公司向喻某出具解除（终止）劳动合同证明书，以喻某严重失职、营私舞弊为由，解除与喻某之间的劳动合同。后喻某要求公司支付违法解除劳动合同的经济赔偿金，并向劳动仲裁委申请劳动仲裁。劳动仲裁委作出裁决书，裁决驳回了喻某的全部仲裁请求。喻某不服劳动仲裁的结果，遂诉至人民法院。

处理结果

人民法院经审理认为，《劳动合同法》规定，劳动者严重违反用人单位的规章制度的，用人单位可以解除劳动合同。本案中，喻某未提供充分证据证明其与有业务往来的供应商的转账款项系民间借贷往来或借贷的合意,且在接受审计调查前无主动归还行为,因此方认定喻某严重违反公司规章制度,公司解除与其劳动关系系合法解除并无不当。喻某对员工手册的内容无异议,表明其对公司的规章制度已经知悉。因此,公司依据《劳动合同法》的规定单方面解除与喻某的劳动关系,且在解除劳动关系前通知了单位工会,事实清楚,程序合法,为合法解除。喻某要求公司支付经济赔偿金的诉讼请求,无事实和法律依据。人民法院遂驳回了喻某的全部诉讼请求。

案例评析

就劳动争议案件而言,从程序方面来说,本案须仲裁前置,即本案只有经过劳动争议仲裁委员会先行仲裁,当事人对仲裁裁决不服的,才可以在法定期间内向人民法院起诉。从实体方面来说,用人单位制定的廉洁管理制度有助于防止商业贿赂,营造法治化的营商环境。劳动者学习了用人单位的廉洁管理制度后,应当明确知晓,无论是在岗工作期间,还是日常生活之中,其都应当恪守诚信、廉洁自律,不能接受与用人单位之间有商业往来企业的红包、礼金、有价证券或作出其他有损公司廉洁形象、价值的行为。倘若劳动者只是将用人单位的廉洁管理制度装在"口袋里",放在员工手册之中,实施违反用人单位的廉洁管理制度的行为,用人单位可据此认定劳动者严重违反其规章制度,合法解除劳动关系。该案体现了司法对企业用工自主权的尊重和保障。

资料来源:2023年湖南省高级人民法院发布十大劳动争议典型案例。

六、追索劳动报酬支付令程序

(一)支付令程序概述

支付令是在督促程序中所适用的一种法律文书,其是指人民法院依照《中华人民共和国民事诉讼法》的相关规定,根据债权人的申请或者其他规定,向债务人发出限期给付金钱或者有价债券的法律文书。根据《中华人民共和国民事诉讼法》第二百二十一条的规定:"债权人请求债务人给付金钱、有价证券,符合下列条件的,可以向有管辖权的基层人民法院申请支付令:(一)债权人与债务人没有其他债务纠纷的;(二)支付令能够送达债务人的。申请书应当写明请求给付金钱或者有价证券的数量和所根据的事实、证据。"在符合前述法律所列明条件的情况下,债权人就请求债务人给付金钱、有价证券事项,可以向人民法院申请支付令。

根据《劳动合同法》第三十条规定:"用人单位应当按照劳动合同约定和国家规定,向劳动者及时足额支付劳动报酬。用人单位拖欠或者未足额支付劳动报酬的,劳动者可以依法向当地人民法院申请支付令,人民法院应当依法发出支付令。"《劳动争议调解仲裁法》第十六条规定:"因支付拖欠劳动报酬、工伤医疗费、经济补偿或者赔偿金事项达成调解协议,用人单位在协议约定期限内不履行的,劳动者可以持调解协议书依法向人民法院申请支付令。人民法院应当依法发出支付令。"对于追索劳动报酬、工伤医疗费、经济补偿或者赔偿金等事项,劳动者可以依法向人民法院申请支付令,这为劳动者维权带来了极大的方便。

(二)申请支付令的条件

1. 申请主体

劳动争议案件中,能够向人民法院申请支付令的只能是劳动者,用人单位没有权利申请支付令。

2. 案件类型

劳动争议案件必须为给付之诉,即劳动者要求用人单位给付金钱的案件,如劳动报酬、工伤医疗费、经济补偿或者赔偿金等。

3. 单向债务

只能是用人单位对劳动者负有给付义务,而劳动者对用人单位不负有给付义务。如果劳动者与用人单位存在其他债务纠纷,则劳动者不能申请支付令。

4. 能够送达

支付令能够送达用人单位,这里所说的送达是指直接送达,并且支付令的送达不能适用公告送达的方式。在两种情形下,应视为支付令不能送达:其一是债务人下落不明,需要采用公告方式才能送达的;其二是债务人不在中国领域内居住,情况比较复杂,不符合督促程序简便处理纠纷的立法原意,故视为不能送达。

5. 受理支付令申请的人民法院拥有管辖权

劳动者申请支付令,必须向有管辖权的基层人民法院申请,一般是指用人单位所在地的基层人民法院。

(三)人民法院对于支付令申请的审查及支付令的效力

《最高人民法院关于适用〈中华人民共和国民事诉讼法〉的解释》第四百二十七条规定:"债权人申请支付令,符合下列条件的,基层人民法院应当受理,并在收到支付令申请书后五日内通知债权人:(一)请求给付金钱或者汇票、本票、支票、股票、债券、国库券、可转让的存款单等有价证券;(二)请求给付的金钱或者有价证券已到期且数额确定,并写明了请求所根据的事实、证据;(三)债权人没有对待给付义务;(四)债务人在我国境内且未下落不明;(五)支付令能够送达债务人;(六)收到申请书的人民法院有管辖权;(七)债权人未向人民法院申请诉前保全。不符合前款规定的,人民法院应当在收到支付令申请书后五日内通知债权人不予受理。基层人民法院受理申请支付令案件,不受债权金额的限制。"人民法院应当依法对劳动者提起的支付令申请进行审查。人民法院经审查并认定劳动者提供的事实、证据符合前述条件的,应当依法予以受理,并应当在受理之日起十五日内向用人单位发出支付令;人民法院经审查并认定劳动者的申请不成立的,则应当在收到支付令申请书后五日内通知劳动者不予受理。

在人民法院向用人单位发出支付令以后,用人单位应当自收到支付令之日起十五日内向劳动者清偿债务,或者向人民法院提出书面异议。如果用人单位在此期间既不提出异议又不履行支付令的,劳动者可以向人民法院申请强制执行。

(四)人民法院对于用人单位异议的审查

在人民法院向用人单位发出支付令以后,如果用人单位向人民法院提出书面异议,则人民法院依法对该书面异议进行形式审查。人民法院经审查并认为用人单位提出的书面异议有下列情形之一的,应当认定异议成立,并裁定终结督促程序,支付令自行失效:①《最高人民法院关于适用〈中华人民共和国民事诉讼法〉的解释》规定的不予受理申请情形的;②《最高人民法院关于适用〈中华人民共和国民事诉讼法〉的解释》规定的裁定驳回申请情形的;③《最高人民法院关于适用〈中华人民共和国民事诉讼法〉的解释》规定的应当裁定终结督促程序情形的;④人民法院对是否符合发出支付令条件产生合理怀疑的。

(五)支付令失效后的处理

《中华人民共和国民事诉讼法》第二百一十七条规定:"人民法院收到债务人提出的书面异议后,经审查,异议成立的,应当裁定终结督促程序,支付令自行失效。支付令失效的,转入诉讼程序,但申请支付令的一方当事人不同意提起诉讼的除外。"

在支付令失效以后,如果劳动者不同意提起诉讼的,则其应当自收到终结督促程序裁定之日起七日内向受理支付令申请的人民法院提出。劳动者不同意提起诉讼的,不影响其向其他有管辖权的人民法院提起诉讼。而在支付令失效以后,如果劳动者自收到终结督促程序裁定之日起七日内未向受理支付令申请的人民法院表明不同意提起诉讼的,视为向受理申请的人民法院起诉。劳动者提出支付令申请的时间,即为向人民法院起诉的时间。

《劳动合同法》第三十条第二款规定:"用人单位拖欠或者未足额支付劳动报酬的,劳动者可以依法向当地人民法院申请支付令,人民法院应当依法发出支付令。"《劳动争议调解仲裁法》第十六条规定:"因支付拖欠劳动报酬、工伤医疗费、经济补偿或者赔偿金事项达成调解协议,用人单位在协议约定期限内不履行的,劳动者可以持调解协议书依法向人民法院申请支付令。人民法院应当依法发出支付令。"但是根据《最高人民法院关于审理劳动争议案件适用法律问题的解释(一)》第十三条的规定:"劳动者依据劳动合同法第三十条第二款和调解仲裁法第十六条规定向人民法院申请支付令,符合民事诉讼法第十七章督促程序规定的,人民法院应予受理。依据劳动合同法第三十条第二款规定申请支付令被人民法院裁定终结督促程序后,劳动者就劳动争议事项直接提起诉讼的,人民法院应当告知其先向劳动争议仲裁机构申请仲裁。依据调解仲裁法第十六条规定申请支付令被人民法院裁定终结督促程序后,劳动者依据调解协议直接提起诉讼的,人民法院应予受理。"劳动者依据《劳动合同法》第三十条第二款的规定申请支付令被人民法院裁定终结督促程序以后,劳动者就劳动争议事项直接提起诉讼的,人民法院应当告知其先向劳动争议仲裁机构申请仲裁。而劳动者如果依据《劳动争议调解仲裁法》第十六条的规定申请支付令被人民法院裁定终结督促程序以后,劳动者依据调解协议直接提起诉讼的,人民法院应当予以受理。

【引导案例分析】

根据劳社部发〔2005〕12号《关于确立劳动关系有关事项的通知》第二条规定:"用人单位未与劳动者签订书面劳动合同,认定双方存在劳动关系时可参照下列凭证:(一)工资支付凭证或记录(职工工资发放花名册)、缴纳各项社会保险费的记录;(二)用人单位向劳动者发放的'工作证''服务证'等能证明身份的证件;(三)劳动者填写的用人单位招工招聘'登记表''报名表'等招用记录;(四)考勤记录;(五)其他劳动者的证言等。"依此规定,邢某当庭提供通化市社会保险事业管理局出具的职工养老保险关系转移通知书、公司出具的工作证明,吉林市社会保险事业管理局出具的个人参保证明,1997年6月、1998年12月、1999年8月、2000年12月的工资表,公司于2008年12月给邢某缴纳社会保险费收据等证据材料,能够证实邢某自1997年6月调转到公司工作,公司出具的工作证明能够证实邢某于1997年6月至2000年12月在公司从事车间核算员岗位工作、2001年1月至2008年12月是公司销售员,公司于2008年给邢某缴纳社会保险费的收据可以证明邢某是公司员工,上述证据材料能证明邢某自1997年6月至2008年12月在公司工作。因此法院认定自1997年6月至

2008 年 12 月期间邢某与公司存在劳动关系。

本案中,确认劳动关系纠纷属于法定的劳动争议受案范围,规定于《劳动争议调解仲裁法》第二条之中。本案遵循"劳动仲裁前置"的规定,邢某在就劳动争议事项提起劳动仲裁的时候,劳动争议处理机构为劳动争议仲裁委员会;在因劳动争议仲裁委员会不予受理案件而提起诉讼的时候,劳动争议处理机构为人民法院。

本案中,邢某不服通化市二道江区劳动人事争议仲裁委员会作出的不予受理通知书,遂起诉至通化市二道江区人民法院,这是因为在劳动争议案件处理过程中实行"仲裁前置",即劳动仲裁是诉讼的法定必经程序,邢某提起的劳动争议案件需要经过劳动争议仲裁委员会先行仲裁,而在通化市二道江区劳动人事争议仲裁委员会不予受理之后,邢某才可以就该劳动争议事项向人民法院提起诉讼。

【本章小结】

劳动者与用人单位之间经常发生劳动争议,而界定何种争议属于法定的劳动争议受案范围,这对解决劳动者与用人单位之间的劳动争议尤为重要。在我国,劳动争议的处理机构主要包括劳动争议调解组织、劳动争议仲裁委员会以及人民法院,这就表明劳动争议的处理方式包括协商、调解、仲裁以及诉讼等,具有多元化的特征。

劳动争议发生以后,劳动者和用人单位之间可以通过协商或者调解的方式解决双方之间的争议,但协商、调解并非争议解决的必经程序。一方当事人可以直接向劳动争议仲裁委员会申请仲裁,而对仲裁裁决不服的,当事人可以向人民法院提起诉讼,即劳动仲裁是诉讼的法定必经程序。需要注意的是,劳动仲裁程序需要遵循法律的特别规定,而劳动争议诉讼则按照民事诉讼的两审终审制度进行即可。

【课后练习】

一、单项选择题

1. 企业劳动争议调解委员会由(　　)、用人单位代表和企业代表组成。

　　A. 职工代表　　　　　　　　　B. 企业工会代表

　　C. 政府劳动部门代表　　　　　D. 企业法定代表人

2. 劳动者对劳动争议仲裁委员会作出的仲裁裁决不服的,可以自收到仲裁裁决书之日起(　　)内向人民法院提起诉讼。

　　A. 1 年　　　　　　　　　　　B. 6 个月

　　C. 1 个月　　　　　　　　　　D. 15 天

3. 因支付拖欠劳动报酬、工伤医疗费、经济补偿或者赔偿金事项达成调解协议,用人单位在协议约定期限内不履行的,劳动者可以持调解协议书依法向人民法院申请(　　)。

　　A. 强制执行调解协议　　　　　B. 直接判决

　　C. 直接裁定　　　　　　　　　D. 支付令

4. 劳动争议申请仲裁的时效期间为(　　),且从当事人知道或者应当知道其权利被侵害之日起计算。

　　A. 三十日　　　　　　　　　　B. 九十日

　　C. 一年　　　　　　　　　　　D. 三年

5. 因用人单位作出的开除、除名、辞退、解除劳动合同、减少劳动报酬、计算劳动者工作年限等决定而发生的劳动争议,由( )负举证责任。

    A. 劳动者   B. 用人单位

    C. 人民法院   D. 劳动行政部门

二、多项选择题

1. 企业劳动争议调解委员会由( )组成。

    A. 职工代表   B. 用人单位代表

    C. 工会代表   D. 政府劳动部门代表

2. 下列( )可以担任劳动争议仲裁委员会的仲裁员。

    A. 曾任审判员的

    B. 从事法律研究、教学工作并具有中级以上职称的

    C. 具有法律知识、从事人力资源管理或者工会等专业工作满五年的

    D. 律师执业满三年的

3. 下列( )属于劳动争议案件。

    A. 因确认劳动关系发生的争议

    B. 因除名、辞退和辞职、离职发生的争议

    C. 劳动者请求社会保险经办机构发放社会保险金的纠纷

    D. 个体工匠与帮工、学徒之间的纠纷

4. 劳动争议案件可以由( )的基层人民法院管辖。

    A. 用人单位所在地   B. 劳动者所在地

    C. 劳动合同履行地   D. 劳动仲裁机构所在地

5. 用人单位和劳动者关于( )事项达成调解协议,用人单位在协议约定期限内不履行的,劳动者可以持调解协议书依法向人民法院申请支付令。

    A. 劳动报酬   B. 工伤医疗费

    C. 经济补偿金   D. 经济赔偿金

三、名词解释

劳动争议   劳动争议调解   劳动争议仲裁   劳动争议仲裁机构   劳动争议诉讼

四、简答题

1. 简述劳动争议的受案范围。

2. 简述劳动仲裁和劳动诉讼的衔接。

五、论述题

1. 简要论述劳动争议的处理原则。

2. 简要论述劳动争议仲裁裁决的类型。

劳动监察制度

【内容提要】

劳动监察制度是指国家劳动行政机关按照法律规定的内容和程序对用人单位进行检查监督,以保障劳动者合法权益的劳动执法制度。作为保证劳动法实施的重要手段。劳动监察制度是以用人单位为监察对象,以劳动基准法为核心内容,以劳动法律法规规定为基本框架的法治架构,其功能价值在于约束、纠正与惩罚用人单位侵害劳动合法权益的行为。而为防止行政权力的滥用,用人单位对违法劳动监察行为,应当享有申诉权和行政、司法救济权。

本章主要介绍了劳动监察制度的概念、意义、立法现状以及劳动行政部门监察的概念、特点与主要内容,并介绍了其他劳动监察制度的补充作用。

【知识目标】

1. 了解我国劳动监察制度的立法历程。
2. 熟悉我国劳动监察制度的概念、意义、原则。
3. 掌握劳动行政部门监察的主要内容、管辖、措施。

【素质目标】

1. 学习劳动监察制度的历史发展,培养劳动保障监察法律意识。
2. 树立多种路径维护劳动者合法权益的法律思维。

【引导案例】

因拒不配合劳动保障监察被行政处罚案例

王某于 2020 年 11 月至 2021 年 9 月期间在 A 水产有限公司从事货车司机工作,该公司法人代表仲某、仲某弟弟及仲某表妹(公司会计)分别于 2020 年 11 月至 2022 年 2 月期间共向其微信转账 112 600 元。

2022 年 4 月 13 日,王某向区人社局投诉 A 水产有限公司在其工作期间未与其签订劳动合同,要求支付其 2020 年 12 月至 2021 年 9 月期间双倍工资约 92 600 元。投诉人王某同时提供了以下佐证材料:与该公司法定代表人仲某的微信聊天记录、一张本人手写的微信收款清单以及仲某父亲结清其工资的证明。区人社局于 4 月 13 日立案处理。

在区人社局调查过程中,A 公司法人代表仲某一直以人在外地为由对配合调查再三拖延,区人社局于2022年6月15向A公司下达劳动保障监察调查询问书,但该公司未按询问书要求履行相关义务。因A公司拒不配合劳动保障监察,区人社局于2022年7月1日下达劳动保障监察限期改正指令书,要求负责人(或授权委托人)于2022年7月7日上午9时依照劳动保障监察调查询问书要求,携带相关材料到连云港市赣榆区劳动监察大队接受询问。

后A公司仍未按照限期改正指令书要求限期改正,仅派仲某父亲于2022年7月7日到区监察大队递交营业执照复印件。经询问,仲某父亲其对A公司经营、员工工作情况均不了解,也无授权委托书,因此不能代表A公司接受调查。

资料来源:连云港市赣榆区人社局官方微信"赣榆发布"2022年12月8日发布的案例。

思考:

公司拒不配合劳动保障监察,劳动监察部门应当如何处理?

第一节　劳动监察制度概述

一、劳动监察的概念

劳动监察也称劳动保障监察,是指依法享有劳动监察权的专门机构和人员,对用人单位遵守劳动保障法律、法规和规章的情况,进行监督、检查并对违法行为予以处罚的活动的总称。从劳动监察的概念中,反映了劳动监察的几个本质特征。

(一)劳动保障监察主要是监督用人单位

劳动保障监察主要监督劳动关系的双方当事人中的用人单位,而不包括劳动者。其原因是:劳动者在实现劳动过程中,始终处在用人单位所制定的规章制度监督约束之中,如果劳动者违反劳动纪律,不履行法律规定或劳动合同约定的义务,用人单位就会以此对其给予处罚或解除劳动关系。而用人单位在组织劳动者实现劳动过程中,是否严格执行劳动法律、法规,全靠用人单位的自觉,缺少客观的监督和约束。因此,有必要对其实行监督,随时检查用人单位实施劳动法的情况,以便依法维护劳动者的合法权益[①]。

根据目前劳动保障法律、行政法规对劳动保障监察范围的规定,除用人单位之外,职业中介机构、职业技能培训机构和职业技能考核鉴定机构也属于劳动监察相对人的范围,这是由于职业中介机构、职业技能培训机构和职业技能考核鉴定机构这些劳动服务主体与劳动者的权益紧密联系,甚至在一定意义上决定着劳动基准的实施,因此为保护劳动者的权益,它们也属于劳动监察的范围。另外,对无营业执照或者已被依法吊销营业执照,有劳动用工行为的单位和个人,也由劳动保障行政部门依据劳动保障法律、行政法规实施劳动保障监察,并及时通报工商行政管理部门予以查处取缔。

(二)劳动保障监察是通过专门机构和人员来实施的

劳动保障监察机构是经法律授权,代表国家对用人单位执行劳动法的情况实行监督的机构。它不同于各级行政主管部门的监督,各级行政主管部门属于一般的行政监督,也不同于工会等群众团体的监督,工会等群众团体的监督属于群众监督。劳动保障监察机构享有

[①]　郭捷.劳动法[M].北京:中国政法大学出版社,2011.

国家赋予的权力,它对用人单位的监察具有法律效力和约束力。劳动保障监察机构可以对用人单位的违法现象,予以制止或给予惩戒。这种强制性的权力是国家劳动保障监察机构所具有的,这也是劳动保障监察机构区别于其他各种监督部门的地方。

(三)劳动保障监察是对用人单位综合的监督检查

综合的监督,不是指对用人单位的一切行为都进行监督,而是仅仅对用人单位贯彻、执行劳动法过程中的行为进行综合的监督检查。这种综合的监督检查表现为:①本辖区的任何用人单位,不分系统、行业,都属于监察的对象;②各项劳动制度和劳动法规的执行情况都属于监察的内容。

典型案例

某公司超时加班案

案情简介

2023 年 4 月 27 日,南京市经开区劳动保障监察大队接到林某某投诉,反映南京某电子有限公司清洗车间存在超时加班的违法行为,经开区劳动保障监察大队于 4 月 28 日依法受理立案。经调查核实,该公司执行标准工时制度,根据考勤显示,该公司 2023 年 2 月人均月违法延长工作时间 90.91 小时,且未能保证员工每周至少休息一日,存在超时加班的违法行为。

处理结果

6 月 9 日,经开区劳动保障监察大队依法向该公司送达劳动保障监察限期改正指令书,要求立即改正延长劳动者工作时间的违法行为。6 月 14 日,经开区劳动保障监察大队向该公司送达劳动保障监察行政处罚告知书。6 月 20 日,经开区劳动保障监察大队向该公司送达劳动保障监察行政处罚决定书,对该公司超时加班的违法行为处以警告,并按照受侵害的劳动者每人 500 元的标准处以罚款 5 500 元。

案例评析

用人单位应当严格遵守工作时间规定,依法保障劳动者身心健康。用人单位由于生产经营需要,经与工会和劳动者协商后可以延长工作时间,一般每日不得超过一小时;因特殊原因需要延长工作时间的,在保障劳动者身体健康的条件下延长工作时间每日不得超过三小时,每月不得超过三十六小时,且用人单位应当保证劳动者每周至少休息一日。用人单位违反劳动保障法律、法规或者规章延长劳动者工作时间的,由劳动保障行政部门给予警告,责令限期改正,并可以处以罚款,严重的将被列入重大劳动保障违法行为向社会公布。

资料来源:南京市人社局公布的 2023 年劳动保障违法典型案例。

二、劳动监察的意义

《劳动合同法》主要是调整劳动合同关系的,它涉及国家、集体的利益,又涉及广大劳动者的利益。它是合理组织社会劳动,保护劳动者权益,不断提高企业经济效益的重要法律部门。为了加强社会主义法制,不仅要重视立法工作,更要重视守法与执法的问题。《劳动合同法》及许多单行配套法规的出台,为调整我国的劳动合同关系奠定了"有法可依"的坚实的基础。为了进一步做到"有法必依、执法必严、违法必究",就必须在贯彻劳动保障法律法规的过程中,建立和健全劳动监督制度。这对于保证我国劳动合同法的正确实施具有十分重大的意义。

（一）劳动监察有利于增强主体劳动法律意识，避免和减少违法行为发生

法律规范的权威性和强制力只有在具体的实施过程中才能得到充分的体现。劳动监察这一制度就是为了保障劳动法的实施，通过多主体全方位的监督，各种劳动法主体才能够切实体会到执行劳动法的重要性和必要性。

从劳动关系建立及履行过程中来看，用人单位因其社会地位和经济力量决定劳动者的录用及劳动力的使用事宜，且劳动者在劳动过程中须遵守企业规章制度和管理。即，劳资双方实质上是以"国家法律上平等的契约"掩盖着"企业和社会上的实质的不平等关系。"对此，国家通过对劳动合同运行制定诸多法定化、强制化的规则，并建立一套倾斜保护体制，辅之以行政执法保障，以保护劳动者正当权益并维护劳动关系公正性。这种以强制性规则对劳动基准作出"保底"性规定，对劳动者的权益予以最基本的保障，就是劳动监察。"劳动监察制度表明了国家对劳动者正当权益进行保护的基本态度"。

劳动关系的特殊性决定了现实中用人单位和劳动者双方地位具有不对等性，用人单位往往处于强势地位，劳动者的力量相对较弱，因此可能会发生用人单位利用优势地位侵犯劳动者的合法权益，违反劳动法规定的情况。为此，必须依靠对劳动法的执行情况进行严格的监督检查，以增强各种劳动法主体的法律意识，尤其是用人单位的依法用工意识，使不同的利益主体在法律许可的范围内实现各自的价值追求，纠正和杜绝各种违法行为的发生。

（二）劳动监察有利于劳动法律制度的完善

劳动监察是伴随着社会化生产、经济社会发展到一定程度后出现的，是国家依法规范和干预劳动关系的重要手段，是政府提供公共监督管理服务的重要组成部分。劳动监察机构不仅是行使监督检查的行政执法部门，具有行政管理职能，还具有化解附在行政管理背后的劳资纠纷的职能。

对劳动法与劳动合同法的执行情况进行监督检查，一方面可以加强劳动执法工作，保证了劳动法的贯彻实施，另一方面对于劳动立法，可以密切结合劳动法实施过程中出现的新情况、新问题进行调查研究，及时修正具体规定中不适合经济发展客观需要的内容，不断总结劳动法律实施过程中的各项成功经验并将其上升为法律，从而有利于进一步完善劳动立法，发展和健全社会主义劳动法制。

（三）劳动监察有利于维护劳动秩序和劳动力市场的秩序

劳动保障立法不是目的，贯彻执行才是落脚点。没有严格的监察执法，用人单位和劳动者很难自觉遵守并有效实施，企事业单位侵害劳动者合法权益的情况也会频繁出现，劳动力市场的发展就会出现掣肘，人民生活和社会经济就会存在危机，劳动保障法权威就会遭受挑战。贯彻执行劳动保障法，可以合理地调节社会劳动关系，保护劳动者合法权益并调动起劳动者积极性，创造更多的社会财富。同时，劳动监察是"公权力对抗私权力"，以保护"弱势一方"的劳动者为出发点，让用人单位和劳动者之间尽可能地达到平衡。劳动监察在工作过程中督促用人单位遵守强制性法定义务，查处违法使用劳动力的行为，保障劳动者的合法权益，维护正常的劳动法制秩序。

随着劳动合同制度的推行，作为劳动关系主体的用人单位和劳动者比以前有了更大的选择权和自主权，但双方当事人行使权利的自由并不是绝对的，只有在法律规定的限度之内，依法行使劳动权利，才能促进劳动力市场的有序建立和健康稳定发展。为此，必须建立

一套切实可行的监督检查制度,通过有效的监督检查手段去发现、纠正劳动关系建立和履行过程中的违法行为,使双方当事人始终在法律规定的范围内行事,从而使其劳动权利既能充分行使,又符合法律的要求,形成和谐的劳动秩序和有序的劳动力市场。

三、劳动监察的原则

(一)保障劳动者权益原则

就用人单位和劳动者之间的地位而言,劳动者处于相对弱势的地位,因此,劳动监察部门有责任和义务对作为弱势群体的劳动者提供法律保障。对于用人单位侵犯劳动者权益的行为,应当进行查处和处罚。劳动监察在保障用人单位自主权利的同时,使双方在法律规定的范围内实现各自的利益追求,有益于调动劳动者的积极性和创造性,促进劳动关系双方建立和谐稳定的劳动关系。

(二)公开公正原则

劳动监察执法活动原则上应当向社会公开。公开的内容包括劳动监察所依据的法律、法规、规章,未经公布的不得作为监督检查的执法依据。劳动监察的职责、内容、举报投诉电话也应该向社会公开,既保障了行政相对人的知情权,也是社会公众监督的重要途径。公正原则要求劳动检查监督必须以事实为根据,以法律为准绳。在执法中要平等地对待任何行政相对人,不搞差别待遇。实施处罚时,必须依法办事,要按照违法的情节、损害的后果等因素,综合确定处罚的金额。

(三)高效便民原则

在监督检查执法活动中,相关部门应尽可能不影响用人单位的正常生产和经营活动,并及时查处和纠正用人单位的违法行为。严格在规定的时限内完成监督检查事项,提高工作效率,不影响用人单位正常的生产和经营活动,及时处理违法违纪行为。这一原则,贯穿于《劳动保障监察条例》始终。按照这一原则的要求,劳动行政部门应当向社会公布举报投诉的电话、监督检查机构的地址,设立举报投诉信箱,有条件的可以开通网上举报,方便群众举报。

(四)教育与处罚相结合原则

教育与处罚相结合原则首先要求行政机构明确处罚的目的是教育当事人,促使其自觉遵守法律。即处罚是手段,不是目的,但也不能只教育,不处罚。既要对用人单位的违法行为给予必要的处罚和制裁,又要通过教育增强其法律意识,实现监督的双重功效。

四、劳动监察的立法

1949年以前,我国就通过劳动保护法律法规规定了劳动监察事项,并于改革开放后逐步建章立制,形成法定化、专业化的劳动监察部门,劳动监督部门发展至今已成为保障相关法落实、查处违法用工行为、化解劳资纠纷的重要行政执法部门。

(一)改革开放前的劳动监察集中于劳动安全卫生领域阶段

我国劳动监察立法工作可追溯到1949年以前。1930年,在上海召开的全国苏维埃区域代表大会通过《劳动保护法》规定了劳动保护和监督监察等事项。中华人民共和国成立前通过《中国人民政治协商会议共同纲领》规定了工矿监察制度。改革开放前,劳动监察主要围绕职业安全卫生方面开展,在国务院关于加强企业生产安全工作的各项规定、劳动部关于蒸汽锅炉安全监察的各类规程中等都有体现。如相继制定了《矿山安全监察条例》(1982年)、《锅炉压力容器安全监察暂行条例》(1982年)及《锅炉压力容器安全监察暂行条例实施细则》等法规,初步形成了劳动监察制度。

(二)改革开放后的劳动监察发展到全劳动领域阶段

中国共产党第十一届中央委员会第三次全体会议召开后,随着我国的改革开放更加深入、社会主义市场经济体制逐渐成形,劳资关系也出现了很大转变。企业和劳动者成为两个相对独立的劳动权益主体,劳资双方冲突加剧,我国政府对劳动关系的调节从行政政策的调节开始转向基于法制化的调节,劳动监察开始扩大到所有劳动立法的贯彻情况。1986年,国务院颁布了《国营企业实行劳动合同制暂行规定》,企业用工制度开始改革。随后,规定劳动监察的系列法规开始颁布并在地方得以落实、取得成效。1993年,原劳动部颁布了《劳动监察规定》,用行政规章的形式确立了我国的劳动监察制度,对其适用范围、监察内容、劳动监察机构和监察员的权利义务以及执法程序等方面作出了规定。紧接着,《劳动监察员管理办法》(1994)、《劳动监察员准则》(1995)以及《劳动监察程序规定》(1995)等行政法规相继出台,我国的劳动监察制度基本建立。

1994年,《劳动法》颁布实施,其中设有"监督检查"的专章,劳动监察制度以法律形式确立。同年,关于劳动监察机构设立、劳动监察员配置的专门规定也陆续颁布,各地依规相继设立专门机构,全面开展执法工作。1999年,《社会保险费征缴暂行条例》颁布,将劳动监察范畴从劳动领域进一步拓展至社会保险领域,从而形成了现在意义上的劳动监察。

(三)二十一世纪的劳动监察向法定化、专业化发展阶段

由于国民经济内部结构的调整,非公企业数量大幅度增多,劳动关系也日趋复杂化,侵犯劳动权案时有发生,群体性突发事件也层出不穷,对国民经济发展与社会稳定都产生了不良影响。2004年,国务院出台了《劳动保障监察条例》,明确了监察机关的主要职责和工作内容,标志着中国劳动监察工作步入了崭新的发展时代。2007年,《劳动合同法》出台,加强了监察职责,进一步确立了监察的法律地位。2008年,新组建的人力资源和社会保障部下设劳动监察局,体现了国家对监管劳动力市场、协调劳动关系的重视。一系列劳动保障立法,见证了我国劳动监察产生、发展并逐步成为国家劳动保障行政机关通过公权力督促劳动保障立法贯彻实施、协调社会稳定发展、维护劳动关系和谐有序的重要工具。当然,还须注意,劳动监察相关文件多以行政法规、部门规章形式规定,缺乏高位阶的法律规定,内容多以原则性规定为主,导致监察的执行性、权威性、统一性有待完善。

第二节 劳动行政部门监察

一、劳动行政部门监察的概念

劳动行政部门监察是指国务院劳动行政部门和县级以上人民政府的劳动行政部门以自己的名义,代表国家对劳动合同制度的实施进行监督管理的行政执法活动。我国《劳动合同

法》第七十三条第一款和第二款规定："国务院劳动行政部门负责全国劳动合同制度实施的监督管理。县级以上地方人民政府劳动行政部门负责本行政区域内劳动合同制度实施的监督管理。"规定了劳动行政部门对劳动合同的监督管理权。由于在现实生活中劳动者与用人单位力量的悬殊,仅仅通过劳动合同来保障劳动者的利益是远远不够的,对劳动合同制度进行监督检查,可以弥补劳动者力量的不足,维护劳动关系的稳定和协调发展。

劳动行政部门也称劳动保障行政部门,作为核心劳动监察部门,承担着绝大部分(除劳动安全卫生之外)的监察职能。劳动行政部门内部设置了专门从事劳动监察工作的机构,目前劳动监察机构设置的情况是:中央在人力资源和社会保障部设立劳动监察局,在省级设劳动监察局以及(或)劳动监察总队或支队;地方一级设劳动监察局及(或)支队(大队);县区级设大队或中队。根据《劳动保障监察条例》第四条规定:"县级、设区的市级人民政府劳动保障行政部门可以委托符合监察执法条件的组织实施劳动保障监察。"有些省一级劳动行政部门也成立了具有事业单位性质的劳动监察总队作为直属单位,接受劳动行政部门的委托实施劳动监察执法活动。

同时,在一些行(专)业还设置有专业性劳动保障监察部门,主要是职业安全与特种设备行业。2004年《劳动保障监察条例》第三十五条规定:"劳动安全卫生的监督检查,由卫生部门、安全生产监督管理部门、特种设备安全监督管理部门等有关部门依照有关法律、行政法规的规定执行。"例如,原劳动部和省级劳动部门设立的锅炉压力容器安全监察和矿山安全监察等监察部门。依据2013年《煤矿安全监察条例》,国家对煤矿实行安全监察制度。国务院决定设立的煤矿安全监察机构包括国家煤矿安全监察机构和在各省、自治区、直辖市设立的煤矿安全监察机构及在大中型矿区设立的煤矿安全监察办事处。2009年,国务院修订的《特种设备安全监察条例》第四条规定:"国务院特种设备安全监督管理部门负责全国特种设备的安全监察工作,县以上地方负责特种设备安全监督管理的部门对本行政区域内特种设备实施安全监察(以下统称特种设备安全监督管理部门)。"

二、劳动行政部门监察的特点

(一)法定性

劳动保障监察履行的是政府的一项公共职能,为保证监察的公正,必须依法进行。我国《劳动法》第八十五条规定:"县级以上各级人民政府劳动行政部门依法对用人单位遵守劳动法律、法规的情况进行监督检查,对违反劳动法律、法规的行为有权制止,并责令改正。"可见,劳动保障监察的主体、对象、范围、内容、依据、措施、程序等都是由国家法律、法规直接规定的。

(二)强制性

劳动行政部门进行检查监督,是对用人单位执行《劳动合同法》的情况进行综合性的检查监督,有关法律法规对检查监督的内容、方式、程序等都作出了明确的规定,并且赋予了其执法的权利,有权对违反《劳动合同法》的行为作出处理决定,并有权依法强制执行,或者申请人民法院强制执行。劳动执法过程中的监督检查行为是代表国家实施的,被监察单位不得拒绝,这显示出权力的执行性和强制性属性。

(三)行政性

劳动行政部门监察的产生与发展本身就是行政权不断扩张、对市民社会渗透的表现之一。保护弱势劳动者群体的利益,这一目标所具有的公正价值为行政权扩张提供了合法性基础。因而,劳动监察权的设定和加强必须置于法治和权力制约理念之下,实现对劳动监察权的"用权"与"控权"。无论是基于"依法行政"的理解,还是"对国家权力本身必要的限制"的认识,法治外壳下的劳动监察制度都应是上升到法律层面上的制度,以法律的形式将其职责范围及监察程度确定下来。

劳动行政部门进行监督管理是最具有高效力的,劳动行政部门代表国家行使监督权,监督检查的后果会导致一定的法律后果产生,如对违反《劳动合同法》的行为采取制裁措施等,相对人如果不服,可以提起行政复议和行政诉讼。

三、劳动行政部门监察的主要内容

《劳动合同法》第七十四条明确规定了县级以上地方人民政府劳动行政部门监督检查的事项。按照这条规定,县级以上地方人民政府劳动行政部门依法对下列实施劳动合同制度的情况进行监督检查。

(一)检查用人单位制定直接涉及劳动者切身利益的规章制度及其执行的情况

由于在《劳动合同法》中对用人单位制定规章制度提出了明确的要求,按照规定,劳动行政部门在进行监督检查的时候,主要是检查规章制度的内容、形式是否合法,制定规章制度的过程是否符合程序要求,是否保障了职工的参与权与知情权等,并可根据检查的结果作出处理决定。

(二)监督检查用人单位与劳动者订立和解除劳动合同的情况

用人单位与劳动者订立和解除劳动合同在《劳动合同法》中有明确的规定,还有相关法律责任的规定,劳动行政部门对这一事项进行监督检查必须严格按照《劳动合同法》的规定进行。

(三)监督检查劳务派遣单位和用工单位遵守劳务派遣有关规定的情况

劳动行政部门根据《劳动合同法》的规定进行检查,主要是检查劳务派遣单位的资格、劳务派遣单位与被派遣劳动者签订劳动合同的情况、用工单位是否履行其法定义务、被派遣的劳动者是否与用工单位的劳动者同工同酬、实施劳务派遣的岗位是否符合法律要求等。如果发现劳务派遣单位违反《劳动合同法》的,有权责令其改正,对情节严重的可以进行罚款。

(四)监督检查用人单位遵守国家关于劳动者工作时间和休息休假规定的情况

工作时间和休息休假是劳动合同的必备条款,劳动行政部门就是要对用人单位遵守工作时间和休息休假有关规定的情况进行监督检查,保障劳动者的权益。

(五)监督检查用人单位支付劳动合同约定的劳动报酬和执行最低工资标准的情况

检查用人单位所支付的劳动报酬是否低于当地的最低工资标准,如果低于当地的最低工资标准,可以对用人单位进行处罚。

（六）监督检查用人单位参加各项社会保险和缴纳社会保险费的情况

社会保险也是劳动合同的必备条款，劳动行政部门对用人单位参加各项社会保险和缴纳社会保险费的情况进行监督检查，有利于维护和谐稳定的劳动关系。

（七）监督检查法律、法规规定的其他劳动监察事项

劳动行政部门进行监督检查的范围除了上面所明确列举的事项外，还可以对《劳动合同法》所规定的其他内容进行监督检查。如对劳动安全卫生、试用期约定、女职工和未成年工的特殊保护等，都可以进行监督检查①。

四、劳动行政部门监察的管辖

按照《劳动合同法》第七十三条的规定，劳动行政部门的监督管理按照主体的不同分为两类。一是国务院劳动行政部门负责全国劳动合同制度实施的监督管理。国务院劳动行政部门的监督管理属于普遍管辖。二是县级以上地方人民政府劳动行政部门负责本行政区域内劳动合同制度实施的监督管理。县级以上各级人民政府劳动行政部门在劳动合同制度实施的监督管理工作中，应当听取工会、企业方面代表以及有关行业主管部门的意见。在《劳动保障监察条例》中，明确规定了以下三种管辖形式。

（一）地域管辖

地域管辖是指同级劳动保障行政部门在行使劳动保障权上的横向权限划分。《劳动保障监察条例》第十三条规定："对用人单位的劳动保障监察，由用人单位用工所在地的县级或者设区的市级劳动保障行政部门管辖。上级劳动保障行政部门根据工作需要，可以调查处理下级劳动保障行政部门管辖的案件。"《劳动合同法》第七十三条第一款和第二款规定："国务院劳动行政部门负责全国劳动合同制度实施的监督管理。县级以上地方人民政府劳动行政部门负责本行政区域内劳动合同制度实施的监督管理。"按照上述规定，对用人单位的监督检查，主要是由用人单位用工行为发生地所在的县级或者设区的市级劳动保障行政部门进行。这种管辖规定，有利于劳动监察部门对用人单位进行日常的检查和监察管理，及时纠正用人单位的违法行为，及时调查处理对用人单位的投诉，还可以节省人力、财力、物力，提高工作效率。

（二）级别管辖

级别管辖是指不同级别的劳动保障行政部门实施劳动保障监察的分工和权限划分，是一种纵向划分。由于各地的用人单位分布的不均衡，劳动保障监察力量的布局不均衡，难以作出明确的级别划分。《劳动保障监察条例》第十三条第三款作出了一个授权性的规定："省、自治区、直辖市人民政府可以对劳动保障监察的管辖制定具体办法。"

（三）指定管辖

指定管辖是指对同一用人单位，两个以上的劳动保障监察部门都认为自己有监察权而

---

① 张华贵. 劳动合同法：理论与案例[M]. 北京：北京交通大学出版社，2011.

产生争议,由其上级劳动保障行政部门指定管辖。对此,《劳动保障监察条例》第十三条规定:"劳动保障行政部门对劳动保障监察管辖发生争议的,报请共同的上一级劳动保障行政部门指定管辖。"

五、劳动行政部门监察的措施

劳动监察以日常巡视检查、审查用人单位按照要求报送的书面材料以及接受举报投诉等形式进行。劳动保障行政部门认为用人单位有违反劳动保障法律、法规或者规章的行为,需要进行调查处理的,应当及时立案。劳动保障行政部门或者受委托实施劳动保障监察的组织应当设立举报、投诉信箱和电话。

(一)日常巡视检查

劳动保障行政部门对用人单位及其劳动场所的日常巡视检查,应当制定年度计划和中长期规划,确定重点检查范围,并按照现场检查的规定进行。

(二)审查书面材料

劳动保障行政部门对用人单位按照要求报送的有关遵守劳动保障法律情况的书面材料应进行审查,并对审查中发现的问题及时予以纠正和查处。

(三)接受举报、投诉

根据我国《劳动保障监察条例》规定,任何组织或者个人对违反劳动保障法律、法规或者规章的行为,有权向劳动保障行政部门举报;劳动者认为用人单位侵犯其劳动保障合法权益的,有权向劳动保障行政部门投诉。为了保证举报、投诉权利的行使,劳动保障行政部门应当设立举报、投诉信箱,公开举报、投诉电话,依法查处举报和投诉反映的违反劳动保障法律的行为。

(四)专项检查及处理

劳动保障行政部门可以针对劳动保障法律实施中存在的重点问题集中组织专项检查活动,必要时,可以联合有关部门或组织共同进行。对因违反劳动保障法律、法规或者规章的行为引起的群体性事件,劳动保障行政部门应当根据应急预案,迅速会同有关部门处理。

劳动保障行政部门对事实清楚、证据确凿,可以当场处理的违反劳动保障法律、法规或者规章的行为有权当场予以纠正。

六、劳动行政部门监察的程序

劳动保障监察的程序,是指劳动保障监察主体在依法行使监察行为的活动中应当遵循的先后有序的一系列连续过程和步骤。劳动保障监察必须遵循一定的法定程序,这是劳动保障监察行为具有法律效力的一个必要条件。根据《劳动保障监察条例》以及《关于实施〈劳动保障监察条例〉若干规定》的规定,具体程序如下。

(一)受理与立案

部分案件是由劳动者向劳动监察部门进行投诉,劳动监察部门接受投诉后,5个工作日内决定是否受理。发现投诉人投诉事项属于应当通过劳动争议处理程序解决的事项或者已经按照劳动争议处理程序申请调解仲裁或者提起诉讼的事项,应当告知投诉人依照劳动争议处理和诉讼的规定办理。另外部分案件则通过举报、日常巡视检查、书面审查或专项检查,发现用人单位有违反劳动保障法律、法规或规章的行为后进行立案。

（二）调查与监察

劳动保障监察员进行调查、检查不得少于2人。劳动保障监察机构应指定其中一名为主办劳动保障监察员。劳动保障监察员工作时应佩戴劳动保障监察执法标志,出示劳动保障监察证件,说明身份,并就调查事项制作笔录,应有劳动保障监察员和被调查人(或其委托代理人)签名或盖章。被调查人拒不签名、盖章的,应注明拒签情况。劳动保障监察员进行调查、检查时,应承担下列义务:依法履行职责,秉公执法;保守在履行职责过程中获知的商业秘密;为举报人保密。劳动保障监察员在实施劳动保障监察时,应当回避的情形是:本人是用人单位法定代表人或主要负责人的近亲属的;本人或其近亲属与承办查处的案件事项有直接利害关系的;因其他原因可能影响案件公正处理的。如果当事人认为监察人员应当回避的,有权向劳动行政部门提出申请。

劳动保障行政部门调查、检查时,可以采取证据登记保存措施的情形:一是当事人可能对证据采取伪造、变造、毁灭行为的;二是当事人采取措施不当可能导致证据灭失的;三是不采取证据登记保存措施以后难以取得的;四是其他可能导致证据灭失的情形的。劳动保障行政部门对违反劳动保障法律、法规或者规章的行为的调查,应当自立案之日起60个工作日内完成;对情况复杂的,经劳动保障行政部门负责人批准,可以延长30个工作日。

（三）案件处理

劳动保障行政部门对违反劳动保障法律、法规或者规章的行为,根据调查、检查的结果,作出以下处理:第一,对依法应当受到行政处罚的,依法作出行政处罚决定;第二,对应当改正未改正的,依法责令改正或者作出相应的行政处理决定;第三,对情节轻微且已改正的,撤销立案。发现违法案件不属于劳动保障监察事项的,应当及时移送有关部门处理;涉嫌犯罪的,应当依法移送司法机关。

（四）结案

当事人履行行政处罚决定(责令改正、行政处理决定)后,应当办理结案。如未履行,则申请人民法院强制执行。

第三节 其他劳动监察制度

一、其他行政机关的劳动监察

（一）政府有关部门监督检查的含义

政府有关部门的监督检查,是指县级以上各级人民政府有关部门在各自职责范围内,对用人单位遵守劳动法律法规的情况进行监督。政府有关部门的监督检查是劳动法监督检查体系的重要组成部分。

（二）具体内容

首先，县级以上各级人民政府有关部门在各自职责范围内，也有权对用人单位遵守劳动法情况进行监督检查。其他行政部门的监督检查是劳动法监督体系的重要组成部分。由于劳动法与其他法在内容上有某些交叉和重合之处，某些行为在违反劳动法的同时，也可能违反了工商、公安、卫生等方面的法律规定，这就需要有关行政部门相互配合、共同处理。同时，由于行政职权和执法手段的不同，一些特定的制裁措施需要由专门的行政部门予以实施，如吊销企业营业执照的权力专属于工商行政管理部门，治安处罚的权力专属于公安部门，对企业有关责任人员的行政处分只能由其上级主管部门决定。因此，仅有劳动保障行政部门的劳动保障监察，是不能对违反劳动法的行为进行全面纠正或制裁的，只有依赖其他有关行政部门的配合，才能更好地保证劳动法的实施。

其次，其他有关行政部门对劳动法执行情况的监督检查主要有两方面内容。一是来自用人单位的上级主管部门的监督检查。例如《中华人民共和国矿山安全法》把检查矿山企业贯彻执行矿山安全法律、法规的情况规定为矿山企业主管部门的首项管理职责。二是来自公安、卫生、工商、财税、审计、防疫等专项行政管理部门的监督检查。例如《劳动法》规定，用人单位如果有以暴力、威胁或者非法限制人身自由的手段强迫劳动的或者侮辱、体罚、殴打、非法搜查和拘禁劳动者的行为之一的，由公安机关对责任人员处以 15 日以下拘留、罚款或者警告。在《禁止使用童工规定》中，也同时涉及公安部门、工商行政管理部门、教育行政部门、卫生行政部门等的监督职责。

最后，其他有关行政部门的监督方式主要有三种：①依法独立开展劳动监督检查活动；②依法对劳动监察部门、其他行政部门或工会组织的建议进行调查处理；③会同劳动监察部门等监督主体进行劳动监督检查。

二、工会等社会组织的劳动监察

（一）工会的地位

根据《中华人民共和国工会法》（2021 年修正）的规定，工会是职工自愿结合的工人阶级的群众组织，中华全国总工会及其各工会组织代表职工的利益，依法维护职工的合法权益；维护职工合法权益是工会的基本职责，工会在维护全国人民总体利益的同时，代表和维护职工的合法权益。因此，对用人单位遵守劳动法的情况进行监督，既是《劳动法》赋予工会组织的神圣权利，也是工会工作的基本职责所在。

《劳动保障监察条例》也规定，各级工会依法维护劳动者的合法权益，对用人单位遵守劳动保障法律、法规和规章的情况进行监督；劳动保障行政部门在劳动保障监察工作中应当注意听取工会组织的意见和建议。

（二）工会维护劳动者合法权益的具体内容

工会要想履行其监督职责，就必须具有相应的监督权。对此，2021 年修正后颁布的《中华人民共和国工会法》第三章"工会的权利和义务"也对工会组织监督劳动法律、法规执行情况的权利作了比较具体的规定。2021 年全国总工会发布的《工会劳动法律监督办法》，对工会劳动法律监督工作的原则、权利、监督内容、机构设置、监督员条件及任命、监督工作方式等内容作了非常详细的规定。

具体来说,工会组织的劳动监督权内容较为广泛,涉及劳动法多方面的内容,如职工录用、调动、处分、辞退、解除劳动合同、工作时间、劳动安全卫生等方面。根据《中华人民共和国工会法》和《工会劳动法律监督办法》的规定,工会在进行劳动法律监督时的主要权利如下。①知情权。《中华人民共和国工会法》规定,企业单方面解除职工劳动合同时,应当事先将理由通知工会。②独立调查权。当用人单位侵犯职工合法权益时,工会有权直接进入有关现场了解情况,收集资料,听取反映,有关单位应当予以协助。③要求、建议权。工会组织是群众组织,对于违反劳动法律法规,侵犯职工权益的行为没有直接处罚权,但有要求、建议权,即要求、建议有权的行政机关对上述行为进行处罚。要求、建议的对象,既可以是实施了违法行为的用人单位,也可以是其他有关部门,如劳动行政管理部门、公安部门等。④建议组织职工撤离危险现场权。工会组织发现企业行政方面违章指挥、强令工人冒险作业,或者在生产过程中发现明显重大事故隐患和职业危害,有权提出解决的建议;当发现危及职工生命安全的情况时,有权向企业行政方面建议组织职工撤离危险现场,企业行政方面必须及时作出处理决定。⑤参与事故调查,并向有关部门提出处理意见权。⑥支持举报控告权。工会有权支持职工对用人单位违反劳动法的行为依法向有关国家机关进行举报或者控告。⑦舆论监督权。工会有权运用合法的舆论手段,监督用人单位遵守劳动法。

典型案例

某公司生产安全责任事故案

案情简介

2020 年 4 月,无锡某建筑公司施工工地发生一起坍塌事故,造成 1 名作业人员死亡,直接经济损失约 150 万元。该起事故被认定为因作业人员冒险作业、施工单位安全管理不到位、监理单位安全监理不力造成的生产安全责任事故,建筑公司施工项目部经理和技术负责人对事故发生负有重要责任。事故调查组建议,建筑公司按照本单位有关规定,对涉案项目经理和技术负责人进行相应处理。

2021 年 5 月,区总工会通过事先告知、下发监督评估表、现场座谈、查阅台账等形式,明确专项服务行动目的,了解公司贯彻落实劳动法律法规、吸取事故教训、落实整改措施、完善安全责任制等综合情况。随后就检查中发现的问题向公司进行现场反馈:一是职代会召开程序不规范,会议记录及相关佐证材料缺失;二是规章制度部分条款不合理,以经济处罚为主的奖惩制度不合法;三是考勤记录、薪资构成未能体现坐班职工加班情况和工地职工工作时间,是否足额支付加班费存疑,高温津贴制度未落实;四是工会主席虽然作为安全管理人员,全程参与了事故调查处理和后续整改落实工作,但工会依法监督的职能和作用未能得到充分体现;五是公司对两名事故责任人员分别处以三万元的经济处罚,既无公司制度支撑,又无合法依据。工会劳动法律监督员逐一释明问题,现场开具工会劳动法律监督检查意见书,并就整改工作进行详细指导。

处理结果

该公司高度重视工会监督意见,迅速整改,并于 15 个工作日内向区总工会书面反馈了整改落实情况:一是聘请法律顾问修改员工手册,增加关于作息时间、加班费用、年度奖励、高温津贴发放等内容,完成修改后,将员工手册草案通过公司工作群发给每一位员工,公开征求意见;二是召开职代会,以民主程序通过了员工手册;三是依据新员工手册,调整公司薪资结构,增加了加班工资栏目,高温津贴造表支付;四是充分征求工会和涉事职工意见,在坚决执行事故整改要求、严肃安全责任追究的前提下,纠正原经济处罚决定,改为扣减绩效奖金三万元。建筑公司递交书面报告的同时,也一并提供了职代会照片、会议纪要、新版薪资样表、处理决定更正通知等整改佐证资料,并对区总工会主动上门监督,一针见血指出问题,依法有效指导整改表示感谢。

案例评析

本案是一起因生产安全责任事故被纳入工会监督范围,无锡市锡山区总工会通过对该公司开展"双监督"专项服务行动,一方面以工会劳动法律监督的形式,对公司规范劳动用工管理、落实职工权益保障情况进行检查;另一方面以劳动保护监督检查的形式,对公司责任追究、防范整改措施落实、工会安全生产监督参与情况进行评估,通过双管齐下的"双监督",推动职工合法权益有效维护和用人单位安全发展,促进劳动关系和谐稳定。

资料来源:江苏省总工会发布劳动法律监督十大典型案例之二。

三、群众的劳动监察

(一)群众监督的概念

群众监督是指除了劳动行政部门、政府有关部门、工会组织以外的任何组织和个人对于违反劳动法律法规的行为进行举报和投诉,它是劳动监察体系中不可缺少的组成部分。群众监督是对行政监察和工会监察的必要补充,把监督检查的权利赋予广大劳动者和个人,能够更好地监督用人单位自觉遵守规章制度和劳动纪律,能够进一步敦促国家有关行政部门及其工作人员克服官僚主义,增强责任感。

(二)群众监督的方式

劳动监督检查直接关系到劳动者的劳动权利和物质利益,为了保证监督的广泛性和有效性,国家不仅将对劳动法执行情况的监督检查权赋予有关的国家机关,同时也把这一权利交给普通劳动者,从而使劳动者真正感到自己是国家的主人,自觉遵守企业的规章制度和劳动纪律,更加关心企业的生产经营和经济效益,同时也进一步督促国家有关行政部门及其工作人员克服官僚主义,增强责任感,及时纠正违法失职行为。具体来说,包括以下三种。

1. 普通群众的监督

一方面,任何个人对用人单位违反劳动保障法律的行为,有权向劳动保障行政部门举报。劳动保障行政部门对举报人反映的违反劳动保障法律的行为应当依法予以查处,并为举报人保密;对举报属实,为查处重大违反劳动保障法律的行为提供主要线索和证据的举报人,给予奖励。另一方面,劳动者对用人单位违反劳动保障法律、侵犯其合法权益的行为,有权向劳动保障行政部门投诉。

2. 群众组织的监督

群众组织的监督包括妇联、共青团等组织的监督。群众组织密切联系群众,深入了解群众,反映群众的呼声,同时也凝聚群众的力量,对用人单位执行劳动法的情况开展有组织的监督。对于一些需要特殊保护的群体,相应的群众组织更能够充分地代表和维护其合法权益,对其实行特殊的保护。

3. 报刊等传媒的监督

通过新闻媒体的监督,可以对各种侵害劳动者合法权益的违法行为加以曝光。这种监督方式,既为表达民意提供了一条畅通的渠道,也可协助有关行政部门发现违法事实并及时查处。

【引导案例分析】 ▬▬▬▬▬▬▬▬▬▬▬▬▬▬▬▬▬▬▬▬▬▬▬▬■

由于 A 公司拒不改正,区人社局于 2022 年 7 月 12 日对其下达劳动保障监察行政处罚告知书,同时责令 A 公司按照劳动保障监察限期改正指令书要求履行职责。因 A 公司在规定时间内未陈述申辩,也未要求听证,2022 年 7 月 20 日,区人社局对 A 公司下达劳动保障监察行政处罚决定书,对其不配合劳动保障监察行为作出罚款人民币 2 000 元的处罚。

《劳动保障监察条例》第三十条规定:"有下列行为之一的,由劳动保障行政部门责令改正;对有第(一)项、第(二)项或者第(三)项规定的行为的,处 2 000 元以上 2 万元以下的罚款:(一)无理抗拒、阻挠劳动保障行政部门依照本条例的规定实施劳动保障监察的;(二)不按照劳动保障行政部门的要求报送书面材料,隐瞒事实真相,出具伪证或者隐匿、毁灭证据的;(三)经劳动保障行政部门责令改正拒不改正,或者拒不履行劳动保障行政部门的行政处理决定的;(四)打击报复举报人、投诉人的。违反前款规定,构成违反治安管理行为的,由公安机关依法给予治安管理处罚;构成犯罪的,依法追究刑事责任。"

综合基本案情和上述法律规定,区人社局决定对该 A 公司作出罚款人民币 2 000 元的行政处罚是恰当的。

【本章小结】 ▬▬▬▬▬▬▬▬▬▬▬▬▬▬▬▬▬▬▬▬▬▬▬▬▬▬▬▬■

本章的主要内容是劳动监察。首先是劳动监察的概念、劳动监察的意义,然后分别介绍了劳动行政管理部门的监察、其他政府部门的监察、群众的监察、工会的监察等。

本章的重点是对劳动行政部门的监察及其监察的方式、程序等的理解和把握。本章的难点是劳动行政部门监察的职权及检查的内容。

【课后练习】 ▬▬▬▬▬▬▬▬▬▬▬▬▬▬▬▬▬▬▬▬▬▬▬▬▬▬▬▬▬■

一、单项选择题

1. 工会对劳动执法情况的监督检查过程中行使的权力不包括(　　)。

　　A. 知情权　　　　　　　　　　B. 独立调查权

　　C. 处罚权　　　　　　　　　　D. 要求建议权

2. 劳动监察人员进行现场监督检查时,有权(　　)。

　　A. 查阅用人单位的所有资料

　　B. 调阅并复印相关资料

　　C. 对用人单位隐匿相关证据的行为进行搜查

　　D. 对阻挠劳动执法、殴打劳动监察人员的当事人实施必要的人身强制措施

3. 劳动保障行政部门对违反劳动保障法律、法规或者规章的行为的调查,一般情况下应当自立案之日起(　　)。

　　A. 20 个工作日内完成　　　　　B. 30 个工作日内完成

　　C. 40 个工作日内完成　　　　　D. 60 个工作日内完成

4. 国务院劳动保障行政部门主管全国的劳动保障监察工作,(　　)级以上地方各级人民政府劳动保障行政部门主管本行政区域内的劳动保障监察工作。

　　A. 街道　　　　　　B. 县　　　　　　C. 市　　　　　　D. 省

5. 根据《劳动保障监察条例》,下列事项中,不属于劳动保护监察事项的是(　　)。

　　A. 用人单位依法纳税的情况

　　B. 用人单位制定内部劳动保障规章制度的情况

　　C. 用人单位参加各项社会保险和缴纳社会保险费的情况

　　D. 用人单位未参加各项社会保险和缴纳社会保险费的情况

二、多项选择题

1. 我国有权对劳动执法情况进行监督检查的机构有(　　)。

　　A. 工会　　　　　　　　　　　　B. 交通运输部门劳动行政主管部门

　　C. 工商行政管理部门　　　　　　D. 劳动行政主管部门

2. 劳动保障行政部门实施劳动保障监察,有权采取的调查检查措施包括(　　)。

　　A. 进入用人单位的劳动场所进行检查

　　B. 就调查、检查事项询问有关人员

　　C. 要求用人单位提供与调查、检查事项相关的文件资料,并作出解释和说明,必要时可以发出调查询问书

　　D. 采取记录、录音、录像、照相或者复制等方式收集有关情况和资料

3. 劳动监察的原则包括(　　)。

　　A. 保障劳动者权益原则　　　　　B. 公开公正原则

　　C. 高效、便民原则　　　　　　　D. 保护用人单位利益原则

4. 根据《劳动保障监察条例》,下列事项中,属于劳动保护监察事项的是(　　)。

　　A. 用人单位遵守禁止使用童工规定的情况

　　B. 用人单位制定内部劳动保障规章制度的情况

　　C. 用人单位参加各项社会保险和缴纳社会保险费的情况

　　D. 用人单位一方的协商代表,由用人单位法定代表人指派

5. (　　)执行劳动保障法律、法规和规章的情况,由劳动保障行政部门根据其职责,依照《劳动保障监察条例》实施劳动保障监察。

　　A. 机关单位　　　　　　　　　　B. 国家机关

　　C. 事业单位　　　　　　　　　　D. 社会团体

三、名词解释

劳动监察　劳动行政部门监察　劳动监察的公开公正原则　群众监察　劳动监察的教育与处罚相结合原则

四、简答题

1. 简述工会进行劳动监察时的主要权利。

2. 简述劳动行政部门对劳动合同制度的情况进行监督检查内容。

五、论述题

1. 试述劳动保障行政部门实施劳动监察时行使调查、检查措施权利的主要内容。

2. 试论群众劳动监察的方式。

参 考 文 献

[1] 周丽霞. HR 全程法律顾问:企业人力资源管理高效工作指南[M].6 版. 北京:中国法制出版社,2022.

[2] 陈元,何力. 民法典背景下劳动人事法律操作指引[M]. 北京:法律出版社,2021.

[3] 刘俊. 劳动与社会保障法学[M].2 版. 北京:高等教育出版社,2017.

[4] 吴彬. 劳动人事争议裁判规则和实操指引[M]. 北京:中国法制出版社,2022.

[5] 郑学林,刘敏,于蒙,等.《关于审理劳动争议案件适用法律问题的解释(一)》几个重点问题的理解与适用[J]. 人民司法,2021(7):46-51.